# 中国金融前沿问题研究（2021）

主　编：林建华
副主编：李　斌

中国财经出版传媒集团
中国财政经济出版社
北京

## 图书在版编目(CIP)数据

中国金融前沿问题研究.2021/林建华主编；李斌副主编.——北京：中国财政经济出版社，2023.11

ISBN 978-7-5223-2163-9

Ⅰ.①中… Ⅱ.①林…②李… Ⅲ.①金融—中国—文集 Ⅳ.①F832-53

中国国家版本馆CIP数据核字（2023）第070409号

责任编辑：陈志伟　　　　　　　责任印制：史大鹏
责任校对：胡永立　　　　　　　责任设计：卜建辰

中国金融前沿问题研究（2021）
ZHONGGUO JINRONG QIANYAN WENTI YANJIU（2021）

中国财政经济出版社 出版

URL：http：//www.cfeph.cn

E-mail：cfeph@cfemg.cn

（版权所有　翻印必究）

社址：北京市海淀区阜成路甲28号　邮政编码：100142

营销中心电话：010-88191522

天猫网店：中国财政经济出版社旗舰店

网址：https：//zgczjjcbs.tmall.com

北京时捷印刷有限公司印刷　各地新华书店经销

成品尺寸：160mm×230mm　16开　28印张　384 000字

2023年11月第1版　　2023年11月北京第1次印刷

定价：88.00元

ISBN 978-7-5223-2163-9

（图书出现印装问题，本社负责调换，电话：010-88190548）

本社质量投诉电话：010-88190744

打击盗版举报热线：010-88191661　QQ：2242791300

# 编委会

主　编：林建华
副主编：李　斌
编　委：马运生　刘克珍　陈　波　高文丽
　　　　曾　妮　熊　源　刘　诺　贺芃斐

# 前言

2020年新冠疫情肆虐，全球经历了严重的经济衰退。主要经济体上半年经济萎缩，下半年有限反弹。为应对疫情冲击，主要经济体央行纷纷加大量化宽松力度，美联储、日本央行承诺无限量购买国债，英格兰银行和欧央行分别增加了资产购买规模。全球经济复苏面临较大不确定性，金融风险隐患增加。

为应对疫情的严重冲击和复杂多变的国内外环境，中国政府坚持统筹疫情防控和经济社会发展工作，及时采取逆周期调控的政策并加大政策对冲力度，取得了显著成效。在全球主要经济体中率先控制住疫情、率先复工复产、率先实现经济正增长。但国内疫情多点散发，经济恢复基础尚不牢固，经济循环受到制约，消费需求恢复乏力，外需进一步增长的空间受限，制造业面临供给冲击，小微企业经营信心转弱，就业结构性问题突出。面对复杂严峻的国内外形势和诸多风险挑战，中国人民银行加强了货币政策定向调控，采取更加灵活适度、精准导向的货币政策，保持货币信贷和社会融资规模合理增长，着力降低企业综合融资成本，推动货币政策目标顺利实现，为中国实现经济复苏提供了有力支撑。鉴于复杂的经济金融环境，围绕实践中面临的重点、难点、热点问题，结合研究特色和辖区工作实际，中国人民银行武汉分行在"防范经济金融风险""金融支持实体经济增长""供应链金融"和"区域金融发展"等特色领域开展了深入研究。本书主要致力于湖北经济金融问题的探讨，同时学习借鉴了学术界优秀研究方法，既有一定的学术前沿性，又不乏对经济金融实践的指导性。此次汇编的19篇论文精选自2020年度中国人民银行武汉分行重点课题成果，是湖北辖内人民银行干部职工金融研究成果的优秀代表，具有较强的理论价值与和政策参考作用。主要内容涵盖以下三个专题：

专题一，宏观经济金融问题研究。世界百年变局加速演进下，中国进入外部冲击频发期。新冠疫情和复杂多变的国际形势对中国经济造成巨大干扰。中国经济发展环境的复杂性、严峻性、不确定性不断上升。深入研究外部冲击对中国经济金融的影响迫在眉睫。本专题首先聚焦于探讨新冠疫情对中国金融业发展、财政承受能力、嵌入全球价值链等方面的影响，进而对防范化解经济金融风险问题密切关注，在国际环境和国内环境均发生较大变化的背景下，研究中国跨境资本流动的规模、方向以及流动结构，有助于把握中国跨境资本流动现状，对中国防范跨境资本流动风险，维护国家经济金融安全意义重大。最后，本专题对LPR改革、金融分权与经济波动、供应链金融发展等问题也给予一定的关注，希望在复杂多变的国内外形势下，给政策制定部门提供一定的参考。

专题二，区域经济金融问题研究。地方法人银行是金融体系的重要组成和基础环节。新冠疫情不仅对实体经济产生负面冲击，更是让地方法人银行的潜在风险加速暴露。研究新冠疫情对地方法人银行盈利能力、安全性、流动性、发展能力的影响有重要的现实意义。本专题相关文章就"新冠疫情对湖北省地方法人银行的影响"进行深入研究，试图为政策实施提供经验依据。此外，本专题相关文章结合相应区域特征对区块链技术在银行供应链金融领域的发展与应用、生态价值资本化的制度构建与完善等问题也进行了深入探讨，尝试为区域经济高质量发展提供经验参考。

专题三，银行实务和央行金融管理问题研究。随着大数据技术发展的日益进步，其在金融领域的应用场景也日渐丰富。逐渐成为当代金融变革的强力助推器。本专题相关文章探索了大数据在支持当地信贷政策执行方面的作用，为准确定位产业链企业金融需求并作出决策提供了实证支撑。此外，本专题对支付清算数据共享及其法律障碍、基层人民银行专业技术人员考核聘任管理等问题也进行了深入探讨，这些研究有助于提升人民银行的实务工作效率。

调查研究工作是中国人民银行分支行的重要职责，是新时期创造性开展工作的关键。这批研究成果的结集出版，旨在更好地推广中国人民银行武汉分行辖区的金融研究成果，进一步激发经济和金融实务工作者的研究参与热情，提高整体金融研究水平。希望本书的出版能为我国金融研究工作做出一点贡献，为我国金融业的发展起到一点推动作用。

编者

2022年6月

## 宏观经济金融问题研究

新冠疫情、债务违约和金融业发展
　　——基于湖北省数据的分析 ……………………………………… 3
支付行业数据价值研究 ……………………………………………… 43
新冠疫情下财政承受能力问题研究 ………………………………… 67
LPR 改革、利率市场化与利率传导效果 …………………………… 99
新冠疫情对中国嵌入全球价值链的负面影响机制与风险分析 …… 136
金融分权与经济波动 ………………………………………………… 157
基于数据应用的供应链金融发展研究 ……………………………… 172
开放环境下跨境资本流动风险防范研究 …………………………… 190
提高制造业中长期贷款占比路径研究 ……………………………… 218
跨境服务贸易新业态对国际收支统计的影响 ……………………… 232
规范外汇处罚自由裁量权的制度与实践探索 ……………………… 255
信用信息对小微企业获得信贷的影响研究 ………………………… 271

## 区域经济金融问题研究

区块链技术在银行供应链金融领域的发展与应用
　　——基于武汉地区的探索与实践 ……………………………… 287
生态价值资本化的制度构建与完善
　　——基于鄂州的实践研究 ……………………………………… 309
新冠疫情对湖北省地方法人银行的影响研究 ……………………… 328

县域法人金融机构小微企业信贷风险管理研究
　　——基于疫情冲击的视角 ………………………………… 341

## 银行实务和央行金融管理问题研究

基于大数据微观分析辅助央行精准施策模型研究 ………… 357
支付清算数据共享及其法律障碍 …………………………… 391
基层人民银行专业技术人员考核聘任管理研究
　　——基于武汉分行的分析 ………………………………… 418

## 》》宏观经济金融问题研究

# 新冠疫情、债务违约和金融业发展

## ——基于湖北省数据的分析

中国人民银行武汉分行金融研究处课题组

## 一、引言

2020年突发新冠疫情对我国宏观经济运行和社会生产生活产生了巨大冲击，来自供给侧和需求侧两端的冲击增加了我国经济增速进一步放缓的风险。作为新冠疫情最为严重的地区，湖北省社会经济活动因疫情按下了"暂停键"76天，企业生产停滞，社会消费断崖式下降，而资金链本就脆弱的中小微企业在这样的冲击下更显得摇摇欲坠。成本损失、收入减少、现金短缺成为湖北企业生存面临的最大考验，很多企业无法及时偿还银行贷款，面临债务违约的困境。从全国其他地区的情况来看，虽然企业所面临的防疫形势和经济环境好于湖北省，但也同样有部分企业存在较高的债务违约风险。债务违约造成的信用风险释放可能进一步恶化金融机构的财务状况，从而影响区域乃至全国的金融产业发展。评估测度新冠疫情下债务违约情况及其对金融产业的影响，不仅有助于深入剖析新冠疫情对经济金融运行规律与发展趋势的影响，更有助于及时调整货币政策、防范金融风险、促进金融产业平稳健康发展。

信用风险由三个部分组成：一是违约风险暴露，指违约发生时债权人对于违约债务的暴露头寸；二是违约概率，指债务人在合同约定的期限内不能按合同要求履行相关义务的可能性；三是违约损失率，指债务人一旦违约将给债权人造成的损失数额，即损失的严重程度。信用风险的大小由三者乘积而得。其中对于违约概率的度量是最为困难的，也是信用风险计量中的重点。围绕债务违约概率度量开发的信用风险计量模型为数众多，由麦肯锡公司开发的CPV（Credit Portfolio View）模型是其中比较有代表性的一个。CPV模型考虑了宏观经济因素对于违约概率的影响，但对于宏观经济数据的要求比较高，存在多重共线性的宏观经济数据将造成计量结果的不稳健。为了解决这一问题，本文试图构建基于偏最小二乘法的信用风险组合计量模型对湖北省及全国债务违约率进行预测，并通过对不良债权历史处置情况的调查获得债务违约损失率的数据，从而综合研判未来五年内金融产业的发展趋势，并为如何在后疫情时代推动金融产业适度平稳健康发展提供政策建议。

本文余下部分的安排如下：第一部分为文献综述，回顾新冠疫情对宏观经济的影响、债务违约度量方法等领域的相关研究文献；第二部分为债务违约测算模型构建、变量选择与数据说明；第三部分给出湖北省和全国债务违约情况的测算结果；第四部分分析债务违约对湖北省和全国金融产业发展的影响；第五部分为结论和政策建议。

## 二、文献综述

本文涉及的文献主要包括以下两个方面。

### （一）新冠疫情对宏观经济的影响

流行性疾病或者重大灾害类事件对经济的影响问题一直为学界关注。被世界卫生组织定义为大流行病的新冠疫情暴发之后，我国学者就开始聚焦此次疫情对我国经济影响的研究。陈诗一和郭俊杰（2020）基于AD-AS模型和非典疫情对经济的影响特征分析了疫情对我国需求侧和供给侧的冲击，并对疫情的短期和长期影响做出了研判。钟瑛和陈盼（2020）通过观察和对比我国50种重要生产资料市场价格的变化，发现疫情对我国的内需、外需、就业和物价都产生了显著的负面冲击，但未改变我国经济总体向好的基本态势。何诚颖等（2020）基于历史数据，通过纵横、静态比较及路径分析认为，此次疫情冲击使我国投资和消费下降，进出口萎缩，总产出下降，产业发展受到较大冲击。上述研究主要基于历史数据、疫情早期数据或者参考SARS的经济影响对疫情的经济效应展开推演和分析预测，也没有就我国应对新冠疫情负面影响的对策及其效果进行定量分析。

更多学者试图基于一般均衡框架探讨和量化新冠疫情对宏观经济的影响渠道和冲击路径，并检验我国应对疫情的政策效果。周梅芳等（2020）将五条疫情冲击路径和三项宏观应对措施引入CGE模型中进行模拟分析，发现疫情对就业的冲击大于对GDP的冲击，对内需的冲击大于对外需的冲击，供给侧冲击是主要影响路径，而宏观应对措施缓冲了疫情对就业、GDP和内需的影响，却造成了物价上涨和外需恶化。胡滨等（2020）为突出政府干预对疫情防控和经济复苏的作用，将政府干预程度纳入CGE模型中，发现乐观情景中GDP下降1.27%，悲观情景中GDP下降2.07%，政府干预情景中GDP的下降缩小0.07%。田盛丹（2020）构建CGE模型对疫情所产生的可能冲击场景进行了模拟，发现疫情对经济增长以及各经济主体、行业部门均产生了显著的负面影响，单一的财政政策和政策组合都起到了提振经济的作用。朱启荣等（2020）通过构建GTAP模型，分析了疫情下我国劳动力供给、国内消费和国际贸易环境恶化对国内宏观经济和产出的冲击，认为我国GDP、居民收入和消费支出、社会福利、资本净收益率和进出口贸易均出现明显下降。尹彦辉等（2020）在新凯恩斯主义DSGE模型中引入破坏全要素生产率和劳动的灾难冲击，发现疫情的影响以短期冲击为主，长期效应不显著，政府投资支出和转移性支出具有改善作用，同时也产生了一定的负效应，政策组合搭配改善效果更加明显。此外，黄承芳等（2020）使用调整后的ARIO模型模拟疫情后经济恢复期内的动态变化过程，并预估了疫情对宏观经济的影响及部门间影响的差异，发现超额生产能力的提高有利于短期内经济的快速恢复和经济总损失的降低。张斌（2020）将使用TRAMO/SEATS方法分离出的疫情代理变量引入向量自回归模型中，认为疫情短期内对消费、社会投资和进出口均会产生较大冲击，长期影响效应不显著，且就业和通货膨胀的压力均会增加。

## （二）债务违约和信用风险的测度

疫情持续期间，企业盈利大幅降低，在短期内的流动性压力增大，提高了企业因资金链断裂而无法按时偿还贷款的概率，信用风险也因此增加。所以，对债务违约的衡量也就可以转化为对信用风险的衡量。1968年，Z-score模型（Altman，1968）的提出开创了信用风险计量模型研究领域的先河，该模型首次将统计学领域的方法应用在了信用风险计量领域。之后更多的研究者根据统计学原理，设计出不少具有代表性的统计类信用风险计量模型，如Logistic模型（Wiginton，1980；方匡南，2014）、probit模型（Grablowsky，1981；郑昱，2009）、判别分析模型（Eisenbeis，1978；施锡铨，2001）、朴素贝叶斯模型（Pearl，1988；程建，2009）等。这类模型一般基于各种统计学原理，通过对一定数量已知违约状态的历史信贷记录数据的拟合，确定模型的参数，进而用以预测新样本的信用风险。此后，随着计算机设备性能的不断提升和对数据处理方法要求的不断提高，形成了一批具有代表性的数据挖掘评估模型。具有代表性的主要有k最近邻模型（Chatterjee，1970；Henley，1996）、决策树模型（Carter，1987；杨军，2009）、支持向量机模型（Tony，2003；钟波，2005）、人工神经网络模型（Odom，1990；于立勇，2003；刘弘，2008；卫敏，2012）等。

近年来，一些研究者开始探索组合信用风险计量模型。组合信用风险计量模型，是指将现有的各类独立信用风险计量模型视为基本模型，根据某些规则动态或静态地选择部分基本模型对输入样本的特征进行提取，最后根据多个基本模型的预测结果共同确定整个模型最终预测结果的一类模型（Lee，2006；Sun，2008；莫苦，2008；郭英见，2009；杨胜刚，2013；Khashei，2015；Harris，2015；Koutanaei，2015；王显，2015）。组合模型往往能够充分利用各基本模型的独有优势，在各基本模型之间相互取长补短，因而组合模型的性能与稳健性一般也优于单一信用评估模型。比较典型的信用风险组合计量模型包括Kmv模型、Credit Metrics模型、Credit Portfolio View模型、Credit Risk+模型等。

CPV（Credit Portfolio View）模型是由 Wilson 提出[①]，麦肯锡公司于 1998 年开发，运用计量经济学和蒙特卡罗模拟，将违约率、宏观经济因素和有条件的信用等级迁移概率矩阵连接起来，以分析研究对象风险情况的多因素模型。CPV 模型的基本思想是认为宏观经济周期对信用贷款的违约率有显著影响，它能从宏观层面度量违约概率。Micco 和 Panizza（2006）利用 1995—2002 年的商业银行数据，研究发现贷款规模的变化与经济增长直接相关，其中工业化国家的信贷规模受 GDP 冲击的影响比发展中国家要小，发展中国家的商业银行应该更加重视宏观经济因素对银行风险的影响。也有众多研究文章运用 CPV 模型测度了银行的信用风险（谢赤、徐国锻，2006；靳凤菊，2007；程婵娟、邹海波，2009；崔健，2016）。

就中国的情况来看，新冠疫情是一次短期剧烈的经济外向冲击，通过作用于内生性的宏观经济因素，造成内外交织的经济影响。所以运用考虑宏观经济环境变化的 CPV 模型来测算新冠疫情下的债务违约概率是合理的选择。从以往的研究文献来看，CPV 模型一般用于银行信用风险的衡量，比较少用于测算宏观地区的整体信用风险，究其原因，在于宏观经济因子间存在多重共线性，会造成测算结果的不稳健。为了解决这个问题，本文拟引入偏最小二乘法（PLS），建立基于偏最小二乘法估计的债务违约率测算模型，将更多宏观经济因子纳入模型，以全面体现新冠疫情对债务违约的影响。

## 三、新冠疫情下债务违约测算模型的构建、变量选择与数据说明

在常用的现代信用风险计量模型中，CPV 模型认为宏观经济环境变化是造成信用风险变化的主要驱动因素，并在模型中考虑了经济环境中的宏观经济指标。结合疫情对于我国宏观经济产生巨大影响这一判断，

---

[①] 关于 Credit Portfolio View 更详细的构建过程，可参见：Wilson T C: "Portfolio credit risk（Ⅰ），" *Risk*, no. 10（1997）: 111–117. Wilson T C: "Portfolio credit risk（Ⅱ）," *Risk*, no. 10（1997）: 56–61.

本文选择CPV模型测算债务违约率,并进一步测算疫情影响下银行业的信用减值损失。

在参考既有研究的基础上,针对CPV模型难以处理的多重共线性问题,本文对其残差相关性假设进行调整,从而能使用偏最小二乘法单独对债务违约率进行估计,进而将更多宏观经济因子纳入模型,以获得更为可靠的测算结果。调整后,债务违约率测算模型可独立采用偏最小二乘法估计,从而解决宏观经济因子间存在多重共线性时参数估计不稳健的问题。

**(一)基于偏最小二乘法估计的债务违约测算模型**

债务违约风险和宏观整体环境有密切的关系,CPV模型认为,通过对贷款违约率的Logit转换,转换后的替代指标与宏观变量之间存在线性关系,可通过计量方法合理地估计出它们的关系;由于宏观变量自身又存在自回归关系,则可以通过时间序列分析方法合理地估计出每个宏观变量的自回归关系。结合历史数据可对各个宏观变量进行预测,从而能够预测债务违约率。

**1. 模型设定**

$$P_{j,t} = \frac{1}{1+e^{-Y_{j,t}}} \tag{1}$$

其中,$j$表示一个国家或行业,$t$代表时刻,$P_{j,t}$为在$t$时刻的条件违约概率,本文中的$P_{j,t}$表示湖北省在$t$时刻的贷款违约概率;通过Logistic转换,使得预测的$P_{j,t}$能够在合理范围0至1之间;$Y_{j,t}$是由宏观变量通过计量模型计算出的经济指标,这个经济指标代表了国家或行业$j$在$t$时刻所处的宏观状态,本文中代表了湖北省在$t$时刻的宏观状态。$Y_{j,t}$由多个宏观经济变量决定,具体公式如下:

$$Y_{j,t} = \beta_{j,0} + \beta_{j,1}X_{j,t}^1 + \beta_{j,2}X_{j,t}^2 + \cdots + \beta_{j,m}X_{j,t}^m + v_{j,t} \tag{2}$$

其中,$\beta_j = (\beta_{j,0}, \beta_{j,1}, \beta_{j,2}, \cdots\cdots, \beta_{j,m})$是一个国家或一个行业的回归参数,这些参数可被估计出来,而$X_{j,t} = (X_{j,t}^1, X_{j,t}^2, X_{j,t}^3, \cdots, X_{j,t}^m)$是一个国家或一个行业$t$时刻的各种宏观指标,$v_{j,t}$是独立的正态分布随机变量,$v_{j,t} \sim$

$N(0, \sigma_{j,t})$,并且 $v_t \sim N(0, \Sigma_v)$,$v_t$ 为指数创新 $v_{j,t}$ 的矢量,$\Sigma_v$ 为指数创新的 $j \times j$ 协方差矩阵。公式(2)中的宏观变量根据不同的行业、地区有所变化,$v_{j,t}$ 代表了宏观经济不确定的冲击,$\beta_{j,0} + \beta_{j,1} X_{j,t}^1 + \beta_{j,2} X_{j,t}^2 + \cdots + \beta_{j,m} X_{j,t}^m$ 代表了行业或国家的系统性风险,两者共同决定了特定行业或国家的平均违约概率,即 $Y_{j,t}$ 决定了特定行业或地区的平均违约概率。

在 CPV 模型中,国家或行业的宏观经济变量服从线性自回归过程,由此建立线性自回归函数:

$$X_{j,t} = \gamma_{j,t,0} + \gamma_{j,t,1} X_{j,t-1}^i + \gamma_{j,t,2} X_{j,t-2}^i + \varepsilon_{j,i,t} \tag{3}$$

其中,$X_{j,t-1}^i$ 和 $X_{j,t-2}^i$ 为宏观经济变量 $X_{j,t}^i$ 的滞后值;$\gamma_j = \gamma_{j,i,0}, \gamma_{j,i,1}, \gamma_{j,i,2}, \cdots, \gamma_{j,i,m}$ 为待估计的参数;$\varepsilon_{j,i,t}$ 为假设独立分布的误差项,即 $\varepsilon_{j,i,t} \sim N(0, e_{j,i,t})$,且 $\varepsilon_t \sim N(0, \Sigma_\varepsilon)$,$\varepsilon_t$ 为误差项 $\varepsilon_{j,i,t}$ 的矢量,$\Sigma_\varepsilon$ 为误差项的 $(j \times i)(j \times i)$ 协方差矩阵。为校准上述定义的违约概率模型,要对式(1)(2)(3)求解,创新矢量:

$$E_t = \begin{bmatrix} v_t \\ \varepsilon_t \end{bmatrix} : N(0, \Sigma)$$

$$\Sigma = \begin{bmatrix} \Sigma_v & \Sigma_{v,\varepsilon} \\ \Sigma_{\varepsilon,v} & \Sigma_\varepsilon \end{bmatrix} \tag{4}$$

上式中,$\Sigma_{v,\varepsilon}$ 和 $\Sigma_{\varepsilon,v}$ 记作交叉的相关矩阵。校准后利用 Cholesky 分解,即:$\Sigma = AA^T$。为模拟投资债务人及违约概率,首先抽取随机变量向量 $Z_t \sim N(0,1)$,然后计算 $E_t = A^T Z_t$,这是误差项 $v_{j,t}$ 和 $\varepsilon_{j,i,t}$ 向量,利用误差项的实际值能够推导出对应的 $Y_{j,t}$ 和 $P_{j,t}$。

**2. 基于偏最小二乘法估计的改进**

CPV 模型的估计方法往往采用最小二乘法(OLS)与似不相关回归(SUR),SUR 首先也是采用 OLS,再用广义最小二乘估计修正同期相关性,当变量高度相关时 OLS 和 SUR 估计将失效。为了解决这个问题,下面将引入偏最小二乘法(PLS):

$$Y_t = \ln\left(\frac{PD_t}{1 - PD_t}\right) \tag{5}$$

$$Y_t = a_0 + a_1 X_{1,t} + \cdots + a_m X_{m,t} + \mu_t$$

其中，$PD_t$代表债务违约率，而$Y_t$则表示与债务违约率相对应的中介指标。$X_{1,t}$、$X_{m,t}$表示与债务违约相关的一组宏观经济变量。$\mu_t$表示相互独立且服从正态分布的随机扰动项。OLS系数估计值通过最小化残差项平方和获得：

$$\min(\varepsilon'\varepsilon) = (y - X\hat{\beta})'(y - X\hat{\beta})$$
$$\hat{\beta}_{OLS} = (X'X)^{-1}X'y \tag{6}$$

要获得系数的PLS估计量，对矩阵$X$进行线性分解如下：

$$X = t_1 p_1' + t_2 p_2' + \cdots + t_p p_p' = \sum_{i=1}^{p} t_i p_i' = TP' \tag{7}$$

其中，$t_i$是原始解释变量的线性组合，$p_i$为$p \times 1$阶的组合权重，$t_i$是正交的。采用非线性迭代法获得PLS估计量，通过计算$t_i$获得正交化解释变量，$t_i$是残差矩阵$E_i$的线性组合，如式（8）所示：

$$t_i = E_{i-1} w_i, \quad E_i = X - \sum_{j=1}^{i} t_j p_j', \quad E_0 = X \tag{8}$$

其中，$w_i$是正交的，获得权重向量$w_i$($i=1,\cdots,m$)后，通过$X$对$t_i$的回归获得$p_i$，第$m$个主成分表示为：

$$T_m = XR_m, \quad P_m = X'T_m(T_m'T_m)^{-1}, \quad R_m = W_m(P_m'W_m)^{-1} \tag{9}$$

$m$个主要成分能解释绝大部分原始变量$X$的信息，两组权重矢量通过$R_m$联系起来，通过转置变换可得：

$$R_m'P_m = R_m'X'T_m(T_m'T_m)^{-1} = T_m'T_m(T_m'T_m)^{-1} = I_m \tag{10}$$

获得主成分后，PLS估计的值便可用$T_m$进行表示：

$$\hat{y}_{PLS}^m = (T_m'T_m)^{-1} T_m' y \tag{11}$$

由式（6）和式（9），得到用权重矢量表示的PLS估计值：

$$\hat{\beta}_{PLS} = R_m P_m' \beta_{OLS} \tag{12}$$

### （二）新冠疫情影响宏观经济的冲击路径

**1. 供给侧冲击**

从供给侧看，疫情主要通过以下两条路径对我国经济造成冲击：一

**是全要素生产率**。新冠疫情暴发期间,为有效控制疫情,我国采取了严格的人员流动限制措施,全国各地企业大面积停工导致企业全面停产减产。湖北省作为疫情最为严重的省份,全省企业在更长时间内停工停产,继而转化为对全要素生产率的冲击。**二是劳动力**。企业在疫情高峰期面临的经营困境可能会降低企业后期对劳动力的需求,失业率相应上升。复工之后,人员流动仍然存在一定的限制,异地居家隔离、错峰上班等将对劳动力供给产生极大影响,从而转化为对劳动生产率的冲击。此外,复工政策执行的地域差异使得地域之间的劳动力合理流动受到限制,导致部分劳动力无法流入生产力更高的地方,对劳动力配置效率产生冲击。

**2. 需求侧冲击**

从需求侧看,新冠疫情主要通过以下三条路径对我国经济造成冲击:**一是居民消费**。部分企业为缓解疫情带来的经营压力,采取了降低员工薪酬或裁员的措施,增大了我国居民可支配收入增速的下行压力;疫情引致短期内居民消费倾向整体下降、储蓄意愿强烈,消费结构也发生了一定变化,对旅游、餐饮住宿、批发零售、交通客运和文体娱乐等消费性服务业的需求减少。**二是净出口**。一方面,疫情带来国际物流不畅和贸易手续复杂等贸易壁垒,导致订单减少;另一方面,国外疫情控制不力带来的不确定性可能会在未来一段时期内对我国出口需求和产业链恢复产生较大的冲击。**三是国内投资风险溢价**。疫情暴发初期,我国的固定资产投资显著下降,疫情导致投资风险增加,投资者要求更高的投资回报率,企业融资难度加大。

**(三)变量选择与数据说明**

新冠疫情从供给和需求两侧的不同路径对我国经济运行的各方面产生了巨大冲击,结合新冠疫情冲击路径的特点和相关文献的实证经验,考虑到模型对风险因子全面性、代表性的要求,本文尽可能多地选取宏观经济因子。此外,本文选用文献中常用的商业银行不良贷款率作为债务违约率的替代指标,以反映银行的信用风险状况(见表1)。

表1　　　　　　　　　　　指标选取说明

| 湖北省 | | 全国 | |
|---|---|---|---|
| 指标名称 | 指标代码 | 指标名称 | 指标代码 |
| 湖北省地区生产总值同比增长率 | $GGDP_h$ | 全国生产总值同比增长率 | $GGDP$ |
| 武汉市财政支出同比增长率 | $GWHUFE_h$ | 财政支出同比增长率 | $GGOV$ |
| 湖北省进出口总额同比增长率 | $GFT_h$ | 进出口总额同比增长率 | $GFT$ |
| 湖北省社会消费品零售总额 | $LNSC_h$ | 社会消费品零售总额 | $LNSC$ |
| 湖北省消费者价格指数 | $CPI_h$ | 消费者价格指数 | $CPI$ |
| 湖北省固定资产投资同比增长率 | $GFI_h$ | 固定资产投资同比增长率 | $GFI$ |
| 湖北省失业同比增长率 | $UR_h$ | 失业率同比增长率 | $UR$ |
| 企业景气指数 | $ECI$ | 企业景气指数 | $ECI$ |
| 一年期贷款基准利率 | $NLR$ | 一年期贷款基准利率 | $NLR$ |

## 四、新冠疫情下债务违约的测算与预测

在本部分，将运用构建的债务违约测算模型对债务违约风险进行测算与预测。由于湖北省是受新冠疫情影响最严重的地区，债务违约情况相对于全国平均情况更加严重，因此本文将针对湖北省和全国情况分别进行测算与预测。本文使用Eviews软件将部分年度数据转化为季度数据，同时为了避免某些因素受季节性影响而呈现可预期的波动，对非同比增长率的数据进行了季节性处理。本文使用的原始变量数据主要来自中国人民银行、国泰安数据库、国家及湖北统计局、Wind数据库等。

### （一）对湖北省债务违约的测算

**1.模型变量的筛选与形式确定**

采用线性回归中的逐步进入选择法，依次判断每个宏观经济变量及其滞后项对宏观经济指标 $Y_t$ 的影响情况，保留比较显著的宏观经济变量或其滞后项，逐步剔除系数不正确或不显著的变量，得到最具影响力的变量。通过比较赤池信息量（AIC），得到初步需要建立的宏观经济多因素模型。通过逐步分析法最终选择的宏观经济变量包括：湖北省地区生

产总值同比增长率、武汉市财政支出同比增长率、湖北省进出口总额同比增长率、湖北省社会消费品零售总额、湖北省消费者价格指数一阶滞后项、湖北省固定资产投资同比增长率、企业景气指数、一年期贷款基准利率八个指标。

**2. 平稳性检验与协整检验**

由于CPV模型中的宏观经济多因素模型属于时间序列模型，我们假设各变量之间满足var关系，这要求数据平稳或存在协整性。首先对各自变量序列进行单位根检验或协整检验。检验结果表明，原序列是非平稳的，一阶差分后部分变量序列存在单位根，二阶差分后不存在单位根，是同阶单整的。运用Johansen检验进行协整检验，其检验结果如表2所示。

表2　　　　　　　　　协整Johansen检验结果

| 原假设 | 特征值 | 迹检验 | | |
|---|---|---|---|---|
| | | 迹统计量 | 5%临界值 | P值** |
| 0个* | 0.906958 | 271.4604 | 159.5297 | 0 |
| 至多1个* | 0.719411 | 181.2217 | 125.6154 | 0 |
| 至多2个* | 0.668971 | 132.9289 | 95.75366 | 0 |
| 至多3个* | 0.517418 | 90.91804 | 69.81889 | 0.0004 |
| 至多4个* | 0.507717 | 63.23107 | 47.85613 | 0.001 |
| 至多5个* | 0.417537 | 36.30039 | 29.79707 | 0.0077 |
| 至多6个* | 0.336286 | 15.76176 | 15.49471 | 0.0456 |
| 至多7个 | 0.004868 | 0.185432 | 3.841466 | 0.6667 |

如表2所示，特征根的迹检验在显著性水平为0.05的条件下接受了最多存在6个协整关系的原假设，这表明所选变量之间存在协整关系。

**3. 债务违约率测算模型参数最小二乘法估计**

在初步筛选之后，采用湖北省地区生产总值同比增长率、武汉市财政支出同比增长率、湖北省进出口总额同比增长率、湖北省社会消费品零售总额、湖北省消费者价格指数一阶滞后项、湖北省固定资产投资同比增长率、企业景气指数、一年期贷款基准利率八个指标进行回归估计。回归结果如表3所示。

表3　　　　　　　　　最小二乘法回归结果

| 自变量 | 系数 | 标准差 | t统计值 | 显著性概率 |
| --- | --- | --- | --- | --- |
| C | −7.117164 | 1.816623 | −3.917798 | 0.0005 |
| CPIL1 | 0.104622 | 0.016168 | 6.470977 | 0 |
| ECI | −0.008662 | 0.002534 | −3.418355 | 0.0018 |
| GFI | −1.879975 | 0.653915 | −2.874953 | 0.0074 |
| GFT | 0.524028 | 0.116347 | 4.504013 | 0.0001 |
| GGDP | −1.195917 | 0.407564 | −2.934307 | 0.0064 |
| GWHUFE | −0.846244 | 0.193328 | −4.377239 | 0.0001 |
| LNSC | −0.587197 | 0.130966 | −4.483588 | 0.0001 |
| LR | −0.301425 | 0.030259 | −9.961479 | 0 |
| $R^2$ | 0.945477 |  | F值 | 65.02815 |
| 调整后的$R^2$ | 0.930937 |  | F统计量显著性概率 | 0 |

如表3所示，从模型的整体拟合性来看，拟合优度$R^2$达到了94.5%，调整的$R^2$也达到了93%，F值为65，其相伴概率为0.000，在1%的水平上显著的，模型拟合较好。

对各变量进行方差膨胀系数（VIF值）检验，判断模型是否具有共线性，结果如表4所示。固定资产投资同比增加率、社会消费品零售总额的VIF值达到了20以上，模型存在显著共线性，因此采用偏最小二乘法（PLS）方法消除共线性重新得到拟合结果。

表4　　　　　　　　　方差膨胀系数检验结果

| 变量 | 系数方差 | 未中心化方差膨胀系数值 | 中心化方差膨胀系数值 |
| --- | --- | --- | --- |
| C | 3.300121 | 41 645.35 | NA |
| CPIL1 | 0.000261 | 34 717.72 | 6.069205 |
| ECI | 6.42E−06 | 1 247.303 | 4.884636 |
| GFI | 0.427605 | 215.3943 | 31.84882 |
| GFT | 0.013537 | 7.102798 | 4.046057 |

续表

| 变量 | 系数方差 | 未中心化方差膨胀系数值 | 中心化方差膨胀系数值 |
|---|---|---|---|
| GGDP | 0.166108 | 43.15682 | 5.801523 |
| GWHUFE | 0.037376 | 15.11924 | 2.553986 |
| LNSC | 0.017152 | 14 142.43 | 23.25639 |
| LR | 0.000916 | 321.7319 | 8.252055 |

**4. 债务违约率测算模型参数偏最小二乘法估计**

由于存在共线性较强等问题，我们使用偏最小二乘（PLS）模型对债务违约率测算模型进行估计，同时与OLS回归结果进行对比。本文采用SIMCA-P软件进行的基于PLS的CPV传导模型研究。以下是SIMCA-P的计算结果。

首先进行数据的筛选，T2椭圆图为PLS最常用的拟合效果检验图，从图1中可以看出，存在一个异常点。

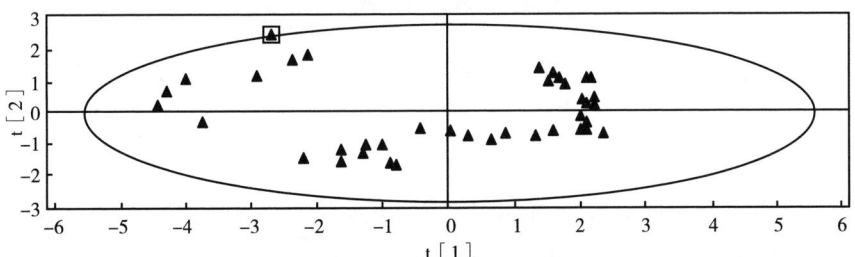

**图1　数据筛选前T2椭圆图**

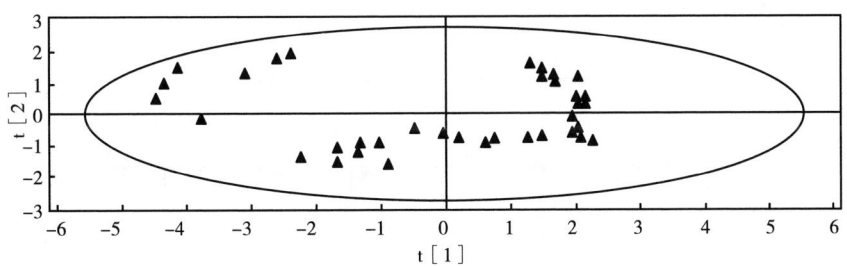

**图2　删除异常点后T2椭圆图**

对该异常点进行调查，发现该异常点的出现是由于数据中存在缺失值，因此对异常点进行删除后再重新进行拟合，得到的拟合效果检验如图2所示，所有的点都在椭圆内。

主成分如图3所示，一共有八个主成分，其中灰色柱形表示调整后的$R^2$，代表模型的拟合程度。第一主成分时调整$R^2$为0.610，加入第二主成分达到0.773，加入第三主成分达到0.837，加入第四主成分达到0.89，加入第五主成分达到0.937，加入第六主成分调整$R^2$未发生明显变化，模型推荐使用五个主成分。黑色柱形代表其对数据的预测程度，加入第五主成分后，对新数据的预测程度可达到0.88，模型预测效果也不错。

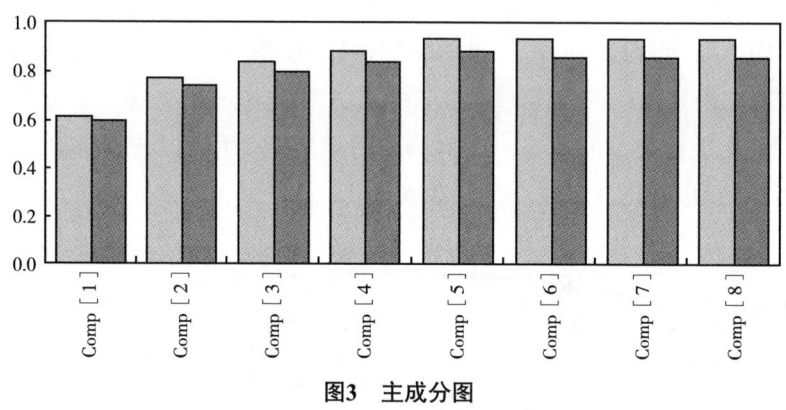

图3　主成分图

采用五个主成分进行PLS回归，接下来作非标准化的系数图（见图4），可以看出$GGDP_h$、$GWHUF_h$、$LNSC_h$、$ECI$、$GFI_h$、$NLR$的系数为负，$CPI_h(-1)$、$GFT_h$的系数为正，PLS回归消除了共线性，且得出的系数符号是符合现实意义的。

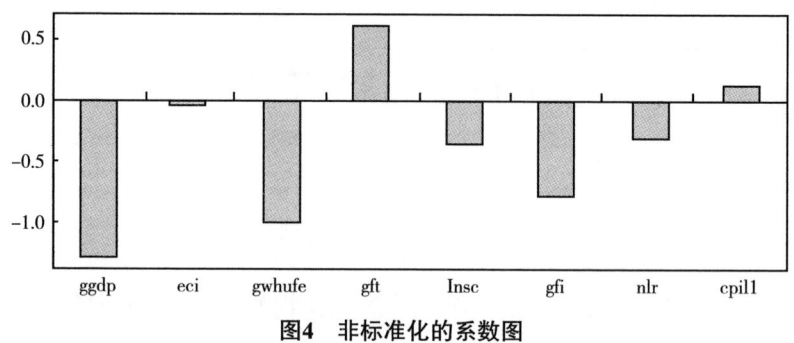

图4　非标准化的系数图

最终得到的PLS拟合方程如下：
$$Y_t = -9.77621 - 1.285 GGDP_h - 1.022 GWHUFE_h + 0.606 GFT_h - 0.307 NLR \\ + 0.113 CPI_h(-1) - 0.355 LNSC_h - 0.01 ECI - 0.782 GFI_h$$

模型的拟合结果如图5所示。

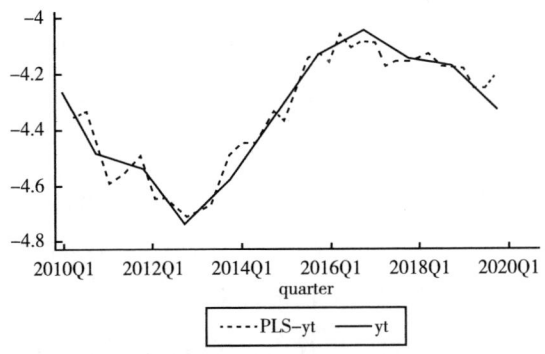

**图5　PLS模型拟合结果**

图5中虚线表示PLS拟合曲线，实线表示不良贷款率经Logit转换后的宏观观测值，二者拟合效果好。

**5. 模型的稳健性检验**

为了保证得到的模型不是伪回归，对残差序列的平稳性进行检验。残差时间如图6所示。对残差进行单位根（ADF）检验的结果如表5所示，其伴随概率为0.0023，在1%的显著性水平下不存在单位根，其残差是平稳的，因此不存在伪回归。

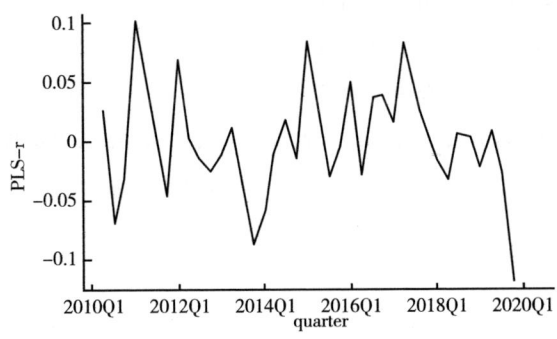

**图6　PLS的残差时间图**

表5　　　　　　　偏最小二乘法残差ADF检验结果

|  |  | t值 | P值 |
|---|---|---|---|
| ADF检验值 |  | −4.171886 | 0.0023 |
| 临界值 | 1%水平 | −3.615588 |  |
|  | 5%水平 | −2.941145 |  |
|  | 10%水平 | −2.609066 |  |

**6. 湖北省债务违约率测算模型**

$$Y_t = -9.77621 - 1.285GGDP_h - 1.022GWHUFE_h + 0.606GFT_h - 0.307NLR$$
$$+ 0.113CPI_h(-1) - 0.355LNSC_h - 0.01ECI - 0.782GFI_h$$

在湖北省，地区生产总值同比增长率、财政支出同比增长率、贷款利率、企业景气指数、固定资产投资同比增长率和社会消费品零售总额与债务违约率有负向关系。消费者价格指数、进出口总额同比增长率与债务违约率有正向关系，其中消费者价格指数对违约率具有滞后性，滞后期为一个季度。进出口总额同比增长率对违约率具有正向影响的原因在于当进出口额同比增长率上升，以出口为导向的企业会增加利润，但对不从事国际贸易的企业而言，反而因为国内劳务和原材料价格上涨引起生产成本提高，部分企业受益会导致更多企业成本提高，这会使得大部分中小企业的利润下降，从而加大了商业银行信贷资金风险，使得企业的总体违约率上升。

**（二）对全国债务违约的测算**

运用上述步骤对全国债务违约率进行估计。

**1. 模型变量的筛选与形式确定**

首先对全国各数据序列进行平衡性检验。检验结果表明原数据序列是非平稳的，而一阶差分平稳，各变量是同阶单整的。采取Johansen检验做协整性检验，检验结果如表6所示。

表6　　　　　　　　协整Johensan检验结果

| 原假设 | 特征值 | 迹检验 | | |
|---|---|---|---|---|
| | | 迹统计量 | 5%临界值 | P值** |
| 0个* | 0.904006 | 287.4395 | 197.3709 | 0 |
| 至多1个* | 0.791763 | 200.7313 | 159.5297 | 0 |
| 至多2个* | 0.686687 | 142.6755 | 125.6154 | 0.003 |
| 至多3个* | 0.636366 | 99.7351 | 95.75366 | 0.0258 |
| 至多4个 | 0.501943 | 62.3056 | 69.81889 | 0.1715 |
| 至多5个 | 0.427688 | 36.51507 | 47.85613 | 0.3708 |
| 至多6个 | 0.249532 | 15.86647 | 29.79707 | 0.7216 |
| 至多7个 | 0.129007 | 5.245327 | 15.49471 | 0.7822 |
| 至多8个 | 0.003638 | 0.134853 | 3.841466 | 0.7134 |

如表6所示，特征根的迹检验在显著性水平为0.05的条件下接受了最多存在3个协整关系的原假设，这表明所选变量之间存在协整关系。

**2. 债务违约率测算模型参数最小二乘法估计结果**

回归结果如表7所示。

表7　　　　　　　　最小二乘法回归结果

| 自变量 | 系数 | 标准差 | t统计值 | 显著性概率 |
|---|---|---|---|---|
| C | −8.631516 | 2.761036 | −3.126187 | 0.004 |
| GGDPL1 | −0.075517 | 0.839088 | −0.09 | 0.9289 |
| GGOVL1 | −0.096246 | 0.113741 | −0.846183 | 0.4044 |
| GFI | −0.805459 | 0.437833 | −1.839651 | 0.0761 |
| GFT | −0.113338 | 0.157309 | −0.720476 | 0.477 |
| CPI | 0.040612 | 0.02064 | 1.967696 | 0.0587 |
| ECI | 0.005054 | 0.003157 | 1.601075 | 0.1202 |
| UR | 0.160739 | 0.139061 | 1.15589 | 0.2572 |
| LR | −0.305399 | 0.022582 | −13.52379 | 0 |
| LNSC | 0.057637 | 0.118491 | 0.486424 | 0.6203 |
| $R^2$ | 0.978666 | | F值 | 147.8174 |
| 调整后的$R^2$ | 0.972046 | | F值显著性概率 | 0 |

如表7所示，模型拟合的$R^2$为0.979，调整后的$R^2$为0.972，模型拟合结果较好，对系数符号进行判断，也符合经验。但正如表7所示，对

系数进行检验，大部分的变量都无法通过t检验，因此可以推出模型存在着严重的共线性。对各变量进行VIF值检验的结果也证实了这一点，如表8所示。VIF均值要大于5，可以认为模型中存在显著共线性，因此我们采用PLS方法消除共线性重新得到拟合结果。

表8　　　　　　　　　方差膨胀系数检验结果

| 变量 | 系数方差 | 未中心化方差膨胀系数值 | 中心化方差膨胀系数值 |
| --- | --- | --- | --- |
| C | 7.623322 | 135 594.2 | NA |
| GGDPL1 | 0.704068 | 176.8405 | 19.60753 |
| GGOVL1 | 0.012937 | 5.809404 | 1.749844 |
| GFI | 0.191697 | 88.44229 | 20.89573 |
| GFT | 0.024746 | 8.954021 | 6.457178 |
| CPI | 0.000426 | 79 655.6 | 9.542083 |
| ECI | 9.96E−06 | 2 727.903 | 10.6829 |
| UR | 0.019338 | 5 496.441 | 7.907253 |
| LR | 0.00051 | 252.5697 | 6.478123 |
| LNSC | 0.01404 | 30 977.46 | 23.53891 |

**3.债务违约率测算模型参数偏最小二乘法估计**

同样采用SIMCA-P软件进行的基于PLS的CPV传导模型研究。图7是SIMCA-P的计算结果。

首先进行数据的筛选，T2椭圆图为PLS最常用的拟合效果检验图，从图7中可以看出，数据不存在异常点，不需要进一步筛选删除。

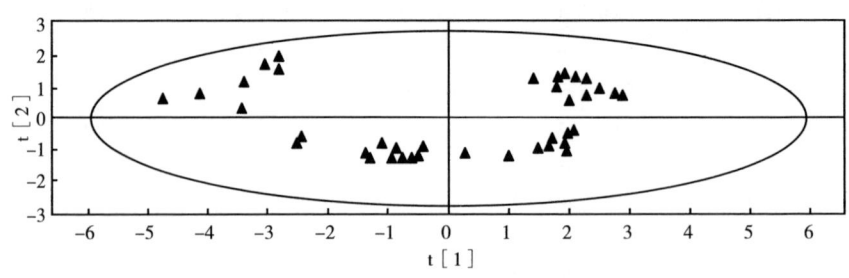

图7　T2椭圆图

而主成分如图8所示，一共有八个主成分，其中灰色柱形表示调整后的$R^2$，代表模型的拟合程度。第一主成分时调整$R^2$为0.718，加入第二主成分达到0.913，到加入第八主成分调整$R^2$达到0.977，从现实经验判断考虑模型的正确性，我们使用八个主成分，此时拟合程度为0.977。黑柱形代表其对数据的预测程度，加入八个主成分预测度可达到0.926。

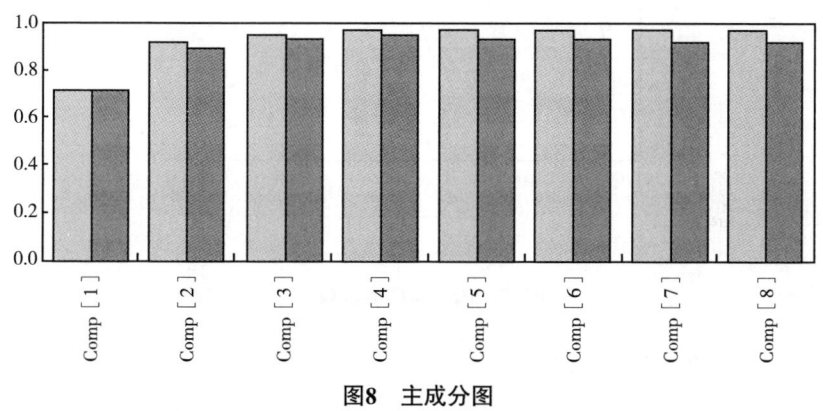

图8　主成分图

采用八个主成分进行PLS回归，接下来作非标准化的系数图（见图9），可以看出GGDP、GFI、GGOV、NLR的系数为负，CPI、ECI、UR、GFT、LNSC的系数为正，PLS回归消除了共线性，且得出的系数符号是符合现实意义的。

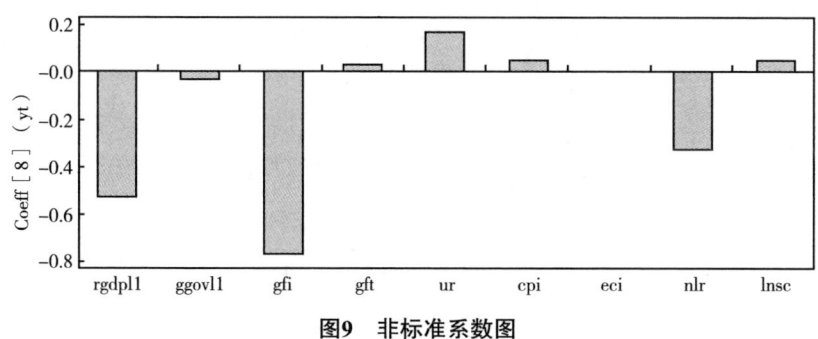

图9　非标准系数图

最终得到的PLS拟合方程如下：

$$Y_t = -9.019 - 0.518GGDP(-1) - 0.769GFI - 0.031GGOV(-1) - 0.313NLR$$
$$+ 0.045CPI + 0.005ECI + 0.176UR + 0.031GFT + 0.055LNSC$$

模型的拟合结果如图10所示。

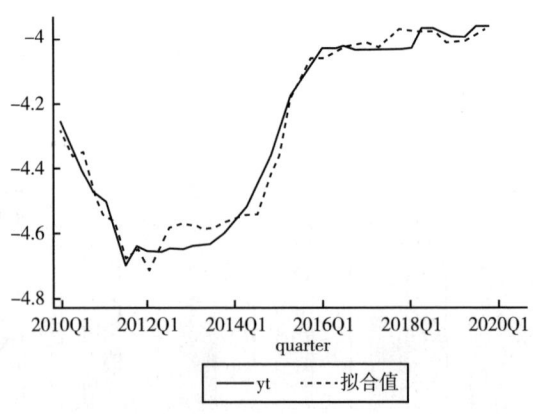

图10　PLS模型拟合效果

**4. 模型的稳健性检验**

为了保证得到的模型不是伪回归,对残差序列的平稳性进行检验。残差时间如图11所示。对残差进行ADF检验,表明其在5%的显著性水平下不存在单位根,其残差是平稳的,因此不存在伪回归(见表9)。

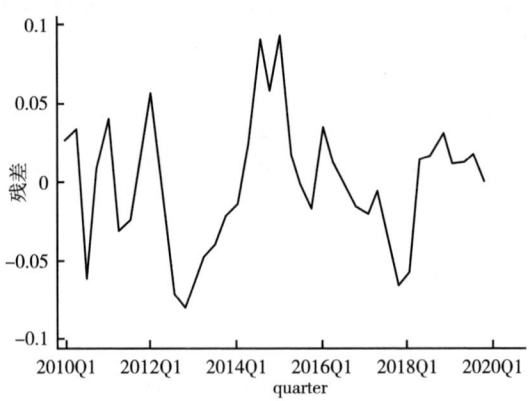

图11　PLS残差时间图

表9　　　　　　　　　　偏最小二乘法残差ADF检验

|  |  | t值 | P值 |
|---|---|---|---|
| ADF检验值 |  | −3.335844 | 0.0199 |
| 临界值 | 1%水平 | −3.610453 |  |
|  | 5%水平 | −2.938987 |  |
|  | 10%水平 | −2.607932 |  |

**5. 全国债务违约率测算模型**

$$Y_t = -9.019 - 0.518GGDP(-1) - 0.769GFI - 0.031GGOV(-1) - 0.313NLR + 0.045CPI + 0.005ECI + 0.176UR + 0.031GFT + 0.055LNSC$$

就全国的情况来看，生产总值同比增长率、财政支出同比增长率、贷款利率、固定资产投资同比增长率与债务违约率有负向关系，其中，生产总值同比增长率、财政支出同比增长率的负向影响会滞后1个季度表现出来。进出口总额同比增长率、消费者价格指数、企业景气指数、失业率同比增长率、社会消费品零售总额与债务违约率有正向关系。与湖北省不同的是，从全国范围来看，企业景气指数和社会消费品零售总额对债务违约率的影响为正向的，其原因在于，当企业景气指数上升，银行可能会放松银根，从而造成违约率提高，而社会消费品零售总额上升时，也可能意味着储蓄率下降而消费信贷上升，引起违约率升高。

### （三）对湖北省及全国债务违约的预测

根据上文所建立的债务违约测算模型，对湖北省和全国债务违约情况进行预测。由于延期还款政策的影响，目前的账面不良贷款率不能反映实际债务违约情况，因此，对湖北省及全国债务违约率的预测分为两步：第一步由已建立的债务违约率测算模型计算2020年前三季度实际债务违约率；第二步以var模型预测2020年第四季度及之后的债务违约率。

新冠疫情作为突发公共卫生事件，属于外部冲击，就其对经济的影响我们有三条假设：

（1）在未受冲击前，宏观经济变量在平稳状态下满足var模型；

（2）在疫情冲击期间偏离var模型；

（3）疫情冲击结束后依然满足var模型。

其中（1）、（3）条假设是因为虽然疫情造成了大封锁，使经济指标出现陡峭的下降，但它并非内部事件，因此它并不会影响经济内部的运行逻辑，不会影响各经济变量间的相互作用。即使目前对经济造成了影响，随着时间变化会逐渐回到稳态。且由于第三季度全国基本实现全面复工复产，因此可以认为，从第三季度开始，我国经济重回基本稳定状态，重新符合var模型。对不符合var模型的第一、第二季度，数据已知，可以直接代入求出违约概率。

设定宏观经济变量满足var模型，根据var模型，我们可以预测宏观经济未来的表现情况。然后使用Eviews进行var拟合。

**1. 对债务违约率var模型的建立**

2020年第一季度、第二季度、第三季度数据已知，可以直接代入数据得到3个季度的违约概率，如表10所示。

表10　　　　　　　2020年前三季度实际债务违约率预测

| 时间 | 湖北省 | | 全国 | |
| --- | --- | --- | --- | --- |
| | 拟合 $Y_t$ | 债务违约率 | 拟合 $Y_t$ | 债务违约率 |
| 2020Q1 | −2.03278 | 11.58% | −3.894223 | 2.00% |
| 2020Q2 | −3.1028 | 4.30% | −3.8789 | 2.03% |
| 2020Q3 | −3.26552 | 3.39% | −3.842386 | 2.10% |

对数据的检验已由前文给出，接下来分别就湖北省和全国的情况判断var模型最佳滞后阶数（见表11）。

表11　　　　　　　湖北省var模型滞后阶数选择

| Lag | *LogL* | *LR* | *FPE* | *AIC* | *SC* | *HQ* |
| --- | --- | --- | --- | --- | --- | --- |
| 0 | 110.6825 | NA | 5.37e−13 | −5.550406 | −5.202099 | −5.427611 |
| 1 | 526.8465 | 629.8699 | 3.14e−21 | −24.58630 | −21.45154* | −23.48115 |
| 2 | 631.5532 | 113.1964* | 5.82e−22* | −26.78666 | −20.86545 | −24.69915 |
| 3 | 721.5835 | 58.39803 | 8.06e−22 | −28.19370* | −19.48604 | −25.12384* |

从表中可以看出，以施瓦兹（SC）准则结合现实，我们选择滞后一阶项。于是对各自变量进行var回归，得到var方程，表12是var回归结果的系数。

表12　　　　　　　　湖北省var模型回归结果系数

| | GGDP | GWHUFE | GFT | LR | CPI | LNSC | ECI | GFI |
|---|---|---|---|---|---|---|---|---|
| GGDP(-1) | 0.980497 | -0.19042 | -0.19276 | -0.18023 | 7.225563 | 0.105769 | 19.39593 | -0.07775 |
| GWHUFE(-1) | -0.04806 | 0.572699 | 0.081924 | 0.303379 | 1.400484 | -0.01621 | -9.36852 | -0.0047 |
| GFT(-1) | -0.01846 | -0.18214 | 0.800351 | 0.202049 | -0.96618 | -0.01222 | 11.7161 | -0.00994 |
| LR(-1) | -0.02139 | -0.05157 | -0.02031 | 0.830069 | -0.65446 | -0.00139 | 0.109334 | -0.00612 |
| CPI(-1) | -0.002061 | 0.014046 | -0.002174 | 0.062923 | 0.420263 | -0.001926 | 0.728612 | -0.00091 |
| LNSC(-1) | 0.118181 | -0.05554 | -0.0314 | -0.05961 | 2.95062 | 1.036547 | -7.26161 | -0.01837 |
| ECI(-1) | 0.000445 | 0.004461 | 0.001836 | 0.002118 | 0.042338 | -0.0002 | 0.522499 | 0.001142 |
| GFI(-1) | 0.668423 | 0.274666 | -0.07895 | 0.694276 | 19.29845 | 0.261541 | -32.8464 | 0.941456 |
| C | -0.79754 | -1.20729 | 0.397689 | -5.55978 | 29.22584 | -0.0933 | 45.53147 | 0.150075 |

同理，全国var模型最佳滞后阶数判断结果如表13所示。

表13　　　　　　　　全国var模型滞后阶数选择

| Lag | LogL | LR | FPE | AIC | SC | HQ |
|---|---|---|---|---|---|---|
| 0 | 190.9193 | NA | 4.34e-16 | -9.833476 | -9.441631 | -9.695332 |
| 1 | 509.8280 | 465.4343* | 1.28e-21* | -22.69340 | -18.77495* | -21.31197* |
| 2 | 598.3077 | 86.08840 | 1.99e-21 | -23.09771* | -15.65266 | -20.47298 |

如表13所示，其中AIC选择二阶滞后项，而LR、SC都选择一阶滞后项，所以最终我们选择一阶滞后项。于是对各自变量进行var回归，得到var方程，表14是var回归结果的系数。

表14　　　　　　　　全国var模型回归结果系数

| | CPI | ECI | GFI | GFT | GGDP | GGOV | LNSC | LR | UR |
|---|---|---|---|---|---|---|---|---|---|
| CPI(-1) | 0.656801 | -2.993381 | -0.00488 | -0.02739 | 0.000503 | 0.027454 | 0.002871 | 0.014428 | -0.006666 |
| ECI(-1) | 0.033632 | 0.253431 | -1.08E-06 | 0.001572 | 0.001104 | 0.004074 | 0.000273 | -0.00395 | -0.001114 |
| GFI(-1) | 3.411453 | -13.51131 | -0.05012 | 0.025986 | 0.097476 | -0.021406 | 0.052944 | 1.072239 | -0.238169 |
| GFT(-1) | -2.949162 | -6.325427 | -0.10244 | 0.286698 | -0.055656 | -0.355747 | 0.006755 | -0.289752 | -0.110942 |
| GGDP(-1) | 8.681163 | 181.4307 | 0.397194 | 2.059211 | 0.837901 | 0.393288 | -0.192615 | 3.169514 | 0.349495 |
| GGOV(-1) | -0.100285 | -10.57244 | -0.04357 | -0.21745 | -0.050273 | -0.167891 | -0.004665 | -0.019144 | 0.050685 |
| LNSC(-1) | -0.763491 | -9.752672 | -0.25357 | -0.04496 | -0.017437 | -0.220637 | 0.975795 | -0.169105 | -0.088388 |
| LR(-1) | -0.383546 | 3.231698 | 0.017371 | -0.00519 | -0.020152 | -0.065255 | -0.006472 | 0.865956 | 0.022335 |

续表

|  | *CPI* | *ECI* | *GFI* | *GFT* | *GGDP* | *GGOV* | *LNSC* | *LR* | *UR* |
|---|---|---|---|---|---|---|---|---|---|
| UR(-1) | -1.234189 | -23.9224 | -0.08836 | -0.03091 | 0.039214 | 0.100526 | 0.018667 | -0.491064 | 0.913261 |
| C | 45.25556 | 570.1315 | 3.697624 | 3.10804 | -0.03408 | -0.787958 | -0.06063 | 3.050562 | 2.017656 |

**2.var模型的稳健性检验**

对湖北省及全国var模型进行检验,结果如图12、图13所示,两个模型的单位根都位于单位圆内,即模型都是平稳的。

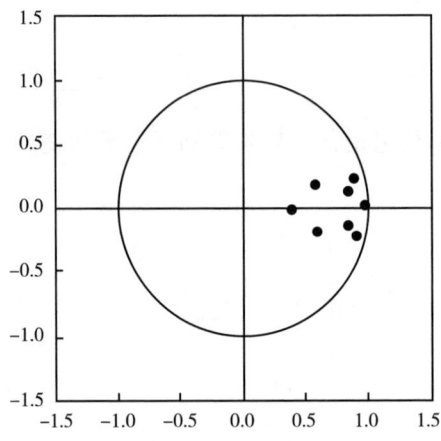

图12 湖北省var模型稳定性检验

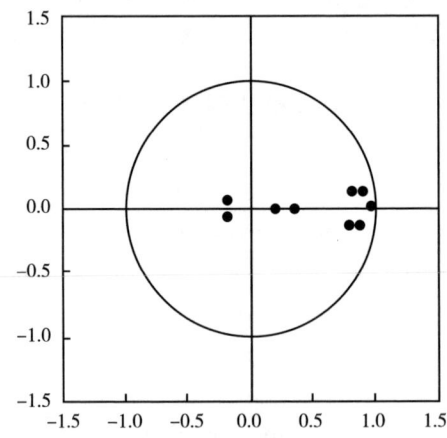

图13 全国var模型稳定性检验

**3. 债务违约率预测结果**

以2020年前三季度为基期,对变量的未来值进行预测,预测出来的债务违约率如表15所示。

表15　　　　对湖北省及全国债务违约率的预测值

| 时间 | 湖北省 拟合 $Y_t$ | 湖北省 债务违约率 | 全国 拟合 $Y_t$ | 全国 债务违约率 |
|---|---|---|---|---|
| 2020Q1 | −2.03278 | 11.58% | −3.8942 | 2.00% |
| 2020Q2 | −3.1028 | 4.30% | −3.8789 | 2.03% |
| 2020Q3 | −3.3494 | 3.39% | −3.8424 | 2.10% |
| 2020Q4 | −3.90337 | 1.98% | −3.8914 | 2.00% |
| 2021Q1 | −4.04245 | 1.73% | −3.9517 | 1.89% |
| 2021Q2 | −4.08409 | 1.66% | −3.9457 | 1.90% |
| 2021Q3 | −4.09838 | 1.63% | −3.8824 | 2.02% |
| 2021Q4 | −4.11016 | 1.61% | −3.813 | 2.16% |
| 2022Q1 | −4.12659 | 1.59% | −3.7584 | 2.28% |
| 2022Q2 | −4.14815 | 1.55% | −3.7223 | 2.36% |
| 2022Q3 | −4.17308 | 1.52% | −3.7028 | 2.41% |
| 2022Q4 | −4.19907 | 1.48% | −3.697 | 2.42% |
| 2023Q1 | −4.22396 | 1.44% | −3.7023 | 2.41% |
| 2023Q2 | −4.24597 | 1.41% | −3.7163 | 2.37% |
| 2023Q3 | −4.26372 | 1.39% | −3.7367 | 2.33% |
| 2023Q4 | −4.2763 | 1.37% | −3.7616 | 2.27% |
| 2024Q1 | −4.28323 | 1.36% | −3.7892 | 2.21% |
| 2024Q2 | −4.28443 | 1.36% | −3.8178 | 2.15% |
| 2024Q3 | −4.28014 | 1.37% | −3.8463 | 2.09% |
| 2024Q4 | −4.27093 | 1.38% | −3.8738 | 2.04% |

从预测的结果来看,新冠疫情发生后,湖北省债务违约率出现剧烈波动,2020年3月末,湖北省预测实际不良贷款率为11.58%,比2019年

末上升了10.26%，此后随着应对疫情的经济金融政策相继起效，预测实际不良贷款率将会持续下降。2020年6月末，预测实际不良贷款率降为4.30%。2020年末、2021年末、2022年末，湖北省预测不良贷款率分别为1.98%、1.61%和1.48%，2023年末基本恢复至新冠疫情发生前的状况。

相比之下，新冠疫情对全国债务违约的影响就小很多。2020年3月开始，全国预测实际不良贷款率有轻微上升，预测值约为2.00%，此后直至2023年第一季度，预测不良贷款率都处于持续小幅上升阶段，2022年12月达到峰值2.42%，随后开始下降，预计在2025年末基本回到新冠疫情发生前的状态。

新冠疫情对湖北省和全国债务违约率造成的影响具有不同的特点，对前者的影响程度大、持续时间短，对后者的影响程度小、持续时间长。疫情发生后，湖北省债务违约率的波动幅度达到10个百分点，持续时间约为4年，全国债务违约率的波动幅度为0.4个百分点，持续时间约为5年半。

## 五、新冠疫情下债务违约对金融业发展的影响

债务违约带来的信用风险将影响银行利润，进而影响金融业发展趋势。本部分将根据上文中对债务违约的预测，判断金融业未来五年内的发展趋势。

本文选取金融业增加值作为金融业发展的衡量指标。金融业增加值是指金融业的全部基层单位一定时期内新创造出来的价值之和。金融业增加值通常采用生产法和收入法计算，本文以收入法来计算金融业增加值，计算公式如下：

金融业增加值（收入法）＝劳动者报酬＋固定资产折旧＋生产税净额＋营业盈余

金融业增加值由银行业、证券业、保险业和其他金融活动四个子部门加总得来。我国金融业中，银行业资产规模占比达90%以上，因此，金融业增加值的测算可以转化为银行业增加值的测算，其中最为核心的是银行业营业利润的测算。

营业利润=营业收入（利息净收入+手续费及佣金净收入+其他净收入）–营业支出（税金及附加+业务及管理费+信用减值损失+其他业务成本）

新冠疫情下，由于经济发展形势和经济政策的改变，银行营业收入和营业支出的变动规律会发生一定的改变，本部分通过分析2020年前三季度银行机构营业收入和营业支出的变动情况，判断疫情对银行营业利润走势的影响，作为下一步预测的基础。

### （一）新冠疫情下银行营业收入变动情况

新冠疫情对银行业营业收入的影响主要体现在宏观因素、政策因素和改革因素上。其中，新冠疫情造成的经济增速承压最为突出。受疫情影响，中国2020年第一季度GDP同比下降6.8%，出现自1992年以来首次单季度负增长，第二、第三季度GDP由负转正，分别增长3.2%和4.9%，增速较往年有大幅下降。从政策因素来看，国务院明确提出推动金融系统全年向各类企业合理让利1.5万亿元，从长远来看，推动金融业合理让利有助于保市场主体，稳住经济基本盘，有利于金融业的平稳发展；但从短期来看，必然造成金融机构收入下降。除此之外，金融供给侧结构性改革的推进，要求商业银行加大对实体经济的支持力度，年初国家提出3万亿元的中小企业融资支持计划，商业银行也会随之调整资本配置结构，以便更好地支持中小企业，同时也会对银行的收入增长产生影响。

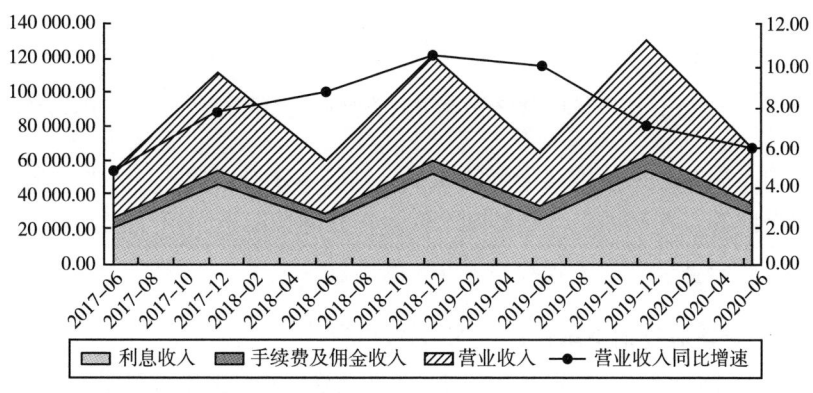

图14　上市银行营业收入变动示意图[①]　　单位：亿元，%

---

①　数据来源：Wind。

2020年以来银行业营业收入呈现平稳增长趋势,同比增幅有所下降,2020年6月同比增幅为5.58%,比2019年末下降1.28个百分点(见图14)。在银行的营业收入中,利息收入约占70%,观察银行业净利差的变动情况有助于判断营业收入的变动趋势。2020年以来,银行净利差同比增速一直处于下降趋势,从2019年12月的7.73%下降至2020年3月的2.91%,6月开始出现负增长,净利差降为2.06%,同比增速为–0.89%,9月净利差2.45%,同比增速继续为负值,为–1.47%,从2019年12月到2020年9月,净利差同比增速降幅达9.2个百分点。但可喜的是降幅已明显收窄,近3个季度,同比增速降幅分别为4.81%、3.89%和0.5%,收窄趋势明显(见图15)。

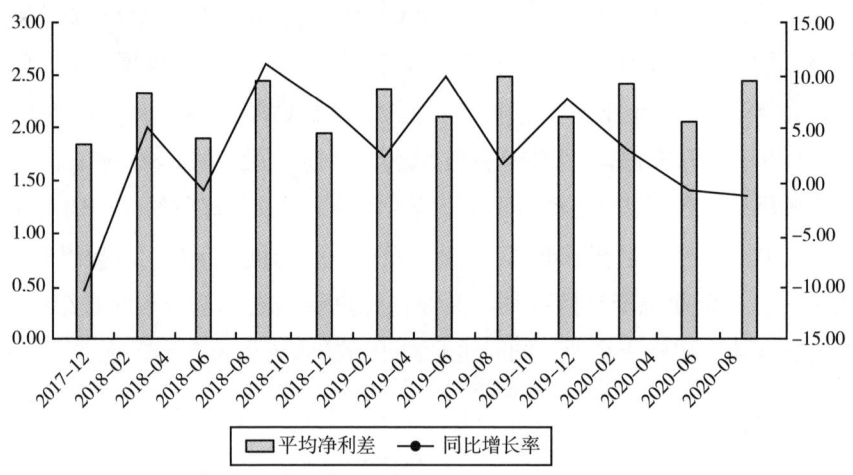

**图15 上市银行平均净利差变动情况示意图**① 　　　　单位:%

由于净利差同比增速降幅的收窄,预测未来利息收入的同比增速也会缓慢回升。在国内经济增长基本恢复正常的情况下,预计2020年末到2021年银行业营业收入延续5%—6%的增长。

**(二)新冠疫情下银行营业支出变动情况**

银行业营业支出由税金及附加、业务及管理费、信用减值损失和其他

---

① 数据来源:Wind。

业务成本构成。2020年以来，银行各项营业支出的变动情况如表16如示。

表16　　　　　上市银行各项营业支出同比增速变动[①]　　　　单位：%

| | 营业税金及附加同比增速 | 业务及管理费同比增速 | 信用减值损失同比增速 | 其他业务成本同比增速 |
|---|---|---|---|---|
| 2020Q1 | 7.20 | 2.75 | 12.14 | 4.85 |
| 2020Q2 | 14.64 | 1.59 | 81.52 | 27.99 |
| 2020Q3 | 8.29 | −0.64 | 27.40 | 13.11 |

2020年以来，特别是第二季度末，银行各项营业支出变动幅度较大，特别是信用减值损失变动达到了同比增加81.52%，也说明银行在整体账面不良贷款余额没有明显上升的情况下，加大了对贷款损失准备的计提力度。其他支出项虽然有所增长，但增长幅度小于资产减值损失，且在第三季度就基本恢复原来增长水平。

### （三）债务违约对金融业增加值的影响预测

本文按以下方式对金融业增加值进行预测。

**1. 拆分金融业增加值**

金融业增加值可分为劳动者报酬、固定资产折旧、生产税净额和营业盈余四项，按照数据的可得性原则，我们通过Wind数据库选取了福州、长沙、广州、深圳、乌鲁木齐5个地区和新疆生产建设兵团过去7年的各项数据，计算后得出劳动者报酬约占金融业增加值的27.40%，固定资产折旧约占金融业增加值的1.96%，生产税净额约占金融业增加值的12.52%，营业盈余约占金融业增加值的58.12%。按上述比例将金融业增加值进行拆分。

**2. 对劳动者报酬、固定资产折旧、生产税净额的预测**

根据上文分析，由于新冠疫情未改变国内长期经济发展趋势，对金融业从业者的劳动报酬影响也不大，因此劳动者报酬、固定资产折旧、生产税净额按指数平滑方式进行预测。

---

① 数据来源：Wind。

### 3. 对营业盈余预测

根据上市银行年报,信用减值损失占到营业支出总额约60%。信用减值损失为流量概念,以当期实际发生的债务违约损失为准。按照前述以CPV模型预测的不良贷款增长率和按调查得到的违约损失率61.69%[①]计算每期信用减值损失,并按照60%换算为营业支出。同时根据2019年的营业支出、营业盈余计算2019年营业收入,作为预测基础数据。营业收入的增长预测为2020年增长5%,2020年之后每年多增加1个百分点。营业收入减去营业支出即为营业盈余。最后再四项加总为金融业增加值。

湖北省和全国金融业增加值预测结果如表17、表18所示。

表17　　　　　　　湖北省金融业增加值预测[②]　　　　　　　单位:亿元,%

| 指标名称 | 劳动者报酬 | 固定资产折旧 | 生产税净额 | 不良贷款率 | 各项贷款余额 | 不良贷款余额 | 不良贷款损失 | 营业支出 | 营业收入 | 营业盈余 | 湖北省金融业增加值 |
|---|---|---|---|---|---|---|---|---|---|---|---|
| 2020年 | 839.59 | 60.06 | 383.64 | 1.63% | 59 899.11 | 976.36 | 604.17 | 1 006.95 | 2 447.52 | 1 440.57 | 2 723.85 |
| 2021年 | 922.11 | 65.96 | 421.34 | 1.61% | 66 644.18 | 1 075.64 | 665.60 | 1 109.34 | 2 594.37 | 1 485.03 | 2 894.44 |
| 2022年 | 1 010.58 | 72.29 | 461.77 | 1.48% | 73 389.26 | 1 085.28 | 671.57 | 1 119.29 | 2 775.98 | 1 656.69 | 3 201.33 |
| 2023年 | 1 105.44 | 79.08 | 505.11 | 1.37% | 80 134.33 | 1 098.16 | 679.54 | 1 132.57 | 2 998.05 | 1 865.48 | 3 555.11 |
| 2024年 | 1 207.14 | 86.35 | 551.58 | 1.38% | 86 879.40 | 1 196.85 | 740.61 | 1 234.35 | 3 267.88 | 2 033.53 | 3 878.60 |

注:由于延期还款政策到期日为2021年3月,故2020年12月的账面不良贷款率不会反映实际不良情况,此时不良贷款率以过往3个季度的平均不良贷款率来预测。

表18　　　　　　　全国金融业增加值预测[③]　　　　　　　单位:亿元,%

| 指标名称 | 劳动者报酬 | 固定资产折旧 | 生产税净额 | 不良贷款率 | 各项贷款余额 | 不良贷款余额 | 不良贷款损失 | 营业支出 | 营业收入 | 营业盈余 | 全国金融业增加值 |
|---|---|---|---|---|---|---|---|---|---|---|---|
| 2020年 | 22 715.92 | 1 624.93 | 10 392.60 | 2.00% | 1 491 828.48 | 24 316.80 | 15 047.24 | 25 078.73 | 73 172.87 | 48 094.14 | 82 827.59 |
| 2021年 | 24 341.83 | 1 741.24 | 11 143.18 | 2.16% | 1 667 933.00 | 36 037.36 | 22 299.92 | 37 166.53 | 77 563.24 | 40 396.71 | 77 622.96 |
| 2022年 | 25 967.74 | 1 857.55 | 11 893.77 | 2.42% | 1 844 037.52 | 44 620.18 | 27 610.96 | 46 018.27 | 82 992.67 | 36 974.39 | 76 693.44 |
| 2023年 | 27 593.65 | 1 973.85 | 12 644.35 | 2.27% | 2 020 142.04 | 45 893.59 | 28 398.95 | 47 331.59 | 89 632.08 | 42 300.49 | 84 512.34 |
| 2024年 | 29 219.56 | 2 090.16 | 13 394.93 | 2.04% | 2 196 246.56 | 44 708.99 | 27 665.92 | 46 109.87 | 97 698.97 | 51 589.09 | 96 293.74 |

---

① 根据对于湖北地区1 368笔不良贷款处置情况的调查计算而得。
② 数据来源:根据计算而得。
③ 数据来源:根据计算而得。

新冠疫情虽然在中国的传播时间不长即被控制，但其对经济金融的冲击依然强烈。金融业特别是货币金融业，在履行社会责任、加大信贷投放和信用风险上升的多重影响下，承受了较大的发展压力。从本文分析的结果来看，无论是对全国还是对湖北省，新冠疫情都对金融业发展造成较大的影响，对全国的影响更加深远。

从全国的情况来看，2020年金融业增加值预测将保持7.46%左右的增长率，略低于往年。由于不良资产风险的暴露、延期还款政策等各项政策的退出，2021年、2022年金融业增加值将经历负增长，增长率分别约为–6.28%和–1.19%，2023年之后，增长率将由负转正，逐步恢复到10%左右，回到新冠疫情发生之前的增长趋势。

从湖北省的情况来看，金融业的负增长出现的时间早于全国，2020年湖北省金融业增加值将经历负增长，增长率约为–2.14%，2021年恢复正增长，增长率逐步上升，2022年增长率恢复到约10%，新冠疫情对湖北金融业发展的影响基本结束。

## 六、结论及政策建议

本文将偏最小二乘法引入信用风险组合（CPV）模型，构建了新冠疫情下债务违约测算模型，避免了多重共线性问题并考虑了各个宏观经济变量之间的相互影响，保证了计量结果的准确性。从理论上分析新冠疫情对宏观经济的冲击路径和效应，选择影响债务违约率的代表性宏观经济变量，对湖北省及全国的债务违约率进行预测。同时，通过对不良债权历史处置情况的实地调查获得债务违约损失率的数据，综合研判湖北省及全国信用风险的状况和变动趋势，并在此基础上，预测了未来五年内湖北省及全国金融产业增长趋势。

### （一）本文主要研究结论

**1. 新冠疫情通过宏观经济因素影响债务违约率**

一般而言，生产总值、财政支出、固定资产投资、贷款利率的增加或升高会使债务违约率降低，而进出口额、消费者价格指数、失业率的增加或升高则会使债务违约率升高。企业景气指数、社会消费品零售总额对于债务违约率的影响根据经济环境的不同而有所差异。

**2. 新冠疫情将推高债务违约率**

无论是对湖北省还是对全国，新冠疫情的发生都使债务违约率升高（见图16）。主要是由于疫情持续期间，企业收入下降使得短期流动性压力增大，提高了企业因资金链断裂而无法按时偿还债务的概率。

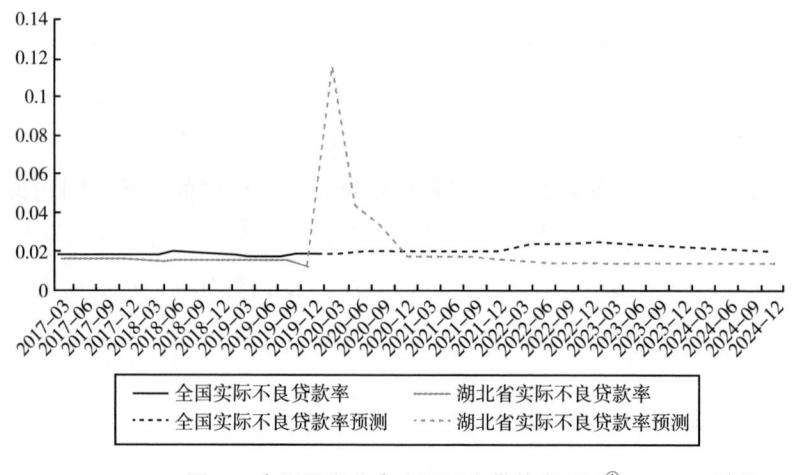

**图16　全国及湖北省实际不良贷款率预测**①　　单位：%

新冠疫情发生的严重程度与债务违约率大小高度相关。对中国最为严重的疫情发生地——湖北省而言，新冠疫情对债务违约率的影响程度大但持续时间短，疫情发生后的2020年第一季度，湖北省债务违约率高达11.58%，尽管随后出现下降，但债务违约率的波动幅度也达近10个百分点，其影响前后持续时间约为4年。新冠疫情对全国债务违约的影响程度则比较平和，债务违约率的波动幅度小但持续时间长。全国债务违约率的波动幅度约为0.4个百分点，持续时间约为5年半。

疫情发生严重程度与债务违约率大小高度相关符合一般的经验判断，停工停产和人员隔离时间越长，企业的短期流动性压力也就越大，资金链断裂的概率越大，发生债务违约的风险也就越高。就新冠疫情对

---

① 数据来源：根据Wind数据及计算结果而得。

债务违约率的影响时间而言，湖北省短于全国的主要原因在于，作为当时的疫情中心，湖北省备受全国关注，资金与政策的倾斜力度也相比其他地区要大。除此之外，湖北省良好的金融环境也是重要原因。湖北省金融环境为中部之首，居全国第五位，银行不良率中部最低，融资环境持续优化，也为债务违约率的降低贡献了力量。

**3.新冠疫情将造成金融业增长波动**

债务违约风险的上升将影响金融业的利润，金融业增长也会随之出现波动。新冠疫情对全国金融业增长的影响将大于对湖北省金融业增长的影响。如图17所示，湖北省金融业在2020年将出现负增长，持续一年后即恢复正增长，2022年金融业增长恢复正常水平。全国金融业将在2021年出现负增长，持续时间为2年，2023年回归正增长，并逐步恢复到正常增长水平。

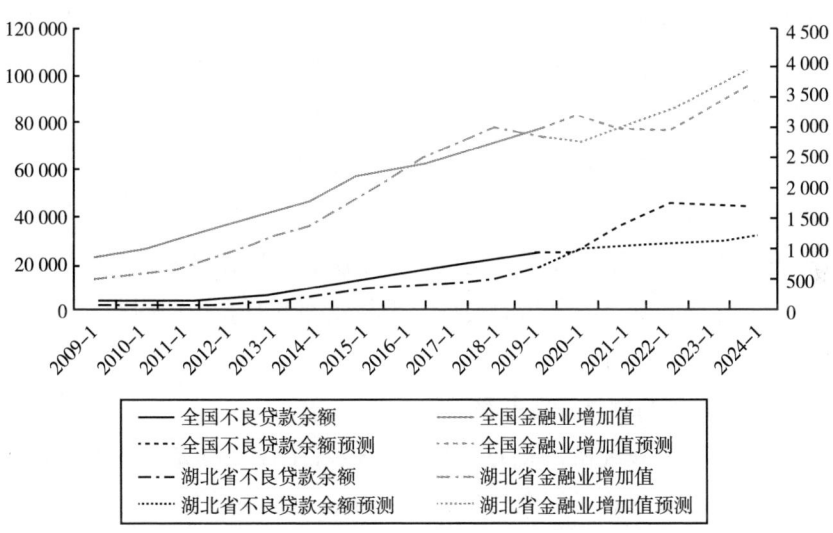

**图17 不良贷款余额及金融业增加值预测变动图**[①]　　单位：亿元，%

全国金融业增加出现负增长的时间晚于湖北省，负增长持续时间长于湖北省，说明新冠疫情对金融业增长的影响程度，全国高于湖北省。

---

① 数据来源：根据Wind数据及本文计算而得。

出现这种情况的主要原因在于湖北省金融业发展基础优于全国平均水平。除上文已提到湖北省金融环境处于全国第一梯队之外，在新冠疫情发生之前，湖北省的不良贷款率远低于全国平均水平。2019年末，湖北省不良贷款率为13.24%，而全国不良贷款率18.62%。湖北省的不良贷款率在疫情发生前一直处于下降通道，而全国的不良贷款率则是在上升的。

### （二）后疫情时代金融业发展的重点

当前疫情防控阻击战已取得了阶段性胜利，新冠疫情防控措施常态化，也意味着经济社会进入了后疫情时代。面对后疫情时代的经济特点，金融业发展需要注意以下重点。

**1. 自身发展与社会责任并重**

随着近年来金融产业的持续发展，金融业在国民经济中的地位也在不断提升，金融业已经成为国民经济的重要组成部门，金融业所具备的资源配置、经济调节、风险管理、创新引领等功能，也对经济发展有着相当大的促进作用，金融业对经济发展的重要意义不言而喻。同时，也要看到金融业的发展根基是实体经济，服务实体经济是对金融最基本的要求。特别是在后疫情时期，应当树立金融业与实体企业共度时艰的忧患意识，认识到保实体经济就是保自身发展，平衡金融业自身发展与让利实体、支持实体经济之间的关系，平衡短期利益和长期利益、因应之策与长效机制之间的关系。

**2. 创新发展与整体稳定并重**

疫情对于微观经济产生重大影响，微观主体尤其是企业和家庭的行为模式、需求模式可能会发生较大变化，也加速了经济结构的变化，数字化发展的特点更加突出，金融业的创新转型势不可当，也是当务之急。但新冠疫情对于金融业整体影响也具有滞后性，在坚持金融业创新发展的同时，也需要考虑到金融业整体稳定，防范系统性金融风险。

**3. 全局发展与特殊地域并重**

新冠疫情的后续影响具有明显的地域特征，后疫情时期的金融业发展政策也需要考虑全局与区域的协调,既要引导整体金融业健康平稳发展,适时推动疫情期间短期应对之策逐渐退出,支持金融业积极处置不良资产,又要考虑制定针对特殊地区金融业发展的特殊政策,防范信用风险的地区间传染。

### (三)后疫情时代促进湖北金融业发展的政策建议

湖北省金融行业在未来1—3年内的重点工作之一是处置不良资产,防范化解债务风险,加大金融业改革创新力度,推动金融业平稳健康发展。

**1. 积极落实好延期还本付息政策**

受疫情影响而产生的债务违约多由短期内的现金流短缺引起,若企业在资金链紧张时得到一定的资金支持或延期还款的政策支持,疫情缓解之后企业债务违约的概率将大大降低。这也是疫情期间中央出台总量及结构性货币政策,加大对企业的信贷投放,决定在一定期限内对企业采取延期还本付息政策的目的所在。

当前,在2020年初应对疫情冲击的总量性货币政策已经在逐步退出,结构性货币政策也有明确的退出时间。如普惠小微企业的延期还本付息支持工具和普惠小微信用贷款支持计划在逐步退出,2021年4月,两项工具延期至2021年12月,2022年起普惠小微企业信用贷款支持计划并入支农支小再贷款管理,普惠小微延期还本付息支持工具转换为普惠小微贷款支持工具,并延期至2023年6月底。根据中央经济工作会议精神,国务院常务会议决定将普惠小微企业的延期还本付息政策继续执行至2021年3月,要求金融机构做到按市场化原则应延尽延,延期方案由银行和企业自主协商确定。根据本文的研究结论,预测在2020年底,湖北省债务违约率为1.98%,而在2021年3月之后,债务违约率将会从1.73%稳步下降。延期还款政策的延长将有助于银行进一步消化存量不良资产,支持风险企业渡过难关,有助于湖北省金融业的平稳运行。在今后一段时间,应引导金融机构积极落实延期还本付息政策。

(1)应延尽延与精准识别道德风险同步推进。引导银行机构将政策支持与精准识别有效结合。一方面,部分小微企业恢复生产经营可能需要更多的时间,对于生产经营良好、有信用的企业,银行可在政策允许范围内继续实行延期支持,给予企业充分的自救空间。另一方面,还要加强对道德风险的精准识别,特别是一些僵尸企业和失信企业恶意运用政策,加剧了金融风险。银行机构要杜绝此类企业的介入,从源头上减少隐性不良的累积。

(2)延期还本付息纾困与优化还款计划同步推进。延期还本付息政策到期后,许多企业都将面临着短期内偿还大量贷款本息的压力。要引导银行机构在为企业纾困的同时,也要主动帮助企业合理制订还款计划,或者研究推出还款缓冲期,对于确定进入不良的贷款在到期前尽量化解重组,避免隐性不良集中暴露。

**2. 加大防范化解债务风险力度**

尽管延期还款付息政策的实施可以减缓债务风险的集中暴露,但未来两至三年,湖北省的债务违约率仍将有小幅的上升,不良贷款余额可能冲突千亿元,由此带来的不良贷款化解处置的压力不容小觑。需要进一步丰富金融机构化解手段,增强金融机构化解实力,加强宏微观审慎监管。

(1)丰富金融机构化解手段。一是引导金融机构合理计提拨备。监管机构已出台下调中小银行拨备率的政策,引导银行根据自身情况制定财务调整方案,加大不良核销,腾挪信贷空间。二是加大对债务重组支持力度。引导金融机构加大对债务违约企业的调查力度,对于尚处于延期还款期但明确无法偿还贷款的企业可提前介入商讨重组方案。三是拓展打包处置不良贷款的途径。利用湖北省六家资产管理公司、武汉金融资产交易所等途径,引导金融机构持续加大不良贷款处置核销力度,提升不良贷款打包转让交易成功率。

(2)增强金融机构化解实力。着重增强湖北省地方法人金融机构化解金融风险的实力。一是鼓励金融机构内源性增资扩股。积极推动地方法人中小银行定向增发,引进战略投资者,深化混改,探讨外资入股的可能性。放宽中小金融机构股东条件,拓展股东类型,比如吸引私募股权基金入股中小银行等。与此同时,也要加强监管,防范出现股东资质不合格、股东掏空商业银行等问题。二是支持金融机构外源性增资扩股。鼓励符合条件的地方法人银行发行二级资本债和永续债，拓宽永续债投资主体，分散风险。

（3）加强宏观微观审慎监管。一是加强对银行机构的日常风险监测评估。做实资产分类、做好压力测试，摸清风险底数，前瞻制定各类风险处置应急预案。二是加强对区域宏观风险预警。不断完善风险监测手段，构建快速掌握风险信息、高效分析风险情况、准确评估风险趋势的信息系统，完善金融风险指数度量监测评估体系，进一步强化风险识别预警能力，充分发挥金融委办公室湖北协调机制作用，增强风险防控合力。三是加强重点领域风险防控。对于法人中小银行的债务风险予以重点关注，做到早识别、早预警、早发现、早处置。

**3.完善促进金融业平稳适度发展的支持政策**

（1）做好金融业发展的顶层设计。结合湖北省"十四五"现代金融体系规划的制定工作，从疫情后金融发展的新机遇和新挑战出发，聚集金融服务实体经济、防范化解金融风险、深化金融改革创新三大任务，在推动湖北省金融总量增长、结构优化、功能提升、质效改善等方面着力设计金融业发展规划，推动金融行业高质量发展。

（2）完善债务处置支撑环境。一是加快健全社会信用体系。着力推动湖北省新型信用监管机制建设，在各种经济活动中实施信用审查和信用淘汰制度，通过网络推进信息共享和信息披露，健全失信制裁和社会联防机制。二是维护良好的地方金融生态。继续做好湖北省金融生态环境建设工作，推动地方政府有机平衡经济发展、稳定就业和化解风险的关系，按照公平公正的原则处理银行债权，避免不合法的行政干预行为。三是创造良好的司法环境。推动湖北省地方金融法庭建设，按照市场化原则和法律规定处理银行金融机构债权问题，避免行政干预侵害银行金融机构合法权益。

（3）加大财税政策支持力度。一是立足湖北实际，针对金融业发展的新规律与新特点，制定鼓励符合发展方向的新业务新模式的奖励补贴政策。加大对支持"三农"、小微企业、科技产业、绿色产业的金融机构与金融业务的财政激励。二是完善财政风险分担机制，特别是最终损失的承担机制。三是对于不良资产交易处置的税费，在一定程度上予以减免。

## 参考文献

[1] 曹道胜，何明升. 商业银行信用风险模型的比较及其借鉴[J]. 金融研究，2006（10）：90-97.

[2] 曹麟，彭建刚. 基于CPV模型改进的信用风险宏观压力测试研究[J]. 湖南大学学报（自然科学版），2013，40（12）：107-113.

[3] 陈诗一，郭俊杰. 新冠疫情的经济影响分析：长期视角与短期应对[J]. 经济理论与经济管理，2020（08）：32-44.

[4] 程婵娟，邹海波. CPV模型在银行贷款违约概率计算中的应用研究[J]. 当代经济科学，2009，31（05）：15-20+124.

[5] 崔健. 基于Credit Portfolio View模型的银行贷款信用风险研究[D]. 东北财经大学，2016.

[6] 何诚颖，闻岳春，常雅丽，耿晓旭. 新冠病毒肺炎疫情对中国经济影响的测度分析[J]. 数量经济技术经济研究，2020，37（05）：3-22.

[7] 胡滨，范云朋，郑联盛. "新冠"疫情、经济冲击与政府干预[J]. 数量经济技术经济研究，2020，37（09）：42-61.

[8] 黄承芳，李宁，张正涛，刘远，王芳. 新冠疫情冲击后的中国经济恢复发展预估[J]. 灾害学，2020，35（04）：210-214+221.

[9] 靳凤菊. 基于CPV模型的房地产信贷信用风险的度量和预测[J]. 金融论坛，2007（09）：40-43.

[10] 苏为华，郭远爱. 我国商业银行信用风险宏观压力测试研究——基于改进的Credit Portfolio View模型[J]. 南方金融，2014（08）：7-12.

[11] 汤婷婷，方兆本. 商业银行信用风险与宏观经济——基于压力测试的研究[J]. 当代经济科学，2011，33（04）：66-71+126.

［12］田盛丹.新冠疫情及其应对政策对我国宏观经济的影响——基于可计算一般均衡模型的分析［J］.消费经济，2020，36（03）：42-52.

［13］王天宇，杨勇.商业银行信用风险宏观压力测试研究［J］.商业经济与管理，2017（05）：70-76.

［14］谢赤，徐国祺.银行信用风险度量Creditmetricstm模型与CPV模型比较研究［J］.湖南大学学报（自然科学版），2006（02）：135-137.

［15］尹彦辉，孙祥栋，徐朝.新冠疫情与宏观经济波动：基于Dsge模型的分析及启示［J］.统计与决策，2020，36（07）：85-90.

［16］张斌.新冠疫情对宏观经济的影响及财政政策的对冲效应评价分析［J］.工业技术经济，2020，39（10）：47-56.

［17］钟瑛，陈盼.新冠疫情对中国宏观经济的影响与对策探讨［J］.理论探讨，2020（03）：85-90.

［18］周梅芳，刘宇，张金珠，崔琦.新冠疫情的宏观经济效应及其应对政策有效性研究［J］.数量经济技术经济研究，2020，37（08）：24-41.

［19］朱启荣，孙明松，杨伟东.新冠疫情对我国经济影响的评估：基于Gtap模型的实证［J］.统计与决策，2020，36（21）：91-96.

［20］Altman E. I. Financial Ratios，"Discriminant Analysis and the Prediction of Corporate Bankruptcy"［J］. *Journal of Finance*，1968，23（01）：589-609.

［21］Altman E.I.，A.Saunders. "Credit risk measurement：Developments over the last 20 years"［J］，*Journal of Banking & Finance*. 1997，21（11）：1721-1742.

［22］Bangia A.，Diebold F.，Kronimus A.，Schagen C.，Schuermann T. "Ratings Migration and the Business Cycle，with Application to Credit Portfolio Stress Testing"［J］. *Journal of Banking & Finance*，2002，26（02）：445-474.

［23］Blanchard O. J.，Fischer S. *Lectures On Macroeconomics*［M］.

MIT press. 1989.

［24］Chance D.M. "Default Risk and the Duration of Zero Coupon Bonds"［J］. *Journal of Finance*，1990，14（01）：37-55.

［25］Diana B. "Credit risk drivers：Evaluating the Contribution of Firm Level Information and of Macroeconomic Dynamics"［J］. *Journal of Banking Finance*，2009，33（02）：281-299.

［26］Hu. Y. T.，Kiesel R.，Perraudin W. "The Estimation of Transaction Metrics for Sovereign Credit Ratings"［J］. *Journal of Banking & Finance*，2002，26（07）：25-57.

［27］Micco A.，Panizza U. "Bank Ownership and Lending Behavior"［J］. *Economics Letters*，2006，93（02）：248-254.

［28］Stiglitz J.E.，Weiss A. "Credit Rationing in Market with Imperfect Informatzon"［J］. *American Economic Review*，1981，71（03）：393-409.

课题主持人：王玉玲

课题组成员：李　斌　童展鹏　刘克珍　陈　波　吴　莹　曾　妮　刘　诺　夏　越　李晨曦

# 支付行业数据价值研究

中国人民银行武汉分行支付结算处课题组

**摘要**：近年来，支付行业飞速发展，支付数据积累规模不断增长，数据采集、存储、分析技术不断进步，数据驱动行业发展特征明显。中央将数据要素纳入新型生产要素后，支付行业作为数据驱动最为明显的行业，将在数字经济发展过程中扮演越来越重要的角色，支付数据价值的充分发挥将成为国民经济发展的重要推动力量。本文首先对国内外数据价值研究现状进行了述评；其次，从价值形成的理论依据出发，深入分析了支付行业数据的价值形成机制和影响因素，指出支付数据价值受数据因素、技术因素、政策因素和市场因素的影响，同一数据对不同主体而言具有不同的价值；最后，从数据保护、防范垄断、数据交易、数据分级分类管理以及数据共享等方面针对目前存在的问题提出了政策建议。

**关键词**：支付数据；生产要素；价值形成机制；影响因素

## 一、引言

近年来，我国支付行业发展迅猛，以大数据、云计算、人工智能等技术为依托的数据驱动型行业发展和应用场景拓展的生态体系逐步形成，支付数字化、移动化趋势明显，支付数据量呈现指数化增长，数据资源已经成为支付行业的核心资产，数据的汇集、分析、应用和产出能力已经成为支付行业市场主体的核心竞争力。以此为基础，支付行业的数据应用带动传统产业转型升级，使得我国相关产业的数字化水平不断提高，数字经济规模不断扩大，根据中国信息通信产业研究院发布的

《中国数字经济发展与就业白皮书（2019年）》显示，2018年我国数字经济总量达31.3万亿元，占GDP比重超过1/3，对GDP增长的贡献率则超过2/3。

2017年12月8日，习近平总书记在中央政治局第二次集体学习时强调，"要构建以数据为关键要素的数字经济"，"发挥数据的基础资源作用和创新引擎作用"。党的十九届四中全会首次将数据要素作为生产要素写入中央文件，提出要"健全劳动、资本、土地、知识、技术、管理、数据等生产要素由市场评价贡献、按贡献决定报酬的机制"。2020年4月9日，中共中央、国务院《关于构建更加完善的要素市场化配置体制机制的意见》提出加快培育数据要素市场的具体意见。党的十九届五中全会指出，要"推进土地、劳动力、资本、技术、数据等要素市场化改革。健全要素市场运行机制，完善要素交易规则和服务体系"。数据作为一种关键的生产要素，其生产、分配、交换和消费已经纳入顶层设计之中。

数据作为一种全新的生产要素，被誉为"数字经济的石油"，其规模经济效应明显，同时也具有非竞争性、非排他性等公共品的一般特征，数据要素与其他传统生产要素相结合能够产生极强的乘数效应，在数字经济的崛起过程中起到了至关重要的作用。支付行业作为数据要素深度参与的行业，充分享受了数据要素的价值和数字经济崛起的红利，但同时也面临着数据保护、确权、定价、交易、监管等一系列新问题，在数据要素新时代，如何更好地发挥数据要素这一战略资源在支付行业中的价值，更好地服务和规范支付行业的创新发展，并以此为基础，不断提高数据治理能力，持续推动我国传统产业转型升级和数字经济高质量发展是个值得研究的课题，具有重要的理论及现实意义。本文将在数据作为新型生产要素的大背景下，深入分析支付行业数据要素的价值形成机制与影响因素，并进一步聚焦于支付数据的产生、共享、流动、应用的全过程以及面临的权属、防范垄断、隐私保护等问题，并提出政策建议。

## 二、文献综述

关于数据的价值，国内外学者从数据的特点、功能、交易、定价以及监管等方面进行了广泛的研究。

### （一）关于数据的共性和特点

党的十九届四中全会相关文件中首次将数据要素列为第五大生产要素，数据要素相对于劳动、资本、土地和技术等其他生产要素而言有一定的共性，但也有自身的特性。国际货币基金组织研究人员（2019）认为，数据有三个基本特征，即非竞争性、外部性和部分排他性，在经济中作为生产函数的一种投入要素，以生产商品和服务，并在不同信息主体之间转移信息，对效率、公平和竞争产生一定影响。于立（2020）从生产要素理论出发，对数据要素的基本概念进行了重新界定，认为数据要素的产权界定、分类、交易、度量等问题需要深入研究，并对数字平台的企业分类与竞争政策导向提出了政策建议。朱扬勇（2020）认为，数据具有可共享性和可复制性的特点，其所有权和使用权可以分离。陈道富（2020）认为，数据的价值来源于现实世界，主要通过出售内嵌于其中的产品和服务最终得以实现，因此，要健全数据要素市场的运行机制，要推动数据要素向数据资源转变。郭威和杨弘业（2020）认为，数据要素凭借其较高的流动性、无限的供应量和正外部性，辐射各生产部门，与其他要素市场有机结合，产生乘数作用，有助于提升全要素生产率。田杰棠和刘露瑶（2020）认为，数据具有非稀缺性、非均质性和非排他性等独有特征。

### （二）关于数据要素参与分配

《中共中央 国务院关于构建更加完善的要素市场化配置体制机制的意见》中提出数据要素要由市场评价贡献、按贡献决定报酬。蒋永穆（2020）认为，数据要素参与分配是社会主义经济规律和社会主义基本经济制度的内在要求，数据要素参与分配具有必然性。何伟（2020）认为，资源化、资本化和资产化是激发数据要素价值的关键途径，关乎数据机制的全面升级，是现实数据要素市场进行市场化配置的关键所在。

李政和周希祺（2020）从政治经济学的视角对数据要素参与分配进行了研究，认为数据的生产和开发利用成为包括我国在内的全球经济发展的重要驱动力，发挥市场在数据资源配置中起决定性作用的同时，政府要更好地发挥调控与监管作用，进一步完善和健全由数据要素市场决定的数据所有者和开发者报酬机制。

### （三）关于数据要素的定价和交易

朱扬勇（2020）认为，可以交易的数据是数据商品，数据交易可以是数据商品的各种权利的转移或授予。陈道富（2020）认为，数据资源适当标准化，有利于降低交易双方信息收集、信任和沟通等方面的成本，开发出适合技术资源的普遍认可的定价方式，是深化数据资源交易的关键之一。何伟（2020）认为，构建合理的数据资产价值评估模式和体系，加快发现数据合理的内在价值，为市场这只"无形的手"来指导数据定价奠定基础。田杰棠和刘露瑶（2020）认为，数据交易是市场经济条件下促进数据要素市场流通的基本方式，从实践情况来看，数据增值服务模式较为可行，因此要建立全国范围的数据交易法律法规和监管框架，积极培育数据服务新业态，推动我国数据市场快速健康发展。韩海庭（2020）认为，数据流通才是社会财富创造的关键，当前数字经济的挑战在于数据要素的确权和定价机制的落后，因此要建立先进的数据治理制度。

### （四）关于支付行业数据的特点及应用

孙华荣（2020）认为，支付信息数据已经成为支付服务提供商的重要资产，但同时个人支付信息数据保护不足，要从健全支付信息数据保护法律法规入手，优化监管资源配置，提高个人信息数据保护意识。杜宁和杨祖艳（2020）通过对金融业核心要素变迁的研究，认为金融业经历了货币要素、资本要素、信息要素和数据要素四个时代，在推动数据要素化过程中，要正确认识数据的信息价值和计算价值可分离的新型数据观，深入挖掘数据要素的潜在价值。巴曙松等（2020）认为，数据管理逐渐成为金融监管的重点和难点，我国要充分借鉴全球其他国家在数据管理上的经验，强化顶层设计，建立行业标准，加强部门联动，让数据更好地支持监管决策。

综上所述，随着数字经济的发展，数据作为核心资产深度参与生产过程，特别是党的十九届四中全会首次将数据要素纳入生产要素以来，对数据要素的价值、交易模式、定价机制、应用领域等已经有了较多的研究，并产生了一些有价值的研究成果，数据要素的重要作用已经达成共识，但总体而言，对于数据价值的研究较为宽泛，多数研究仅从其特性、意义、应用的体制机制等方面进行论述，没有针对特定行业，特别是支付行业的数据价值及其形成机制进行深入研究，而支付行业作为近年来发展最为迅猛的行业，支付信息数据的产生呈指数级增长，数据驱动支付行业发展的趋势明显，并对传统行业数字化水平的提升起到了促进作用，对我国数字经济的发展贡献了重要力量，因此，针对支付行业数据价值进行深入分析与研究具有重要的理论和现实意义。

## 三、支付行业的数据价值分析

数据是数字经济时代的"石油"，我国经过多年的发展，已成为拥有海量数字科技用户、多行业形态和完整供应链的国家，而规模型市场的存在，也形成了量级巨大的数据沉淀可供挖掘使用，是各行各业在产品创新、开发、生产中不可或缺的生产要素，数据具有非竞争性、外部性和部分排他性的特征，数据价值的形成有其自身特点。

### （一）价值形成的理论依据

价值的概念可以追溯到中世纪，由亚里士多德最先提出，他将价值划分为交易价值和使用价值，随后价值概念引入经济学领域。依据价值创造的不同，传统的价值形成理论依据主要从供给侧展开分析，分为劳动价值论、资源价值论和效用价值论三种。此外，价值共创理论也是价值形成的重要理论依据。

**1.劳动价值论**

劳动价值论认为，价值是"凝结在商品中的抽象劳动或无差别的人类劳动",劳动是价值的唯一源泉,因此,劳动创造了价值。劳动创造价值这一思想最早由英国经济学家威廉·配第提出,配第认为,物品能够满足用户某种需求的属性使得物品具有使用价值,而物品的使用价值又是物品交易价值的物质承担者,是构成财富的物质内容。亚当·斯密认为,劳动是一切商品交换价值的衡量尺度,但商品的价值通常不是按劳动确定的,而是以某种商品所能购买的另一种商品来确定其交易价值。此外,马克思对劳动价值论进行了继承和发展,提出了生产商品的劳动二重性,第一次提出了什么样的劳动形成价值,为什么形成价值以及怎样形成价值,阐明了具体劳动和抽象劳动在商品价值形成中的不同作用,创立了剩余价值论。

**2. 资源价值论**

资源价值论认为各种资源中存在价值,考查产品创造价值就是分析资源如何创造价值,价值的创造由产品端向要素市场转换,从资源的供给数量和资源类型分析资源创造价值,形成了企业资源观理论。企业内部的核心资源已经难以为继,需要形成内外部的某个资源组合来创造更加差异化或高价值的产品或服务,在数字经济时代,强调将数据作为新型资源能够创造新的价值,通过提高资源的周转率和利用率来创造价值,资源创造价值的动因,经历了资源的数量、类型、属性再到资源组合的数量、类型和属性,通过创造差异化的产品带来客户价值。

**3. 效用价值论**

效用价值论认为,物品的价值来源于它的效用,物品满足人的需求的功能形成物品的使用价值,物品的交易价值是其使用价值的货币化体现,即价格。最早表述效用价值思想的英国经济学家N.巴本认为,一切物品的价值都来自它们的效用,物品效用在于满足人们的需求,只有满足人们需求的物品才具有价值。英国经济学家劳埃德认为,价值取决于人的欲望以及人对物品的估价,人的欲望和估价会随物品数量的变动而变化,并在被满足和不被满足的欲望之间的边际上表现出来,物品价值取决于边际效用。价值起源于效用,又以物品稀缺性为条件,效用和稀缺性是物品价值得以形成的充分条件。

**4.价值共创理论**

按照价值创造主体在价值创造过程中的不同作用,有三种不同的价值创造方式:一是生产者单独创造价值;二是消费者单独创造价值;三是生产者和消费者共同创造价值。在第三种价值创造方式下,生产者的价值创造途径演变具有开放性,消费者也作为一种重要的资源参与到价值创造过程之中,生产者和消费者进行互动和合作,生产和消费过程相互融合,共同创造价值。价值共创理论表明,消费者以特定的方式与生产者进行合作,并对服务效率和价值创造产生影响,产品或服务的价值创造贯穿于生产和消费的全过程。价值共创既包括消费者作为资源拥有者参与生产者创造价值的"价值形成过程的共创",也包括生产者作为资源拥有者参与消费者"价值发展过程的共创"。

**(二)支付行业数据价值的形成机制**

支付行业是典型的数据驱动型行业,支付过程中各参与主体产生的消费数据、账户数据、社交数据、地理位置数据和信用数据共同构成了支付数据,支付行业在发展过程中积累了大量的支付数据资源,各数据采集主体通过对市场参与主体相关数据的收集、汇总、分析和利用,创造了满足市场参与主体需求的各类场景,丰富的场景使得数据资源进一步积累,通过分析行为模式与具体行业或应用场景的进一步结合催生出更为丰富的场景,由于规模经济效应,多维度的巨量数据创造出极大的价值,深刻改变了各行业的经营模式,创新层出不穷,进而推动数字经济不断向前发展变化。

在这一过程之中,作为市场参与主体的个人或其他类型主体为了获得服务访问权限或应用场景使用权限,让渡了自身的个人隐私数据,个人相关数据得以脱离主体从而形成独立于市场参与主体之外的数据商品,使得数据商品的使用和交换成为可能,因此,数据作为新型生产要素的使用价值和交换价值得到充分发挥的条件不断成熟,各支付市场主体通过数据积累,在数据领域不断深耕细作,依靠先进的数据存储、分析和应用技术,带动传统产业不断转型升级,不断服务于满足人们对美好生活的需求,降低了交易中的信息不对称,也创造出全新的交易场景，数据成为支付行业价值创造链条上的核心资源。

如图1所示，支付市场主体通过采集市场参与主体的相关数据形成数据沉淀，并通过数据分析技术将数据沉淀转化为可以进一步应用的数据资源，同时，数据沉淀也可以参与交换过程，通过出售积累的数据供其他支付市场主体转化为满足自身需要的数据资源，数据资源与其他资源如资本等相结合共同创造出新的应用价值。在这个价值创造过程中，数据资源、算法、关系等新动能代替劳动力、土地、资本等要素成为价值创造的新动能，数据通过精准匹配客户需求创造新的应用场景，重构商业模式，影响了用户购买和消费行为，实现了价值倍增效应，有效促进了生产力的发展。同时，在新的价值创造链条中，生产关系也在一定

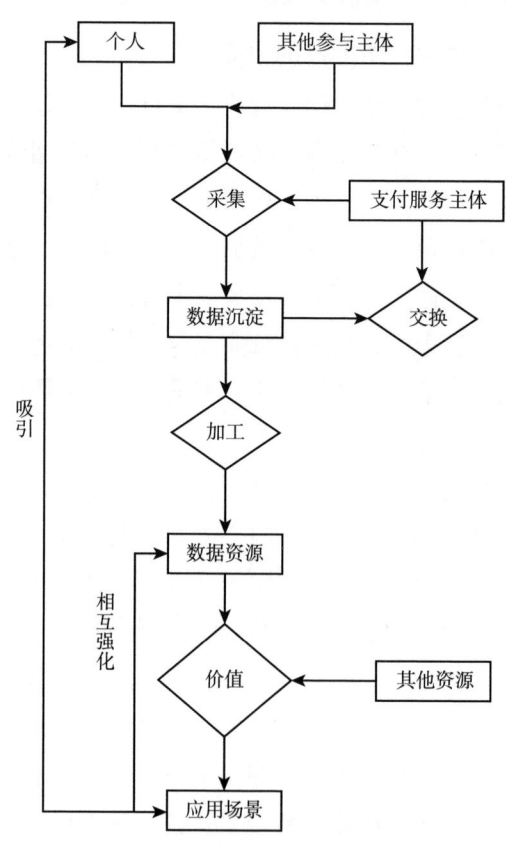

**图1 支付行业数据的价值形成机制**

程度上实现了重构，支付市场参与主体既是价值创造链条中的生产者，也是消费者，参与主体的市场定位面临快速转换，通过支付行为产生的数据可以作为生产要素投入生产过程之中，创造出丰富的应用场景；同时，应用场景的不断丰富也为市场吸引了更多的参与主体，两者相互强化，相互促进，供给和需求之间的连接更有效率，改善了社会福利，价值创造从单一的供给端或需求端转变为供给端和需求端共创，实现了"数据积累——场景开发——价值共创"的价值形成逻辑。

对于具体的经济金融活动而言，实体经济长期处于"投资、生产、分配、消费、储蓄"的循环之中，整个过程通过货币化与金融化映射到货币金融体系这一数字形态中，通过实现合理的配对，数据能够被更加可靠地记录、连接与分析处理，提升了金融风险定价能力，优化了资源的配置效率，实现了从资金流转换到数据沉淀，而数据量级不断增加、维度不断丰富，促进了社会生产力的进一步发展，以支付数据直接作为生产要素参与生产过程的使用价值逐步体现。支付数据是金融数据的核心，支付业务的底层逻辑对应了价值的转移，价值的转移过程依赖于两大要素：即账户和系统，账户是价值的载体，具体包括银行账户和支付机构的虚拟账户，系统就是价值转移的通道，一方面是各类清算系统为金融机构提供资金清算服务，另一方面是支付网络，进而通过各类支付手段和介质提供支付服务，在不同监管框架下，基于账户和转移的基础产品逻辑，派生出从传统的收单、交易业务，再到新兴的互联网支付、移动支付，并衍生出财富管理、网络融资、账户管理、大数据分析等增值业务。同时，支付数据与具体应用场景相结合能够展现极强的融合价值，支付数据海量高频的特点，相比融资、财富管理等存量性质业务，支付业务更适合理解为流量业务，相比其他存量业务数据，支付数据体量更大，更有助于进行及时的用户画像更新，为大数据、人工智能技术发挥作用提供了数据基础。以个人支付业务为例，消费支付有助于完善客户信用画像，金融支付有助于完善财富画像，社交支付有助于完善关系图谱。以商业支付为例，采购支付有助于描述客户用户的生产情况，税务数据有助于反映用户盈利状况，销售支付数据也可反映库存销售等情况。支付数据实时采集的特点在一定程度上保证了数据的真实可信，进而围绕支付数据衍生出信用、信贷等更多的业务领域。支付数据还具有传递性，与支付主体相融合能够清晰反映支付主体之间的关系，能够有效运用于供应链金融、交易对手评估以及数据交叉验证等领域，减少信息不对称，提高传统金融行业的交易效率。

### （三）支付行业数据价值的影响因素

**1. 数据因素**

数据价值与数据采集种类、数量以及数据共享交易机制的成熟性密切相关。由于支付场景具有多样性特征，支付数据的种类也在持续大幅增加，除了传统的支付时间、支付金额、支付方式等基础数据外，交易发生的地点、是否使用了代金券、参与了某些营销活动等，都是以支付为核心的周边有效数据。数据采集者一方面既要保证采集方法合法合规，用户充分知情并授权，数据隐私被有效保护，另一方面也要优化技术，以应对大数据量的迅猛增长。

同时，各个机构产品用户群体不同，定位不同，其所采集的数据集必然有所侧重，也导致对同一数据的价值发挥产生不同效果，各机构主体掌握的数据也是分散而碎片化的。例如，用户的支付行为习惯必然会随其使用的支付工具不同而不同，从不同的平台来看，可能造成的结果便是同一用户的数据有效程度不同。

**2. 技术因素**

从技术角度，影响支付行业数据价值的因素主要是算法与模型的设计质量与海量数据的处理能力。网络条件与云计算硬件还可较快速地通过投入资源的方式解决，但目前行业上专门面向支付行业数据分析的、基于人工智能技术的算法与模型还比较少，其成熟与进一步发展还有待时间积累，不同的数据采集主体其数据分析技术水平高低不同，导致对同一数据集的开发利用能力不同。数据价值的充分发挥一定是源于足够且有效的数据，而数据的分散与算法模型尚未成熟的现状，较大地制约了支付行业数据价值的发挥。

**3. 政策因素**

在支付行业的发展过程中，政策因素是一个重要的影响因子，法律法规或政府监管环境的变化影响着支付数据价值的充分发挥。数字经济具有规模经济的特点，同时也具有较强的外部性，作为数字经济核心资源的数据生产要素是否能够充分发挥价值，取决于数据要素的采集、流通、交易、定价等基础平台的完善，在这个过程中，数据主体的隐私保护、数据确权及其相应的交易机制等影响着支付业务的经营成本。当前，对于支付行业的科技创新，在监管层面，我国采取较为宽松和容忍的态度，这也是近年来支付行业爆发式增长的重要原因，在金融监管逐步强化的大背景下，围绕支付数据及其业务模式的监管也将逐步加强，法律法规的建立会逐步完善，支付行业的统一监管将使得支付行业更加规范和透明，这些因素都将影响支付数据在传统模式下应用场景的构建，进而影响到支付数据价值共创作用的发挥。

**4. 市场因素**

由于支付行业发展具有数据驱动的典型特征，行业规模经济效应明显，随着市场占有份额的增长，获客边际成本呈现递减效应，因此，支付市场容易形成强者恒强的数据垄断态势，马太效应明显。市场份额较大的主体，拥有更为海量的客户群体，在数据的采集、存储、分析和应用等方面具有明显的市场优势，应用场景的拓展更为便利，使得对于同一数据资源，由于不同市场主体之间市场优势的不同，数据价值创造倍增效应不尽相同。

## 四、支付行业的数据应用场景

支付行业是金融行业中金融科技应用最为广泛和深入的领域，其带来的"鲶鱼效应"对传统金融机构也产生了巨大的影响，迫使传统金融机构不断提升金融服务质量和金融业务的科技含量，这种竞争状态下使得整体金融行业的效率进一步提升，在给老百姓日常生活带来了便利的同时，也为各行业转型升级提供了强大的支撑。

## （一）支付数据促进了监管科技的发展

在数字经济的发展与移动支付的广泛应用背景下，需要构建基于支付数据为底层基础的金融监管科技规范体系。新技术的蓬勃兴起改变着金融业务形态，推动金融业务发生了翻天覆地的变化。金融科技迭代速度快、跨地域、跨平台、无实物化等特点弱化了金融中介和科技中介的边界，对金融监管提出了与非金融平台融合、监管套利、系统性金融风险、信息安全等诸多挑战。科技在带来新的金融风险的同时，也为金融监管带来了变革机遇，有效地提升了金融监管的质量和效率，通过金融科技驱动金融监管方式的创新，可以提高宏观审慎监管的精准性和有效性，扩大行为监管的金融业务范围，真正地实现穿透式监管，利用信息科技手段提高审慎监管的运转效率以及优化其合规流程，助力精准监管和风险预测，降低监管当局的监管成本和金融机构的合规成本。

**1. 支付数据的丰富类型能够实现全息化管理**

在金融科技高速发展的前提下，对被监管机构能够实现实时、多维度、全方位的了解是非常重要的。传统监管方式下的信息具有碎片化的特征，存在于不同的数据库信息系统中，既有结构化的数据报表，也有非结构化的信息，既有机构的风险数据和财务指标，也有关联方的相关信息。通过统一数据平台，将以上信息与类型丰富、具有高频实时特性的支付数据进行及时收集、集中处理、结构化展示，基于分析目标自动设置数据收集字段与分类，能够有效帮助监管者对被监管机构的风险治理水平与合规状况进行交叉验证，全面掌握被监管机构的情况。

**2. 支付数据的即时性能够实现及时风险预警**

通过对支付数据的实时监测，能够对被监管机构的风险进行前瞻性识别和预警。一是通过对支付数据不同维度的指标变化并对标分析，能够迅速发现异常值，自动生成预警信号；二是通过对交易行为与模型数据库中的行为模式进行比对，可以判断出被监管机构是否存在商业模式上的异常；三是从交易方入手，对交易双方的财务与风险状况进行分析，可以推断出相关机构是否有相应的风险补偿能力，并进行预警。

**3.支付数据的高覆盖性能够有效监测系统性风险**

监管机构可以通过汇总消费、生活、金融等各领域的支付数据，利用知识图谱、可视化、机器学习等新技术，对整个宏观消费者群体的结构及其变化进行精准地描述，从而实现对风险事件的分析及对结构化变动的捕捉，建立金融科技系统性风险分析框架，识别与之相关的结构性因素，制定可操作的监测量化指标。这样的结构化分析，有助于对层出不穷的金融创新进行评估，鼓励有益创新，提高金融体系运作效率与服务实体经济的能力。

## （二）支付数据是社会治理的重要工具

社会治理是国家治理的重要组成部分，良好的社会治理就是要维护社会安定有序的良好局面。从新冠疫情防控到打击网络新型违法犯罪常态化，利用支付数据进行追踪、分析、定位、研判已经得到了广泛的运用。

在疫情期间，支付服务供给主体主动适应防疫工作的需要，针对疫情居家隔离、交通中断的现实，利用前期积累的优势不断丰富支付应用场景，在小区团购、外卖代购、在线医疗、在线教育、信息采集等方面创新服务供给、降低使用门槛，增加应用场景，扩大使用范围，通过移动支付方式交换物资和服务成为消费者和企业的新常态。居民足不出户不仅能够采购到日常生活物资，还能够享受在线教育、在线医疗问诊、在线娱乐等服务，催生了以"宅经济""云经济""网上带货"等为代表的新型经济形态。支付市场各类主体，特别是大型支付科技企业利用前期积累的大数据、云计算、人工智能等技术优势，依靠二维码、小程序等技术应用，使用移动支付工具，普及健康码的推广和作用，积极协助地方政府开展人群健康状况跟踪管理，对进出小区、商超、写字楼、使用公交的人员进行身份识别和精准管理，及时追踪感染人员行动轨迹，精准定位密接人员，为各级政府防疫指挥部科学研判疫情形势、精准区分不同人群提供了决策支持，降低了管理成本，提高了治理效率。

近年来,随着科技创新的发展和金融基础设施的完善,社会生产效率得到极大提高,但也带来了基于网络的新型违法犯罪活动。新型网络犯罪呈现出三大特点:一是网络犯罪牟利性日益突出,催生了协同共生的黑色产业链条的发展蔓延,降低了犯罪成本和技术门槛;二是网络犯罪的精细化程度大幅提高,催生了专业化、职业化的犯罪团伙;三是网络犯罪的社会危害大大前移,催生了大量新的犯罪形态。从犯罪利益链条中的支付环节入手,通过数据的实时分析,能够有效推动网络安全治理的发展,在这个过程中,在支付交易链条中嵌入合规监测系统对于提高打击违法犯罪活动的效率有极大的帮助。

合规交易检测系统(见图2)分为交易审核监控体系、数据监控体系、同步+异步打击策略体系以及交易反馈体系。从事前的支付交易与业务场景监控,到事中的实时链接与打击,再到事后的证据留痕,能够做到全流程的检测与治理。以互腾讯为例,利用一套基于动态异构网络的赌博交易识别模型,通过"案例特征化、特征指标化、指标模型化"的方式,2019年以来,日均拦截赌博交易笔数近百万笔,日均拦截涉赌资金数亿元,冻结可疑涉赌账号数千个,网络赌博的交易成功率和交易笔数也呈现持续下降的趋势。

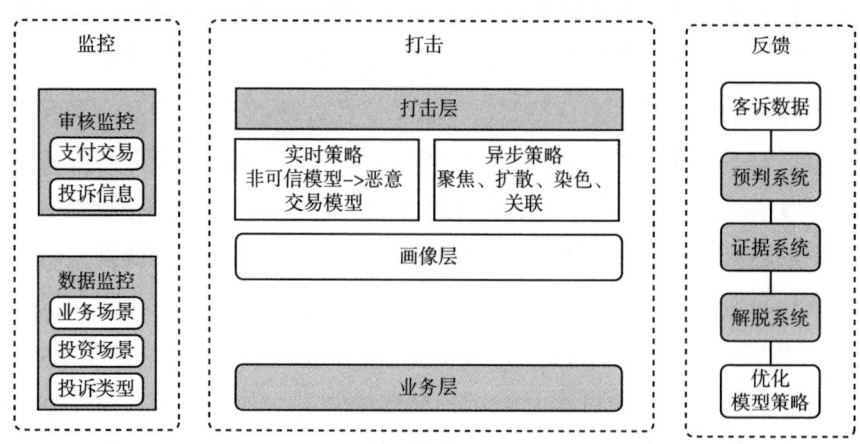

图2 合规交易检测系统架构示意图

## （三）支付数据促进民生服务高效便捷发展

通过将支付数据与城市民生场景数据互联互通，能够有效帮助城市管理者与各行业经营者获取更加准确的运营数据，进而提供更为精准和个性化的服务。

**1. 政务民生服务**

通过将个人电子证照与移动支付结合，构建电子政务平台，帮助居民足不出户，就能完成社保、户政、人社、出入境、助残、生活缴费等高频服务事项。同时个人民生数据与支付数据的不断产生与有效融合，又能帮助政府对居民的生产生活状况有更加精准化的判定，能够有效支撑政府决策的制定与实施。

**2. 品牌零售运营**

支付数据能够对店铺选址、SKU配置与个性化精准营销提供精准的决策参考，通过支付即服务，为消费者提供点对点的即时服务。对于品牌零售行业来说，除了通过线上电商平台为品牌导流外，线下自建的直营渠道也是至关重要的。线下门店是品牌的重要流量入口，如何在有限的空间场景更高效更精准地完成交易转化是商户经营的重中之重。通过支付数据与精准推荐算法，可以极好优化顾客挑选商品的体验，帮助商家更准确地经营。顾客无须进店，在门口即可人脸识别，自动推荐出最适合顾客的几件服装，节省盲目挑选的时间，根据推荐结果试衣，并完成购买。如果对推荐的服饰感兴趣，可以即时呼叫导购，导购会收到顾客的会员信息、刚才挑选的服装信息以及会员的历史购买记录，从数据上直观了解当前顾客的状态，为顾客提供一对一的精准服务。顾客挑选完商品之后来到收银台，收银台的人脸识别装置可以识别出顾客人像，显示出顾客相应的会员信息及会员权益。

**3. 交通出行服务**

通过支付数据打通公交、地铁、出租车、停车、共享单车等交通出行服务，结合地理位置大数据，帮助文旅、酒店等行业实现科学化资源配置与精准营销和服务。面对车主用户，可提供包含加油、代驾、洗车、保养、救援等日常养车、用车服务；面向公共出行用户，则提供涵盖实时公交查询、常用路线查询等功能，通过一个小程序即可便捷、高效地查询及搭乘公交、地铁等公共交通工具。用户乘坐公交车时，通过"实时公交"功能，便能随时掌握附近的公交站点、公交车到站时间、具体到站位置、首末班车发车时间等，合理安排出行时间。以支付为主线连接出行的各个细分场景，而在每个细分场景产生的支付数据，又能比较完整地描述用户的消费习惯并创造出更多的应用场景。

**4.在线医疗服务**

通过支付平台与医保系统的互联互通以及结合"互联网医院""在线药房"等智慧就医购药平台上线，患者在线下可以一站式完成自助挂号、缴费与检查结果获取，在线上也可便捷享受问诊服务、在线购药，并通过医保结算。移动支付与医疗行业结合后，所形成的统一平台与相关数据，也会为行业和用户带来较高的价值。从医疗服务的角度，全市医院能够实现互联接入、通过统一对接的互联网医疗平台，实现各方互联互通，提供高效服务。从患者就医的角度，每位患者具有全市用户身份唯一标识，系统互联互通，线上统一、线下互认，健康档案保持连贯可查。患者还可以根据区域、距离、优势科室自由选择市内各医院就诊，实现分级诊疗和远程会诊，患者可以在实体医院就诊，就诊医生与互联网医师会诊，可开具线上处方（见图3、图4）。

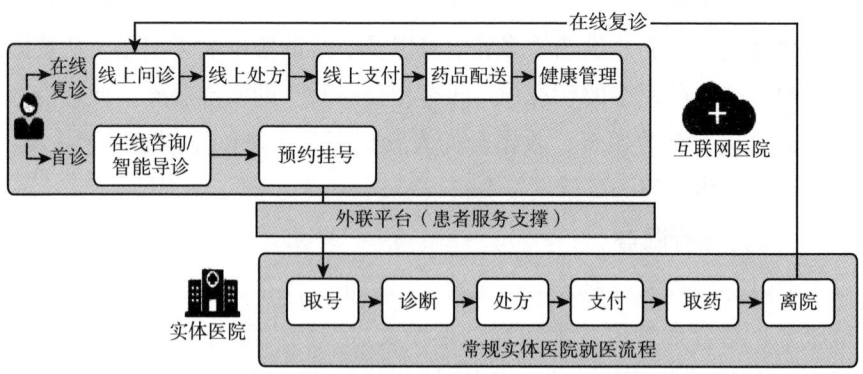

图3 实体医院与互联网医院的混合就诊流程

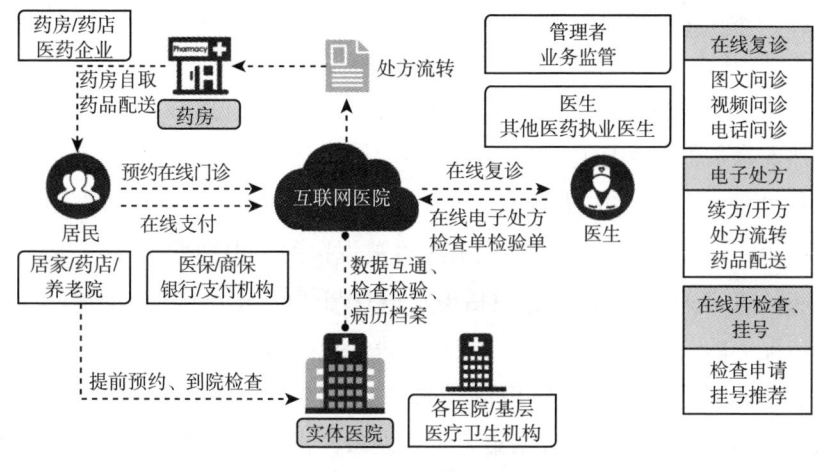

图4 全线上的就诊过程

## 五、存在的问题及政策建议

基于数字技术的高速发展，数据与我们的日常生活与生产的关系愈加紧密。一方面数据呈现爆发式增长，相比土地、劳动力、资本等其他要素，数据要素存在着非竞争性、隐私外部性、部分排他性等不同的性质；另一方面对于数据的生产、收集、存储、加工、分析、交易、服务、应用等各个环节，世界各国在积极推动的立法与相关实践，至今仍处在探索与不断修正之中。我国对当前数据要素的产权与保护、交易与流通相关顶层设计已经在逐步进展过程中。本节将从数据隐私与个人信息保护、数据所有权、数据共享与交易等方面进行研究，提出可能面临的问题及相应的政策建议。

### （一）存在的问题

**1.支付数据隐私保护相关法律法规还不够完善**

当前，支付数据特别是个人支付数据的采集还存在一定程度的越权，数据供给者参与授权的程度还不够，隐私权得不到有效保护，监管层面对数据采集机构的约束不够，相关法律法规体系还不完善，出于降低数据采集成本的考虑，数据采集机构在数据的采集过程中极易发生非法采集、越权采集等行为，对数据主体的权利构成一定程度的侵害。2020年10月，我国发布了《个人信息保护法》（草案）征求意见稿，其中提出个人信息是指以电子或者其他方式记录的与已识别或者可识别的自然人有关的各种信息，以及反映特定个人活动情况的信息，不包括匿名化处理后的信息。按照该定义，个人信息的保护应当受两方面的限制：第一，该人应该是已被识别或可被识别的（识别性）；第二，信息应与该人有关（相关性），包括识别信息与能够识别用户活动情况、财产情况等的关联信息。但随着技术的进步及大数据的出现，让个人信息与非个人信息的边界变得模糊，而"识别性"的界定标准也在面临挑战，不断有日益增多的数据集产生并发布，机构甚至是普通的个人都可以便捷地获取大量的数据资源。同时，软件算法和分析学的发展使得数据更易被关联和聚合，将非个人信息转换为个人信息的可能性大大增加。随着物联网、智慧城市以及产业互联网的逐步发展，类似的挑战会日益增加。从支付数据的角度来看，个人支付数据的价值更加重要，更应当予以保护，因此如何确保数据的使用和数据保护的平衡，是亟待解决的问题。

**2. 数据垄断导致支付市场存在一定程度分割**

基于数据的支付行业运营模式使得行业规模经济效应明显，由于数据要素具有排他性特征，经过多年的市场拓展，不同支付市场主体之间市场相互分割，已经形成了实际的市场壁垒，数据资源已经成为各市场主体打造市场优势的核心资源，数据垄断趋势明显。行业头部企业依靠多年积累的数据资源不断强化竞争优势，并且场景拓展与数据积累相互强化，对中小支付市场主体形成一定程度的排挤效应，不利于市场的充分竞争和整体社会福利的进一步提升。

**3. 支付数据交易和定价机制不够健全**

由于支付数据脱离支付市场参与主体形成独立的商品，使得数据交易成为可能，而数据交易的前提与基础是明确清晰的产权归属。数据主体（个人）对其个人数据享有所有权，个人数据具有人格属性与财产属性，个人数据基于个体产生，个人数据与个体的利益息息相关，个人对自己相关的信息应当具有控制权。欧盟的《通用数据保护条例》（GDPR）规定了数据主体具有知情权、访问权、更正权、删除权（或称被遗忘权）、限制处理权、可携带权、反对权、不受制于自动化决策共8项权利。虽然其中的删除权、可携带权等在实际操作中仍然存在不少争议，但整体而言，数据主体拥有个人数据的所有权是确定的。根据我国现有规定，个人通过出售个人信息而获利是违法的行为，2012年发布《全国人大常委会关于加强网络信息保护的决定》规定：任何组织和个人不得窃取或者以其他非法方式获取公民个人电子信息，不得出售或者非法向他人提供公民个人电子信息。刑法修正案（七）也将出售个人信息的行为作为违法犯罪活动追究刑事责任。

支付数据采集的数据是典型的个人信息数据，其价值的充分发挥除了有效挖掘和利用外，还在于其能够有效地共享和流通，如何在遵守法律法规的前提下对数据进行有效确权和转移，进而以市场化方式对其进行定价和交易，促进社会分工的进一步深化，也是在数据要素新时代面临的关键问题。

**4.支付数据分类及共享面临困难**

数据要素与实物型传统生产要素有巨大差异，因此它的共享与交易不可能简单地用撮合买卖的模式予以推行，在这个过程中面临以下几个困难：首先是交易的信任方面，支付数据要素是典型的时效品，一般而言，新的数据总是比旧的数据市场价值更高，是实时变化的"活"数据；另外，支付数据的价值体现又严重依赖拥有者自身的数据分析处理能力。买方在购买前可能因为不了解而无法确定数据的价值，而一旦了解了相关数据的价值，就可以进行复制从而不会购买。因此与常见的一次性买卖不同，数据要素的交易更加依赖交易双方的长期合作，需要解决"双边信任困境"。其次是数据共享障碍方面，金融机构拥有大量的用户数据，这些数据是其核心商业秘密，因为同一用户可以同时与多家金融机构有业务联系，但由于机构间的竞争关系，用户数据很难实现共享，从而加大了对用户进行完整画像和风险管理的难度。最后是关键类型数据的共享方面，数据价值会随着数据汇集类型的增加而呈指数型的增长，其中政务类型的数据权威性高、质量更好，且大多居于生态场景的上游，真正意义的数据闭环唯有政务类型的数据接入才能称为完整，但目前政务数据在各级政府与事业单位还存在着一些分散独立、互不联通的情况，"数据孤岛"现象在一定范围内仍然存在，与企业的数据交互还存在数据类型标准不同、设备接口不同以及安全性的问题。

### （二）政策建议
#### 1.加强顶层设计，完善数据保护法律法规体系

一些国家和经济体均对"个人数据"或"个人信息"给出了各种类型的解释说明，将个人信息限定为能够识别特定个人的信息，如欧盟的《通用数据保护条例》（GDPR）将个人信息限定为与已识别或可识别自然人有关的任何信息。可识别自然人能够被直接或间接地识别，可通过参照诸如姓名、身份证号、定位数据或在线身份等身份识别信息，也可通过参照该自然人的物理、生理、遗传、心理、经济、文化或社会身份等一个或多个特定要素进行识别。美国的《2018年加州消费者隐私法案》（CCPA）规定直接或间接地识别、涉及、描述、能够被关联至或者可合理地联系到特定消费者或家庭的信息，以及从任何个人信息中提取的用于创建消费者档案的推导信息。我国从2012年发布的《全国人大常委会关于加强网络信息安全的决定》到2016年颁布的《网络安全法》，再到最新发布的《中华人民共和国个人信息保护法》（草案）中，提出个人信息是以电子或者其他方式记录的与已识别或者可识别的自然人有关的各种信息，以及反映特定个人活动情况的信息，不包括匿名化处理后的信息，对匿名化后对外提供（交易）的情形提供了合法性。

数据匿名化技术诞生之初，就是为了降低在数据利用过程中的个人隐私风险，从各个国家立法或监管机构对匿名化的标准来看，其核心在于无论从该数据本身或者结合其他数据均无法指向特定个人。因此，基于上述分析，除了尽快正式颁布并实施《个人信息保护法》外，数据匿名化技术标准体系及相关法律应当逐步健全完善，建立并明确匿名化数据的技术规划与认定标准，将是否具备合理的风险评估机制作为数据控制者的准入门槛，同时建立数据匿名化的全流程规范体系，包括征得用

户知情同意、限定披露范围、被去匿名化的应急预案等方面。

**2. 强化行业监管**

对于具有市场优势地位的企业，要强化行业监管，避免形成有市场支配地位的"数据寡头"，产生系统性风险。2020年12月召开的中央经济工作会议上提出，要"强化反垄断和防止资本无序扩张"。对于支付行业而言，就是要防止对支付数据的垄断，避免"大而不能倒"行业寡头企业的出现，对国家金融安全造成威胁。在这个过程中，要加快支付市场的互联互通，着力消除市场壁垒，通过打造基础数据资源平台，结合数字人民币发行、行业乱象整治等方式让支付市场主体聚焦主责主业，引导其更好服务实体经济，防止无序扩张。同时，要将数字服务方式与传统金融服务方式相结合，针对老年人等数字弱势群体加强服务帮扶，避免"数字鸿沟"导致的金融排斥现象发生。

**3. 优化数据交易环境和数据确权机制**

在交易过程中，从目前情况看，应当避免建立仅具备信息撮合功能的数据交易平台，数据交易应当依靠掌握大宗数据资源的聚合平台，集中开展一对多的数据供需服务，精准对接供需，提高交易效率，保障交易合法性和安全性的基础上，通过成熟的数据分析利用技术最大限度满足主体多样化的市场需求。同时，由于数据具备非竞争性和非排他性的特征，数据交易价值基本建立在特定领域或特定用途基础之上，数据交易可以淡化所有权的转移，主要通过数据服务的方式来实现价值。对于交易的信任难题，在数据交易平台的设立之初，应当从政策层面对平台在交易中的角色予以明确：平台不仅是简单的交易场所提供者，而应积极介入交易流程，将一对一的数据交易转变为以平台为基础的网状交易。为此，平台需要完成规则制定（包括合同模本、数据质量标准、数据披露内容等）与技术支持（包括大数据管理平台、安全计算系统、数据加密算法等技术服务）两类工作，从而确保数据要素交易安全可追溯。

此外，数据交易的透明性应当持续加强，确保未来如匿名化数据被聚合乃至逆向时，可以顺利溯源。数据交易的透明性包括将数据收集机构向用户公示其获得（包括购买、共享）数据的渠道、数据的类型，并为用户提供退出机制作为强制要求，以及要求数据交易方除了披露原始数据类型外，还应当披露企业基于原始数据，利用大数据分析而对消费者特征标签化的处理活动。对于健康医疗等敏感信息的交易活动，尤其需要提升透明性，用户必须充分知情并明确表示同意。并对违反情况制定明确的处罚标准。

**4. 切实加强支付数据分级分类管理，推动数据要素互联互通**

在数字经济发展过程中，数据种类日益丰富，数据的复杂性、多样性日益增强，在大量原始数据中，既包括一般数据也包括敏感数据，因此要加强数据分级分类管理。2016年11月颁布的《网络安全法》和2020年7月的《数据保护法》草案均提出要建立健全数据分级分类规则，在制度设计上，可以从数据供给和数据需求两个方面来进行数据分级分类规则的建立，如作为数据资源供给方的数据聚合平台应当在参照既有立法和标准的基础上，建立数据安全分级分类管理制度，而数据需求方应当通过制度设计具备保障数据安全、防范数据泄露风险的能力。

对于数据互联互通中的共享障碍，可以在监管机构的牵头下，建立以联邦学习为数据共享模式的统一平台，所有参与机构既不用担心数据被竞争对手获取，还可通过平台实现对用户的全面分析，其他行业机构也可参考此类型共建数据平台，同时可按照数据贡献比例分配平台的股权，机构也能作为股东分享平台数据交易的利润，实现数据整合"1+1>2"的效应，解决数据共享中的激励相容问题。

对于政府公共数据的共享，要按照国务院要求，完善政府数据开放制度，推进政府数据开放，规范国家政务信息化建设管理，推动政务信息系统跨部门跨层级互联互通、信息共享和业务协同，推动政府数据"取之于民，用之于民"，发挥市场化机制作用，通过社会服务机构在政务数据及水电煤气等公共服务领域具有的天然优势，激励其率先盘活数据要素市场，将现在难以进入市场作为生产要素流动的政务数据等予以盘活，以市场需求为导向进行推动，对数据开放制度的进一步细化，采用"负面清单"形式明确不予公开的公共数据范围，完善细化政府数据开放规则，切实推动政府数据开放，为数字经济条件下社会经济各行业发展搭建公共数据基础平台。

## 参考文献

［1］朱扬勇，熊赟.数据的经济活动及其所需要的权利［J］.大数据，2020，6（06）：140-150.

［2］蒋永穆.数据作为生产要素参与分配的现实路径［J］.国家治理，2020（31）：43-45.

［3］韩海庭.数据如何赋能数字经济增长［J］.新金融，2020（08）：45-47.

［4］巴曙松，陈泽田，朱元倩.监管科技在数据管理领域的应用与实践［J］.金融发展研究，2020（08）：3-11.

［5］孙华荣.大数据背景下个人支付数据信息利用研究［J］.金融发展研究，2020（08）：44-47.

［6］田杰棠，刘露瑶.交易模式、权利界定与数据要素市场培育［J］.改革，2020（07）：17-26.

［7］杜宁，杨祖艳.数据要素时代金融业的使命［J］.中国金融，2020（13）：61-63.

［8］于立，王建林.生产要素理论新论——兼论数据要素的共性和特性［J］.经济与管理研究，2020，41（04）：62-73.

［9］何伟.激发数据要素价值的机制、问题和对策［J］.信息通信技术与政策，2020（06）：4-7.

［10］陈道富.推动数据要素向数据资源转变［J］.中国银行业，2020（06）：6+17-18.

［11］郭威，杨弘业.以数据要素红利推动实体经济高质量发展［N］.学习时报，2020-05-29（003）.

［12］李政，周希祯.数据作为生产要素参与分配的政治经济学分析

［J］.学习与探索，2020（01）：109-115.

［13］朱扬勇，叶雅珍.从数据的属性看数据资产［J］.大数据，2018，4（06）：65-76.

［14］王建冬，童楠楠.数字经济背景下数据与其他生产要素的协同联动机制研究［J］.电子政务，2020（03）：22-31.

［15］谢丹阳，周泽茜.经济增长理论的变迁与未来：生产函数演变的视角［J］.经济评论，2019（03）：30-39.

［16］江积海.商业模式创新中"逢场作戏"能创造价值吗？——场景价值的理论渊源及创造机理［J］.研究与发展管理，2019，31（06）：139-154.

［17］梁心新.知识产权的劳动价值论探析［J］.知识产权，2017（10）：87-91.

［18］朱良杰，何佳讯，黄海洋.数字世界的价值共创：构念、主题与研究展望［J］.经济管理，2017，39（01）：195-208.

［19］IMF.The economics and implication of data：An Integrated Perspective. 2019.9.

［20］Christoph Zott，Raphael Amit. Business Model Innovation：How to Create Value in a Digital World［J］. GfK Marketing Intelligence Review，2017，9（01）.

课题主持人：李　彤
课题组成员：郑　艺　刘　炜　刘　松　喻同云
执　笔　人：刘　松

# 新冠疫情下财政承受能力问题研究

中国人民银行武汉分行国库处课题组

**摘要**：2020年初，新冠疫情席卷全球，对经济发展无疑是重重一击。湖北省作为"重灾区"之一，经济发展明显受阻，在新常态经济下行压力下，地方财政更是雪上加霜。地方财政作为维持国家正常运转和社会稳定的重要支撑力量，财政收入锐减、支出上升、缺口不断扩大等势必影响地方政府财政承受能力，可能造成经济下行压力持续加大、债务负担过重等问题，进而引发公共财政和政府运行风险。因此，要充分正视当前地方财政的一系列问题，寻找财政风险源和影响因素，科学、正确地设计量化体系来评估新冠疫情对地方政府财政承受能力的影响，准确把握潜在的财政风险并提出有针对性的对策建议。本文采用规范分析和实证分析相结合的研究方法，沿着"理论界定——实证剖析——对策研究"的总体思路，首先对财政承受能力的相关理论进行梳理，从多角度分析疫情对地方财政的实际影响；其次通过设定财政承受能力预警指标，计算指标综合得分，得到地方财政承受能力指数，量化测算疫情前后湖北省及省内17市的财政承受能力，探讨影响财政承受能力变化的主要原因；最后结合财政风险存在的环节和相关案例，分析经济和财政运行中存在的问题并提出对策建议，以期对提高财政承受能力提供思路和借鉴。

**关键词**：财政承受能力；新冠疫情；财政收支；债务负担

## 一、引言与文献综述

一场突如其来的新冠疫情给中国和全世界带来了巨大影响，湖北省作为"重灾区"之一，经济社会发展受到了前所未有的影响和挑战。反映到财政上，主要是收入锐减、支出上升等。一方面，经济下行、减税降费政策与一系列重大公共危机的发生影响了地方政府财政资金的流入，对地方财政形成了直接冲击；另一方面，疫情导致防疫支出、卫生保障支出锐增，刚性支出不减的同时财政支出力度加大，同时随着前期累计地方政府债务逐渐到期，地方政府偿债压力加大，财政收支矛盾逐步凸显。

按照中央部署安排，夺取疫情防控和经济社会发展双胜利是当下摆在各级政府面前的一大课题，从而迫切要求地方财政具备一定的财力基础。因此，对新冠疫情下财政承受能力问题进行研究，并提出针对性对策措施，具有强烈的现实意义。

### （一）财政承受能力的内涵和评价指标

对于财政承受能力这一概念，学术界研究得相对较少。梁尚敏（1987）指出财政承受能力是一国经济实力的真实反映，主要表现为：一是总量，即可以用于满足补偿、积累、消费等正常需要的负荷能力；二是增量规模，即用于满足新增需要的负荷能力；三是分布的格局，即中央、地方之间，东部、中部、西部之间，中央、地方、经济组织之间的布局。关于评价指标体系，张霁阳等（2017）从宏观层面评估地方财政承受能力，采用层次分析法（AHP法）构建财政承受能力指数，包括了财政能力、财政质量和债务负担三个维度，并进一步细化为地方综合财力增长率、财政自给率等六项指标，通过赋权构建出地方财政承受能力指数并判断财政风险和承受能力。

### （二）影响财政承受能力的因素

现有研究认为，影响财政承受能力的一般因素主要包括经济增速、财税政策和债务发行等，而部分突发事件对财政承受能力的影响是突然性、毁灭性的，严重影响社会经济发展和财政运行。Romer（2007）指出经济增长与财政收入之间存在较强的对应关系，且IMF（2015）调查结果显示，经济增长会带动财政收入更大幅度增长，经济下行则会导致财政收入更大幅度下滑。

普惠性、结构性减税降费政策对财政收支产生持续性影响。冯涛（2007）认为，减税降费政策力度的不断加大使得总体宏观税负水平逐渐下降，财政收入增速存在下行压力，同时我国面临"向间接税一边倒"的税收收入格局，使其以高于GDP减速的幅度下滑。唐云锋（2017）指出，地方政府坚决落实"六稳""六保"政策，民生等刚性支出不减，受"棘轮效应"影响，养老、医疗等社会保障支出均呈现急剧增长势头，支出压力将长期持续。

从财政分权角度来看，陈宝东（2017）认为地方政府通过发行债务弥补财政收入，财政缺口越大，地方政府发行债务的动力越强，导致债务负担越发沉重。周其仁（2016）表示地方政府盲目追求经济建设增速和地区政绩竞赛的加剧衍生出预算外分权需求，形成土地财政，通过扩大债务规模用于公共投资，所面临的偿还本息风险递增，进而削弱了财政承受能力。

突发事件对财政运行产生巨大冲击，主要表现在财政支出临时大幅增加，收入锐减，增加了平衡预算的难度，从财政总量、满足新增支出需要和各级次财力分配上都极大降低了财政承受能力。王涵等（2020）总结得出，突发公共事件后往往需要大量的资金支出，通常为经济损失的1.5—4倍，占当年GDP的1%左右，财政赤字率将提升1—1.5个百分点。张德勇和刘家志（2020）指出疫情防控资金一定程度上增加了财政压力。一方面，更加积极的财政政策和大规模的减税降费措施使得地方财政回旋余地较小，财政收入增长空间受限；另一方面，在中短期内，疫情防控工作、扶持企业复工复产等加大了财政支出，对当前地方财政可持续发展形成较大挑战。安国俊等（2020）分析了疫情期间，企业面临的偿债压力上升，违约风险提高，叠加减税和支出力度加大等因素，需要关注短期内的信贷风险和地方政府收支缺口扩大的次生风险。王振宇（2020）表示因疫情引致的财政支出端的结构性矛盾也不容小视。全国一般公共预算支出地方级降幅大于中央级，"八大"重点行业呈负向增长，这些凸显了某些重点、法定财政支出的滞后性。

## （三）提高财政承受能力

为提高财政承受能力，学者从不同角度提出建议。项勇等（2018）认为，应充分考虑到影响地方政府财政承受能力的相关因素，综合考量当前及今后年度的财政支出责任，正确认识财政支出能力范围。徐淑华和熊亚超（2019）从应急财政管理角度出发，认为当前我国需要扩大应急财政支出规模，优化应急财政支出结构，真正深化应急财政管理能力。王佳（2019）从项目生命周期角度提出要加强对财政承受能力的动态管理，定性和定量相结合来评估财政承受能力，建立和完善财政承受能力测算表或者财政支出责任台账，强化对政府的资产、负债计量，从而预警财政风险。

综上所述，目前对地方政府财政承受能力已有一定的研究基础，尤其是关注重大卫生事件对财政承受能力的影响，其概念成熟、理论基础深厚，可以有效指导财政风险的评估和危机预警，但集中在财政自给率和债务风险方面。由于现有文献对搭建财政承受能力指标体系的研究仍然较少，缺乏系统、科学的评价方法，因此，本文从量化财政承受能力入手，采用多元统计方法搭建一套指标体系，最终实现评估财政承受能力的目的。

## 二、新冠疫情对地方财政的实际影响

### （一）一般公共预算收入同比下降明显，疫情封城期间财政收入几乎归零，一般公共预算收入增速差异大

2020年1—9月，受新冠疫情叠加减税降费政策影响，全省各级一般公共预算收入3 792.32亿元，同比下降21.4%。分月份看，上半年各月一般公共预算收入同比大幅下降，其中2月、3月降幅最大，分别同比下降88.2%、87.6%，反映疫情期间全省封城情况下，各行业进入停工、停产、停销状态，财政收入几乎归零。随着全省防疫常态化、生产正常化，一般公共预算收入逐渐复苏，4月起，一般公共预算收入降幅逐步收窄，7月、8月同比实现正增长。

分地区看，1—9月，全省17个地区一般公共预算收入均同比下降。武汉市在经济加快恢复、税收加快入库和资产处置增多拉动下，一般公共预算收入恢复较快，同比下降23.3%，低于全省地方级收入降幅。占全省经济体量较大的两个省域副中心城市宜昌和襄阳，一般公共预算收入同比分别下降38.8%和44.1%，降幅居前两位。因疫情对医用卫生物资需求增加，在非织布行业产值增长较快拉动下，作为中国无纺布之都的仙桃一般公共预算收入同比下降3.5%，降幅最小。分区域看，受疫情期间旅游业基本停滞的影响，鄂西生态文化旅游圈[①]增速低于武汉城市圈[②]11.8个百分点。

### （二）税收收入整体下降，服务业税收增速低于制造业，中高端制造业税收增速低于传统资源加工制造业，新兴服务业税收增速高于传统服务业

1—9月，全省地方级税收1 513.65亿元，同比下降25.8%，占一般公共预算收入比重为77.7%，较同期提高1.8个百分点。分行业看，制造业税收1 212.60亿元，同比下降16.7%；受接触型、聚集型消费需求萎缩影响，服务业税收1 696.75亿元，同比下降23.9%，增速低于制造业7.2个百分点。

纺织和烟草是制造业中仅有的税收增长行业，1—9月税收收入分别同比增长1.6%、130.2%。受我省出台"促进经济社会加快发展30条"政策措施和落实计算机通信等先进制造业退还增量留抵税政策影响，全省传统资源加工制造业[③]、中高端制造业[④]税收分别同比下降19.5%、53.2%，中高端制造业税收增速低于传统资源加工制造业33.7个百分点，

---

[①] 武汉城市圈包括黄石、鄂州、黄冈、孝感、咸宁、仙桃、潜江、天门等周边8个大中型城市所组成的城市群。

[②] 鄂西生态文化旅游圈包括襄阳、荆州、宜昌、十堰、荆门、随州、恩施、神农架等8个市（州、林区）构成。

[③] 传统资源加工制造业包含石油、煤炭及其他燃料加工业，化学原料和化学制品业，非金属矿物制品业，黑色金属冶炼和延压加工业，有色金属冶炼和延压加工业。

[④] 中高端制造业主要包括医药制造业，铁路、船舶、航空航天和其他运输设备制造业，电气机械和器材制造业，通用设备制造业，专用设备制造业，计算机、通信和其他电子设备制造业。

降幅较上半年扩大1.2个百分点。房屋建筑业受疫情影响较深，税收同比下降15.2%。

受住宿餐饮业营业额大幅下降、房地产行业交易低迷因素影响，传统服务业税收1 483.18亿元，同比下降24.3%，其中住宿和餐饮业税收同比下降66.0%；因疫情期间互联网和相关服务行业受益较大，新兴服务业①实现税收213.57亿元，同比下降21.3%，增速高于传统服务业3.0个百分点。

**（三）非税收入增速、占比下降，土地出让收入减收较多，债务、转移支付收入大幅增长**

1—9月，全省地方非税收入436.55亿元，同比下降32.7%，占地方一般公共预算收入比重为22.4%，同比降低1.7个百分点。分项目看，受疫情期间收到各地捐赠影响，捐赠收入同比增长较多，除此之外其他项目减收明显，专项收入、行政事业性收费收入、罚没收入、国有资源有偿使用收入分别同比下降33.3%、20.0%、23.0%和48.4%，完成年度预算进度分别落后26.5%、20.8%、20.1%和36.9%。

前三季度全省政府性基金预算收入1 543.45亿元，同比下降29.5%。其中土地出让收入是政府性基金预算收入的重要组成部分，受疫情影响，土地拍卖活动停滞，1—4月全省土地出让收入大幅减少，全省地方土地出让收入791.09亿元，同比下降55.0%，其中2月、3月减收幅度最大，分别同比下降99.4%、78.4%。4月起武汉土地市场重启，土拍市场逐渐恢复，5—9月土地出让收入累计降幅逐月收窄。

为支持疫情防控和经济社会发展项目建设，全省债券进度发行加快，1—9月全省债务预算收入2 599.65亿元，同比增长35.5%。为缓解湖北地区财政收支矛盾，支持疫后经济恢复，中央加大对湖北转移支付支持力度，1—9月收到中央转移支付收入4 043.43亿元，同比增长51.5%。同时，疫情加大了湖北地区对非自有财力的依赖，1—9月债务

---

① 新兴服务业包括信息传输、软件和信息技术服务业，租赁和商务服务业，科学研究和技术服务业，文化、体育和娱乐业等。

和中央转移支付这两项非自有财力占地方可支配财力[①]比重为65.5%，较上年同期提高17.1个百分点。

### （四）一般公共预算支出、基金预算支出增加，民生等刚性支出增长较快

1—9月，全省一般公共预算支出和政府性基金预算支出分别为5 572.46亿元、2 946.59亿元，分别同比增长3.5%、8.0%。分项目看，与抗击疫情直接相关的医疗卫生支出、与保民生直接关联的社会保障和就业支出大幅增长，1—9月累计支出分别为789.35亿元、1 156.94亿元，分别同比增长94.1%、25.5%，两项支出占一般公共预算支出比重为29.8%，较上年同期提高8.7个百分点。随着疫情逐渐稳定，农业和基建成为"六稳""六保"工作的发力点，与之相关的交通运输、农林水事务支出增长较快，同比增幅分别为28.3%、13.4%。

### （五）财政收支进度不一，部分地区掉时间进度较多，收支缺口扩大

受疫情及减税、延迟征收的影响，收入增速显著低于去年同期，支出进度加快。从收支进度看，截至9月，一般公共预算收入、政府性基金预算收入分别落后序时进度20.2%、30.4%，一般公共预算支出、政府性基金预算支出分别超支出进度2.7%、1.3%。收支进度不一致导致收支缺口扩大。分地区看，仙桃因无纺布产品占全国市场份额60%，在疫情期间由于防疫物资生产带动全市一般公共预算收入完成超时间进度20.6%，其余地区一般公共预算收入完成均掉时间进度，其中省域副中心城市襄阳、宜昌落后进度最多，分别掉时间进度35.1%、28.4%。1—9月，全省地方一般公共预算收支缺口达4 582.55亿元，较去年同期缺口扩大26.4%。

## 三、财政承受能力指标体系构建

新冠疫情对于地方财政能力打击是多方面的，单从某一个维度无法准确衡量财政承受能力整体变化情况。王伟（2018）基于风险源构建地

---

① 地方可支配财力主要包括地方自有财力、转移支付收入和地方债收入。

方财政承受指数，量化测算了新常态下某市地方财政的承受能力，并找出风险较高的风险源，提出防范和化解财政风险的有利措施。本文借鉴前人研究方法，结合湖北省财政运行特点，构建新冠疫情下财政承受能力指标体系，从多个角度定量分析疫情影响下湖北财政承受能力的变化情况，其中主要风险因素包括经济下行风险、财政收支风险和债务负担风险三个方面。

### （一）指标选取

**1.经济下行风险及其预警指标**

主要包括GDP增长率（A1）、固定资产投资增长率（A2）和失业率（A3）。一般情况下，GDP增长率较高、失业率较低、固定资产投资活跃的地区，财政收入更有保障，地方财政的承受能力更强。

**2.财政收支风险及其预警指标**

一般而言，财政承受能力强弱主要取决于财政收入的稳定性、财政支出的保障性、财政收支的总量和结构的平衡性以及财政收支弹性。

（1）财政收入的稳定性（B1）。用来衡量财政收入的结构合理性，具体指标如下：①税收收入÷一般公共预算收入（B11）。税收收入具有较强的稳定性和持续性，若税收收入占一般公共预算收入的比重高且在合理范围内，说明税收征管环境良好，更能保障财政收入来源来增强财政承受能力。②一般公共预算收入÷一般公共预算总收入（B12）。一般公共预算总收入主要包括一般公共预算收入、转移支付收入，从政府性基金预算、国有资本经营预算等调入一般公共预算的调入资金、债券转贷收入等，比值越高，地方财政风险越小，财政承受能力越强。

（2）财政支出的保障性（B2）。主要体现在民生支出（包括教育支出、医疗卫生与计划生育支出、社会保障和就业支出、农林水事务支出四项支出之和）和财政自给率。①民生支出保障性=民生支出÷一般公共预算总收入（B21）。民生支出具有刚性，占一般公共预算总收入的比重越高，说明地方财政风险越高，财政承受能力越弱。②地方财政自给率=地方财政收入÷地方财政支出（B22）。其中，地方财政收入是一般公共预算收入与上划上级收入的合计数,地方财政支出是指一般公共预算支出数。财政自给率越高说明地方财政风险越小,财政承受能力越强。

(3)财政收支平衡性(B3)。主要包括:①一般公共预算的平衡性=(一般公共预算收入+上级补助收入)÷一般公共预算支出(B31),其中上级补助收入包括一般性转移支付收入、返还性收入和专项转移支付收入。一般公共预算支出资金应该主要从上式分子中收入进行安排,若上述收入能够满足支出需要则说明一般公共预算的平衡性较强,财政风险小,财政承受能力强。②政府性基金预算的平衡性=(政府性基金预算收入+上级政府性基金补助收入)÷政府性基金预算支出(B32)。政府性基金预算应该确保收支平衡,精打细算、量入为出、滚动结余,以补充一般公共预算,增强地方财政的风险抵御能力。因此该指标越高,财政风险越小,财政承受能力越强。③国有资本经营预算的平衡性=国有资本经营预算收入÷国有资本经营预算支出(B33)。国有资本经营预算是政府预算的重要组成部分,是国有资本保值增值、避免流失的重要保障,也是政府收入的重要来源,能够增强地方财政的风险抵御能力。因此,该指标越高,财政风险越小,财政承受能力越强。④社会保险基金预算的平衡性=社会保险基金预算收入÷社会保险基金预算支出(B34)。社会保险基金预算在政府预算中保持相对独立性,在社会保险基金收大于支时,政府不得直接动用社会保险基金弥补财政赤字;而当社会保险基金收不抵支时,由政府财政予以弥补。社会保险基金应确保收支平衡,避免收不抵支,给地方财政带来潜在风险。所以该指标越高,财政风险越小,财政承受能力越强。

(4)财政收支的弹性=财政支出增长率÷财政收入增长率(B41)。财政收支的弹性是指财政支出增长率对财政收入增长率的敏感程度,其中财政收入包括一般公共预算收入和上划上级收入,财政支出为一般公共预算支出。弹性系数越接近于1,说明财政收入和财政支出的增幅越同步,财政风险较小;弹性系数越显著大于1,说明财政支出的增长速度明显高于财政收入的增长速度,蕴藏着潜在的财政风险。

**3.债务负担风险及其预警指标**

债务负担风险是地方政府面临的直接风险和显性风险,具体表现为总额是否过度、债务偿还是否具有保障、刚性的偿付需求能否得到满足。主要包括:

(1)债务负担率=政府债务余额÷GDP(C11)。债务负担率是国际惯用的衡量政府债务风险的指标,反映债务总额是否过度、是否与自身的经济总量相匹配。

(2)财政负债率=政府债务余额÷综合财力(C21),其中综合财力为一般公共预算支出、政府性基金预算支出和国有资本经营预算支出之和。财政负债率反映政府债务占地方综合财力的份额,该指标越高,表明地方政府的债务风险越高。

(3)刚性偿付保障系数=当年一般公共预算收入÷当年还本付息额(C31)。刚性偿付保障系数反映一般公共预算收入对当年还本付息额的保障程度,该指标越高,债务偿还越有保障,地方政府债务风险越小。

**(二)评价体系**

建立指标目的在于找出风险源,如何准确地反映各风险源对地方财政风险的影响程度通过赋予权重来确定,选取专门针对定性问题进行定量分析的层次分析法(Analytic Hierarchy Process),它是将各因素划分为相互联系的层次,然后再比较同一层次的两两不同因素,主观判断后赋予各影响因素一定的权重。首先,将危机预警问题按风险类型、影响因素、预警指标分为三个层次。其次,就每一层次构造两两比较的判断矩阵,若指标i比指标j更重要,则$a_{ij}>1$。$a_{ij}$的赋值可参照Satty的九级标度法,评价权重根据多个专家判断结果取平均值。最后,根据判断矩阵A计算其最大特征值$\lambda_{max}$和归一化后的特征向量$W=(W_1, W_2, \cdots, W_n)^T$,即$AW=\lambda_{max}W$,$W_i$为指标i最终权重,其中:

$$w_i = \frac{\overline{w}_i}{\sum_{i=1}^{n} \overline{w}_i}$$

$$\bar{w}_i = \sqrt[n]{\prod_{j=1}^{n} a_{ij}}$$

$$\lambda_{\max} = \sum_{i=1}^{n} \frac{(AW)_i}{nw_i}$$

最后进行一致性检验。经计算，指标体系及其权重分配结果如表1所示。

表1　　　　　　　　地方财政承受能力指标及其权重　　　　　　　　单位：%

| 风险类型 | 权重 | 影响因素 | 权重 | 预警指标 | 权重 | 组合权重 |
|---|---|---|---|---|---|---|
| A 经济下行风险 | 25 | A1经济增长水平 | 54 | A11 GDP增长率 | 100 | 13.5 |
| | | A2投资水平 | 29.7 | A21固定资产投资增长率 | 100 | 7.43 |
| | | A3就业水平 | 16.3 | A31失业率 | 100 | 4.08 |
| B 财政收支风险 | 50 | B1财政收入的稳定性 | 25 | B11税收收入÷一般公共预算收入 | 50 | 6.25 |
| | | | | B12一般公共预算收入÷一般公共预算总收入 | 50 | 6.25 |
| | | B2财政支出的保障性 | 25 | B21民生支出÷一般公共预算总收入 | 50 | 6.25 |
| | | | | B22财政自给率 | 50 | 6.25 |
| | | B3财政收支的平衡性 | 25 | B31一般公共预算的平衡性 | 39.2 | 4.9 |
| | | | | B32政府性基金预算的平衡性 | 14.4 | 1.8 |
| | | | | B33国有资本经营预算的平衡性 | 14.4 | 1.8 |
| | | | | B34社会保险基金预算的平衡性 | 32 | 4 |
| | | B4财政收支的弹性 | 25 | B41财政支出增长率÷财政收入增长率 | 100 | 12.5 |
| C 债务负担风险 | 25 | C1债务适度性 | 33.3 | C11债务负担率 | 100 | 8.33 |
| | | C2负债水平 | 33.3 | C21财政负债率 | 100 | 8.33 |
| | | C3刚性偿付能力 | 33.4 | C31刚性偿付保障系数 | 100 | 8.33 |
| 合计 | | | | | | 100 |

构建地方财政承受能力指数Z，计算公式如下：

$$Z = \sum_{i}^{n} Z_i$$

$$Z_i = \sum_{j}^{m} q_j Y_{ij}$$

其中，Z为地方财政承受能力指数，$Z_i$是风险因素$i$的综合得分，$Y_{ij}$是风险因素$i$第$j$项指标的得分，$q_j$是第$j$项指标的权重。地方财政承受指数越高，表明财政危机发生的概率越小，抵御财政风险的能力越强。

为了使指数更加直观，单项指标得分选用指标映射法，即将指标实际值映射为分数值。具体做法为：对于每一个指标，根据其在不同风险状态的警界限上限和下限中的相对位置，按照相同的比例映射到对应分数上[①]（沈悦和元莉，2008）。本文将安全、基本安全、轻度风险和严重风险这四种状态分别规定不同的分值范围：[80,100][60,80)[40,60)[0,40)。分值越小，风险越大。当实际值超出安全值的最优边界时，指标单项分值为100；当实际值超出严重风险值的最差边界时，指标单项分值为0。具体指标的预警值及各风险状态对应的临界值如表2所示。

表2　地方财政承受能力指标体系及其预警值和临界值

| 预警指标 | 预警值 | 各风险状态对应的临界值 | | | |
|---|---|---|---|---|---|
| | | 安全 | 基本安全 | 轻度风险 | 严重风险 |
| A11 GDP增长率 | 8 | 8—10 | 6—8或10—12 | 4—6或12—14 | 0—4或14—18 |
| A21 固定资产投资增长率 | 13 | 13—19 | 10—13或19—22 | 7—10或22—25 | 0—7或25—32 |
| A31 失业率 | 5 | 0—5 | 5—10 | 10—15 | >15 |
| B11 税收收入÷一般公共预算收入 | 60 | 80—90 | 70—80 | 60—70 | 40—60 |
| B12 一般公共预算收入÷一般公共预算总收入 | 35 | 45—60 | 35—45 | 25—35 | 15—25 |

---

① 例如GDP增长率为8.5%，处于安全状态，对应区间为8—10，因此得分为90=100-20×(9-8.5)÷1。

续表

| 预警指标 | 预警值 | 各风险状态对应的临界值 | | | |
|---|---|---|---|---|---|
| | | 安全 | 基本安全 | 轻度风险 | 严重风险 |
| B21民生支出÷一般公共预算总收入 | 45 | 25—35 | 35—45 | 45—55 | 55—70 |
| B22财政自给率 | 60 | 80—100 | 70—80 | 60—70 | 40—60 |
| B31一般公共预算的平衡性 | 90 | 95—100 | 90—95 | 80—90 | 70—80 |
| B32政府性基金预算的平衡性 | 90 | 95—100 | 90—95 | 80—90 | 70—80 |
| B33国有资本经营预算的平衡性 | 100 | 200—300 | 100—200 | 80—100 | 50—80 |
| B34社会保险基金预算的平衡性 | 100 | 110—120 | 100—110 | 95—100 | 90—95 |
| B41财政支出增长率÷财政收入增长率 | 140 | 80—120 | 120—140 | 140—150 | 150—300 |
| C11债务负担率 | 40 | 0—35 | 35—40 | 40—45 | 45—60 |
| C21财政负债率 | 100 | 0—90 | 90—100 | 100—110 | 110—150 |
| C31刚性偿付保障系数 | 500 | 1 000—2 000 | 500—1 000 | 300—500 | 200—300 |

注：B41财政收支弹性中若支出增长率为负，收入增长为正，该指标得100分；若支出增长率为正，收入增长率为负，该指标得0分。

将各单项指标得分进行加权汇总，可得到地方财政承受能力指数 $Z$ 的值。借鉴风险评级机构的通常做法，可依据地方财政承受能力指数 $Z$ 的大小进行综合风险评价（见表3）。

表3　　　　地方财政承受能力指数预警评级

| 风险等级 | 地方财政承受指数 | 说明 |
|---|---|---|
| A+ | 90—100 | 地方财政风险很小，爆发危机可能性不大 |
| A | 80—90 | 地方财政风险较低，中短期发生危机的可能性较小 |
| B+ | 70—80 | 地方财政部分环节存在较高风险，应警惕、改进 |
| B | 60—70 | 地方财政部分环节存在严重缺陷，须排查、整顿 |
| C+ | 50—60 | 地方财政整体风险较高，中短期可能爆发危机 |
| C | 40—50 | 地方财政整体风险较高，近期很可能爆发危机 |
| D | 0—40 | 地方财政整体风险极高，随时都可能爆发危机 |

## （三）实证分析

### 1. 湖北省2015—2020年9月财政承受能力指数分析

本文选取2015—2020年9月的数据计算湖北省财政承受能力的得分并评级，数据来源于国库部门、Wind数据库、湖北省统计年鉴，根据原始数据进行加工处理最终得到各指标得分情况如表4所示。

表4　2015—2020年9月湖北省财政承受能力各指标得分

| 预警指标 | 2015年 | 2016年 | 2017年 | 2018年 | 2019年 | 2020年9月 |
| --- | --- | --- | --- | --- | --- | --- |
| A11 GDP增长率 | 98.00 | 82.00 | 78.00 | 78.00 | 75.00 | 0.00 |
| A21 固定资产投资增长率 | 98.67 | 80.67 | 66.67 | 66.67 | 64.00 | 0.00 |
| A31 失业率 | 90.56 | 89.64 | 90.36 | 90.20 | 89.76 | 78.40 |
| B11 税收入÷一般公共预算收入 | 58.84 | 58.74 | 60.56 | 68.98 | 69.37 | 76.89 |
| B12 一般公共预算收入÷一般公共预算总收入 | 64.23 | 64.25 | 64.00 | 62.86 | 62.81 | 62.01 |
| B21 民生支出÷一般公共预算总收入 | 97.77 | 93.04 | 92.65 | 88.01 | 75.31 | 29.83 |
| B22 财政自给率 | 23.68 | 23.73 | 41.45 | 47.36 | 52.36 | 29.28 |
| B31 一般公共预算的平衡性 | 19.85 | 28.39 | 50.35 | 68.45 | 49.90 | 100.00 |
| B32 政府性基金预算的平衡性 | 100.00 | 100.00 | 100.00 | 100.00 | 63.20 | 0.00 |
| B33 国有资本经营预算的平衡性 | 67.66 | 61.61 | 63.62 | 70.28 | 63.75 | 51.60 |
| B34 社会保险基金预算的平衡性 | 100.00 | 92.84 | 100.00 | 0.00 | 58.48 | 74.00 |
| B41 财政支出增长率÷财政收入增长率 | 0.00 | 90.74 | 100.00 | 0.00 | 100.00 | 0.00 |
| C11 债务负担率 | 90.92 | 90.97 | 91.06 | 90.31 | 89.98 | 87.23 |
| C21 财政负债率 | 89.96 | 89.86 | 88.59 | 88.08 | 85.81 | 83.86 |
| C31 刚性偿付保障系数 | 74.57 | 29.09 | 62.69 | 55.67 | 43.44 | 12.80 |

注：1. C11和C21指标为年度指标，需要将2020年1—9月数据转化为年度数据。其中C11中政府债务余额2020年数据根据目前发行债务和本息支付情况预估年末余额，GDP总量根据前三季度表现和专家预估设定湖北内17市恢复至去年同期的95%，全省GDP根据各地数据求和所得。C21中综合财力的估算，其中一般公共预算支出根据各地三季度环比增速预计四季度支出，求和得到全省一般公共预算支出，基金预算支出和国有资本经营预算支出因季度波动较大不适用于增速法，故分别根据湖北省财政厅制订的全年支出计划和去年支出的95%计算总支出，将三项支出加总得到2020年预计综合财力；2. 三季度湖北省失业率和分地区失业率数据缺失，用全国三季度城镇调查失业率代替。

根据各时期预警指标得分计算当期财政承受能力指数和评级结果如表5所示。

**表5　　　　　　　湖北省地方财政承受能力指数和评级**

| 时期 | 2015年 | 2016年 | 2017年 | 2018年 | 2019年 | 2020年9月 |
|---|---|---|---|---|---|---|
| 综合得分 | 68.81 | 72.55 | 77.44 | 61.78 | 72.61 | 32.41 |
| 评级 | B | B+ | B+ | C+ | B+ | D |

对比发现，疫情前后财政承受能力整体由B+级直降至D级，表明疫情很大程度上减弱了财政承受能力，地方财政整体风险升高，存在风险的环节增多。反映在指标上：一是部分指标变化极端，GDP增长率（A11）、固定资产投资增长率（A21）、政府性基金预算的平衡性（B32）、财政收支的弹性（B41）得分为0。从宏观经济指标看，新常态经济发展下行压力叠加疫情冲击，GDP增长率和固定资产投资增长率由正转负，同比增速大幅下降。从地方财政收支指标看，受疫情期间土拍活动暂停影响，政府性基金预算收入同比下降56%，降低了地方财政风险抵御能力；财政支出正增长而财政收入负增长，财政收支弹性趋近于6，财政支出增长率是财政收入增长率的6.15倍，若减收增支情况持续存在，财政缺口和财政运行压力将不断增大。二是部分指标升幅/降幅偏大。民生支出保障性（B21）、刚性偿付保障系数（C31）得分累计下降68%、62%，一般公共预算平衡性（B31）累计上升80%。在疫情影响下，一般公共预算收入减少，民生等刚性支出占比增大，债务还本付息压力增加，支出偿付保障性骤降，财政承受能力减弱；同时由于上级转移支付收入增多，地方财政对转移性支付依赖性较重，地方财政结构失衡，影响地方财政可持续发展。三是部分指标变化不大，但存在的问题仍需重视。一般公共预算收入÷一般公共预算总收入（B12）指标得分逐步下降，说明财政收入稳定性问题不容忽视。债务负担率（C11）得分同比下降幅度略微增大，但是债务发行数量过多问题以及未来偿本付息压力都会在以后对财政承受能力产生一定的负面影响。

**2.湖北17市地方财政承受能力分析**

根据各地区原始数据得到各指标得分情况如表6所示。

表6  湖北17市地方财政承受能力指标得分

| 预警指标 | 年份 | A11 GDP增长率 | A21 固定资产投资增长率 | A31 失业率 | B11 税收收入÷一般公共预算收入 | B12 一般公共预算收入÷一般公共预算总收入 | B21 民生支出÷一般公共预算总收入 | B22 财政自给率 | B31 一般公共预算平衡性 | B32 政府性基金预算平衡性 | B33 国有资本经营预算平衡性 | B34 社会保险基金预算平衡性 | B41 财政收支弹性 | C11 债务负担率 | C21 财政负债率 | C31 刚性偿付保障系数 |
|---|---|---|---|---|---|---|---|---|---|---|---|---|---|---|---|---|
| 武汉 | 2019 | 74.00 | 58.67 | 87.20 | 88.83 | 80.91 | 96.74 | 100.00 | 100.00 | 44.34 | 66.14 | 60.00 | 0.00 | 88.11 | 83.59 | 61.81 |
|  | 2020.9 | 0.00 | 0.00 | 78.4 | 91.75 | 27.91 | 100.00 | 97.66 | 100.00 | 0.00 | 48.59 | 64.22 | 0.00 | 84.28 | 82.20 | 64.47 |
| 黄石 | 2019 | 84.00 | 77.33 | 86.88 | 60.32 | 76.47 | 65.69 | 78.96 | 76.92 | 69.17 | 68.04 | 60.00 | 100.00 | 92.02 | 84.97 | 47.95 |
|  | 2020.9 | 0.00 | 0.00 | 78.4 | 71.27 | 32.33 | 83.62 | 35.00 | 100.00 | 39.60 | 10.03 | 67.41 | 0.00 | 89.69 | 82.96 | 4.60 |
| 十堰 | 2019 | 70.00 | 73.33 | 87.60 | 63.70 | 44.49 | 48.65 | 0.00 | 44.94 | 66.54 | 56.26 | 60.00 | 100.00 | 88.35 | 85.70 | 12.51 |
|  | 2020.9 | 0.00 | 0.00 | 78.4 | 69.91 | 0.00 | 77.38 | 0.00 | 53.95 | 63.08 | 100.00 | 72.61 | 0.00 | 86.12 | 83.42 | 0.00 |
| 宜昌 | 2019 | 82.00 | 74.00 | 90.84 | 58.65 | 83.99 | 56.84 | 37.88 | 0.00 | 78.82 | 72.57 | 60.00 | 100.00 | 92.27 | 84.37 | 67.41 |
|  | 2020.9 | 0.00 | 0.00 | 78.4 | 72.88 | 24.84 | 80.03 | 23.27 | 71.69 | 57.07 | 100.00 | 62.62 | 0.00 | 90.50 | 63.97 | 39.38 |
| 鄂州 | 2019 | 75.00 | 74.67 | 91.72 | 66.44 | 87.47 | 82.68 | 10.20 | 0.00 | 100.00 | 60.40 | 26.15 | 100.00 | 93.05 | 88.18 | 48.98 |
|  | 2020.9 | 0.00 | 0.00 | 78.4 | 84.50 | 12.75 | 100.00 | 15.68 | 48.70 | 23.58 | 0.00 | 64.72 | 97.00 | 90.98 | 85.96 | 19.68 |
| 荆门 | 2019 | 75.00 | 73.33 | 84.00 | 68.16 | 72.70 | 62.49 | 41.96 | 0.00 | 100.00 | 0.00 | 61.02 | 100.00 | 93.12 | 87.33 | 63.66 |
|  | 2020.9 | 0.00 | 0.00 | 78.4 | 69.26 | 24.99 | 67.84 | 44.55 | 82.28 | 59.87 | 72.41 | 72.88 | 0.00 | 91.19 | 83.00 | 0.00 |
| 神农架 | 2019 | 73.00 | 53.33 | 82.00 | 44.97 | 7.93 | 87.23 | 0.00 | 100.00 | 0.00 | 0.00 | 60.00 | 100.00 | 11.07 | 84.23 | 0.00 |
|  | 2020.9 | 0.00 | 0.00 | 78.4 | 42.73 | 2.25 | 67.23 | 0.00 | 100.00 | 0.00 | 100.00 | 63.52 | 0.00 | 0.00 | 83.10 | 0.00 |

续表

| 预警指标 | 年份 | A11 GDP增长率 | A21 固定资产投资增长率 | A31 失业率 | B11 税收收入÷一般公共预算收入 | B12 一般公共预算收入÷一般公共预算总收入 | B21 民生支出÷一般公共预算总收入 | B22 财政自给率 | B31 一般公共预算平衡性 | B32 政府性基金预算平衡性 | B33 国有资本经营预算平衡性 | B34 社会保险基金预算平衡性 | B41 财政收支弹性 | C11 债务负担率 | C21 财政负债率 | C31 刚性偿付保障系数 |
|---|---|---|---|---|---|---|---|---|---|---|---|---|---|---|---|---|
| 襄阳 | 2019 | 79.00 | 74.67 | 82.00 | 54.34 | 88.53 | 76.53 | 43.07 | 0.00 | 100.00 | 100.00 | 44.96 | 100.00 | 92.54 | 85.46 | 56.01 |
| | 2020.9 | 0.00 | 0.00 | 78.4 | 74.73 | 25.04 | 64.06 | 21.41 | 44.26 | 100.00 | 0.00 | 68.50 | 0.00 | 90.77 | 81.78 | 0.00 |
| 随州 | 2019 | 78.00 | 68.67 | 82.00 | 73.44 | 44.87 | 56.52 | 10.28 | 73.48 | 0.00 | 66.02 | 60.00 | 100.00 | 93.71 | 86.11 | 61.75 |
| | 2020.9 | 0.00 | 0.00 | 78.4 | 71.53 | 1.63 | 72.39 | 0.00 | 64.87 | 14.84 | 55.09 | 60.87 | 0.00 | 92.11 | 85.13 | 0.00 |
| 孝感 | 2019 | 80.00 | 75.33 | 82.00 | 70.47 | 61.04 | 17.28 | 11.09 | 8.22 | 100.00 | 37.48 | 60.00 | 100.00 | 91.57 | 87.57 | 41.29 |
| | 2020.9 | 0.00 | 0.00 | 78.4 | 68.59 | 28.08 | 49.63 | 0.34 | 51.44 | 24.61 | 48.87 | 61.63 | 0.00 | 89.21 | 84.72 | 0.00 |
| 黄冈 | 2019 | 68.00 | 69.33 | 91.72 | 61.47 | 46.39 | 58.95 | 0.00 | 8.02 | 100.00 | 100.00 | 60.15 | 100.00 | 90.11 | 87.90 | 44.31 |
| | 2020.9 | 0.00 | 0.00 | 78.4 | 67.57 | 4.95 | 55.16 | 0.00 | 51.33 | 13.45 | 28.88 | 69.48 | 0.00 | 87.71 | 86.22 | 0.00 |
| 咸宁 | 2019 | 82.00 | 71.33 | 90.80 | 61.00 | 60.36 | 39.02 | 15.60 | 33.50 | 59.80 | 0.00 | 60.00 | 100.00 | 91.57 | 87.39 | 52.66 |
| | 2020.9 | 0.00 | 0.00 | 78.4 | 75.47 | 21.19 | 78.19 | 3.01 | 96.95 | 17.52 | 0.00 | 69.26 | 0.00 | 89.17 | 83.66 | 0.00 |
| 恩施 | 2019 | 66.00 | 66.67 | 86.80 | 69.40 | 21.46 | 19.68 | 3.21 | 40.44 | 100.00 | 100.00 | 60.00 | 100.00 | 85.47 | 86.99 | 20.14 |
| | 2020.9 | 0.00 | 0.00 | 78.4 | 72.45 | 0.00 | 77.63 | 0.00 | 74.33 | 100.00 | 88.46 | 61.44 | 0.00 | 82.62 | 86.20 | 0.00 |
| 潜江 | 2019 | 79.00 | 76.00 | 91.88 | 65.33 | 65.05 | 32.29 | 18.70 | 41.03 | 100.00 | 64.83 | 60.00 | 100.00 | 96.69 | 89.04 | 58.46 |
| | 2020.9 | 0.00 | 0.00 | 78.4 | 63.50 | 40.09 | 37.35 | 2.70 | 66.85 | 100.00 | 0.00 | 63.86 | 0.00 | 95.47 | 85.49 | 0.00 |

续表

| 预警指标 | | 年份 | A11 GDP增长率 | A21 固定资产投资增长率 | A31 失业率 | B11 税收收入÷一般公共预算收入 | B12 一般公共预算收入÷一般公共预算总收入 | B21 民生支出÷一般公共预算总收入 | B22 财政自给率 | B31 一般公共预算平衡性 | B32 政府性基金预算平衡性 | B33 国有资本经营预算平衡性 | B34 社会保险基金预算平衡性 | B41 财政收支弹性 | C11 债务负担率 | C21 财政负债率 | C31 刚性偿付保障系数 |
|---|---|---|---|---|---|---|---|---|---|---|---|---|---|---|---|---|---|
| 仙桃 | | 2019 | 77.00 | 69.33 | 92.44 | 83.48 | 60.45 | 47.90 | 24.42 | 61.87 | 96.49 | 100.00 | 60.00 | 100.00 | 95.83 | 88.32 | 54.90 |
| | | 2020.9 | 0.00 | 0.00 | 78.4 | 100.00 | 48.18 | 55.84 | 44.92 | 100.00 | 53.42 | 100.00 | 63.43 | 0.00 | 94.01 | 83.90 | 22.57 |
| 天门 | | 2019 | 77.00 | 68.67 | 91.60 | 75.30 | 41.52 | 15.34 | 0.00 | 38.19 | 40.38 | 81.51 | 60.00 | 100.00 | 93.97 | 87.19 | 45.79 |
| | | 2020.9 | 0.00 | 0.00 | 78.4 | 76.25 | 0.00 | 56.20 | 0.00 | 100.00 | 0.00 | 100.00 | 61.07 | 0.00 | 92.72 | 82.28 | 0.00 |
| 荆州 | | 2019 | 75.00 | 75.33 | 89.60 | 62.34 | 51.87 | 58.27 | 0.00 | 100.00 | 100.00 | 63.10 | 60.00 | 100.00 | 90.63 | 88.21 | 53.30 |
| | | 2020.9 | 0.00 | 0.00 | 78.4 | 71.33 | 5.80 | 62.49 | 0.00 | 33.31 | 100.00 | 72.03 | 92.10 | 0.00 | 88.52 | 87.00 | 6.56 |

注：1. C11和C21指标为年度指标，需要将2020年各地区上半年增长率加上湖北省前三季度增长率，因鄂州、襄阳、潜江、宜昌、仙桃、神农架2020年1—9月数据缺失，这些地区固定资产投资增长率根据2020年各地区上半年增长率加上湖北省前三季度增长率上半年收窄幅度估算所得；4. 2019年部分地区及2020年1—9月失业率未公布，前者选取其在政府工作报告中反映"城镇登记失业率控制在4.5%以下"的临界值4.5%代替，后者用全国三季度城镇调查失业率代替。

84

根据各地区预警指标得分，结合AHP确定的权重计算财政承受能力指数大小，综合确定湖北17市地方财政2019年和2020年1—9月预警分值、评级、排名结果如表7所示。

表7　　　湖北17市地方财政预警分值、评级和排名

| 2019年 | 财政承受能力指数 | 评级 | 排名 | 2020年9月 | 财政承受能力指数 | 评级 | 排名 | 排名变化 |
|---|---|---|---|---|---|---|---|---|
| 黄石 | 78.10 | B+ | 1 | 武汉 | 50.61 | C+ | 1 | +8 |
| 仙桃 | 74.21 | B+ | 2 | 鄂州 | 50.41 | C+ | 2 | +6 |
| 襄阳 | 73.35 | B+ | 3 | 仙桃 | 45.66 | C | 3 | −1 |
| 宜昌 | 73.06 | B+ | 4 | 宜昌 | 40.75 | C | 4 | — |
| 潜江 | 71.61 | B+ | 5 | 黄石 | 40.34 | D | 5 | −4 |
| 荆门 | 71.41 | B+ | 6 | 荆门 | 39.95 | D | 6 | — |
| 鄂州 | 70.45 | B+ | 7 | 咸宁 | 36.55 | D | 7 | +3 |
| 随州 | 70.36 | B+ | 8 | 恩施 | 36.13 | D | 8 | +8 |
| 武汉 | 69.55 | B | 9 | 襄阳 | 35.86 | D | 9 | −6 |
| 咸宁 | 67.99 | B | 10 | 荆州 | 35.50 | D | 10 | +1 |
| 荆州 | 67.33 | B | 11 | 天门 | 35.20 | D | 11 | +3 |
| 黄冈 | 65.92 | B | 12 | 十堰 | 35.01 | D | 12 | +3 |
| 孝感 | 65.87 | B | 13 | 潜江 | 34.88 | D | 13 | −8 |
| 天门 | 65.36 | B | 14 | 随州 | 33.93 | D | 14 | −6 |
| 十堰 | 63.13 | B | 15 | 孝感 | 33.16 | D | 15 | −1 |
| 恩施 | 61.04 | B | 16 | 黄冈 | 31.72 | D | 16 | −4 |
| 神农架 | 53.66 | C+ | 17 | 神农架 | 26.37 | D | 17 | — |

结果表明，疫情导致湖北省17个地区财政承受能力出现不同程度的下降，地方财政承受能力指数平均下降30.61分，其中黄冈市降幅最大，武汉市降幅最小，两地财政承受能力指数分别下降51.9%、27.2%。除武汉市外，经济体量较大的几个地区财政承受能力降幅较大，襄阳市、宜昌市、荆州市、黄冈市财政承受能力指数降幅均超过平均水平。

从排名来看，疫情前黄石市、仙桃市财政承受能力分别排名第一、第二，省域副中心城市襄阳市和宜昌市表现良好，分别排名第三和第四，武汉市由于财政收支弹性较大（B41）、债务风险偏高（C11、C21）拉低了财政承受能力指数，在17个地区中只排名第九。疫情后财政承受能力排名发生改变，受疫情影响最严重的武汉市因经济体量大、税收来源丰富，同时收到较多上级转移支付，财政收入稳定性（B11）和财政收支平衡性指标（B31、B32、B33）表现良好，使得其财政承受能力指数降幅最小，总排名上升到第一位；鄂州市、仙桃市分别排名第二、第三，其中鄂州市因全市第二产业恢复对经济的支撑稳定作用明显，仙桃市因占有全国60%的无纺布产品市场份额，税收收入在非织造布行业拉动下大幅增加，两市收入质量（B11）和财政支出保障性（B21、B22）有所提升，财政承受能力指数降幅均低于平均水平。得分排名下降的地区主要分布在武汉城市圈，包括潜江市（-8）、襄阳市（-6）、随州市（-6）、黄冈市（-4）、黄石市（-4）、仙桃市（-1）和孝感市（-1）。

造成大多数地区财政承受能力下降的主要因素包括经济下行压力、财政收入稳定性减弱和财政自给率下降导致对转移支付收入依赖增加、政府性基金预算平衡被打破、财政收支变化幅度不一致、债务负担加重和债务风险加剧。

一是新冠疫情增加了各地区面临的经济下行风险，三个评价指标（A11、A21、A31）均超过预警值。疫情期间经济生产活动停滞，湖北省各地区GDP总量、增速下滑明显。武汉市处于疫情中心，全市及周边地区受影响最严重，武汉、鄂州、黄冈、黄石、潜江、荆门GDP增速均低于全省平均水平。从需求端看，"三驾马车"中的投资主要由固定资产投资主导，固定资产投资增长率同比大幅下降反映疫情期间投资积极性下降、内需相对疲软，稳投资仍是未来工作的重心之一。从供给端看，失业率大幅增加，就业压力增大，结构性矛盾、社会不稳定程度加剧。

二是财政收入减收严重，财政支出压力不减，多数地区对转移支付收入依赖加深。从收入质量上看，虽然税收在一般公共预算收入中占比提升，但就总量而言，一般公共预算收入减收严重，上级补助收入和债转贷资金在财政收入中占比提升，财政收入不确定性增加，表现为一般公共预算收入占总收入比重下降（B12），其中十堰市、恩施州、天门市自有财力严重不足，该指标得分下降为0分。在支出保障性上，除鄂州、荆门、仙桃外，其余地区财政自给率下降明显（B22），反映疫情使得地方财政支出压力增大，地方财政自我造血功能萎缩，更加依赖上级转移支付弥补财力缺口、维持运转。

三是政府性基金预算平衡性不足，财政收支增速变化不一致。从满足新增支出能力上看，由于土地出让收入在政府性基金预算收入中占比较高，同时也是地方财力的重要组成部分之一，疫情期间土拍活动停滞，房地产市场按下"暂停键"，造成政府性基金预算收入减收较多，在上级政府性基金补助收入特别是抗疫特别国债转移支付收入的补充下，保证了特定基础设施建设和社会事业发展所需支出，但仍不足以覆盖所有新增支出，政府性基金预算平衡性（B32）被打破。从财政收支增速上看，疫情发生后各项支出增幅较大，进度明显加快，地方财政收入大幅下降，财政收支变化幅度相反导致多数地区财政收支弹性指标（B41）单项分值为0，财政风险较大。

四是债务负担加重，债务风险加剧。为对冲疫情影响，政府采取更加积极的财政政策，通过发行抗疫特别国债、增加地方政府专项债券提高政府赤字率以应对财政支出扩张，在债务扩张的同时，各地经济体量和综合财力收缩造成债务负担率（C11）和财政负债率（C21）上升，且地方经济体量、综合财力大小与债务负担指标下降幅度呈正相关。大量债务到期叠加减收因素导致一般公共预算收入对当年还本付息额的保障程度下降，截至2020年9月，全省超过半数地区刚性偿付保障系数指标（C31）得分为0，债务风险加剧。

整体而言，受疫情冲击影响，湖北省财政承受能力指数发生"质变"，财政风险明显增大，地方收支平衡性和保障性严重下滑，地方政府自有财力在满足当地自身发展需要和新增疫情防控支出等方面存在较大缺口，且财政自给能力和财政资源分配不均导致不同地区财政承受能力差异大。

## 四、疫情后财政承受能力恢复面临的问题

根据实证中结果可知，导致湖北省及省内各地财政承受能力下降的主要风险源在于经济下行风险、财政收支风险和债务负担风险，本节根据不同风险源并结合案例分析在财政能力恢复过程和落实"六稳""六保"政策中可能出现的问题。

### （一）经济下行压力不减，消费支撑不足，出口发展受阻，投资、就业结构性失衡

消费、投资、出口是拉动经济增长的"三驾马车"，也是疫后恢复工作的着力点，复工复产以来，国家相继出台扶持就业、刺激消费、加大投资力度的有关政策，对"六稳""六保"起到了积极作用。但在疫情冲击下，经济下行压力不减，宏观经济运行问题突出，严重削弱了财政承受能力。

**1. 消费市场重要商品类别、支柱产业支撑不足，消费预算约束制约未来消费增长**

2020年1—9月，全省社会消费品零售总额同比下降27.4%，限额以上批发和零售业、住宿业和餐饮业营业额分别同比下降17.5%、29.8%，降幅较上半年分别收窄7.1个、13.1个百分点，反映消费领域持续复苏，但在消费市场运行中存在的问题仍需引起重视。一方面，重要类别、支柱产业支撑消费力度不够。拉动全省消费品市场发展的重要商品类别，包括服装、鞋帽、针纺织品类、石油制品类和汽车类，1—9月线上零售额分别同比下降36.2%、29.1%、20.4%，受疫情和国际原油价格低迷双重影响，此三类商品零售额同比下降的态势或将持续，对消费品市场的支撑作用或将进一步被削弱。此外，省内部分依靠旅游业促进消费带动经济发展的地区反映旅游消费恢复较慢，截至8月末，恩施旅游业接待人数同比下降71%，实现旅游综合收入同比下降81.7%，消费市场支柱产业恢复至以往水平仍需时日。另一方面，居民购买能力减弱、储蓄意

愿增强，制约未来消费增长。1—9月，全省城镇、农村居民人均可支配收入分别同比下降6.3%、4.5%，居民消费价格指数（CPI）较上年同期提高3.8%，收入减少叠加生活成本上升制约了居民购买能力。9月末金融机构存款余额同比增长10.0%，受疫情担忧心理影响，居民储蓄避险意愿增强，消费更加趋于谨慎。

**2. 受新冠疫情和中美贸易摩擦双重冲击，外贸企业面临订单锐减、利润压缩、资金不足、出口转内销存难等问题**

受疫情和国际形势变化影响，外需不确定性增加，外贸发展面临的困境仍难扭转。一是国际疫情导致国际市场对我国产品和服务消费能力的下降，出口减少，外贸企业销量、利润骤减。荆门普安阀门有限公司受美国疫情严重影响，1—8月出口订单比去年同期减少36%，预计2020年9—12月新签订订单比去年同期减少约46%。湖北宏力液压科技有限公司为维护出口市场，应客户要求将合同金额总价下调4.2%，利润空间被大幅压缩。二是因融资难、合作企业倒闭等问题导致部分企业资金紧张。湖北京山轻工机械股份有限公司今年出口回款速度慢导致企业经营资金短缺，为缓解资金紧张企业向银行申请流动资金贷款，受疫情因素影响，贷款发放进度比去年同期延长了两个月。荆门威玛贸易有限公司受与其合作的一家国内箱包企业倒闭影响，上半年预付货款难以收回，10余笔出口订单因此搁浅。三是成本费用较高、专用定制配套产品销售难等因素使得企业"出口转内销"较为困难。部分出口产品为符合国际质量安全标准，导致生产成本较高，同时较高的卖场进驻费、商品条码管理费等增加了市场营销费用，内销不具备价格优势。荆门两家装备制造外贸企业反映其生产的产品具有专业定制性，难以销售给国内其他厂家。

**3. 固定资产投资结构失衡，企业投资信心不足，外资企业转股撤资仍将持续**

2020年1—9月，全省固定资产投资同比下降33.9%，其中制造业投资、基础设施投资、房地产开发投资分别同比下降38.8%、38.0%、17.0%。2020年8月，湖北省启动疫后重振"十大工程"，三年投资2.3

万亿元，超过2019年全省GDP的一半，预计未来投资恢复形势良好，但当前全省投资恢复中还存在着一些问题。一是固定资产投资恢复主要依靠房地产业、金融业拉动，制造业和服务业投资增速低于行业平均水平，投资结构不利于实体经济发展。1—9月，房地产业、金融业固定资产投资降幅低于全行业平均水平，分别同比下降23.5个、21.8个百分点；制造业固定资产投资同比下降38.8个百分点，降幅高于全行业平均水平4.9个百分点。重点行业间固定资产投资增速分布差异表明恢复性投资追逐高收益主要流入房地产和金融行业，实体行业吸纳投资较少，不利于未来经济平稳发展。二是企业投资信心不足。世界范围内疫情还未得到有效控制，经济前景仍面临较大的不确定性，企业对扩大产能投资持保守态度。孝感市松林光电原计划2020年新上一条生产线，因疫情影响企业订单流失，公司负责人表示当年不会再上新的生产线了；湖北广济药业股份有限公司疫情后为维持日常经营运转和进行企业升级的需要，1—8月共向银行和集团内部资金拆借融资4.8亿元，因后续融资压力，企业对下阶段投资与否持观望态度。三是外商直接投资下降，外资企业转股撤资仍将持续。宜昌市自2019年政府出台鼓励引进外资政策以来，外资流入企稳有升，2019年外资流入资金4 113.5万美元，但受疫情影响，2020年1—8月外资流入仅150.72万美元。部分老外资企业在中美贸易摩擦和新冠疫情影响的双重打击下出现经营困难，外资转股撤资意愿增强，预计宜昌丰硕设备有限公司下半年有2 557.9万美元外资减资流出，未来相关转股撤资业务在较长时间内仍将持续。

**4.企业用工计划减少，短期失业结构性问题突出**

为减少疫情对就业造成的负面影响，国务院办公厅出台了支持就业的五条意见，这对稳就业起到了积极作用，但当前就业形势十分严峻，主要体现在两个方面。一是企业通过裁员降低用工成本，就业形势承压。新冠疫情对就业市场最直接的影响是企业生产经营延迟、用工成本提高、招聘计划缩减、就业成本增加等，基于咸宁市523户企业问卷调查结果可以发现，30.6%的企业采取精减人员的措施应对疫情冲击，给就业形势带来较明显的压力。从企业面临的困难看，20.8%以上的企业认为用工成本是目前压力的主要来源，因此可以合理推断出，在企业营收大幅下滑的情况下，很可能通过裁员缓解企业用工成本压力。二是就业结构性矛盾突出。从产业结构看，非农就业受到较大冲击，第二产业随着复工复产进程将逐步得以恢复和推进，服务业就业冲击最为突出，批发零售、住宿餐饮、交通运输、文体娱乐等行业就业岗位大幅减少，由此引发短期结构性失业，若短期失业不断延长，则可能形成广泛的社会稳定问题。从劳动力供给看，高校毕业生和农民工是受疫情影响最大的两个群体。一方面，湖北省高校毕业生省内就业意愿明显增强，但基层事业单位还是鲜有问津，县级基层事业单位普遍存在"有岗缺人"的问题；另一方面，由于农民工就业流动频率高、稳定性不强，疫情冲击下难以找到外出务工途径，短期内将存在周期性失业和摩擦性失业。

## （二）省内各地对转移支付依赖加重，"三保"压力不减，财政收支不平衡程度加深

### 1. 地方财政对上级转移支付的依赖加重，财政收入质量下降，直达资金实际使用存在困难

受新冠疫情叠加减税降费政策的影响，中央加大了对湖北转移支付的支持，全省中央转移支付规模超地方公共预算收入，省内各地对中央转移收入的依赖普遍加重，财政收入质量显著下降。一是部分自有财力长期不足或收入恢复较慢的地区，一般公共预算支出进度对收入进度依赖较往年明显提高，当地采取积极争取上级转移支付和强有力的财政资金调度，主要靠转移支付来弥补财力缺口和维持运转以保障财政支出。恩施州对转移支付依赖较重，县级国库库存对上级财政转移支付时间、划转金额变化敏感，截至9月，全州县级财政缺口273.68亿元，收到上级财政转移性支付资金已全部用来弥补收支缺口，州内多地因上级补助资金、中央财政直达资金、债务转贷资金没有及时划转导致国库库存出现偏低现象。二是受益于中央2万亿元新增财政资金直达基层，全省国库库存偏低情况得到明显缓解，但直达资金政策在实际拨付中还存在一些困难。按照中央特殊转移支付机制资金监督管理办法第五条规定：

"按照国库集中支付制度有关规定将资金直接发放到受益对象，不得违规将资金转至预算单位实有资金账户。"对于直达资金项目支出，补助类项目可以按时足额发放到收益对象，而对于建设类项目，由于项目前期准备工作期长，项目可行性研究、概算、招投标、预算评审等环节，设备采购都要按法定程序和流程，影响项目工程进度，从而影响资金拨付进度。

**2. 基建投资资金需求较大，三保支出压力不减**

疫情以来，财政支出力度加大，财政资金在保民生、保稳定方面作用明显，与此同时，资金支付压力随之增大。一是强基建补短板政策背景下，政府基建投资对财政资金需求量较大，部分项目标准提高、材料成本上涨，基建项目部分时间跨度大，项目耗资增加，加剧地方财政支出压力。据了解，鄂州市2020年市直基础设施建设项目投资计划完成投资94.95亿元，财政资金需求33.74亿元，占2019年度一般公共预算收入的56.19%。二是社会保障、医疗卫生等民生项目的投入力度加大，"三保"支出、疫情防控相关的卫生健康支出有增无减。据统计，荆门市民生支出占一般公共预算支出比重一直保持在80%以上水平，高于全省平均水平，1—8月全市民生支出达81.3%，超去年同期占比1.6个百分点。民生刚性支出有增无减，财政运行压力巨大，进而导致资金缺口巨大，财政收支矛盾突出。

**3. 基金预算收入下降，社保支出出现"穿底"风险**

疫情以来，受交易萎缩、预期不佳影响，湖北省土地市场降温明显，武汉及周边地区减收严重，基金预算收入大幅下降。根据湖北省政府发布《为促进建筑业和房地产市场平稳健康发展的通知》，湖北省各地可适度降低土地出让竞买保证金比例及省内房企可分期缴纳土地出让金，在减轻企业负担、助力建筑业和房地产企业疫后恢复的同时，大大削减了基金预算主要收入来源。从基金预算支出上看，1—9月其他支出占基金预算支出比重为30.2%，同比增长146.3%，其中80%以上其他支出来自其他自行试点项目收益专项债券收入安排的支出，但从基金预算收入上看，专项债对应项目专项收入占基金预算收入比重不足1%，存在专项债收益偏低、资金错配风险。

按照国家出台的企业扶持政策，企业养老保险、失业保险、工伤保险、职工医保的参保企业单位应缴部分免缴，困难企业单位缴费、困难企业单位员工个人缴费可以缓缴，但是弥补减收缺口保养老金发放等财政支出加剧了"减收增支"的矛盾。咸宁通城、赤壁反映机关事业单位基本养老保险已出现穿底风险。其中，赤壁2020年机关事业单位基本养老保险收支缺口达2亿元；1—8月，荆州市机关事业单位基本养老保险收入只有1.4亿元，企业养老保险和机关养老保险则分别新增6.43亿元和3.22亿元的收支缺口。

**（三）债务规模扩张导致资金使用效率较低，还本付息压力加大**

2020年1—9月，全省共发行新增债券1 795亿元，同比增长28.1%，其中一般债券565亿元，专项债券1 230亿元。债务规模扩张有力支持了疫情防控和疫后经济社会发展，缓解财政收支压力，但在资金使用和还本付息过程中还存在以下问题。

**1. 债务资金使用效率较低，资金沉淀成本增加**

国库数据显示，2020年1—9月平均库存同比下降2%，在支出不减反增背景下，库存降幅远低于一般公共预算收入降幅。国库库存充裕有力保证了"三保"支出的正常拨付，但较多资金暂留国库增加了资金沉淀成本，由于发行地方债获得的债务资金成本明显高于国库资金活期存款利息，两者存在利差导致资金沉淀成本较高。同时，部分地方债项目还存在资金无法使用、资金使用进度偏慢的问题，使得债务资金使用效率降低。枣阳市火车站城南片区棚改专项债项目，资金1亿元已在2019年9月划拨至平台公司账户，而土地使用权证2020年5月才办理到位，项目6月初才开始规划测算；鄂州市2019年发行的10亿元棚户区改造专项债，截至2020年5月初，只完成进度的65%；截至上半年，荆州市本级2020年新增专项债券的资金使用进度仅为44.0%，落后序时进度。

**2. 政府债务还本付息压力加大，刚性偿付保障能力不足**

2020年1—9月，全省地方债券还本付息支出1 064.84亿元，同比增长137.1%。其中，7—9月还本付息447.89亿元，占还本付息总额的

42.1%，全省地方债偿还进入高峰期。且湖北债务结构是一般债占比高，一般债主要用于公益性无收益的项目和平衡预算，这加剧了地方偿债负担，省内多地反映债务风险加剧和还本付息困难。鄂州市在2020年预算中安排10亿元用于化解隐性债务，因疫情财政收入大幅减收，资金安排上捉襟见肘；十堰市2020年应偿还地方债券本息72.82亿元，占上年末地方债余额的17.7%。其中，应还利息14.23亿元，主要通过一般公共预算和基金预算来解决，占上半年两项收入之和的25.9%，在疫情的冲击下，该市新增财力难以偿还到期债务。

## 五、对策建议

### （一）优化财政支出结构，缓解财政收支平衡压力，加大库款监测力度，保障重点支出需求

政府应该加大一般公共预算、政府性基金预算、国有资本经营预算的统筹力度，精准测算财力缺口和支付能力，在争取上级财政转移支付支持来弥补财政缺口的同时，通过适时调整财政预算，不断优化地方政府财政支出结构，缓解财政收支平衡压力，进一步加强地方财政预算管理。坚持"以收定支"原则，尤其是受新冠疫情影响导致财政收支矛盾加剧，更要继续"过紧日子"，压缩政府一般性支出，重点保障民生支出及一些重要领域的支出，提高财政支出效率。同时，紧盯财政收入增长预期目标，严格执行税收和收费政策，既全面落实好减税降费政策，又不违规减免税费。加强重点地区特别是县域国库库存情况的日常监测和库存预警，防范财政支付风险，聚焦疫情防控和民生保障，全力兜牢基本民生底线。

### （二）完善以支出绩效为导向的转移支付制度，积极落实"六稳""六保"任务，确保财政平稳运行

重点关注转移支付可能引发的道德风险问题，进一步健全转移支付中的监督、问责和惩罚机制，形成规范、科学、透明的转移支付分配制度，以支出绩效为导向，构建"自下而上"与"自上而下"相结合的财

政资金考核制度，促进财政资金使用责任可追溯、全程留痕。积极保就业、稳收入、促消费，简化政策兑现手续，确保政策落实落细落地；加强研究出台更加精准的、操作性更强的扶持政策，提升服务质量和效率，以恢复企业产能活力；重点做好农民工就业、高校毕业生职业技能培训，加大稳岗返还力度；保障困难群众基本生活，完善公共卫生服务体系，办好公平优质教育，巩固脱贫成果；加快推动制造业转型升级，加大金融服务市场主体力度，推进产业融合发展，确保粮食能源安全，稳定市场价格和供应。

**（三）优化营商环境，加大对企针对性帮扶力度，推动经济高质量、可持续发展**

推动经济高质量、可持续发展是实现地方财政可持续发展的基石，新冠疫情对经济的冲击需要更加坚定地实施供给侧结构性改革。一是地方政府要积极创造公平竞争的营商环境。继续深化"放管服"改革，激发市场主体活力，减少地方政府对企业的干预；打破服务业领域市场垄断或行政性垄断，为中小企业创造更加宽松的市场环境，促进中小企业的创新发展、共享发展。二是根据不同行业、不同类型企业复工复产中存在的问题，从成本、物流、产业链等多环节实施帮扶，稳住就业，助力企业复工复产。加大对疫情冲击严重的企业、个人的财税政策优惠，多措并举降低企业经营成本，落实贷款贴息、租金减免等政策，用活产业引导资金等政策工具，帮助企业渡过难关，回归正常经营。三是围绕湖北疫后重振补短板、强功能"十大工程"三年行动，加强项目谋划，发挥部门合力，完善项目资金匹配考核标准，充分发挥投资拉动作用，扩大有效投资稳增长。四是鼓励外贸企业积极开拓新市场，支持适销对路的出口产品开拓国内市场，积极拓展电商渠道，为企业拓展内销市场提供便利。

**（四）培育新的经济增长点和税源，增强政府引导基金应对社会突发事件的灵活性**

经济恢复需要新的抓手，从政府财政资金收支来看，一方面，要培育新的经济增长点和税源，把传统产业转型与培育壮大新经济结合，围绕高端装备制造、光电子信息、新能源及汽车零部件三大战略性新兴产业发展，推动新能源汽车、工业机器人等重大项目建设，创新举措激发消费潜力，加快文旅、康养、家政等服务消费的品质化、便利化升级，培育发展消费新业态、新模式，形成稳定税源。另一方面，要增强政府引导基金应对社会突发事件的灵活性，政府引导基金作为政府资金对社会资本的补充，肩负弥补市场失灵、引导市场方向的重要角色，更应该突出在社会突发事件下的反应能力和反应速度，包括加大对国家公共卫生安全和医疗技术方面的投入。从保护人民健康、保障国家安全的角度，可尝试设立地方公共安全与应急基金，利用引导基金提升紧缺物资产能、加快相关疫情防范和医疗技术的研发支持，完善突发重大疫情的防范和救治机制。

**（五）用好地方政府专项债券，以市场化手段推动地方政府债务置换，增强债务可持续性**

一是用好地方政府专项债券，坚持"资金跟着项目走"，优化债券投向结构，加快建立项目储备和前期准备、评估、遴选等工作机制，积极利用专项债券融资成本低、作用机制直接、政策见效快等优势，更好发挥政府债券稳投资、扩内需、补短板的重要作用。二是引入"大禹治水"的理念，妥善处理"堵与疏"的关系，科学、正确分析政府的资产负债情况。合理盘活现有资产资源，以市场化手段推动地方政府债务置换，利用温和通货膨胀、展期重组等多种有效实现形式，以时间换空间，防止区域性、系统性风险。三是改进现行的地方政府债务考核评价指标体系，增强可持续性。需进一步调整地方政府债务的"上限"、放宽债务率和偿债率等约束指标、构建以资产和预期效益为参照的风险指标体系等，加大"开前门"的力度，切实增加管理制度供给。

## 参考文献

[1] 梁尚敏.论财政承受能力[J].财政研究,1987(01).

[2] 张霁阳,蔡庆丰,邰晓雯."新常态"下银行资金参与PPP的风险防控——基于地方政府财政承受能力的评估[J].上海金融,2017(12).

[3] 冯涛.财政分权、地方政府行为与区域金融发展[J].西安交通大学学报(社会科学版),2007(85).

[4] 唐云锋.财政压力、土地财政与"房价棘轮效应"[J].财贸经济,2017(11).

[5] 陈宝东.财政分权、金融分权与地方政府债务增长[J].财政研究,2017(05).

[6] 周其仁.银根与"土根"的纠结[J].经济观察报,2011(03).

[7] 王涵,王轶君,王连庆,卓泓.突发公共事件中的财政和宏观政策应对[J].金融市场研究,2020(02).

[8] 张德勇,刘家志.新冠疫情冲击下地方财政可持续发展的挑战与对策[J].财政监督,2020(08).

[9] 安国俊,贾馥玮.新冠疫情对经济的影响分析及对策研究[J].金融理论与实践,2020(03).

[10] 王振宇,司亚伟,成丹.基层财政"三保"压力:历史演进、现实症结与长效机制构建[J].财政研究,2020(08).

[11] 项勇,魏瑶,熊仁恺,杨丽娟.PPP模式下地方政府财政承受能力影响因素研究[J].会计之友,2018(22).

[12] 徐淑华,熊亚超.应急财政支出管理与政府应急能力的关联机制研究[J].华北科技学院学报,2019(06).

[13] 王佳.辽宁省PPP项目财政风险防范[J].地方财政研究,2019(05).

[14] 朱军.中国城市财政压力的实证评估与空间分布特征[J].财贸经济,2019(12).

［15］高培勇.新常态的中国财政［J］.地方财政研究,2016（06）.

［16］刁伟涛.债务率、偿债压力与地方债务的经济增长效应［J］.数量经济技术经济研究,2017（03）.

［17］王伟.新常态下广西地方财政承受能力测试及预警研究［J］.经济研究参考,2018（71）.

［18］Romer CD, Romer DH. The Macroeconomic Effects of Tax Changes：Estimates Based on A New Measure of Fiscal Shocks［J］. American Economic Review, 2007（03）.


课题主持人：马运生

课题组成员：周翠华　胡　青　汪朝霞　王　典

# LPR改革、利率市场化与利率传导效果

中国人民银行武汉分行调统处课题组

**摘要**：2019年8月，中国人民银行宣布改革完善贷款市场报价利率（LPR）形成机制，新LPR机制按照公开市场操作利率加点形成。经过一年来持续推进，LPR改革取得了重要成效。LPR改革打破了之前长期以来形成的定价惯性，也打破了贷款利率隐性下限和协同定价，增强了货币政策的传导效率。

为进一步调查了解湖北辖内金融机构利率并轨现状，分析利率市场化的传导效果，研究我国利率市场化对信贷市场不同期限利率、不同金融机构产生的差异影响，本文构建了固定效应模型和随机效应模型。研究发现：（1）LPR改革一年来，湖北省商业银行存量浮动利率贷款LPR转换工作得到有效落实，货币政策传导渠道进一步疏通；（2）利率市场化与商业银行净息差存在显著的倒U形关系，且随着我国利率市场化的深入，商业银行的短期和中长期贷款利率水平会下降。

LPR形成机制改革后，贷款利率更加透明，信贷客户敏感性也会不断增强，存贷利差预计会进一步收窄。需要我们密切关注新LPR形成机制对中小银行的冲击，进一步完善新LPR形成机制，扩大LPR改革机制和实践运用的社会认知度，规范存款和理财市场，稳步推进存款利率市场化。

## 一、引言

自1996年起，我国建立银行间同业拆借市场，放开银行间同业拆借利率开始，经过多年来利率市场化改革的持续推进，我国的市场利率体

系已基本建立，对存贷款利率的限制也逐步放开，2013年和2015年分别全面放开贷款和存款利率的直接管制。但我国存贷款利率并非完全自由决定，官定的存贷款基准利率和市场化决定的金融市场利率依然"两轨并存"。理论上，市场利率形成后，也会传导至银行信贷利率，但我国商业银行"两部门决策"的特征使得利率两轨之间相对割裂，金融市场利率对存贷款利率的进一步传导比较有限，商业银行发放贷款时，大多仍参照贷款基准利率定价，并不会将市场利率作为主要定价参考，陷入了市场利率下行明显但实体经济感受不足的困境。2019年8月，中国人民银行宣布改革完善贷款市场报价利率（LPR）形成机制，新LPR机制按照公开市场操作利率加点形成。经过一年来持续推进，LPR改革取得了重要成效。在"利率并轨"背景下，探讨我国利率市场化改革的不断深入对商业银行和信贷市场不同期限利率的影响，对完善利率市场化改革方案，促进利率市场轨和计划双轨早日合并，平稳完成向利率市场化改革过渡，保障我国金融体系和经济健康发展具有重要现实意义。

鉴于此，本研究采用固定效应模型和随机效应模型，剖析利率市场化的传导效果，研究我国利率市场化对信贷市场不同期限利率、不同金融机构产生的差异影响以及对利率变化的敏感性。通过构建理论模型，本研究试图回答以下问题。

（1）随着利率市场化的深入推进，货币政策的传导效率如何？利率市场化对国有银行、股份制银行和城市及农村商业银行净息差有什么影响？

（2）利率市场化对信贷市场不同期限利率产生的差异影响以及对利率变化的敏感性如何？

为此，本文参照黎梦瑶（2020）的研究，构建中国利率市场化指数，选取我国2007—2019年共13年的36家商业银行的年度非平衡面板数据进行F检验、LM检验和Hausman检验，最终采用固定效应模型估计利率市场化对不同金融机构净息差产生的差异影响。借鉴黄佳琳（2020）的研究思路，使用随机效应模型估计利率市场化对信贷市场不同期限利率的影响。以下模拟结果表明。

（1）利率市场化和商业银行净息差存在显著的倒U形关系，当利率市场化程度较低时，提高利率市场化程度可以改善商业银行净息差，但随着利率市场化进程的深入，即利率市场化程度达到一定水平后，净息差会逐渐缩小。

（2）利率市场化与国有银行、股份制商业银行的净息差呈明显的倒U形关系，与城市及农村商业银行的净息差呈相对较弱的倒U形关系。随着我国利率市场化的推进，国有银行最晚达到净息差转折点，面对利率市场化程度加深，享有更长期限的净息差持续增大。

（3）随着利率市场化的深入，商业银行的短期和中长期贷款利率水平会下降；且短期贷款利率对利率市场化更为敏感，下降的程度更大。

文章剩余部分安排如下：**第二部分**总结了国内外参考文献；**第三部分**分析国际市场LPR改革经验和我国利率体系运行情况；**第四部分**调查了湖北省辖内商业银行利率并轨现状；**第五部分**通过固定效应模型和随机效应模型就我国利率市场化对信贷市场不同期限利率、对不同金融机构产生的差异影响进行了实证分析；**第六部分**提出政策建议。

## 二、文献综述

### （一）利率并轨问题方面的研究

国内外众多学者在利率并轨问题方面，尤其是对进行利率市场化改革的国家做了大量的研究。如侯昱婷（2008）认为，如果我国货币市场以Shibor利率为基准利率的话，那么它可以在存贷款利率由管制利率到市场利率转变的过程中起到积极的作用。巴曙松、王月香（2011）认为，应当积极创造条件，继续扩大以市场化利率为定价模式的企业债券、中期票据等直接融资的规模，平稳地减少以管制的存贷款利率为定价模式的融资在整个金融市场上的比例，为未来利率并轨的平稳推进提供较好的市场环境。邓雄（2015）认为，在当前货币政策利率传导渠道尚存在障碍的情况下，货币供给量作为中介目标的传导效果也在逐渐减弱，目前应加快建立市场基准利率体系，以促进货币政策利率的传导。RBI（印度央行）的研究小组（2017）建议将印度的贷款利率基准从由银行内部决定的基准利率转变为由外部市场决定的市场化利率，这样可以解决内部利率定价机制不透明的问题。周文渊（2019）认为，我国的利率并轨存在非市场化利率定价的资产比例依然较高、存款和贷款利率难以完全市场化和利率传导机制依然不畅等四大难题。占再清（2019）在梳理国际经验的基础上，总结出我国政策利率并轨路径有两种方式：一是明确关键政策利率，将部分政策利率与其挂钩直至完全"并轨"，向市场传递更为清晰的政策立场；二是实现从计划的存贷款基准利率向市场利率的差异化"转轨"，提高向信贷市场的传导效率。李奇霖（2019）认为，贷款利率并轨主要是用市场化程度较高的利率（LPR）作为"锚"，让管制利率和市场利率并轨，利率并轨有内部定价法LPR和挂钩政策利率两种方式。张炎涛等（2020）在梳理主要国家央行利率市场化改革进程中政策利率体系优化的经验，以及我国利率调控典型事实的基础上认为部分政策利率可以并轨，如再贴现利率可以并入中国人民银行7天逆回购利率，20天再贷款利率可以并至隔夜常备借贷便利利率。

**（二）我国利率市场化进程方面的研究**

我国已有的学术研究成果探究了利率市场化对我国经济长期稳定增长发挥的重要作用，强调要继续推进我国的利率市场化发展步伐。如周小川（2011）曾明确指出，随着社会主义市场经济体制逐步完善和利率市场化改革逐渐推进，金融宏观调控要从偏重数量型工具到价格型工具转变。张晓慧（2015）提出要加快推进利率市场化改革，健全中国人民银行利率调控框架，继续培育上海银行间同业拆放利率（Shibor）和贷款基础利率（LPR），完善利率传导机制。张芳（2018）认为，到2015年底前，我国利率市场化基本完成，但还有很多任务需要完成。邓杰（2019）发现货币政策变动对长短期利率均会产生冲击，短期利率对货币政策变动较敏感，长期利率受货币政策的影响相对较为滞后；伴随着我国经济市场化水平和利率市场化水平的提高，货币政策的利率传导会更加通畅。李成等（2020）认为，利率市场化进程中货币政策调控转型应沿着数量型调控调整和价格型调控完善的双向改革思路进行，数量型货币政策应注重由传统需求管理工具向结构调整工具调整，价格型货币政策应着重完善贷款基础利率报价并培育市场利率的形成和传导机制，以维护金融稳定和经济平稳增长。

2019年8月，中国人民银行将贷款市场报价利率（LPR）与中期借贷便利（MLF）利率挂钩，迈出信贷市场利率"并轨"的第一步。但相比其他国家，我国当前政策利率体系仍不完善，还有进一步优化的空间。张克菲、吴晗（2018）的研究表明，MLF操作对中期利率有较好的传导作用，但影响时效性较短。进一步研究发现，在中国人民银行运用结构性货币政策工具调节流动性的背景下，货币市场与债券市场的利率传导在短期内较为有效。潘敏（2018）实证发现MLF的运用总体加大了货币市场利率波动，且不同期限品种MLF的作用效果明显分化，6个月期以内的MLF缓解了短期利率波动，1年期MLF则加剧了波动。王再丰（2019）研究发现，MLF的流动性投放和利率调整对中长期市场利率的引导和调控发挥着重要作用，但对不同市场利率的影响存在差异，短期流动性溢价受逆回购操作的影响更大。郑永兵（2019）认为，结构性货币政策在增加融资可得性、引导市场利率以及重点支持方面，取得了显著的成效，但也存在容易陷入传统总量调控、缺乏相关政策配合以及资金流向缺少监督等方面的问题。

从学者研究发现，LPR直接挂钩MLF利率，有助于强化政策利率体系作用，实现中期政策利率向中长期利率的传导，但也存在一定缺陷，目前MLF覆盖的机构范围不够广，市场化程度不高，无法完全实现与货币市场利率联动，而且只有1年期品种比较活跃，面临调整时间不连续不确定的问题，未来要进行真正彻底的利率并轨，LPR需要参考更加市场化、更高频的政策利率。

**（三）LPR机制改革对商业银行影响方面的研究**

利率市场化的商业银行经营行为的影响研究一直以来都受到业界和学术界的高度关注。国内外多位学者从利率市场化过程中商业银行的利率水平、利差和净息差变化、贷款风险及不同规模类型银行业务发展特点等多角度进行了分析研究，其中重点研究了商业银行的利差变化。

**1. 在利率市场化过程中，商业银行的利差最终会呈现收窄趋势**

有的学者通过分析有关国家或地区的利率市场化改革经验，认为在利率市场化过程中，商业银行的利差最终会呈现收窄趋势。Saunders和Schumacher（2000）基于欧美国家的数据研究发现，在金融自由化背景下，利率波动对利差有非常显著的影响，而宏观金融政策在降低利率波动的同时降低了银行利差。张健华（2012）在总结利率市场化全球经验中发现，从实际平均存贷利差水平变化情况来看，美国1986—1990年平均存贷利差为1.63，与1980—1985年的水平相比，减少了54个基点；日本平均存贷利差则由1984年的3.15收缩到1994年的2.33，减少了82个基点。席波（2015）根据美国、日本等国家推进利率市场化的经验分析，当存款利率放开后，各商业银行的价格竞争会不断加剧，中小金融机构担心存款流失，会率先提高存款利率，大型商业银行被迫跟进，引发价格的恶性竞争，从而导致商业银行的净息差不断收缩。彭建刚（2016）从中国推行利率市场化改革的大环境出发，通过构建量化指标的方式来对该问题进行探讨，结果指出我国利率市场化与利差之间的关系并非线性，而是呈倒U形，随着利率市场化程度的加深，商业银行的利差呈现先扩大后缩小的变化趋势，而且银行规模不同，利率市场化对其产生的影响也存在差异。黎梦瑶（2020）在构造连续的利率市场化指数的基础上，系统考察了中国利率市场化逐步深化的背景下，利率市场化对商业银行净息差的影响，实证结果表明，利率市场化对商业银行净息差具有倒U形影响。

**2. 利率市场化使银行的存贷款利差趋于稳定甚至逐渐扩大**

巴曙松等（2012）对比研究了日本、美国、德国等利率市场化后的情况，指出在利率市场化初期会出现银行存贷利差缩小，但从长远来看，银行的存贷利差依然处于稳定或扩大状态。孙琪（2013）以成功实现利率市场化的14个国家作为研究对象，通过分析其面板数据指出，在利率市场化结束后，商业银行的存款利率会大幅度提升3个百分点左右。

黄树青等（2014）利用演化博弈理论分析中国利率市场化进程的不同阶段商业银行的策略选择，利率市场化初期银行业的利差会缩小；随着市场化进程的推进，商业银行逐步对业务作出调整，中间业务等非利差相关业务发展加快，银行业的利差也会扩大。

## 三、国际市场LPR改革经验和我国利率体系运行分析

为进一步分析世界主要经济体利率体系运行现状，LPR改革及其利率市场化国际经验对我国利率市场化改革的借鉴意义，本章主要梳理了美国、日本、印度等国家的利率并轨情况，对比分析了其并轨情况的异同，同时对我国当前的中国人民银行政策性利率和金融市场利率运行情况，以及我国市场利率传导机制、不同市场利率之间的联系与影响进行了阐述。

### （一）国际市场LPR改革经验

在利率并轨过程中，建立负债端对目标利率/政策利率的联动性非常关键。从国际经验来看，在全球多个经济体（包括美国、日本、印度等）都曾推行，且目前仍应用着LPR机制，但其使用的名称、推出的背景、定价机制、应用范围有很显著的区别。因此，梳理国际金融市场主要国家（本章主要梳理美国、日本和印度）如何实现LPR与市场利率的联动，最终完成贷款利率与市场利率的并轨经验，可以为我国利率并轨提供一定参考。

#### 1. 美国LPR改革

20世纪30年代，美国大萧条迫使银行业从混业经营向分业经营转变，与此同时，为了避免银行业恶性竞争，实现银行业的稳健经营，美国开始推行贷款利率管制（不得低于7%）与规定存款利率上限（Q条款）制度，从而对银行形成稳定的利差保护。当时美国LPR依据全国最大30家银行报送的、针对最优等级公司客户的贷款利率确定，在1994年前，各家银行在LPR报价过程中会参考联邦基金利率，即LPR相当于浮动钉住联邦基金利率，自1994年后美国LPR形成机制转换为完全钉住

中国人民银行基准利率,由联邦基金利率加300个基点构成,使货币政策的传导效率得以提升。由于美国资本市场发达,企业融资渠道丰富,金融脱媒加剧,导致LPR在商业贷款中应用程度下降,目前美国贷款约17%依据LPR定价,而LIBOR、国债收益率、货币市场利率已逐步成为贷款定价的基准利率。目前美国LPR(联邦基金利率2%+300个基点)主要用于信用卡、汽车和教育等消费贷款和房屋资产净值信用贷款,而大型企业贷款或金额较大企业贷款则是盯住LIBOR等市场化利率,住房抵押贷款利率主要与国债收益率挂钩。

**2. 日本LPR改革**

日本于1959年设立LPR作为企业贷款利率下限,LPR分为长期和短期,1年期以下为短期利率,挂钩政策利率,适用于票据贴现和短期贷款;长期利率适用于优质企业一期以上贷款,主要参考金融债等债券发行利率。1985年日本签订"广场协议",日元兑美元大幅升值,日本央行为应对由此对经济造成的不利影响,五次下调利率,使挂钩政策利率的银行贷款利率风险加大。为管理银行利率风险,1989年日本改革LPR形成机制,短期LPR由钉住政策利率改为由各大银行根据资金成本加权平均决定,资金来源包括活期存款、定期存款、可转让存款和银行间市场拆借资金,在这些资金平均成本之上再加1%的银行费用,即形成短期LPR,而长期LPR则在短期LPR上加点形成。由于可转让存款和银行间市场拆借资金的利率取决于市场利率,因而日本LPR的市场化程度提高,货币政策对其影响下降。1991年日本利率市场化改革完成,大企业贷款定价逐步参照TIBOR(东京银行业同业拆借利率)、LIBOR等货币市场利率,但中小企业贷款、消费贷款和个人住房贷款依然参照LPR定价。

**3. 印度LPR改革**

印度自放开贷款利率管制以来,先后尝试推出4个贷款利率定价基准,对中国的利率市场化改革具有一定参考价值。印度央行于1994年推行利率市场化改革,以最优惠贷款利率(PLR)为定价基准,授权商业银行根据PLR自行确定贷款利率。但各银行的贷款定价方法存在较大差异，使得银行向借款人提供的贷款利率也有很大不同。2003年，印度央行对PLR进行完善，建议商业银行发布基准最优惠贷款利率（BPLR），BPLR根据资金成本、运营成本、监管成本（满足拨备要求、资本要求等监管指标的成本）确定。考虑到BPLR的缺陷，2010年印度开展新的探索，将贷款定价基准更换为基础贷款利率（BR）。根据印度央行发布的定价准则，银行需根据资金成本、经营费用、准备金成本和利润率确定BR，实际发放的所有贷款利率都不得低于BR，银行可以按照借款人的信用情况在BR的基础上加点确定具体的贷款利率。2016年，为提高货币政策传导效率，印度央行又推出了边际成本贷款利率（MCLR），MCLR每月发布，频率高于每季度发布的BR，同时要求商业银行在确定定价基准时不仅考虑资金成本，还必须考虑资金的边际成本。依据新修订的定价准则，MCLR通常基于资金边际成本、经营成本、准备金成本和期限溢价四个因素确定。由于货币政策传导仍有迟滞，2019年10月，印度央行再次转换定价基准，不再由银行内部确定定价基准，而是改用外部基准利率（EBLR）。根据规定，银行可选取以下外部利率作为定价基准：一是印度央行政策回购利率；二是印度财政基准私人有限公司（FBIL）公布的3个月期国库券收益率；三是FBIL公布的6个月期国库券收益率；四是FBIL公布的其他市场基准利率。在EBLR基础上，银行须综合考虑准备金成本、经营成本和利润率来确定贷款利率。

**4. 主要国家LPR改革比较和对我国的启示**

第一，各经济体推出LPR的背景不同。美国与日本的LPR作为贷款利率下限与存款利率上限配合，为商业银行提供利差保护，以求为经济复苏提供较为稳定的金融支持；而印度推出LPR机制则主要受到金融自由化的影响，更注重市场效率的提高。

第二，LPR的定价方式有所差异。如美国当前的LPR报价基本上稳定在联邦基金目标利率+300bp，而日本与印度LPR的定价方式则更多考虑商业银行自身的各项成本。且需要注意的是，各国LPR机制在建立之后并非一成不变，其定价方式也在不断改变与完善。

第三,在利率市场化的大背景之下,LPR将作为过渡性工具满足阶段性需求,最终LPR的应用范围可能逐步缩小至中小企业贷款以及个人业务,大型企业贷款定价基准则将逐步向市场利率靠拢。

中国在推进LPR改革的同时应致力于建立完善的贷款基准利率体系,使贷款利率在传导货币政策的同时可以反映金融市场的资金供求关系。目前,美国银行业贷款参照的基准利率除LPR外,还有LIBOR和国债收益率,而且参照LPR的贷款比例已降至不足20%,这表明在金融市场相对发达的国家,LPR在信贷市场上已经不再重要,反映资金供求关系和风险溢价的基准利率更受重视。因此,中国在完善LPR改革的同时,应逐步允许银行对大额、优质客户贷款参照SHIBOR和国债收益率进行贷款,从而建立相对完善的基准利率体系。

### (二)目前我国利率体系运行情况

**1. 我国利率体系**

如图1所示,我国利率体系由中国人民银行政策利率体系和金融市场利率体系组成。其中,中国人民银行政策利率体系由短期利率和中长期利率构成,金融市场利率体系由货币市场利率、中长期市场利率和信贷市场利率三部分构成。

**2. 我国中国人民银行政策性利率运行情况**

中国人民银行政策利率体系由诸多政策利率构成。当前,我国政策利率仍具有典型的"二元"特征:一是"数量型"政策利率,主要包括法定存款准备金利率、超额存款准备金利率、人民币再贷款利率和再贴现利率等;二是"价格型"政策利率,主要包括人民币存款基准利率、中国人民银行正逆回购利率(包括短期流动性调节SLO利率)、央票发行利率以及常备借贷便利(SLF)利率、抵押补充贷款(PSL)利率和中期借贷便利(MLF)利率等。当前常用的政策利率有存款准备金率、公开市场操作利率、金融机构存贷款基准利率和创新型流动管理工具(见表1)。

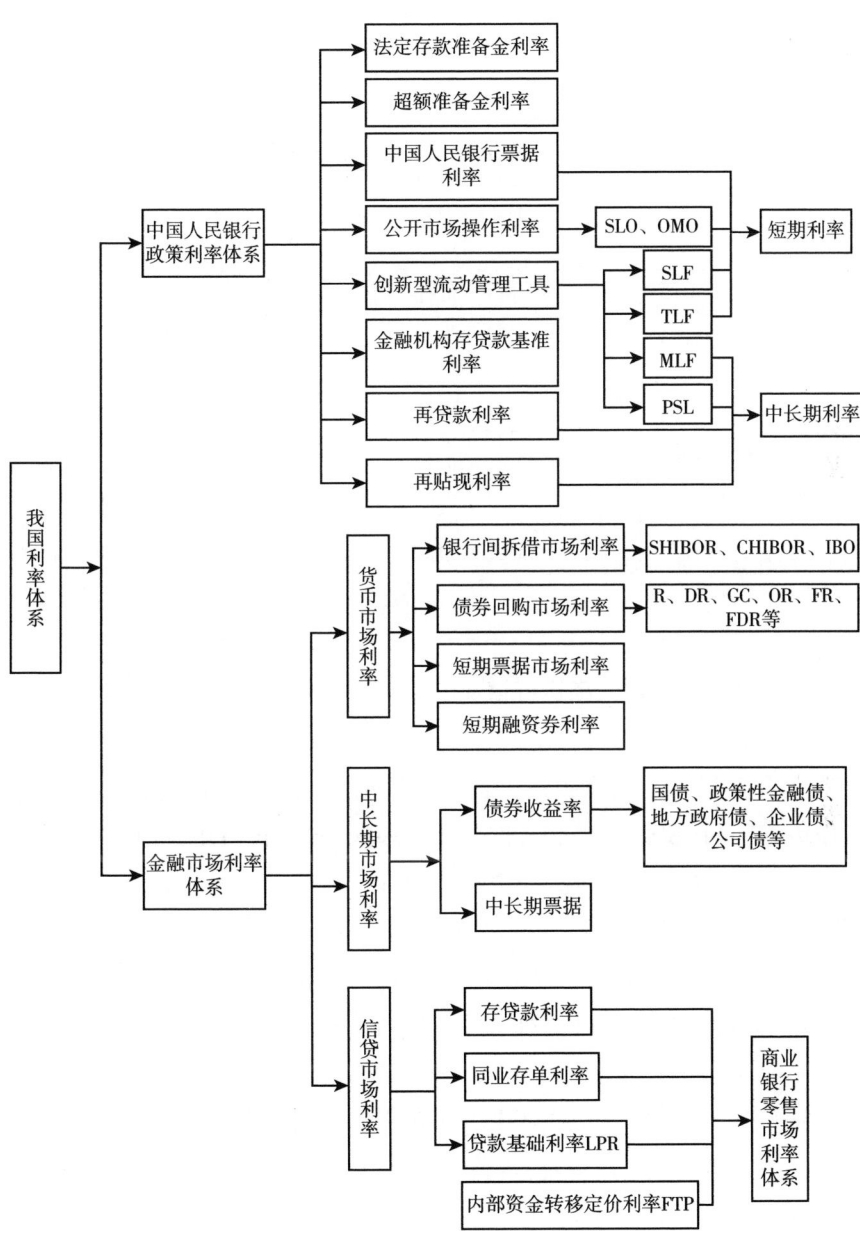

图1 我国利率体系

表1　　　　　我国常用创新型流动管理工具

| 名称 | 含义 | 推出时间 | 期限 | 参与方 | 定价 | 质押/抵押物 | 资金用途 | 主要目的 |
|---|---|---|---|---|---|---|---|---|
| SLF | 常备借贷便利 | 2013年初 | 1—3月 | 部分政策性银行和全国商业型银行 | 中国人民银行综合决定 | 高信用评级的债券类资产、优质信贷资产 | 无特定 | 短期利率引导 |
| PSL | 抵押补充贷款 | 2014年7月 | 3月—5年 | 部分政策性银行和全国商业型银行 | 中国人民银行综合决定 | 信贷资产 | 特定政策或项目建设 | 中期利率引导;放水流动性 |
| MLF | 中期借贷便利 | 2014年10月 | 3个月、6个月、一年 | 部分政策性银行和全国商业型银行 | 利率招标 | 利率债、信用债 | "三农"小微企业 | 定向利率引导;放水流动性 |
| TLF | 临时流动性便利 | 2017年初 | 28天 | 部分大型商业银行 | 中国人民银行综合决定 |  | 无特定 | 公开市场操作利率引导;放水流动性 |

**3. 我国金融市场利率运行情况**

目前,我国金融市场利率体系主要由货币市场利率、中长期市场利率和信贷市场利率组成。货币市场利率包括银行间拆借市场利率(CHIBOR、SHIBOR等)、债券回购市场利率(R、DR、FR、FDR、GC等)。中长期市场利率包括国债、政策性金融债、地方政府债、企业债、公司债等。信贷市场利率主要是贷款基础利率(LPR),是基于报价行自主报出的最优贷款利率计算并发布的贷款市场参考利率。2013年10月,中国人民银行组织发布了LPR,作为贷款定价的市场化参考指标。但运行中报价行仍主要参考贷款基准利率报价,导致原LPR市场化程度不高,运用范围也较为有限。2019年8月,中国人民银行决定改革完善LPR形成机制。改革后的LPR由各报价行根据最优质客户贷款利率,按公开市场操作利率(主要指中期借贷便利利率)加点形成的方式报价。

**4. 我国利率并轨路径与利率传导机制**

在利率市场化过程中,我国政策利率不同阶段的传导"轨迹"特征如下：一是利率市场化之前（1993—1996年），利率调控以全计划的"单轨"利率进行，即以法定的中国人民银行存贷款基准利率来调节各类市场利率。二是利率市场化推进期（1996—2015年10月），"市场轨"政策利率对市场利率的引导作用强于"计划轨"。利率调控从全计划的"单轨"逐步转至"半计划、半市场"的"双轨"并存模式，即在用计划的中国人民银行存贷款基准利率来调节各类市场利率的同时，有序放开银行机构存贷款利率浮动权，同时，逐步培育用市场化的政策利率来实现对货币市场、债券市场利率的引导。期间有序放开货币市场、债券市场、信贷市场多个利率，直到2015年放开1年期及以上存款利率，并根据货币政策调控转型需要，创设了包括再贷款、再贴现、SHIBOR、贷款市场报价利率（LPR）、常备借贷便利（SLF）利率、中期借贷便利（MLF）利率、抵押补充贷便利（PSL）利率等多个市场利率。三是利率市场化基本完成（2015年11月至今），利率调控从"半计划、半市场""双轨"并存模式过渡至"市场轨"为主、以数量型政策工具为辅的调控模式，即在流动性调节框架下，逐步培育市场化的政策利率对隔夜市场基准利率的引导，同时辅以降准来调节市场利率。

2019年LPR形成机制改革后，中期借贷便利利率（MLF）是贷款市场报价利率（LPR）的锚定基准利率。但作为定价基准，中期借贷便利工具的使用存在一定的局限性，市场化程度较低，变动弹性不高，对市场利率的引导作用不显著，仍需进一步改革。短期来看，要提升中期借贷便利工具对市场利率的引导作用。一是提升中期借贷便利工具的信息披露程度，及时根据市场和经济形势变化情况主动地进行调整，充分发挥市场预期引导作用；二是进一步扩大中期借贷便利货币政策工具的作用对象范围，引入更多中小法人银行，扩大影响范围。从中长期来看，未来市场报价利率可能需要再换"锚"，在推进货币政策从数量型向价格型转变的过程中需分别培育短期货币市场利率和中长期市场利率，条件成熟时，贷款市场报价利率（LPR）短期应挂钩上海银行间同业拆借利率等短期货币市场利率，长期应挂钩国债收益率等中长期市场利率。

如图2所示，政策利率、货币市场利率、债券市场利率和信贷市场利率互相正向联动，任何一个市场利率的变动，都会对其他市场利率有所影响。影响利率传导的因素包含长期因素和短期因素。长期因素主要有经济结构、融资结构、经济周期、金融市场发展水平等；短期因素主要有信用利差、风险偏好、汇率波动、通货膨胀、市场资金流动性、财税税缴制度、国际资本流动等。

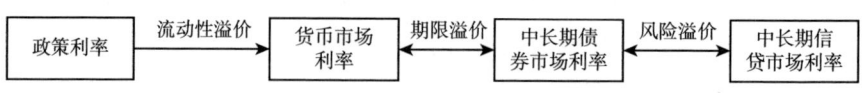

图2 我国利率传导机制

## 四、商业银行利率并轨现状——以湖北省调研为例

LPR改革一年以来，在提高贷款利率与货币市场利率的联动性等方面发挥了积极作用。为进一步了解利率并轨对湖北省辖内银行业金融机构的影响，以及在利率并轨过程中存在的问题，武汉分行及时组织对辖内部分银行业金融机构利率并轨情况开展了调查。

### （一）LPR改革一年来成效明显，体现在"转换高、传导通、让利多"

**1. 商业银行存量浮动利率贷款LPR转换工作得到落实，存量贷款转换率较高**

根据中国人民银行公告〔2019〕第30号公告，湖北省全省金融机构从2020年3月1日开始启动存量浮动利率贷款定价基准转换工作，将已发放的参考贷款基准利率定价的浮动利率贷款和客户协商后转化为以LPR为定价基准加点形成或者固定利率贷款，原则上在2020年8月31日前完成全部转换工作。这意味着利率并轨中的贷款利率已初步完成市场化改革，同时也表明，利率并轨的主要目的是提升利率传导效率，有效降低实体经济的融资成本。截至8月31日，全省金融机构累计完成存量浮动利率贷款定价基准转换额26 370.77亿元，总体转换率为95.76%，其中，企业贷款综合转换率为95.39%，个人住房贷款综合转换率为99.08%。全省法人金融机构整体转换率为100%。

**2.货币政策传导渠道进一步疏通，货币政策传导效率进一步增强**

LPR向贷款市场利率传导成效明显，LPR作为信贷市场定价新基准，金融机构贷款利率跟随LPR波动下行，切实疏通货币政策传导，并放大效果传导至实体经济，"MLF利率→LPR→贷款利率"的利率传导机制已得到充分体现。2020年8月，1年期MLF利率为2.95%，同比下降35个bp；1年期LPR为3.85%，较改革前下降40个bp，5年期LPR为4.65%，较改革前下降20个bp。MLF利率下行，是LPR下行的重要驱动力，有效发挥了利率走廊和引导预期的作用。各家法人银行FTP定价充分建立在市场基准利率SHIBOR、LPR、国债收益率曲线基础上，促使市场利率向贷款利率传导较为通畅。

一是不同期限结构的贷款利率下降幅度存在差异。短期限企业贷款利率下降幅度较大，低于各类期限企业贷款加权平均利率。2020年8月，全省6个月以内企业贷款加权平均利率为3.96%，同比下降121个bp，低于贷款平均利率50个bp；6个月—1年（含）企业贷款加权平均利率为4.37%，同比下降87个bp，低于各类企业贷款加权平均利率9个bp（见表2）。

表2　　　　　　　　不同期限贷款利率变化情况

| 期限 | 加权平均利率 | 同比下降 |
| --- | --- | --- |
| 6个月以内 | 3.96% | 121bp |
| 6个月—1年（含） | 4.37% | 87bp |
| 1—3年（含） | 4.59% | 92bp |
| 3—5年（含） | 4.65% | 136bp |
| 5—10年（含） | 4.81% | 19bp |
| 10年以上 | 4.54% | 44bp |

二是不同规模企业的贷款利率下降幅度存在差异。大中型企业贷款利率下降幅度小于小微型企业，小微企业贷款利率高于各类企业

贷款加权平均利率。2020年8月，全省大型企业贷款加权平均利率为3.86%，同比下降75个bp；中型企业贷款加权平均利率为4.76%，同比下降65个bp；小型企业贷款加权平均利率为4.63%，同比下降95个bp；微型企业贷款加权平均利率为5.16%，同比下降132个bp。小型、微型企业贷款利率分别高于各类企业贷款加权平均利率17个bp、70个bp（见表2）。

表3　　　　　　　　不同规模企业贷款利率变化情况

| 企业规模 | 加权平均利率 | 同比下降 |
| --- | --- | --- |
| 大型企业 | 3.86% | 75bp |
| 中型企业 | 4.76% | 65bp |
| 小型企业 | 4.63% | 95bp |
| 微型企业 | 5.16% | 132bp |

三是不同行业、不同担保方式、不同企业评级之间贷款利率下降幅度存在差异。据调查行的反映情况来看，不同行业、不同担保方式和不同企业评级的贷款利率呈现差异化。分行业来看，农林牧渔业、建筑业、制造业、批发零售业等行业企业贷款利率下降幅度较大，农行三峡分行反映，上述行业分别下降163个bp、111个bp、95个bp、92个bp。分担保方式来看，信用贷款的利率下降较多，工行襄阳分行反映，信用贷款利率同比下降46个bp，抵押贷款利率同比下降30个bp。分企业评级来看，信用评级高的企业利率下降幅度更大，工行襄阳分行反映，AA级企业贷款利率同比下降80个bp，BBB级企业贷款利率同比下降46个bp。

**3.金融机构为企业减费让利，LPR下行是引导金融机构让利企业的主要因素**

湖北省全省金融机构认真贯彻中央支持湖北一揽子政策，运用政策资金、FTP减点等方式推进贷款差异化定价。一是LPR下行是引导金融机构让利企业的主要因素。据初步测算，截至本研究完成之日，全省金融机构通过落实延期还本付息、FTP减点、利率市场化改革、减免收费等措施累计向企业让利347.1亿元,其中引导利率下行让利实体经济金额为271.6亿元,占让利总额的78.25%。二是银行均实行FTP减点。目前,所有银行均实施了FTP减点,非法人1年期贷款FTP利率平均水平比上年末下降65个bp;湖北银行1年期贷款FTP利率平均水平比上年末下降20个bp。三是金融机构均落实各种利率减免政策。据中信银行总行反映,该行根据中国人民银行考核口径,对评价为A+及以上的民营企业客户,在贷款存续期内给予85—145个bp不等的利润补贴,以引导民营企业利率下行。据辖内三峡农商行反映,对受疫情影响经营存在困难的重点保障企业贷款,利率直接降低10%。

### (二)利率并轨过程中值得关注的几个问题
**1. 贷款利率市场化程度与存款利率市场化程度呈现不对称**

目前商业银行存款利率仍是以中国人民银行基准利率(2015年中国人民银行公布的基准利率)上浮形式定价,上限不超过基准利率的1.5倍。在遵守《市场利率定价自律机制公约》的基础上,结合同业和市场资金供求情况进行定价,并根据客户类型、存款金额、期限品种进行差异化定价。存款定价形式主要表现在:第一,活期存款参照中国人民银行发布的活期存款基准利率定价;第二,定期存款在中国人民银行发布的各期限定期存款基准利率基础上,充分考虑各行存款内部转移价格、市场竞争环境、客户分层等因素,结合当地市场利率定价自律机制指导,最终确定进行差异化定价,湖北银行反映公共资源投标报价不超过基本利率的1.4倍;第三,结构性存款定价是参考同期限同业市场利率,综合考虑投资的成本与收益,据调查,目前市场上以类活期存款对接的短期智通类存款产品一般不高于隔夜市场利率。

同时,金融机构贷款定价基本以中国人民银行公布的最新LPR报价为基准,采取加减点的形式浮动定价。加减点的参考因素主要有:经营成本、资金成本、运营成本、风险成本、税费成本等;同业同类产品定价;客户经营和信用分类状况;国家货币信贷政策导向及宏观导向等。据调查,法人银行贷款利率加点调整机制主要体现在自身资金成本及运用上,以及根据客户风险溢价、同业竞争等因素对客户进行差异化定价。非法人银行定价权基本在总行，如省建行根据总行"对公客户综合定价系统"进行贷款定价。辖内村镇银行在利率定价方面处于弱势地位，贷款定价主要采取竞争导向的"随行就市"原则，定价一般低于辖内农商行。贷款利率市场化程度明显高于存款利率，存贷款利率市场化改革呈现不对称发展。

**2. LPR对国有、股份制银行贷款利率传导比对地方法人金融机构传导效果要好**

分机构类型看，国有、股份制银行贷款利率呈稳步下行态势，传导效果较好，在各类金融机构中降幅最大。如2020年8月末，三峡农行各类贷款加权平均利率同比下降68个bp，招商银行襄阳分行下降82个bp，湖北银行宜昌分行同比下降23个bp，三峡农商行同比下降15个bp。从原因分析来看，大型国企作为国有商业银行主要客群，信用风险溢价低，原利率水平已较低，但受客户融资渠道多样化和市场竞争加剧等因素影响，贷款利率随市场利率下行，传导效果较好。同时，随着利率下行压力加大，股份制商业银行采取"以价补量"，加强资产端竞争，推动其贷款利率下行更明显。城商行、农商行等主要贷款客群为中小企业，信用溢价较高，新发放贷款利率受客户机构、期限结构影响较大，LPR传导效果的月度波动较大，加之这些机构负债成本相对更高，影响贷款利率下行的传导效果。

**3. LPR对短期限贷款利率引导要比对长期限贷款利率引导更灵敏**

从LPR引导贷款市场利率实际情况来看，1年期LPR报价对货币政策调整的敏感性更高。2019年8月以来，在降准、MLF利率下行等政策引导下，1年期LPR下调4次，较改革前下调40个bp，同期5年期以上LPR下调20个bp。据调查行了解，5年期（含）及以下的期限，对照1年期LPR加减点，农行三峡分行反映，从该行贷款合同期限来看，2020年8月末，除3—5年（含）期贷款利率较上年小幅攀升外，其他贷款期限品种利率均大幅下跌，6个月以内（含）贷款加权平均利率跌幅超过100个bp，5年以上贷款加权平均利率仅下降25个bp（见表4）。

**表4**　　　　　　　三峡农行新发放贷款合同期限利率结构

| 合同期限 | 2019年 | 2020年8月末 | 比上年 |
| --- | --- | --- | --- |
| 6个月以内（含） | 3.64% | 2.6% | −1.04% |
| 6个月—1年（含） | 4.45% | 3.49% | −0.96% |
| 1—3年（含） | 4.76% | 3.97% | −0.79% |
| 3—5年（含） | 5.11% | 5.23% | 0.12% |
| 5年以上 | 5.01% | 4.76% | −0.25% |

**4. MLF可能无法真实反映中小银行融资成本，难以有效引导贷款利率下行**

在贷款市场报价利率（LPR）改革前，商业银行贷款定价有成本加成、基准利率加点和客户盈利分析三种定价模式。LPR改革后，银行贷款利率在MLF利率基础上加点报价形成。不管哪种方法，从商业可持续的角度看，负债端成本始终是银行贷款定价的重要依据。从目前商业银行负债端看，MLF占比偏低，Wind数据显示，从2014年到2019年，MLF最高时占银行负债比重仅约3%，2020年上半年36家上市银行向中国人民银行借款余额合计为4.8万亿元，也大约在3%。作为LPR核心基础的MLF并不是商业银行主要成本来源，仅仅体现为商业银行的边际成本。同时MLF存量较为稳定，而商业银行负债规模仍在不断扩张，未来MLF占比将继续减少，MLF作为反映银行负债成本的参考意义可能会进一步弱化。此外，MLF交易对手主要集中在一级交易商，本次LPR新增报价行中部分银行并非一级交易商，参考MLF报价可能无法反映自身负债管理情况，继而降低LPR报价质量。湖北银行反映，由于中小银行无资格申请使用MLF，即无法获得低成本资金，难以有效引导贷款利率下行。

## 五、利率市场化传导效果的实证分析

LPR改革是利率市场化的重要一步，为进一步分析利率市场化的传导效果，研究利率市场化对信贷市场不同期限利率、不同金融机构产生的差异影响以及对利率变化的敏感性，本章节主要进行实证讨论。在我国，大部分商业银行依然较为依赖传统存贷款业务的时候，利差仍然是商业银行盈利与收入的主要来源，而利差的变动对于商业银行业来说，不仅意味着利润的波动，同时也影响着商业银行的经营稳定性，对商业银行的信贷行为也有重要影响。

### （一）样本选择与数据来源

为充分考虑利率市场化影响效果，本文以商业银行为研究对象。考虑到样本的代表性以及数据可获得性，实证研究样本不在局限于前文中湖北省的商业银行，而是选择我国36家上市商业银行研究利率市场化对商业银行微观行为的影响。研究样本不仅包含不同体制银行，同时也涵盖10家LPR报价行，具体包括6家大型国有银行（中国银行、农业银行、工商银行、建设银行、交通银行、邮储银行）、11家大型股份制商业银行（北京银行、南京银行、宁波银行、平安银行、浦发银行、民生银行、中信银行、兴业银行、招商银行、光大银行、华夏银行）和19家城市及农村商业银行（渝农商行、江阴银行、常熟银行、成都银行、贵阳银行、青岛银行、杭州银行、青农商行、江苏银行、苏州银行、紫金银行、上海银行、西安银行、长沙银行、无锡银行、苏农银行、张家港行、郑州银行、浙商银行）。

研究中涉及的所有财务数据、宏观数据、金融机构人民币存贷款总额主要来源于Wind、国家统计局，对于缺失或异常的数据，手工查阅大量相关银行的年报进行补充和修正。为防止异常值对估计结果的干扰，本文对所有连续性变量进行1%—99%缩尾处理，最终构成36家商业银行2007—2019年共13年的非平衡面板数据。

### （二）利率市场化对不同金融机构的传导效果

**1. 模型设定和变量选取**

参考其他学者的研究方法，本文建立以下计量模型来考察利率市场化对商业银行净息差的影响：

$$NIM_{it} = \alpha_i + \beta_1 IRL_{it} + \beta_2 IRL_{it}^2 + \beta_3 X_{it} + \varepsilon_{it} \tag{1}$$

其中，$i$代表银行个体，$t$代表年份，$X$代表其他控制变量。$\alpha$、$\beta$为模型待估参数，ε代表随个体和时间变化的随机扰动项。

被解释变量NIM为净息差。随着我国金融体系的不断完善，商业银行逐渐向综合化经营的趋势发展，资产和负债呈现出多元化的特征，存贷利差已经不能全面反映商业银行的全部资金来源的利息成本和全部资金用途的利息收入。因此，在研究商业银行的利差水平时，应当考虑使用能够全面反映商业银行利差水平的指标，即净息差和净利差。在商业银行经营管理过程中，净息差 $NIM$ 更加受到管理人员的关注，且以往有关商业银行利差的理论研究大多采用净息差 $NIM$，所以最终选择净息差 $NIM$ 作为被解释变量。为保证结果的稳健性，采用净利差 $NIS$ 作为稳健性检验指标。

核心解释变量 $IRL$ 为利率市场化指数。在利率市场化变量的选取上，目前还没有较为一致的意见。已有研究大多采用（0，1）虚拟变量（张宗益等，2012），或直接选取存贷款基准利率（张孝岩和梁琪，2010）作为度量利率市场化的变量。考虑到中国的利率市场化是一个逐步推进的动态过程，在不同时期利率市场化的程度不同，其发挥作用的效果也不一样，简单采用（0，1）虚拟变量不合适，而基准利率又是由中国人民银行制定的，并不能反映市场化情况。为更好地反映利率市场化的推进过程与程度，参照王舒军和彭建刚（2014）的研究，从存贷款利率、货币市场利率、债券市场利率和理财产品收益率四个方面，构建由人民币贷款利率、人民币存款利率、外币贷款利率、外币存款利率、同业拆借利率、票据贴现利率、债券发行利率、债券回购利率、现券交易利率、银行理财产品收益率、货币基金收益率、信托产品收益率12项指标构成的测度利率市场化水平的指标体系，再对中国利率市场化改革历程中各项政策措施进行梳理，利用定性和定量相结合的层次分析法，按照各项政策对利率的市场化程度给予赋值，最后进行加权汇总，从而构建中国利率市场化指数。借鉴王舒军和彭建刚（2014）的研究，获取到2013年以前的利率市场化指数数据。然后梳理归纳2013年以后中国利率市场化进程中全部政策和重要改革实践，按照赋值规则，一级指标"存贷款利率"权重为0.634、"货币市场利率"权重为0.1847、"债券市场利率"权重为0.1074、"理财产品收益率"权重为0.0939，再采用加权平均法合成2013年以后的利率市场化指数。为捕捉利率市场化可能对净息差产生的非线性影响，在回归模型中加入利率市场化指数的平方项$IRL^2$。

为了控制商业银行市场规模、风险偏好、经营成本以及宏观环境等对净息差的影响，本文选择如下变量作为控制变量：市场竞争程度$LER$、存款市场份额$MSR$、风险厌恶程度$ETA$、运营成本$COST$、交易规模$LNLO$、信用风险$NLR$、利率风险$RIW$、非利息收入占比$NII$、成本收入比$CIR$、货币供应量$M2$增长率。主要变量定义如表5所示。

表5　　　　　　　　　主要变量定义

| 变量名 | 中文含义 | 指标计算方法 |
| --- | --- | --- |
| $NIM$ | 净息差 | 净利息收入与生息资产平均余额之比 |
| $NIS$ | 净利差 | 各类生息资产平均收益率与各类计息负债平均成本率之差 |
| $IRL$ | 利率市场化指数 | 从存贷款利率、货币市场利率、债券市场利率和理财产品收益率四个方面，构建指标体系 |
| $IRL^2$ | 利率市场化指数平方项 | 同上 |
| $LER$ | 市场竞争程度 | 以勒纳指数Lerner衡量，计算公式为（P-MC）÷P，P为产品价格，由贷款利息收入与贷款总额的比值衡量（张宗益等，2012），MC为边际成本，由营业成本与总资产的比值衡量（吴成颂和汪翔宇，2018） |
| $MSR$ | 存款市场份额 | 以商业银行的存款额与同期整个银行业的存款总额的比值衡量 |
| $ETA$ | 风险厌恶程度 | 以股东权益与总资产的比值衡量 |
| $COST$ | 运营成本 | 以营业成本与总资产的比值衡量 |
| $LNLO$ | 交易规模 | 以总贷款的自然对数衡量 |
| $NLR$ | 信用风险 | 取自上海银行间隔夜拆放利率的年度标准差 |
| $RIW$ | 利率风险 | 以不良贷款率衡量 |
| $NII$ | 非利息收入占比 | 以（营业收入-净利息收入）÷营业收入衡量 |
| $CIR$ | 成本收入比 | 以业务及管理费用与营业收入的比值衡量 |
| $M2$ | 货币供应量 | $M2$的增长率 |

**2.变量描述性统计**

表6列示本文所选取的变量全样本描述性统计结果。其中全样本中净息差均值为2.59,最大值为4.51,其最大值约为最小值的3倍,这表明不同商业银行的净息差水平呈现出较大差异。从利率市场化指数来看,均值已达到0.82,最小值为0.6,最大值为0.98,这表明近些年我国利率市场化进程逐渐深入,已取得一定进展。控制变量中,市场竞争程度 $LER$ 均值为0.82,表明样本中商业银行的市场竞争程度高;存款市场份额 $MSR$、风险厌恶程度 $ETA$、交易规模 $LNLO$ 差异性较为明显;运营成本 $COST$ 的差异性不太明显;信用风险 $NPL$ 的均值为1.44,表明信用风险仍然处于可控范围;利率风险 $RIW$ 的最小值为0.12,最大值为1.33,说明利率波动程度较大;非利息收入占比 $NII$ 最大值接近于均值的3倍,表明部分银行对传统业务的依赖性明显降低;成本收入比 $CIR$ 均值为32.33,最大值为61.29,表明一些银行盈利水平堪忧;货币供应量 $M2$ 增长率最大值为28.42,最小值为8.08。

表6 全样本组变量描述性统计结果

| | 变量 | 均值 | 标准差 | 最小值 | 最大值 | 观测值 |
| --- | --- | --- | --- | --- | --- | --- |
| 全样本 | $NIM$ | 2.59 | 0.56 | 1.55 | 4.51 | 400 |
| | $IRL$ | 0.82 | 0.14 | 0.6 | 0.98 | 400 |
| | $IRL^2$ | 0.7 | 0.22 | 0.36 | 0.96 | 400 |
| | $LER$ | 0.82 | 0.05 | 0.69 | 0.91 | 400 |
| | $MSR$ | 2.24 | 3.71 | 0.04 | 15.01 | 400 |
| | $ETA$ | 6.56 | 1.43 | 2.76 | 10.24 | 400 |
| | $COST$ | 1.54 | 0.35 | 0.92 | 2.61 | 400 |
| | $LNLO$ | 8.38 | 1.82 | 5.33 | 11.85 | 400 |
| | $NLR$ | 1.44 | 1.38 | 0.24 | 23.57 | 400 |
| | $RIW$ | 0.62 | 0.37 | 0.12 | 1.33 | 400 |
| | $NII$ | 17.69 | 10.26 | 0.9 | 44.43 | 400 |
| | $CIR$ | 32.33 | 6.32 | 21.57 | 61.29 | 400 |
| | $M2$ | 13.87 | 5.1 | 8.08 | 28.42 | 400 |

图3则进一步描绘我国商业银行整体及各自类型的商业银行的平均净息差的时间趋势，时间区间为2007—2019年。如图3所示，2007年，全样本银行净息差开始迅速下降，之后又逐步回升，但从2012年开始，整体平均净息差又开始下降。三类银行的平均净息差的变动趋势具有较强的同步性。值得注意的是，2011年以后，股份制商业银行和城市及农村商业银行的平均净息差下降趋势比较明显，国有银行的平均净息差水平相对比较稳定。另外，从图3可知，城市及农村商业银行作为三类银行中规模和经营区域较小的银行，却保持了较高的净息差水平。城市及农村商业银行主要经营区域在其所在地，面对的客户主要是该地区的小微企业，对本地的企业情况等更加了解，能制定出更为合适的存贷款利率，而且这类群体担保抵押状况较差，因此在发放贷款时会采用较高的贷款利率作为风险补偿，导致利息收入增加。与之相比，国有银行和股份制商业银行虽然规模大、网点覆盖面广，但在净息差水平上却没有体现出优势。

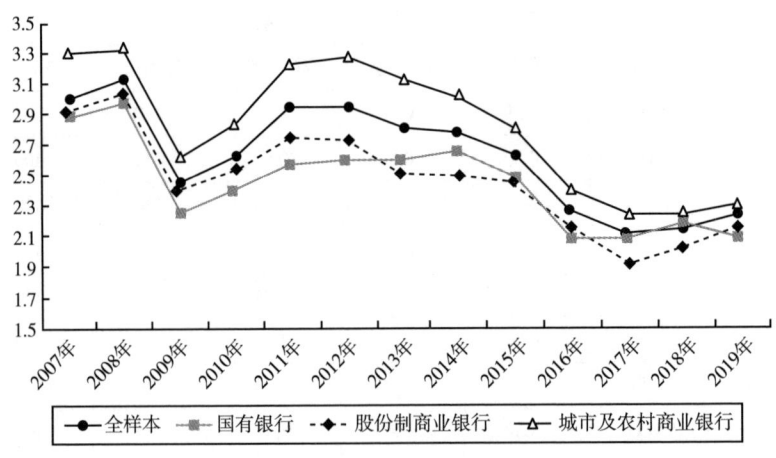

图3　2007—2019年我国银行业平均净息差的变动趋势

如图4所示，2013年中国的利率市场化指数达到81%，利率市场化程度已经处于较高水平。尽管利率市场化整体上呈现逐步加快趋势，但也曾出现过阶段性利率控制加剧的情况。如1990年，由于中国人民银行对银行间拆借利率进行管制，导致利率市场化指数略有下降，直到1996年完全放开银行间同业拆借市场利率。在整个利率市场化改革过程中，1986—1995年只是一个起步和试探阶段，利率市场化的程度很低；1996—2000年和2012—2015年这两个时期是中国利率市场化水平迅速提高时期，在这两个时期国家在利率市场化方面都有较大突破；2001—2011年是一个缓慢放松管制时期，主要是在贷款利率方面进行浮动调整。

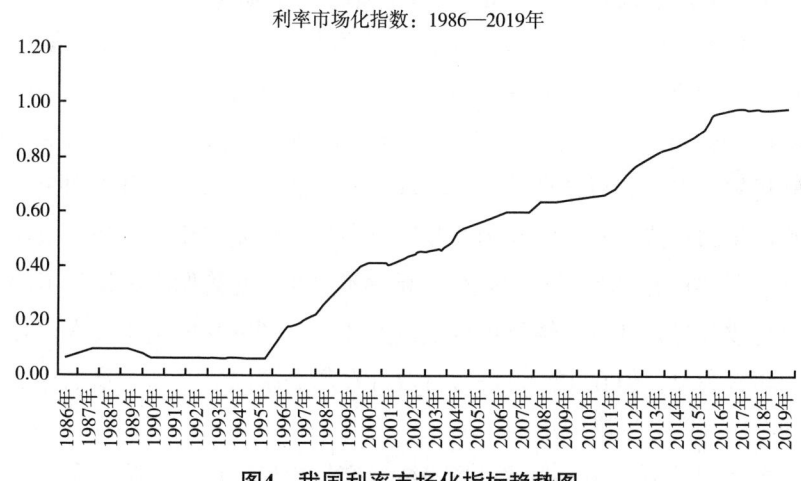

**图4 我国利率市场化指标趋势图**

为考察计量模型中的多重共线性问题，本文对各变量进行相关系数检验，结果表明，核心解释变量与其他控制变量之间的相关系数的绝对值多数在0.5以下，表明计量模型中的多重共线性问题并不严重，变量的选择比较合理。此外，在面板数据回归分析之前，本文进行单位根检验，检验变量原序列是否平稳。考虑到本文的面板为非平衡面板，故采用ADF检验。结果表明，在5%的显著性水平下，所有变量原序列皆为平稳序列，可以直接进行回归分析。

**3. 回归结果分析**

为确定估计方法，本文进行了F检验、LM检验和Hausman检验，检验结果表明固定效应模型最适合本文样本情况。因此，本文使用固定效应模型进行估计。出于对稳健性的考量，以下所有回归估计均使用聚类稳健标准误。表7为全样本的回归结果,从列(1)看,利率市场化的估计系数在5%水平上显著为正,利率市场化平方项的估计系数在5%水平上显著为负。这说明利率市场化指数和商业银行净息差存在显著的倒U形关系,即当利率市场化程度较低时,提高利率市场化程度可以改善商业银行净息差,但随着利率市场化进程的深入,利率市场化程度达到一定水平后,净息差会逐渐缩小。表7最后一行的$IRL^*$为倒U形曲线拐点处利率市场化指数的取值,由模型估计结果计算所得。

净息差的转折点出现在利率市场化指数为0.694的时候,根据前面计算的利率市场化指数来看,2011年利率市场化指数为0.670,2012年利率市场化指数为0.763,而且之后逐年升高,换言之,随着利率市场化进程的推进,银行净息差收窄。这个回归结果得到了来自中国银行业经验证据的支持,从前文我国商业银行历年净息差变化图可知,银行业净息差在2011年达到高点,随后开始逐渐减小。这表明在初期,中国人民银行放开贷款利率,银行可以通过上浮贷款利率获取高于基准存贷利差的超额利差,但在中国人民银行放开存款利率之后,高于基准存贷利差的超额利差会逐渐减小。

控制变量中,除了存款市场份额、交易规模、信用风险、利率风险的系数不显著,其他变量均显著,其中:市场竞争程度系数为负,用来衡量市场竞争程度的Lerner指数与其表征的商业银行竞争度呈反比例关系,即指数越高,竞争度越小,这说明商业银行竞争度越高,其信贷成本也就越高,净息差越小;风险厌恶程度与净息差正相关,说明风险厌恶程度越高,贷款定价越高,净息差越大;运营成本与净息差正相关,说明更高的运营成本需要更高的净息差来覆盖;非利息收入占比系数为负,说明随着拓展中间业务的力度加大,银行对存贷款利差的依赖性会降低,净息差也会降低;成本收入比系数为负,说明银行内部管理效率越高,提升净息差的能力也就越强;货币供应量增长率系数为负,当宏观经济预期向好时,市场上对资金的需求量大,此时货币供应量增加,银行之间的竞争会使得贷款的利率下降,商业银行的利息收入减少。同时,商业银行为了提高自身流动性,会通过提高存款利率来吸引居民办理存款业务,导致利息支出增多,即货币供应量提高使得银行利息收益减少。

为了检验核心解释变量估计系数的稳健性,本文在固定效应模型中通过增减解释变量进行多次回归,按照"从一般到特殊"的建模思想,列(2)和列(3)分别剔除了列(1)中两个系数不显著的变量,列(4)剔除了列(1)中所有系数不显著的变量,列(5)剔除了所有控制变量,列(6)则进一步剔除了核心解释变量的平方项。从列(2)到列(5)回归结果看,剔除所有控制变量后,核心解释变量不显著,但估计系数正负性与列(1)相同。其他回归结果中,利率市场化指数的估计系数均显著为正,利率市场化指数其平方项的估计系数都显著为负,再次印证了利率市场化与净息差之间的倒U形关系。列(6)只考虑了利率市场化指数与净息差之间的关系,其结果显示利率市场化指数在5%的水平上显著为负,这意味着在到达拐点之后,随着利率市场化程度加深,银行之间的竞争加剧,负债成本上升,净息差缩窄。

表7　　　　　　　　　　　全样本估计结果

| | (1) | (2) | (3) | (4) | (5) | (6) |
|---|---|---|---|---|---|---|
| $IRL$ | 9.731** <br>(7.32) | 8.270** <br>(5.80) | 9.917*** <br>(11.32) | 8.908*** <br>(11.03) | 13.340 <br>(2.23) | −2.164** <br>(−8.30) |
| $IRL^2$ | −7.008** <br>(−8.55) | −6.466** <br>(−9.17) | −7.174*** <br>(−14.41) | −6.834*** <br>(−19.07) | −9.606 <br>(−2.52) | |
| $LER$ | −0.922* <br>(−3.74) | −0.833* <br>(−3.18) | −0.630 <br>(−1.56) | −0.729 <br>(−2.84) | | |
| $MSR$ | −0.011 <br>(−0.82) | | −0.023 <br>(−1.01) | | | |
| $ETA$ | 0.066*** <br>(20.53) | 0.071*** <br>(17.41) | 0.072** <br>(7.83) | 0.076** <br>(8.58) | | |
| $COST$ | 0.701** <br>(4.69) | 0.712** <br>(4.97) | 0.696** <br>(5.27) | 0.693** <br>(5.91) | | |
| $LNLO$ | −0.162 <br>(−1.95) | | −0.129 <br>(−2.27) | | | |

续表

| | (1) | (2) | (3) | (4) | (5) | (6) |
|---|---|---|---|---|---|---|
| NLR | −0.020<br>(−0.91) | −0.017<br>(−0.93) | | | | |
| RIW | −0.146<br>(−2.27) | −0.078<br>(−1.76) | | | | |
| NII | −0.030***<br>(−15.35) | −0.031***<br>(−14.87) | −0.030***<br>(−14.44) | −0.031***<br>(−14.53) | | |
| CIR | −0.019<br>(−2.83) | −0.018*<br>(−2.98) | −0.017<br>(−2.75) | −0.017<br>(−2.78) | | |
| M2 | −0.018***<br>(−12.94) | −0.017***<br>(−23.24) | −0.016***<br>(−19.92) | −0.016***<br>(−30.25) | | |
| _cons | 1.590<br>(1.41) | 0.857<br>(1.54) | 0.823<br>(1.58) | 0.379<br>(1.58) | −1.699<br>(−0.75) | 4.374***<br>(20.39) |
| N | 400 | 400 | 400 | 400 | 400 | 400 |
| $r^2$ | 0.789 | 0.784 | 0.786 | 0.782 | 0.440 | 0.378 |
| $IRL^*$ | 0.694 | 0.639 | 0.691 | 0.652 | 0.694 | − |

注：（1）***、**、*分别表示在1%、5%、10%的显著性水平上显著，括号内为稳健t值。（2）$IRL^*$是根据估计结果计算出的倒U形曲线拐点处的IRL取值，计算方法为$\frac{\beta_1}{-2\beta_2}$。

由变量描述性统计分析，不同银行样本特征存在差异。因此，本文按国有银行、股份制商业银行、城市及农村商业银行对全样本进行分类，分别进行回归，判断利率市场化对净息差的倒U形影响这一结论是否在不同类型的银行间存在差异。表8列示不同类型商业银行的估计结果，从列（1）、列（3）、列（5）看，三类银行利率市场化指数及其平方项系数符号一致，但显著性和大小存在明显差异。国有银行组内，利率市场化指数及其平方项系数在1%的水平上显著，且数值最大；股份制商业银行组内，利率市场化指数在5%的水平上显著，利率市场化指数平方项系数在1%的水平上显著，且数值较大；城市及农村商业银行组内，利率市场化指数及其平方项系数不显著且数值最小。从表8最后一行看，国有银行的净息差转折点出现在利率市场化指数为0.733的时候，高于相应的股份制银行（0.697）和城市及农村商业银行（0.534）。总之，利率市场化与国有银行、股份制商业银行的净息差呈明显的倒U形关系，与城市及农村商业银行的净息差呈相对较弱的倒U形关系。而国有银行的净息差转折点最高，股份制银行次之，城市及农村商业银行最低，则表明随着利率市场化的推进，利率市场化指数走高，城市及农村商业银行的净息差最先达到拐点，然后随利率市场化指数继续走高而收窄，股份银行随后进入拐点，而国有银行最晚达到净息差转折点，面对利率市场化加深，享有更长期限的净息差持续增大。

国有大型银行因在客户基数、营业网点、业务范围、业务创新、人才专业素养方面具有明显的优势，在竞争中处于有利地位。大中小型国企是大型国有银行的主要服务对象，议价能力较强，大型国有银行不易在贷款利率管制逐渐放松的过程中通过提高贷款利率以获得较高的收益，因而受到利率市场化影响较深。同时，大型国有银行受到政府的监管更为严格，其同业业务、影子银行等业务来源受限严重，所以，大型国有银行的净息差受到利率市场化的影响相对较大，且净息差转折点最高。而股份制银行则介于国有银行及地方商业银行之间，其服务对象不仅包含大型国企，也包含地方中小微企业，且业务同质化比较严重。在中国人民银行逐渐放松贷款利率管制的过程中，地方中小微企业议价能力较弱，股份制银行可以通过提高贷款利率的方式来获得较高的收益；在中国人民银行逐渐放松存款利率管制的过程中，股份制银行又不得不提高存款利率以增强在存款市场中的竞争力。所以，股份制银行的净息差也较容易受到利率市场化的影响，且净息差转折点较高。国有银行与股份制银行在LPR推出后，LPR直接挂钩于国有大行、股份制银行的贷款报价利率，在其报价利率的基础上加减点加权平均生成，其受到的利率市场化影响程度更深。在地方银行组，主要是地方城商行、农商行，其服务对象主要是地方中小微企业，地方中小微企业议价能力弱，地方银行具备更高的贷款定价权限，而其相较于国有银行受到的强监管，其影子银行业务、同业业务的占比更大，业务收入来源更多，其净息差受到利率市场化的影响较小，且净息差转折点最低。

表8　分银行类型的估计结果

| | 国有银行 | | 股份制商业银行 | | 城市及农村商业银行 | |
|---|---|---|---|---|---|---|
| | （1） | （2） | （3） | （4） | （5） | （6） |
| $IRL$ | 12.53*** (3.87) | 8.497** (2.48) | 8.276** (2.49) | 5.542* (1.76) | 3.149 (0.86) | 21.76*** (4.71) |
| $IRL^2$ | −8.550*** (−4.51) | −6.281*** (−2.95) | −5.939*** (−2.88) | −4.700** (−2.39) | −2.951 (−1.32) | −14.97*** (−5.28) |
| $LNI$ | −1.426 (−1.29) | | −0.793 (−0.86) | | 0.515 (0.46) | |
| $MSR$ | 0.0136 (0.37) | | 0.0766 (0.53) | | −1.416 (−1.56) | |
| $ETA$ | 0.0796* (1.91) | | 0.0645*** (3.89) | | 0.0601** (2.21) | |
| $COST$ | 0.410*** (2.74) | | 0.527*** (4.62) | | 1.074*** (7.52) | |
| $LNLO$ | −0.159 (−0.89) | | −0.105 (−1.07) | | −0.238 (−1.60) | |
| $NLR$ | −0.00221 (−0.30) | | 0.00956 (0.28) | | −0.103*** (−3.17) | |
| $RIW$ | −0.139 (−0.66) | | −0.00214 (−0.01) | | −0.0122 (−0.03) | |
| $NII$ | −0.0307*** (−7.28) | | −0.0292*** (−8.05) | | −0.0303*** (−8.52) | |
| $CIR$ | −0.00771 (−1.03) | | −0.0108 (−1.51) | | −0.0259*** (−3.55) | |
| $M2$ | −0.0176*** (−2.79) | | −0.0163** (−2.61) | | −0.0196** (−2.17) | |
| _cons | 0.941 (0.49) | −0.196 (−0.15) | 1.228 (0.87) | 1.146 (0.93) | 3.319* (1.90) | −4.709** (−2.56) |
| $N$ | 72 | 72 | 143 | 143 | 185 | 185 |
| $r^2$ | 0.920 | 0.551 | 0.839 | 0.514 | 0.797 | 0.432 |
| $IRL^*$ | 0.733 | 0.676 | 0.697 | 0.590 | 0.534 | 0.727 |

注：（1）***、**、*分别表示在1%、5%、10%的显著性水平上显著，括号内为稳健t值。

（2）$IRL^*$是根据估计结果计算出的倒U形曲线拐点处的$IRL$取值，计算方法为$\frac{\beta_1}{-2\beta_2}$。

### (三)利率市场化对商业银行不同期限贷款利率的传导效果

本节以商业银行的利率定价活动为切入点,进一步考察利率市场化进程中银行间市场利率向银行贷款利率传导的有效性和传导效率。本文借鉴黄佳琳(2020)等的研究思路,构建如下回归模型:

$$LR_{it} = \varphi_0 + \varphi_1 IRL_{it} + \varphi_2 MR_{it} + \varphi_3 Z_{it} + v_{it} \tag{2}$$

上式中,$i$代表银行个体,$t$代表年份,$LR$为银行贷款利率,由于Wind中没有上市银行短期和中长期贷款利率数据,本文用短期和中长期贷款平均收益率作为替代变量,以衡量其贷款利率。$IRL$与上文相同,为利率市场化指数,用以衡量商业银行利率定价机制的市场化程度。$MR$为银行间市场利率,其中,3个月SHIBOR在金融产品定价中使用相对广泛,被普遍认为是市场基准利率中承上启下的关键点,也是现有研究衡量市场利率的常用代理指标。因此,选用3个月SHIBOR作为银行间市场利率($MR$)的代理指标,并将原始日度数据通过均值处理将其转化成为年度数据。$Z$为控制变量,主要为控制市场竞争程度($LER$)、银行风险偏好($ETA$)、成本结构($COST$)、市场流动性($M2$)等其他可能影响利率传导效率的关键因素。$v_{it}$为扰动项。数据来源于Wind数据库,时间区间为2007年至2019年。

通过Hausman检验显示,使用随机效应模型进行估计更适合。为控制截面相关和异方差性的影响,采用FGLS估计对随机效应进行调整,具体回归结果如表9所示。列(1)和列(3)分别是短期贷款利率和中长贷款利率的回归结果。列(2)和列(4)是加入交互性$IRL \times MR$的回归结果,交互性用来衡量商业银行利率定价机制市场化程度对利率传导效率的影响。从列(1)和列(3)看,利率市场化指数在1%的显著水平下为负,表明随着利率市场化的深入,商业银行的短期和中长期贷款利率水平会下降。随着利率市场化改革深入推进,贷款利率的市场化水平会进一步提高,因此随着市场利率整体下行,银行发放贷款收益降低,贷款利率下行。但从系数的大小看,短期贷款利率对利率市场化更为敏感,下降的程度更大。银行间市场利率的回归系数为正但不显著,表明商业银行的贷款利率与银行间市场利率之间呈同方向变动,但银行间市场利率对银行贷款利率的传导效果有限,利率双轨制下宽货币政策难以传导至与实体企业融资最为相关的贷款利率。从控制变量回归结果看,除货币供应量与贷款利率之间的关系不显著,其他控制变量均显著正相关。市场竞争程度在1%的水平下显著为正,表明随着该指标的上升,贷款利率也会相应上升。但该指标大小与其表征的商业银行竞争度呈反比例关系,即指数越高,竞争度越小,这说明商业银行竞争度越低,银行贷款利率的总体水平也越高。银行风险偏好和成本与贷款利率定价也是显著正相关,说明商业银行风险偏好越高,成本越高,就需要越多的贷款利率补偿。

表9 市场利率对不同期限贷款利率传导效果的估计结果

|  | 短期贷款利率 | | 中长期贷款利率 | |
| --- | --- | --- | --- | --- |
|  | (1) | (2) | (3) | (4) |
| IRL | −4.686*** <br> (−6.65) | −1.391 <br> (−1.12) | −3.080*** <br> (−5.60) | −2.077* <br> (−1.92) |
| MR | 0.084 <br> (1.58) | 0.797*** <br> (3.54) | 0.052 <br> (1.22) | 0.258 <br> (1.31) |
| IRL×MR |  | −0.875*** <br> (−3.29) |  | −0.258 <br> (−1.08) |
| LER | 11.593*** <br> (8.77) | 10.502*** <br> (8.64) | 11.785*** <br> (12.01) | 11.584*** <br> (11.73) |
| ETA | 0.100*** <br> (2.70) | 0.082** <br> (2.29) | 0.095*** <br> (3.10) | 0.089*** <br> (2.86) |
| COST | 2.372*** <br> (9.90) | 2.115*** <br> (9.24) | 1.999*** <br> (11.13) | 1.947*** <br> (10.53) |
| M2 | −0.019 <br> (−1.04) | −0.010 <br> (−0.55) | 0.005 <br> (0.34) | 0.008 <br> (0.56) |
| _cons | −4.159** <br> (−2.43) | −5.584*** <br> (−3.30) | −5.159*** <br> (−4.02) | −5.728*** <br> (−4.14) |
| N | 133 | 133 | 133 | 133 |

注:***、**、*分别表示在1%、5%、10%的显著性水平上显著,括号内为稳健t值。

从列（2）和列（4）看，短期贷款利率下交互项的回归结果在1%的水平下显著为负，银行间市场利率的回归结果显著性提高，这表明利率市场化程度与银行间市场利率向银行贷款利率的传导效率密切相关，商业银行利率定价机制的市场化程度越高，银行间市场利率向银行短期贷款利率的传导效率也越高。中长期贷款利率下，交互性与银行间市场利率的系数符号与短期利率的相同，但大小和显著性都要低于短期贷款利率，表明随着利率市场化程度的提高，银行间市场利率与中长期贷款利率间的联动性也有一定程度的提高。

## 六、政策建议

### （一）进一步扩大LPR改革机制和实践运用的社会认知度

目前商业银行新发放贷款主要参考LPR进行定价，存量浮动利率贷款基本完成贷款基准利率转换工作。但是在LPR形成机制及实际运用中，社会公众对其了解程度不够，存在"被动适用"的现象。对个人而言，绝大部分客户将存量房贷转换成LPR+加点形式，但是对其转换机制及对转换后未来利率变化没有主观认识和判断，基本是被动适应基准利率转换。部分金融机构反映企业客户在对LPR形成机制及在贷款利率定价运用上的认知存在一定偏差，主要表现在同业间的激烈竞争导致市场议价能力较强的大型集团客户报价低于LPR，甚至有进一步降低的趋势，而市场议价能力较低的小微企业则较为被动，因此要引导不同客户群体合理参照LPR定价基准进行市场融资。

### （二）密切关注新LPR形成机制对中小银行的冲击

LPR形成机制改革后，贷款利率更加透明，信贷客户敏感性也会不断增强，存贷利差预计会进一步收窄。中小银行因规模小、资本实力弱，风险承受能力较差，容易受市场冲击，过快的利率市场化可能引发中小银行单体机构风险甚至是系统性风险。同时要进一步加大对中小银行尤其是村镇银行和农商行的支持力度，作为服务县域经济和"三农"、小微企业发展的主力军，在2020年疫情的冲击下，其经营发展和信贷资产质量受到一定影响；在贷款利率持续下行的情况下，其盈利能力受到限制。要进一步加大对中小银行的低成本资金支持力度，适度合理放松监管指标考核，以降低监管成本，进一步提升中小银行的信贷投放意愿和能力，帮助其降低负债成本和流动性风险。相关部门可以根据地方法人银行的实际发展能力和经营状况，出台适当的奖补性政策，调动其服务地方经济发展的积极性。

### （三）进一步完善新LPR形成机制

从调研实际情况来看，湖北省辖内法人金融机构均不在中国人民银行MLF政策适用范围内，如辖内城商行汉口银行和湖北银行以及农村商业银行，在贷款市场利率定价方面处于较为被动的地位。一是适当扩大MLF的适用范围，或增设新型工具，便于中小银行获取低成本资金，助推贷款利率的下降。二是增加报价品种。为使LPR更具市场性和操作性，建议增加1—5年期报价品种。目前报价行LPR报价品种为1年期和5年期以上两个品种，建议增加1—5年期的中间报价品种，便于更加贴近贷款市场实际利率，进一步增强可操作性。三是报价行增加城商行占比。在原有的10家全国性银行基础上增加城市商业银行、农村商业银行、外资银行和民营银行各2家，扩大到18家。总体来看，中小银行占比仍然较低，建议适当增加报价行总量，适当提升中小银行占比。

### （四）深化利率市场化改革，引导中长期贷款利率下行

通过实证研究我们发现，随着利率市场化的深入，贷款利率的市场化水平会进一步提高，商业银行的短期和中长期贷款利率水平会呈现下降趋势，但从系数的大小看，短期贷款利率对利率市场化更为敏感，下降的程度更大。这与调研过程中金融机构的反映是一致的，从LPR引导贷款市场利率实际情况来看，1年期LPR报价对货币政策调整的敏感性更高。要进一步引导金融机构加大对实体经济的支持力度，扩大中长期贷款的信贷规模，有效降低中长期贷款的融资成本，需要持续推进LPR改革，疏通货币政策的传导渠道，当前LPR的市场属性不足，MLF利率的稳定性决定了LPR的稳定性，下一步要进一步理顺各市场利率传导机

制，提升LPR市场化程度。

**（五）要进一步规范存款和理财市场，稳步推进存款利率市场化**

进一步发挥"看得见的手"政策指导效应，继续加大对存款自律机制执行的监管力度，规范理财产品和结构化存款产品，使其定价相对存款更趋合理。逐步畅通从资产端利率到负债端利率的市场化传导，逐步提高存款利率市场化程度。进一步合理放宽定期存款和大额存单的利率浮动范围，降低存单面额限制。在存款保险制度不断健全的条件下，逐步实现存款利率的市场化浮动。同时商业银行要加快存款产品创新，完善结构性存款产品体系，在风险可控的条件下推出与货币市场利率挂钩的存款产品。

## 参考文献

［1］侯昱婷.我国推进存贷款利率市场化的问题研究［D］.华东师范大学，2008.

［2］张孝岩，梁琪.中国利率市场化的效果研究——基于我国农村经济数据的实证分析［J］.数量经济技术经济研究，2010，27（06）：35-46.

［3］周小川.建立符合国情的金融宏观调控体系［J］.中国金融，2011（13）：9-13.

［4］巴曙松，王月香.当前金融改革的重点应是促进双轨制利率体制的平稳渐进并轨［J］.中国农村金融，2011（24）：21-24.

［5］张健华等.利率市场化的全球经验［M］.北京：机械工业出版社，2012（11）.

［6］巴曙松，华中炜，朱元倩.利率市场化的国际比较：路径、绩效与市场结构［J］.华中师范大学学报（人文社会科学版），2012，51（05）：33-46.

［7］张宗益，吴恒宇，吴俊.商业银行价格竞争与风险行为关

系——基于贷款利率市场化的经验研究[J]. 金融研究, 2012 (07): 1-3+5-14.

[8] 孙琪. 中国银行业存款利率市场化研究[D]. 南京大学, 2013.

[9] 黄树青, 孙璐璐. 存款利率市场化进程中商业银行定价策略的动态选择[J]. 上海金融, 2014 (05): 34-39.

[10] 王舒军, 彭建刚. 中国利率市场化进程测度及效果研究——基于银行信贷渠道的实证分析[J]. 金融经济学研究, 2014, 29 (06).

[11] 中国人民银行长沙中心支行课题组, 肖杰. 利率市场化背景下我国利率调控体系构建研究[J]. 金融监管研究, 2015 (02): 10-32.

[12] 席波, 吴永锋. 利率市场化对商业银行净息差的影响[J]. 经济研究参考, 2015 (18): 24-25.

[13] 邓雄. 利率市场化条件下货币政策传导渠道的转变[J]. 南方金融, 2015 (07): 28-35.

[14] 张晓慧. 新常态下的货币政策[A]//中国人民大学国际货币研究所. 2015年国际货币金融每日综述选编[C]. 中国人民大学国际货币研究所, 2015: 298-302.

[15] 彭建刚, 王舒军, 关天宇. 利率市场化导致商业银行利差缩窄吗?——来自中国银行业的经验证据[J]. 金融研究, 2016 (07): 48-63.

[16] 张克菲, 吴晗. 结构性货币政策工具如何影响利率传导机制?——基于SLF、MLF和PSL的实证研究[J]. 金融与经济, 2018 (11): 15-21.

[17] 潘敏, 周闯, 刘姗. 预调微调、货币市场利率波动与利率走廊机制[J]. 国际金融研究, 2018 (12): 21-30.

[18] 张芳, 薛净茹, 秦净翾. 利率市场化进程测度及策略研究[J]. 中国经贸导刊 (中), 2018 (23): 61+67.

[19] 占再清. 政策利率并轨路径设想[J]. 中国金融, 2019 (07): 29-30.

[20] 周文渊. 利率并轨的路径与方向[N]. 21世纪经济报道,

2019-04-12（004）.

［21］邓杰.利率市场化进程中货币政策对利率的影响分析［D］.华中科技大学，2019.

［22］李奇霖.并轨后时代：政策如何影响市场利率［J］.新理财，2019（10）：41-47.

［23］王再丰.中期借贷便利工具对市场利率的传导机制研究［D］.东北财经大学，2019.

［24］中国人民银行淮安市中心支行课题组，郑永兵.我国结构性货币政策作用机制及国际经验研究［J］.上海金融，2019（12）：86-88+91.

［25］武兴伟.改革完善贷款市场报价利率形成机制及利率并轨的路径研究［J］.经济研究导刊，2019（35）：123-124.

［26］梁斯.我国LPR的历史沿革、国际经验及政策建议［J］.新金融，2020（01）：19-25.

［27］张炎涛，马殊玥.利率市场化改革进程中的政策利率体系优化研究——国际经验及我国实证检验［J］.武汉金融，2020（01）：37-42.

［28］黄佳琳，秦凤鸣.银行业竞争、市场化利率定价与利率传导效率［J］.经济评论，2020（01）：112-130.

［29］黎梦瑶，廉永辉.利率市场化如何影响商业银行净息差？——基于我国38家商业银行的实证研究［J］.金融发展研究，2020（02）：75-84.

［30］李成，王东阳.利率市场化进程中的货币政策调控转型［J］.当代财经，2020（08）：54-65.

［31］Anthony Saunders, Liliana Schumacher. The determinants of bank interest rate margins: an international study［J］. Journal of International Money and Finance, 2000, 19（06）.

课题主持人：邓亚平

课题组成员：吴光明　陈　锐　潘　荣　王　力　邹梦双　陈　硕
　　　　　　殷梦玲

# 新冠疫情对中国嵌入全球价值链的负面影响机制与风险分析

中国人民银行武汉分行经常项目处课题组

## 一、导言

全球价值链（Global Value Chain，GVC）打破了传统的产品生产过程，实现了资源全球配置。这种复杂的、全球化的生产安排改变了国际贸易的本质，也增加了对相关数据解读分析、政策制定的难度。由于国家在全球价值链分工中占据的位置直接决定其国际竞争力，近年来世界各国从贸易政策、产业政策、国际合作等方面，为在全球价值链中占据有利分工地位采取了诸多措施。我国随着改革开放、推动经济发展、产业结构优化，在全球价值链的地位显著提高，但中美贸易摩擦的加剧和新冠疫情的冲击，加大了世界经济发展、全球产业格局变化的不确定性，也将对我国在全球价值链地位的变化产生深刻影响。因此，有必要对在长期的中美贸易摩擦背景下，疫情对我国全球价值链地位的影响进行深入分析，从而为我国应对风险、紧抓机遇提供有力的建议。

本文通过梳理国内外对全球价值链地位影响因素分析的文献，结合我国所处全球价值链地位的实际情况，实证分析了疫情如何通过价值链地位的决定因素影响我国在全球价值链的地位，以及影响的大小和方向。最后，结合理论与实证分析结论，提出相关完善建议。

## 二、文献综述

关于全球价值链地位影响因素的国内外研究主要分为两大类：一类是基于传统贸易理论框架，对直接影响贸易的因素进行剖析，研究其对全球价值链地位的影响因素，包括关税、运输成本、人力资本等；另一类则是对全球贸易的间接因素，如跨境直接投资、金融环境、技术创新、营商环境等间接影响因素进行分析。

**直接影响因素方面。** Hummels（2001）认为，一国的关税和运输成本与垂直专业化程度呈负相关性，成本的降低可以扩大贸易规模，提高在全球价值链中的地位。Ghodsi等（2013）研究发现，信息对称性的非关税措施可以降低贸易成本，进而提升国际竞争力、提高全球价值链地位。Hausmann等（2017）认为，国家规模和人力资本是提升国家出口复杂度进而提升全球价值链地位的重要因素。Antràs等（2012）研究了美国行业的技术密度与"上游度"（用于测算全球价值链地位）的关系，发现技术密度的提高对全球价值链地位的提升起抑制作用。

**间接影响因素方面。** 一是跨境直接投资。张鹏杨等（2018）认为，FDI能在一定程度上推动企业全球价值链升级，但其促进作用存在"天花板"效应；戴翔等（2018）则发现ODI能显著促进中国制造业全球价值链地位，"走出去"是我国制造业攀升全球价值链的重要方式。二是金融环境。吕越等（2016）、马述忠等（2017）均认为，融资约束是关键因素，融资约束减少可以带动产业在全球价值链中地位的升级；同时，吕越等（2016）发现出口目标市场的金融发展水平越高，会在一定程度上阻碍我国产业在全球价值链中的跃升。三是技术创新。赵玉林等（2019）、杨建龙等（2020）认为，基础创新、产品创新和创新绩效等创新驱动产业转型升级是制造业提升全球价值链地位的根本力量；郑江淮等（2020）则认为，中国制造业高技能劳动力和本土市场规模不断增长，中间产品创新能力不断提升，能抑制进口技术溢出对中国制造业全球价值链攀升的负向效应。四是营商环境。戴翔（2020）、黄琼等（2019）经过理论分析，杨珍增等（2018）经过实证分析认为，制度环境、政府公共服务水平以及知识产权保护等营商环境的确对全球价值链分工地位具有显著正向影响。五是人力资本。黄琼等（2019）认为，人力资本是一国制造业全球价值链地位攀升的重要因素；马风涛（2015）认为，制造业部门的劳动生产率、研发强度、熟练劳动力的相对投入比例以及产品的国内增加值比例对部门上游度的提升有促进作用；杨高举等（2013）基于两国产品内分工模型实证发现内部动力在于物质资本与人力资本的协同创新。六是产品内国际分工。唐海燕等（2009）对40个发展中国家的实证研究发现，产品内国际分工对于价值链提升具有显著的推动作用，但需要以人力资本、服务质量以及制度环境等支持性条件的满足为前提。七是集聚效应。戴翔等（2018）研究发现，行业集中度对制造业价值链攀升具有抑制作用，而地区专业化则表现出显著正向促进作用。八是对外开放水平。黄琼等（2019）认为，对外开放和物质资本水平对制造业全球价值链地位攀升起到负向影响。

当前主要研究多集中于单一因素或少量因素对全球价值链地位攀升的影响，对系统分析并进行实证的研究较少，公告卫生危机对全球价值链影响的研究文献更是少之又少。因而本文的创新点在于结合国内外研究成果，综合性地分析各因素对中国在全球价值链中地位的影响路径，并通过实证研究新冠疫情通过各因素对全球价值链地位的影响程度，为我国应对当前复杂多变的国际环境提供有效政策建议。本文的不足主要受限于各影响因素的数据可得性，因而在量化分析各因素对中国价值链地位影响时受到一定限制。

## 三、影响中国在全球价值链地位的主要因素分析

### （一）全球价值链的发展演变

自2008年全球金融危机爆发以来，世界经济进入大重组、大变革时期，全球价值链也在进行着深度调整与重塑。2000年，全球价值链三大中心分别是以德国为中心的"欧洲工厂"、以美国为中心的"北美工厂"和以日本为中心的"亚洲工厂"。随着中国加入WTO，中国在全球价值链中的角色也在发生转变，全球价值链的中心更迭为中国、美国、德国。到2017年，中国在亚洲甚至在世界上占据中枢地位，桥接欧洲和北美的区域中心——德国和美国。

### （二）中国在全球价值链地位的发展进程

1978年改革开放以来，中国逐步全面融入全球价值链体系，位置从下游逐步攀升至中上游。具体而言，**中国融入全球价值链主要可以分**

**为以下三个阶段：** 第一阶段1978年至2000年，依托出口导向型经济发展战略，中国凭借低要素成本优势切入全球产业链，成为初级产品出口大国。第二阶段2001年到2007年，中国贸易规模快速扩张，承接劳动密集型产业，成为世界工厂和制造业大国。第三阶段是2008年至当前，金融危机后，全球贸易骤降，中国通过力推"三去一降一补"、高质量经济发展，优化经济结构、产业结构，提振内需，同时大力推进科技创新，吸引了全球产业链入驻，成为全球产业链的三大需求中心之一，由"制造大国"转变为"制造强国"，由"世界工厂"转变为全球价值链枢纽。

### （三）我国全球价值链地位影响因素分析

#### 1.外商直接投资（FDI）

外商直接投资对价值链提升有正向作用，但存在"天花板"效应。FDI给中国带来了资金、技术、经营管理理念、设备等复合资本，并通过技术外溢效应、示范效应、竞争效应等路径，助力中国完成资金、技术和人力资源积累。但同时，外资企业通过挤出效应抢占市场份额、构建市场壁垒，通过控制关键技术与核心设备使本土企业对其产生技术依赖，将本土企业锁定在价值链中低端环节。

一是正向技术外溢效应。外资企业提供必要的技术指导、人力资源培训，输出较为先进设备及优质中间产品服务，授权使用甚至转移部分专利技术，推动了关联产业的技术进步，为本土企业积累技术和人才。二是弥补中国转轨期及高速增长期的资金缺口。1992年邓小平南巡讲话后，我国实际利用外资进入高速增长阶段，2011年至当前，FDI年增长规模始终保持1 000亿美元以上。外资支持为国内企业缓解了融资难题，使其有余力进入资本或技术密集型生产环节等价值链高端工序。三是促使本土企业产业升级。外资企业进入增强了市场竞争力，本土企业不得不增加研发资金投入、强化员工培训、学习外企经验，改善管理水平和生产工艺以对接国际标准，推动我国从劳动力优势向资本和技术优势转变，由"代工生产"向"自主品牌生产"升级。

#### 2.对外直接投资（ODI）

通过推动国内企业"走出去"实现产业国际梯度转移，为国内产业结构升级腾出更广阔的市场空间和资源,并通过逆向技术溢出,突破价值链上游国家的"低端锁定"。同时,通过寻求战略资产、自然资源、技术的跨国并购,整合全球资源,实现向全球价值链上游攀升。根据商务部统计数据显示,我国ODI规模从2003年的29亿美元高速增长至2016年的1 961亿美元,年化增长率38%,虽然随后连续下滑两年,2018年降至1 430亿美元,但截至2018年底,我国ODI存量高达1.98万亿美元,占全球存量的6.4%,排名仅次于美国和荷兰。

一是对发达国家ODI的"逆向技术溢出"效应,助力突破"低端锁定"状态。通过参股、并购发达国家企业,技术通过人才交流、知识流动或再出口传递回国内,并逐步由模仿向自主创新转变,打破技术垄断壁垒,促进国内企业技术进步。二是对发展中国家ODI的"边际产业转移"效应,转出过剩产能、优化产业结构。随着我国产业结构调整和要素成本优势的逐渐消失,通过ODI将边际产业转移至经济发展水平较低的国家,为国内产业高端化发展腾出空间和资源,集中将生产要素释放至高新技术产业和新兴产业。三是整合全球资源,补足价值链升级短板。开展战略资产寻求型和资源寻求型ODI,获得紧缺资源、先进技术、知名品牌等当地生产要素,以产业链内部化方式降低成本,同时,在资源优化配置上嵌入投资国特定的高附加值产业链环节,从而实现国内企业的全球价值链升级。

**3. 劳动力禀赋**

人口红利和工程师红利这两种形态的人力资本对我国全球价值链地位上升起到了积极拉动作用。

**第一阶段**,改革开放初期至2010年。Wind统计数据和美国商务部普查数据表明,我国劳动力人口占比从1978年的约60%上升至2010年的峰值74.5%,但劳动力成本较发达国家仍维持在相对较低水平(同期美国人均收入约为我国的20倍),我国从劳动密集型产业切入全球价值链,加工贸易达世界最大规模,占全球加工贸易总量的67%。**第二阶段**,2010年以来,"人口红利"逐步消失,"工程师红利"逐步显现,人力资本从数量成本优势转变为质量优势。从人才储备来看,据联合国统计,

2018年中国全国工程师人数约为152万人，领先于全球主要国家，也领先于当前我国的经济发展水平。"工程师红利"为我国带来了较强的技术吸收能力，降低学习先进技术时间，提高技术应用速度和生产效率，同时，助力我国增强高附加值投入品生产能力，为向价值链的高端延伸奠定基础。

**4. 技术进步**

一是通过增加研发投入，推动技术转化。据麦肯锡统计数据[①]，近年来我国研发开支大幅增长，从2000年的90亿美元增长到2018年的2 930亿美元，位居世界第二，仅次于美国。与此相应的，我国技术转化硕果累累，2010年之后中国专利数量快速增长[②]，于2019年达到5.9万件，全球占比22.2%，首次超过美国（5.77万件）。二是技术的全球扩散效应。先进技术从发达国家外溢并在全球扩散，中国也受益其中。当前，如先进机器人技术、人工智能、物联网、3D打印和区块链等新技术正在跨越国界改变商品和服务贸易，推动新一波全球价值链变化，也为中国等发展中国家参与全球价值链、实现全球价值链位置上升提供机会。

**5. 制度环境**

制度环境既包括道路交通和网络通信等"硬件"配套设施，也包括贸易投资自由化、知识产权保护、公共服务等政策法规体系作为"软件"配套。良好的制度环境对我国提升全球价值链地位有积极作用，其微观作用机制是通过降低综合成本来促进国内企业优化生产环节区位配置，向全球价值链中上游跃进。

第一，改善"硬件"制度环境是基础。目前，我国在"硬件"制度环境有两个具备优势的"超级网络"，一个是以高铁为代表的交通运输网络，世界银行发布的物流绩效综合指数中，中国在可比国家中名列前茅，2018年大陆地区综合评分达到3.61分（满分5分），高于早期人口红利国家和中高等收入国家平均水平（2.6分）及后期人口红利国家平均水平（2.9分）。另一个是以5G为代表的移动互联网。2019年上半年，中国移动互联网渗透率已达60.5%，预计2020年5G网络将覆盖所有地

---

① 麦肯锡全球研究院：《麦肯锡2019年中国报告》。
② 根据国际知识产权组织（WIPO）统计数据。

级市。便利的基础设施网络将促使我国在电子商务、移动支付等新商业模式上的探索领先全球,夯实我国提升全球价值链地位的基础优势。第二,提升"软件"制度环境开放度是保障。通过支持贸易投资自由化、完善专利保护法律体系等改革举措,推进中国与全球经济的更高层次融合。推进贸易自由化,降低商品和生产要素在国家之间流动阻力;提升投资自由化则为资本的国际自由流动创造有利条件,有利于降低融资成本,引导生产要素流向高生产率部门;通过完善以知识产权为代表的法律体系,有利于我国引进更多先进技术,激励跨国公司将技术密集型生产及研发环节转移至我国,同时激发国内企业的研发积极性。

## 四、疫情通过价值链决定因素传导冲击影响的分析

疫情对我国全球价值链地位变化的影响和冲击,也将主要通过前述主要渠道进行传导。其主要影响如下。

### (一)短期冲击下FDI渠道走低但长期仍有增长空间,对价值链地位有正向驱动作用

短期来看,疫情对FDI产生显著影响,2020年3月,FDI较年初下降55.2%,但4—5月基本恢复冲击前水平。长期来看,随着我国一二三产业结构的调整,第三产业吸引FDI的步伐加快,较全球平均水平而言,我国FDI流入高附加值产业的上升空间仍较充分,对我国全球价值链地位仍将发挥正向驱动作用。

### (二)ODI受疫情影响进一步放缓,对我国价值链地位提升的支撑力减弱

2016年我国非金融类对外直接投资额达到最高1 961.5亿美元后逐年下降,至2019年下降幅度达到34.85%。其中,2016年至2019年"一带一路"非金融类对外直接投资总体保持在150亿美元左右,但对其他非"一带一路"国家投资将受疫情影响而减少。2020年1—5月,我国非金融类对外直接投资累计同比下降5.25%。因此,疫情影响下ODI对我国提升价值链地位的作用在较长时间内都将偏弱。

**（三）疫情推动用工结构优化、用人成本降低、人力资本蓄积增加，劳动力禀赋将进一步推动我国全球价值链地位上行**

疫情催生了新兴技术行业的用工浪潮，用工结构不断优化。如2020年3月25日，中国发布虚拟现实工程技术人员、全媒体运营师等26个全新职业。同时，用工需求收缩和就业需求增长的共同作用下，企业用工成本显著下降。2020年1—5月，中国城镇新增就业人数460万人，同比下降29.7%。此外，面对应届生增长16%与企业应届生招聘需求收缩52%的矛盾，一方面国家扩大硕士招生规模；另一方面，34%的应届生选择"慢就业"，其中90%选择继续深造，有利于高素质人力资本的蓄积。

**（四）技术创新受疫情短期冲击有所放缓，但不改变其提升我国全球价值链地位的长期趋势**

一是短期冲击快速恢复。2020年1—3月，受疫情影响我国发明专利授权量累计85 997件，同比下降25.84%。但4月、5月随复工复产推进，发明授权量环比增长37.48%。二是我国为应对当前的国际摩擦和竞争，创新投入和支持力度将加大，如我国大中型工业企业R&D研发经费支出从1995年的141.7亿元增长至2018年的9 542.7亿元，增长了67.3倍。三是刺激技术创新相关产业发展。疫情促进了如远程办公、远程医疗、远程教育以及大数据技术在各行业中的广泛应用、快速发展。如2020年初较2018年底，在线教育用户规模增长110.2%，网络直播用户规模增长41.1%，网络支付的用户增长27.9%（规模达到7.68亿），手机网络支付规模增长31.1%。

**（五）疫情直接影响贸易结构，推动产业价值链升级加快**

疫情冲击后，进口依赖度较高的产业将被迫加快国内进口替代进程，这些产业对进口的依赖主要源自资源、技术限制，包括计算机电子光学、机械设备、化工产品、汽车以及医药等。一方面，海外疫情仍较严重，生产受影响转而影响我国进口；另一方面，为了完善我国产业链，改善产业结构，增强产业链弹性和安全性，我国也将主动推进相关产业的国产替代进程，并因此带动我国在全球价值链地位的变化。如国内5G、新能源、航空航天、军工等新兴产业快速发展。由于上述产业的关键材料仍高度依赖进口，疫情或将加速关键材料本土率的进程。

**（六）疫情应对彰显我国强大制度优势，但整体国际环境日益复杂对价值链地位提升有一定不利影响**

我国基础设施全球居前，尽管在高端制造业方面仍与部分主要工业国家有差距，但拥有最全的中低端制造业体系，且政府有效维持社会稳定，对确保供应链安全至关重要。但疫情暴发以来，我国面临的国际环境日益复杂。一是中美贸易关系面临挑战。体现在贸易、国家安全和人权等各个方面，如美国联合其他国家打击我国5G产业、干涉施压我国涉港事务、将民众注意力从国内疫情应对向中国采取行动方面转移等。二是疫情或为逆全球化浪潮提供动力。一方面政府主导企业回流，如日本在近期经济刺激计划中预留22亿美元用于帮助本国企业将生产线迁回日本。另一方面受中美关系紧张、成本变化等影响，部分跨国公司或将部分生产线转移到其他劳动力价格更低的新兴市场国家（如越南、印度、柬埔寨等）。三是国际治理体系日趋复杂。新冠疫情或将进一步削弱美国对国际经济政策的领导力。达成共识的国际体系可能会逐渐演变成各国竞争态势，尽管近年来我国经济发展速度惊人，但要将中国治理体系推广全球仍然会遭遇诸多限制。因此，复杂的国际环境形势对于我国未来在全球价值链地位提升上有一定阻力作用。

## 五、疫情对中国全球价值链地位影响的实证分析

**（一）基于全球价值链的中国制造业国际分工地位测算**

本文主要采用经济合作组织（OECD）和世界贸易组织（WTO）联合开发的WIOT数据库中2016年公布的最新投入产出表数据①，使用孟祺（2020）②的方法来测算GVC的上游度指标，按照OECD归类方法，将18个细分行业归类为低技术行业、中技术行业和高技术行业（见表1）。

---

① 数据期间为2000年到2014年。
② 孟祺：《全球公共卫生危机对中国参与全球价值链的影响》，《财经科学》2020年第5期。

表1 我国制造业18个细分行业价值链上游度指数

| 年份 | 低技术行业 | | | | | 中技术行业 | | | | | | 高技术行业 | | | | |
|---|---|---|---|---|---|---|---|---|---|---|---|---|---|---|---|---|
| | 食品烟草 | 纺织服装 | 造纸纸制品 | 印刷造纸等 | 家具及其他制造业 | 矿业 | 焦炭及制品 | 化学品 | 药品 | 橡胶塑料 | 非金属制品 | 基本金属 | 金属制品 | 计算机电子光学等 | 电气设备制造 | 机械设备 | 交通运输设备 | 其他交通设备 |
| 2000 | 2.2159 | 3.213 | 3.6862 | 3.3212 | 2.3421 | 1.9612 | 4.0232 | 3.8789 | 2.2159 | 2.5437 | 2.8293 | 3.8541 | 3.1394 | 2.3441 | 2.7869 | 2.5492 | 2.8062 | 2.1373 |
| 2001 | 2.1657 | 3.1727 | 3.6473 | 3.2961 | 2.2976 | 1.9036 | 3.9522 | 3.7915 | 2.148 | 3.5013 | 2.7272 | 3.7857 | 3.0756 | 2.396 | 2.7596 | 2.561 | 2.7852 | 2.2187 |
| 2002 | 2.0719 | 3.0695 | 3.6263 | 3.2717 | 2.16 | 1.8731 | 3.882 | 3.704 | 2.112 | 3.4267 | 2.632 | 3.6636 | 2.9689 | 2.3117 | 2.712 | 2.5321 | 2.7877 | 2.1418 |
| 2003 | 2.1053 | 3.1394 | 3.7701 | 3.272 | 2.0751 | 1.9899 | 3.9969 | 3.7735 | 2.2288 | 3.4382 | 2.6176 | 3.6547 | 2.9797 | 2.3482 | 2.6026 | 2.5199 | 2.6111 | 2.0404 |
| 2004 | 2.1292 | 3.2607 | 3.8679 | 3.3052 | 1.7659 | 2.0437 | 4.0141 | 3.8014 | 2.2801 | 3.4466 | 2.6398 | 3.6912 | 3.0264 | 2.4092 | 2.5893 | 2.4867 | 2.4440 | 2.0003 |
| 2005 | 2.1791 | 3.4287 | 4.0666 | 3.4686 | 2.0751 | 2.1979 | 4.1953 | 3.9679 | 2.3834 | 3.5398 | 2.755 | 3.8098 | 3.1514 | 2.5792 | 2.6855 | 2.5349 | 2.5035 | 2.0829 |
| 2006 | 2.2575 | 3.5330 | 4.1092 | 3.489 | 2.2641 | 2.2822 | 4.2428 | 4.0272 | 2.4423 | 3.5906 | 2.7343 | 3.8257 | 3.2222 | 2.5806 | 2.726 | 2.6486 | 2.5788 | 2.0747 |
| 2007 | 2.3503 | 3.5338 | 4.1516 | 3.4966 | 2.0968 | 2.3162 | 4.2938 | 4.0733 | 2.4889 | 3.6339 | 2.7246 | 3.8487 | 3.2845 | 2.4010 | 2.8139 | 2.7657 | 2.7550 | 2.1366 |
| 2008 | 2.4661 | 3.5042 | 4.1646 | 3.4791 | 2.0372 | 2.3862 | 4.2692 | 4.1379 | 2.4134 | 3.6815 | 2.7263 | 3.7985 | 3.2275 | 2.4073 | 2.7721 | 2.6808 | 2.5992 | 1.9983 |
| 2009 | 2.7353 | 3.6618 | 4.3080 | 3.5878 | 2.2596 | 2.5247 | 4.3172 | 4.2756 | 2.4088 | 3.8264 | 2.7466 | 3.7507 | 3.2620 | 2.6871 | 2.8096 | 2.6542 | 2.5633 | 1.9539 |
| 2010 | 2.6068 | 3.5413 | 4.2419 | 3.5802 | 2.2064 | 2.4862 | 4.253 | 4.2105 | 2.3153 | 3.7911 | 2.7310 | 3.7128 | 3.2095 | 2.9199 | 2.8465 | 2.6807 | 2.6164 | 1.9047 |
| 2011 | 2.6074 | 3.5947 | 4.2374 | 3.6080 | 2.2339 | 2.4793 | 4.2805 | 4.2490 | 2.2799 | 3.8119 | 2.7681 | 3.7306 | 3.2168 | 3.0090 | 2.8697 | 2.7254 | 2.5562 | 1.8925 |
| 2012 | 2.7471 | 3.6483 | 4.3149 | 3.6926 | 2.2173 | 2.6063 | 4.3592 | 4.3629 | 2.2993 | 3.8551 | 2.8009 | 3.7750 | 3.2334 | 3.0369 | 2.8751 | 2.6493 | 2.4888 | 1.8746 |
| 2013 | 2.8031 | 3.7621 | 4.3732 | 3.7524 | 2.3232 | 2.6433 | 4.4111 | 4.4244 | 2.3229 | 3.9422 | 2.8577 | 3.8625 | 3.3354 | 3.1638 | 2.9623 | 2.7587 | 2.5866 | 2.0087 |
| 2014 | 2.8384 | 3.7446 | 4.3877 | 3.7828 | 2.3372 | 2.6813 | 4.4184 | 4.4321 | 2.3348 | 3.9545 | 2.8415 | 3.8584 | 3.3408 | 3.1765 | 2.9837 | 2.7761 | 2.6135 | 2.0600 |

2000年至2014年，我国低技术行业和中技术行业在全球价值链的地位居于较高位置，重要性不断提升，但高技术行业的价值链上游度指数总体处于较低水平，仅在2013—2014年有所上升，但幅度较小。结果表明，我国在高技术行业如计算机电子光学、机械设备、交通设备等领域相对发达国家研发创新能力仍然不足，但在食品、家具制造、金属制品、橡胶塑料等低、中技术行业具有一定上游度优势（见图1）。

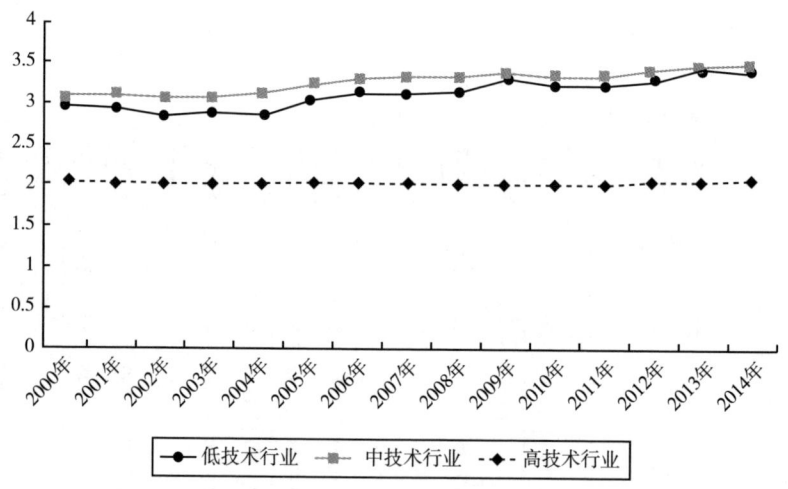

图1　2000—2014年我国低、中、高技术行业GVC上游度指数

### （二）中国制造业价值链地位影响因素的实证分析

**1. 变量说明及模型设定**

根据上文对全球价值链地位影响因素的分析，本文主要利用WIOT数据库中2016年最新公布的投入产出表数据，测算出我国制造业各细分行业2000—2014年的价值链上游度（$GVC\_position$），作为被解释变量。以外商直接投资（$FDI$）、对外直接投资（$OFDI$）、人力资本（$L$）、物质资本（$K$）和技术创新（$RD$）等影响价值链地位的影响因素作为解释变量，其各变量释义和数据来源如表4所示，构建出时间序列回归模型如下所示：

$$GVC\_position = \beta_0 + \beta_1 FDI + \beta_2 OFDI + \beta_3 K + \beta_4 L + \beta_5 RD + \varepsilon_t \quad (1)$$

表2　　　　　　　　　　　指标及数据来源

| 指标类型 | 主要变量 | 指标释义 | 数据来源 |
| --- | --- | --- | --- |
| 被解释变量 | 价值链分工地位（GVC_position） | 经测算的价值链上游度指数 | WIOT数据库投入产出表 |
| 解释变量 | 外商直接投资（FDI） | 将外商直接投资额取对数 | Wind数据库 |
| | 对外直接投资（OFDI） | 将非金融类对外直接投资额取对数 | Wind数据库 |
| | 人力资本（L） | 用高等教育入学率衡量，等于普通高等学校在校学生数÷20—24岁人口 | Wind数据库 |
| | 物质资本（K） | 全社会固定资产投资完成额与GDP的比值 | Wind数据库 |
| | 技术创新（RD） | 研发经费支出与GDP的比值 | Wind数据库 |

## 2. 实证结果

本文采用ADF方法对变量的平稳性进行检验，结果显示在5%的显著性水平，各时间序列变量均为一阶单整，回归方程通过Engle-Granger两步法协整关系检验，认为GVC_position被解释变量与FDI、OFDI、K、L和RD之间存在长期协整关系。长期协整关系为：

$$GVC\_position = -0.8175 + 0.3115FDI - 0.1902OFDI + 0.3000K + 0.4334L + 0.2683RD \quad (2)$$

表3　　　　　　中国价值链地位因素影响回归结果

| 变量 | 系数 | 标准误差 | t统计量 | P值 |
| --- | --- | --- | --- | --- |
| FDI | 0.3115 | 0.1118 | 2.7862 | 0.0686* |
| OFDI | −0.1902 | 0.0504 | −3.776 | 0.0325** |
| K | 0.3 | 0.1455 | 2.0625 | 0.1312 |
| L | 0.4334 | 0.094 | 4.6092 | 0.0195** |
| RD | 0.2683 | 0.0895 | 2.9964 | 0.0578* |

注：*、**、***分别表示在10%、5%、1%的显著性水平下显著。

从上述回归结果来看，FDI和RD系数在10%的显著性水平下显著为正，$L$ 系数在5%的显著性水平下显著为正，表明外商直接投资、技术创新和人力资本对于我国价值链地位提升具有重要促进作用。另外，$OFDI$ 系数在5%的显著性水平下显著为负，反映我国对外直接投资并未发挥出从发达国家学习先进技术、管理经验的外溢作用，一方面我国对外直接投资主要集中在亚洲和拉丁美洲等欠发达国家和地区，对当地低端技术企业投资的增加难以带动我国在全球产业链中的地位升级；另一方面，技术获取型OD母国制造业企业的技术嵌入和吸收能力及被投资国的合作意愿，限制了我国ODI产生的技术溢出效应。最后，$K$ 系数不显著说明我国固定资产投资水平在提升价值链地位方面并不明显。

综上所述，外商直接投资、人力资本和技术创新对于推动我国全球价值链地位具有重要作用，而对外直接投资和固定资产投资放缓，在价值链地位提升中发挥的作用并不显著。

### （三）疫情对中国全球价值链地位的影响测算

**1. 未受疫情影响时的GVC地位指数理论值**

利用2000—2014年我国价值链上游度指数，通过建立拟合方程估计2015—2020年价值链上游度数据。由图2可知，在未受疫情影响的情况下，2020年我国GVC地位指数理论预估值为3.5309，即无负面冲击影响下的趋势值。

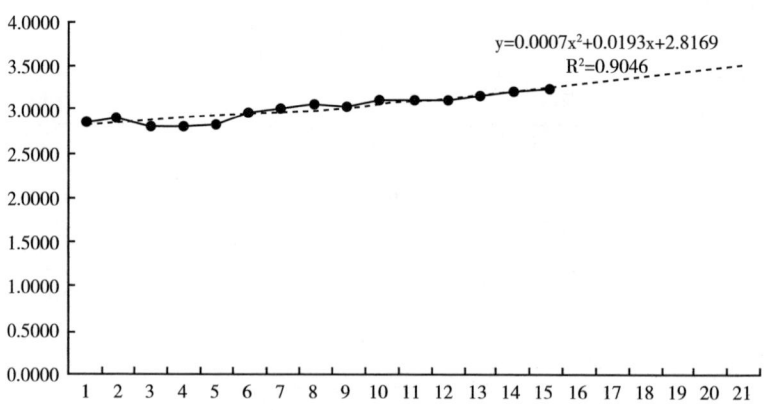

图2　2015—2020年我国GVC地位指数理论预估值（未受疫情影响）

**2. 受疫情影响后的 GVC 地位指数估计值**

由于疫情主要通过外商直接投资（$FDI$）、对外直接投资（$OFDI$）、固定资产投资（$K$）、人力资本（$L$）以及技术创新水平产生影响。一方面，从短期来看，疫情会对我国外商直接投资、对外直接投资和固定资产投资水平产生一定冲击作用，但从长期来看，疫情对我国人力资本蓄积以及技术创新具有重要促进作用。另一方面，从影响我国全球价值链地位因素实证分析结果来看，对外直接投资和固定资产投资水平对提升我国价值链地位作用并不明显，而疫情对人力资本和技术创新水平的促进作用需要在较长时间内才会显现。因此在就疫情对中国全球价值链地位影响估计时，需要重点分析外商直接投资渠道在不同情形下对其造成的影响，其余变量主要通过以往数据合理预估 2020 年水平。

2020 年 1—6 月全国实际使用外资 679.3 亿美元，同比下降 4%；6 月当月，全国实际使用外资 167.2 亿美元，同比增长 3.7%。尽管年初受疫情影响，我国吸收外资大幅下滑，但二季度有明显回升，外商投资预期和信心稳定趋好。尽管联合国贸易和发展会议（UNCTAD）6 月 16 日最新发布《2020 年世界投资报告》预计，2020 年全球外国直接投资（$FDI$）流量将在 2019 年 1.54 万亿美元的基础上下降近 40%，2021 年全球 $FDI$ 可能进一步减少 5% 至 10%。当前疫情仍然在全球蔓延，对我国吸引外商投资仍然存在不确定性因素。但考虑到中国疫情防控局面转好，经济在全球率先复苏，对外资的吸引力将逐步增加。上半年受疫情影响严重时期，我国实际利用外资降幅为 4%，预计下半年中国实际利用外资受国外疫情影响下降幅度超过 10% 的可能性较小，因此分三种情形分析 2020 年疫情对我国 $FDI$ 影响是否对价值链地位有明显冲击作用。

本文按疫情对 2020 年下半年 $FDI$ 影响程度的不同，依次对 $FDI$ 进行了估算（见表 4）。在未有明显影响情形下，估算① 出 2020 年下半年 $FDI$ 为 685.56 亿美元，预计全年 $FDI$ 为 1 364.86 亿美元，同比下降 1.17%。在国外疫情扩散且未得到有效控制、$FDI$ 下降 5% 的情形下，全年 $FDI$ 为

---

① 利用 2011—2019 年下半年 $FDI$ 数据测算。

1 319.79亿美元，同比下降4.43%。FDI收缩10%的情形下，全年FDI为1 286.08亿美元，同比下降6.87%。

表4　　　　　　　　　2020年下半年FDI预估值　　　　　　　单位：亿美元

| 主要情形 | FDI下半年预估值 | FDI全年预估值 | 同比变化 |
|---|---|---|---|
| 情形1：下半年FDI未受明显影响 | 685.56 | 1 364.86 | −0.011687183 |
| 情形2：下半年FDI受国外疫情影响下降5% | 640.49 | 1 319.79 | −0.044322954 |
| 情形3：下半年FDI受国外疫情影响下降10% | 606.78 | 1 286.08 | −0.068732802 |

将情形1、情形2、情形3对应的FDI全年预估值取对数代入估计的回归模型（2）中，计算得出我国GVC地位预估值分别为3.5870、3.5765和3.5685，三种情形下我国GVC地位预估值均高于未受疫情影响时GVC地位理论预估值3.5309（见表5）。这表明即使短期内我国外商直接投资受疫情冲击会有一定程度下降，但对我国价值链地位的冲击作用有限，主要原因在于疫情影响下我国技术创新、人力资本仍然不断提升，这些因素对价值链地位提升作用更显著。

表5　　　　　　　疫情对我国价值链地位影响预测

| 主要情形 | 受疫情影响GVC地位理论预估值 | 未受疫情影响GVC地位理论预估值 | 差值 |
|---|---|---|---|
| 情形1：下半年FDI未受明显影响 | 3.5870 | 3.5309 | 0.0561 |
| 情形2：下半年FDI受国外疫情影响下降5% | 3.5765 | 3.5309 | 0.0456 |
| 情形3：下半年FDI受国外疫情影响下降10% | 3.5685 | 3.5309 | 0.0376 |

### （四）研究结论

**1.新冠疫情对我国价值链地位冲击总体影响不大。**实证结果表明，疫情总体对我国价值链地位冲击影响不大。中国作为最早从疫情中恢复的国家将首先受益，有替代发达经济体中间品出口份额的机遇，和推进高科技产业、汽车产业等往全球价值链上游环节攀升的机会。此时，中国全球价值链地位指数将重回上升态势，整体在全球价值链上取得中上游甚至上游的位置。

**2. 新冠疫情对我国外商直接投资短期形成一定冲击影响,但长远来看,疫情冲击对我国重构全球价值链高端产业尤其是服务业可能带来机遇。** 外商直接投资与我国价值链地位指数有显著的正向相关关系。短期来看,疫情对我国外商直接投资产生一定冲击,但同时对我国重构全球价值链高端产业,尤其是服务业能带来机遇。中国进一步扩大开放,尤其是服务业对外开放的对外政策支持将使低端制造业向高端制造业升级,服务业升级是未来必然趋势。租赁和商务服务业、信息传输、计算机服务和软件业、批发和零售业以及金融业等产业在全球价值链中的地位会不断提升。

**3. 疫情影响下技术创新和人力资本对推动我国价值链地位提升有显著正向影响。** 实证表明,技术创新和人力资本要素是未来推动我国价值链攀升的重要主导力量。疫情冲击短期内使技术创新速度有所减缓,但在中美科技竞争日益加剧的背景下,国家越来越重视技术创新在提升我国价值链地位中的重要战略地位,逐步加大技术创新投入力度。此外,我国正处于人力资本优势逐渐由"人口红利"向"工程师红利"转变阶段,疫情冲击进一步加速人力资本蓄积,提高劳动力人口素质,对于加快我国技术进步、未来促进我国价值链地位提升有重要意义。

**4. 物质资本投资和对外直接投资对我国价值链地位提升作用在疫情影响下的作用进一步减弱。** 实证结果显示,固定资产投资水平和对外直接投资对提升我国价值链地位作用并不明显。主要原因在于近年来我国固定资产投资和对外直接投资均有减弱趋势,疫情使我国对外直接投资速度进一步放缓,并减缓我国固定资产投资增长,相应减少了对我国全球价值链地位提升的支撑力。

## 六、政策建议

### (一)统筹兼顾防风险与推改革,打造高水平对外开放格局

将改革、开放、防风险、服务实体有机统一,在防风险、推改革基

础上推动我国全球价值链地位攀升。

一是进一步扩大对外开放，落实好《外商投资法》，推动贸易和投资便利化。对外商投资实行准入前国民待遇加负面清单管理制度，鼓励外资企业将资金集中投向高附加值、高技术含量环节，带动国内配套企业实现技术升级、产品迭代、价值链地位攀升。

二是在"引进来"的同时"走出去"，为我国产业走向价值链上游环节留下"腾笼换鸟"的战略空间。推动我国技术密集型企业通过海外并购或绿地投资等方式参与对发达国家企业直接投资，与其建立技术战略联盟，获取其先进技术资源，充分发挥ODI的逆向技术溢出效应，促进国内企业实现产业链升级。同时，鼓励我国企业开展以战略资产、关键资源为目标的海外投资，在全球范围布局供应链不同环节，高效配置全球资源，实现全球化的原料采购、加工生产和运输分销，提升参与和构筑全球供应链的主动权。

三是继续推进资本项目可兑换，进一步推动金融对外开放。继续稳步扩大金融市场双向开放和互联互通，吸引境外投资者加大对制造业企业的证券投资；逐步推动境内结算代理行向托管行转型，为境外投资者进入银行间债券市场提供多元化服务；继续推进发行"熊猫债"，吸引更多国际组织、境外金融机构和境外非金融企业在境内债券市场发行人民币债券。

**（二）抓住全球价值链重构机会，从高新优势产业入手，完善全球产业链布局**

把握全球产业链供应链重构机会，因"链"施策，依托技术进步集中精力发展高附加值的优势行业，由点及面，实现我国产业价值链整体攀升。

一是综合施策，通过合理调整产业链布局，多维度打造合作紧密的产业链网络。

1.结合我国劳动密集型产业向东盟等周边国家转移的趋势，推动国内企业向研发设计、品牌营销等价值链高附加值环节发展，构建"环中国"劳动密集型产业链。

2.加快中日韩、中欧等产业分工合作，构建人工智能、先进医疗、5G等科技领域的东亚、中欧高技术区域产业链。

3.利用我国化工、钢铁、机械等重工业的规模优势，扩大与"一带一路"沿线国家的产能合作，利用其资源和市场，构建"一带一路"资本密集型产业链。

4.国内推进中西部地区与东部产业转移对接，构建"东部设计——中西部制造"产业链。

二是加速推进新兴服务贸易发展。推动以数字技术为支撑、高端服务为先导的新兴服务贸易发展，同时加强服务业与制造业、货物贸易与服务贸易深度融合。

三是大力发展数字经济，积极应用新技术、新业态、新模式改造传统产业、发展新行业，推动制造业数字化改造和智能化转型，使传统制造业向数字化、智能化、高端化、服务化、绿色化方向发展。加快制造业数字化转型和产业互联网发展，发挥龙头企业数字化转型的示范引领作用，带动产业链和中小企业数字化水平提升。培育发展产业互联网平台生态，支持发展产业互联网平台、跨行业产业融通发展平台，发挥平台赋能作用，带动产业链一体化发展；打造跨越物理边界的"虚拟"产业园和产业集群，以信息流促进上下游、产供销协同联动，发展产业服务化新生态，确保供应链稳定，推进产业基础高级化和产业链现代化。

### （三）补齐产业转型升级"短板"，实现价值链向上跳跃

一是加强对我国产业链的金融支持和服务力度。优化对产业链核心企业的金融服务，帮助下游企业缓解现金流压力；加强对产业链上下游企业的信贷支持，进一步优化供应链融资服务业务产品和办理流程；提升产业链金融服务科技水平，完善银行业金融机构产业链、供应链金融服务的考核激励和风险控制；进一步丰富政策工具箱，加大对外贸企业在出口退税、贸易融资、出口信保、贸易便利化等方面政策的优惠力度。

二是进一步按照"放管服"的要求改善整体营商环境，特别是内陆地区的营商环境，推动东部地区向内陆地区产业梯度转移，延缓制造

业的外迁。具体而言，改善营商环境从优化公共服务入手，通过简化流程、网上办理、压缩行政审批流程等为各类市场主体提供"一站式"服务，同时保障企业享受公平待遇，从而营造出稳定、公平、透明、可预期的营商环境，"栽下梧桐树，引得凤凰来"。

三是积极参与全球价值链国际合作与治理，提升中国话语权。积极参与WTO改革，推动构建新的全球经济治理体系，促进经济全球化朝着开放、包容、普惠、平衡、共赢的方向发展。加强与经贸伙伴的协调沟通，积极寻求贸易政策与产业政策的联动，共同维护全球供应链的稳定和正常运转，加快推进区域性全球价值链的重构。进一步加强与国际海关组织、国际海事组织、万国邮政联盟等国际组织的合作，在海事、航运、邮政等领域形成长效合作机制，共建跨区域甚至全球性的富有弹性的供应链。加快构建"一带一路"倡议、区域全面经济伙伴关系协定（RCEP）等区域合作平台，加快同亚太、东南亚、欧盟等区域国家的经贸谈判，在互惠互利基础上扩大朋友圈范围，以区域经贸协定促进我国产业链供应链的开放合作和双循环格局的构建，从而建立更加紧密的亚洲价值链，并夯实我国在亚太价值链中的核心地位。

## 参考文献

[1] 张鹏杨，唐宜红.FDI如何提高我国出口企业国内附加值？——基于全球价值链升级的视角[J]. 数量经济技术经济研究，2018，35（07）：79-96.

[2] 戴翔，徐柳，张为付."走出去"如何影响中国制造业攀升全球价值链？[J]. 西安交通大学学报（社会科学版），2018，38（02）：11-20.

[3] 吕越，罗伟，刘斌.融资约束与制造业的全球价值链跃升[J]. 金融研究，2016（06）：81-96.

[4] 马述忠，张洪胜，王笑笑.融资约束与全球价值链地位提升——来自中国加工贸易企业的理论与证据[J]. 中国社会科学，2017

（01）：83-107+206.

［5］赵玉林，高裕.技术创新对高技术产业全球价值链升级的驱动作用——来自湖北省高技术产业的证据［J］.科技进步与对策，2019，36（03）：52-60.

［6］杨建龙，李军.提升中国制造业全球价值链地位的关键和具体措施［J］.经济纵横，2020（06）：80-88.

［7］郑江淮，郑玉.新兴经济大国中间产品创新驱动全球价值链攀升——基于中国经验的解释［J］.中国工业经济，2020（05）：61-79.

［8］戴翔.营商环境优化能够提升全球价值链分工地位吗［J］.经济理论与经济管理，2020（05）：48-61.

［9］黄琼，李娜娜.制造业全球价值链地位攀升影响因素分析——基于发达国家与发展中国家的比较［J］.华东经济管理，2019，33（01）：100-106.

［10］杨珍增，刘晶.知识产权保护对全球价值链地位的影响［J］.世界经济研究，2018（04）：123-134+137.

［11］马风涛.中国制造业全球价值链长度和上游度的测算及其影响因素分析——基于世界投入产出表的研究［J］.世界经济研究，2015（08）：3-10+127.

［12］杨高举，黄先海.内部动力与后发国分工地位升级——来自中国高技术产业的证据［J］.中国社会科学，2013（02）：25-45+204.

［13］唐海燕，张会清.产品内国际分工与发展中国家的价值链提升［J］.经济研究，2009，44（09）：81-93.

［14］戴翔，徐柳，张为付.集聚优势与价值链攀升：阻力还是助力［J］.财贸研究，2018，29（11）：1-14.

［15］David Hummels，Jun Ishii，Kei-Mu Yi. The nature and growth of vertical specialization in world trade［J］. Journal of International Economics，2001，54（01）.

［16］Ricardo Hausmann，Jason Hwang，Dani Rodrik. What you export matters［J］. Journal of Economic Growth，2007，12（01）.

[17] Antràs P, Gortari A D. On the Geography of Global Value Chains [R]. Social Science Electronic Publishing, 2017.

[18] Ghodsi M, Stehrer R. No-Tariff Measures Trickling through Global Value Chains [R]. ViennaInstitute for International Economic Studies, 2013.

课题主持人：黄　灏
课题组成员：连　婕　李瑞力　张　卓　赵　娟　吴　江　佘倩文
　　　　　　王　梦　徐志明
执 笔 人：连　婕

# 金融分权与经济波动

中国人民银行武汉分行办公室课题组

**摘要**：从政府与市场、央地政府不同主体在金融资源配置的作用演进来看，金融分权的发展大致可以分为金融统一管制、中央向地方的尝试性分权、金融显性集权隐性分权、政府与市场的作用边界清晰化等几个阶段。本文以各省长期贷款占比情况作为金融分权指标，基于2003—2019年我国31个省份的情况，研究了金融分权对经济增长的影响。并进一步开展异质性分析，探索不同货币周期、不同省份的影响大小。研究表明，金融分权对经济增长具有促进作用，适度的政府干预有助于金融资源分配。货币政策从紧时，金融分权可能会降低民营小微企业融资可得性，进而对经济增长产生负面效应。对于经济发达省份，当地产业发展程度需要多层次金融市场支持，金融分权可能不能适应创新型企业融资需要。

**关键词**：金融分权；经济波动；货币周期；区位特征

## 一、引言

中国式经济分权对于我国经济的高速发展具有促进作用，主要体现在财政和金融两个方面。从财政的角度来看，地方政府通过财政分权获得对地方经济的支配权力，激发地方政府发展经济的欲望，而地方经济增长的相互竞争推动了整体经济增长。从金融的角度来看，地方政府通过金融分权加大干预地方金融机构的力度，影响金融资源的流向，以此来帮助地方政府获得更多的金融支持，从而推动地方经济增长（傅勇和李良松，2017）。另外，我国的经济波动与"一放就乱、一收就死"的放权——集权周期也有一定的关联性。政府的宏观经济调控本来是为了熨平经济周期波动，但这种频繁的调整在我国可能扩大了波幅。

目前很多学者尝试从财政分权的角度解释中国经济的周期性波动，但财政分权作为一种"自上而下"的制度安排，其制度变动是有限的、稳定的，而在较短的经济周期内，信贷和货币等金融政策的变动更快、金融资源的流动更急，再结合金融杠杆的放大，和对于市场主体投资冲动的促进作用，金融分权对经济波动会产生更明显的影响，因此金融分权是解释我国经济周期的更重要的原因。相比财政分权系统成熟的研究成果，我国对于金融分权化的研究较少。以下主要从概念界定、发展阶段、地方政府干预金融的逻辑及影响机制等方面进行梳理概括。

**（一）金融分权的定义**

钱颖一和Weingast（1995）最早提出"金融分权化"的概念，傅勇（2012）认为，金融体制构建根据不同的经济体制会有所差异，政府对以信贷资源为代表的金融资源分配具有控制力，该控制地位的变化可笼统称为金融分权。何德旭和苗文龙（2016）认为，金融分权主要是央地两级政府对于金融资源管控权力的分配。洪正和胡勇锋（2017）对金融分权的概念进一步扩展，认为这种金融资源配置和控制的权力既存在于显性制度安排中，还有一些隐性表现，且存在于中央政府与地方政府、政府与市场之间。

结合上述文献可以看出，金融分权体现为不同主体在金融资源配置的作用划分，其存在两个层次：一是政府与市场间分权，二是中央政府与地方政府间分权。前一层次起着基础性作用，决定了政府与市场在金融资源配置中的作用边界，而中央政府与地方政府在政府作用边界范围内进行权力的划分。

苗文龙（2018）等学者随后在金融分权的两个层次基础上进一步细化，将中央政府与地方政府间的金融分权细化为金融监管权和金融稳定权；将政府与市场的金融分权划分为金融配置权和金融人事权。金融监管权指对金融机构日常经营审慎监管的权限，包括中国人民银行、地方金融监管局等部门在市场准入、风险评估、现场检查等方面的监管权力。金融稳定权指对已经发生或潜在金融风险进行处置的权力，与金融风险证券化、货币发行等权力紧密联系。这两项权力的不同边界取决于中央与地方的分权程度。金融配置权是金融分权中的核心内容，具体可以体现在信贷分配权、利率汇率决定权等，其大小决定了金融机构是按照市场化规则自主经营，还是按照政府政策导向和官员偏好配置资产。金融人事权是指政府通过对金融机构高管的人事任命权，实现对金融机构的有效控制，控制程度还需要结合金融配置权综合加以考虑。

**（二）金融分权的发展阶段**

不同于税法等规定使财政分权有明确的界线，金融制度的变革交替往复，致使金融分权的边界划分较难。钱颖一和Weingast（1995）根据地方政府行为的干预程度，从侧面界定了金融分权的阶段，主要划分为直接行政干预、影响银行决策、逃废银行债务三个阶段。巴曙松等（2005）、洪正和胡勇锋（2017）、傅勇和李良松（2015）、苗文龙（2018）等学者则对我国的金融分权发展进行了更加细致的划分，并基本达成共识。

第一阶段（1949—1978年），金融权力高度集中于中央。这一阶段金融、财政机构高度集中统一，"大一统"的金融体制基本建成。信贷分配权高度集中于中国人民银行和财政部，实行"统存统贷"，基本建设贷款由财政部控制，商业企业贷款由中国人民银行及贸易部统一控制。

第二阶段（1978—1993年），中央向地方尝试性分权。在改革开放和一系列经济制度建立的大背景下，中央政府逐渐将部分事权和财权下放给地方政府，人民银行从财政部独立，恢复的四大专业银行实行总行和地方政府双重领导，各分支机构均有独立的信贷分配权，地方政府可以直接干预信贷分配。此外，非银行金融机构、地方金融市场开始出现，使得地方政府控制金融资源的能力大为增强。

第三阶段（1994—2001年），金融权力适度收紧，中央加强监管集权。各地方政府为抢抓经济发展，盲目投资增多，信贷逐渐失控，通货膨胀加剧。1994年，中央政府加强对信贷资金管理，收回银行地方分支行的信贷管理权；设立央行大区分行制，强化金融权力集中。在加强监管、收紧金融权力的同时，加快进行银行系统商业化改革，设立三大政策性银行以及一批股份制商业银行，开始尝试"向外部分权"。地方政府基于其对国有银行分行的人事考核方面的影响，仍能在一定程度上控制国有银行。此外，在中央收回部分金融权力后，地方政府开始利用城市商业银行改革的机遇，积极参股和控制城市商业银行，使得城市商业银行变为地方政府的准财政部门。

第四阶段（2002—2012年），"一行三会"的监管体系在这一阶段正式形成，金融监管体制逐步完善，地方对金融资源的控制权有所回升，但已经有了隐性特征：其控制力不再体现为对国有银行的直接控制，而是间接干预金融资源配置。2008年金融危机后，中央政府采取积极的财政政策，并鼓励地方政府加大投资。地方政府借助土地、财政收入等政府资产作为抵押担保，通过银行贷款、发行城投债等方式举债用于公共投资。此外，地方政府自下而上的金融创新也弱化了中央政府对银行体系的监管。

第五阶段（2013年至今），金融分权更加规范，政府与市场的权力边界逐渐清晰。党的十八届三中全会提出一系列完善金融市场体系的重大改革任务，出台一系列制度规范，明确了市场在金融资源配置中起决定性作用，利率、汇率市场化等政策不断推进，中央政府将小贷公司、典当行等非存款类金融机构的监管权下放至地方政府，并进一步下放了发债预审权，中央政府对地方政府债务的规模仅限制总额。

从金融分权的发展过程中可以看出，第一阶段主要表现为金融统一管制，第二阶段主要表现为中央向地方的尝试性分权，第三、第四阶段表现为金融显性集权、隐性分权，第五阶段的分权重点则聚焦在政府与市场的作用边界层面。金融分权是各参与主体中不断博弈的结果，其程度也是不断变化的。

### （三）地方政府金融干预的逻辑

#### 1. 政府间竞争

我国官员考核机制导致地方政府和官员围绕经济增长展开激烈竞争。而投资对促进经济发展作用直接，围绕经济增长的竞争主要表现为围绕投资的竞争，进一步又与金融资源支持关联上，激发地方政府干预辖内金融机构或积极筹建地方金融机构的动力（巴曙松等，2005）。在"晋升锦标赛"压力下，地方政府努力拓展各类融资渠道以增加投资规模，如通过出让国有土地使用权、以国有土地使用权为抵押，为地方融资平台公司融资（郭峰，2016）。

**2. 财政分权对金融分权的影响**

何德旭和苗文龙（2016）认为，财政和金融是地方经济增长框架下可以相互替代的融资工具，财政分权制度必然影响金融分权制度。祝继高等（2020）指出，地方政府财政压力是影响城商行信贷资源配置的重要因素，财政压力越大，城商行贷款资源越可能倾向省内国有经济部门，来协助地方政府推动经济发展和履行相应社会职能。郑力璇和王耀东（2018）认为，财政分权对金融分权有显著的促进作用，财政分权水平增加时，地方政府会忽视信贷扩张的风险，更有动力争取信贷资源刺激经济增长。

## （四）金融分权的影响后果

金融分权的程度体现了中央与地方对于金融资源的控制及配置能力的大小，也体现了政府干预与市场自觉之间的平衡程度。学者们普遍认为金融分权对国民经济发展具有重要影响，但这个影响是正面还是负面仍有不同的意见。

**1. 对微观企业的影响**

谢宗藩和姜军松（2016）认为，金融分权对于商业银行的影响具有两面性，政府的干预一方面影响银行制度变迁，提升银行体系动员效率，从而增加金融供给；另一方面则会降低其金融资源的配置效率。二者的合力则反映为银行绩效。苗文龙（2018）认为，政府与市场间金融分权深化会加剧金融竞争，地方政府干预通过利率机制对银行贷款风险水平产生影响。另外地方政府的干预可能会影响地方银行的股权结构。熊虎和沈坤荣（2019）研究发现，金融分权能够通过影响银行信贷和信息成本来降低企业投资效率。一方面，地方政府通过行政干预影响信贷市场，从而影响企业的投资；另一方面，地方政府对金融市场的过度干预，恶化了金融资源配置的市场化进程，间接影响企业行为。

**2.对宏观经济金融的影响**

何德旭和苗文龙（2016）认为，金融的显性集权和隐性分权特征极易导致地方金融的过度扩张，从而加剧我国的区域性金融风险。陈宝东和邓晓兰（2017）研究金融分权对地方债务增长的作用机制，发现金融分权不但促进地方债务的增长，而且强化了财政分权对地方债务增长的作用。瞿梦杰（2012）研究发现，金融分权与我国乡镇企业发展之间存在明显的协整性关系。董雨翀和万方（2015）认为，近年来我国的金融分权对我国宏观经济发展存在着负面影响，主要表现在通货膨胀和不良贷款率的上升。巴曙松等（2005）指出金融分权的程度影响金融资源的配置。当资金的配置不再按市场化的方式进行，很可能流向资金效率很低的领域。中国经济过热时期经常可以见到地方政府干预金融机构的影子。地方政府谋求发展的冲动转化为简单的投资冲动并直接导致投资过热。

**（五）本文的研究方向**

本文拟从信贷资源分配的角度，即金融配置权，对金融分权进行度量。并进一步探讨金融分权对宏观经济的影响。考虑到不同货币周期下，金融环境具有较大差异，本文还将探讨金融分权对经济波动影响的时间差异。作为投资资金来源的重要渠道之一，金融资源的争夺也将在各省之间有差异，政府对金融资源分配的干预程度也有不同。本文还将探讨不同特征省份金融分权对经济波动的影响大小。基于以上研究结果，探索不同条件下的最佳政策配合，以实现高质量经济发展。

## 二、研究假设

**（一）金融分权对经济波动的影响**

金融分权程度高（中央政府对地方政府分权，政府对市场集权），地方政府对金融的干预加强。余泳泽等（2017）研究认为，中国式分权（经济分权、政治集权）会通过招商引资、基础设施建设、对外开放促进地区经济增长，但也会造成市场分割、重复建设、收入差异扩大等问题抑制经济增长的可持续性。傅勇（2016）认为，只要金融分权的程度足够高，地方政府的投资动力和能力上升，这种投资冲动会带来经济过热。吕勇斌等（2020）认为，金融分权水平越高，地方政府更有能力影响金融资源的流向，地方企业获得融资更容易，且地方企业更有意愿和能力发展经济。

命题1：金融分权程度上升，更有利于促进经济增长。

**（二）货币态势**

货币政策的松紧程度对地方政府干预金融行为有重要影响。沈坤荣和孙文杰（2004）认为，当预期到中央政策将出现紧缩迹象时，地方政府会在经济上进行最后的冲刺，这将造成中央"微调"政策收效甚微，也迫使中央出台更为严厉的调控政策，最终导致宏观经济波动。饶品贵和姜国华（2013）认为，货币政策从紧时，银行更加惜贷，融资约束较大的民营小微企业流动性更容易受到影响，甚至转向成本更高的商业信用或民间融资渠道缓解资金紧张。杨兴全和尹兴强（2017）认为，央企尤其是垄断行业几乎不受影响，地方国有企业受影响也较小，可通过城投债等形式补充资金来源。货币政策的宽松与否不仅改变了企业的融资环境，由于企业的投资资金来源受到影响，其投资行为也遭受冲击。胡育蓉等（2014）研究发现，当货币政策立场转向紧缩时，企业筹资机会成本上升，获贷可能性下降，风险偏好下降，可能收缩经营范围。其中，第三产业风险承担下降幅度最大，具体分行业看，信息技术业、批发零售业和文化产业表现最为明显。林朝颖等（2015）发现在紧缩货币政策下，企业风险承担能力下降，倾向于收缩投资。

命题2：货币政策从紧时，金融分权对经济增长可能产生负面影响。

**（三）区位特征**

郑力璇和王耀东（2018）认为，我国不同省份产业结构、金融结构具有较大差异，同时地方政府对金融的干预程度也不同，金融分权大小不一。东部发达地区金融市场化程度较高，企业可以通过多种渠道进行融资。而中西部地区金融市场在规模、产品、服务、多元化等方面相对落后，企业融资的主要渠道来自银行。而且中西部地区享受的国家补贴更多，地方政府更有动力干预金融以促进经济增长。龚强等（2014）认为，政府干预高的地方金融效率并不一定低下，还应该考虑金融结构是否与产业结构相匹配。发展相对落后的地方，当地主要以低风险成熟产业为主。虽然金融体系以银行为主，但政府干预较大，能够实施更加有效的资金监督，更能约束企业道德风险，促进产业发展。且由于当地金融市场机制、监管框架尚不成熟，完全市场化而没有政府干预可能对经济发展和金融稳定不利，政府适度干预反而更能促进经济发展。发达地区风险更高的创新产业更多，技术创新和新市场开拓是拉动当地经济的主要动力，银行融资模式难以跟上风险分散的需要，政府干预更容易使轻资产科创小微企业融资渠道被地方政府融资平台挤占，金融市场更能发挥对产业的支持作用。熊虎和沈坤荣（2019）也认为，地方政府对金融资源的干预，可能使金融市场化程度降低，并导致企业投资过度或投资不足加剧，降低了企业投资效率。

命题3：经济发达地区金融分权对经济增长的影响为负。

## 三、研究设计和数据说明

### （一）对金融分权的度量

目前常见的对金融分权的度量方法主要是用各省贷款占全国贷款总额比例，以衡量各省获取贷款资源的能力（何德旭、苗文龙，2016；熊虎、沈坤荣，2019）。傅勇（2016）采用因子分析的方法，从各省贷款增速中提取反映受信贷管理体制影响的部分，作为金融分权指标。谢宗藩和姜军松（2016）认为，四大国有银行受政府干预较大，可以用四大国有银行贷款余额占各省贷款余额的比重衡量。苗文龙（2019）认为，还可以从地方政府发放的金融牌照数、任命的金融机构负责人数等角度进行刻画。吕勇斌等（2020）将地方银行和非银行金融机构的数量与全国金融机构的数量之比作为金融分权的衡量指标。

但是上述指标在设计上仍有一些地方值得思考。如果用各省贷款占全国贷款的比例衡量金融分权程度，由于各省该指标加总等于1，从时间维度来看，全国范围内金融分权程度没有变化。因子分析分离的指标主要度量中央和地方金融分权的大小。金融牌照数、金融机构负责人任命人数较难获得连续、准确的数据。机构数量占比数据时序较短。

本文仍以信贷资源的分配情况为切入点，从体现地方政府金融干预程度和数据可获得性出发，寻找度量指标。如果从履约成本的角度分析，政府干预越强，企业长期借款的"隐性担保"越强，更有动力也更容易获得增加长期贷款，长期借款占比更高（孙铮等，2005）。江伟和李斌（2006）也认为，银行贷款决策存在所有制"金融歧视"，国有企业相比非国有企业，具有更多的"政治关系"、更软的预算约束，具有更多的长期债务融资。因此，本文以各省长期贷款占比作为金融分权的衡量指标，度量地方政府对金融资源分配的干预程度。

### （二）其他指标及数据来源

本文研究的被解释变量为实际GDP增速（$y_{it}$），除金融分权（$fin_{it}$）外，其他解释变量有投资增速（以固定资产投资完成额增速衡量，$invest_{it}$）、劳动力（以年度就业人数增长率衡量，$labor_{it}$）、税负水平（以财政收入÷地方GDP衡量，$tax_{it}$）、贸易开放度（以进出口总额÷GDP衡量，$trade_{it}$）。数据来源于Wind数据库。主要变量统计信息如表1所示。

表1　　　　　　　　主要经济变量的描述统计

| 变量名 | 观测值 | 均值 | 标准差 | 最小值 | 最大值 |
| --- | --- | --- | --- | --- | --- |
| 实际GDP增速（$y_{it}$, %） | 527 | 10.63 | 3.15 | −2.50 | 23.80 |
| 投资增速（$invest_{it}$, %） | 527 | 20.24 | 13.45 | −63.50 | 70.20 |
| 劳动力（$labor_{it}$, %） | 527 | 1.57 | 2.63 | −12.17 | 21.44 |
| 税负水平（$tax_{it}$, %） | 527 | 9.76 | 3.23 | 3.69 | 22.73 |
| 贸易开放度（$trade_{it}$, %） | 527 | 30.25 | 37.17 | 1.26 | 172.15 |
| 金融分权（$fin$） | 527 | 0.57 | 0.12 | 0.18 | 0.85 |

## （三）回归模型

### 1.基础模型

选取31个省（自治区、直辖市）2003—2019年的面板数据进行分析。考虑到各省（自治区、直辖市）经济增长还存在个体效应，因此，建立如下估计模型：

$$y_{it} = c + \mu_i + \beta_1 \times invest_{it} + \beta_2 \times labor_{it} + \beta_3 \times tax_{it} + \beta_4 \times trade_{it} + \beta_5 \times fin_{it} + e_{it}$$

文章采用Eviews10.0软件，对上述模型进行估计。Hausman检验表明，模型不存在随机效应。由于模型仅就我国各省市数据资料进行研究，故选择固定效应模型。

### 2.交互模型

为了考虑不同货币周期、地区特征下金融分权对经济增长的影响，设立虚拟变量：

$$D_1 = \begin{cases} 1, & \text{货币政策紧缩期} \\ 0, & \text{其他时期} \end{cases}$$

$$D_2 = \begin{cases} 1, & \text{经济发达省份} \\ 0, & \text{其他省份} \end{cases}$$

并调整模型设定如下：

$$y_{it} = c + \mu_i + \beta_1 \times invest_{it} + \beta_2 \times labor_{it} + \beta_3 \times tax_{it} + \beta_4 \times trade_{it} + \beta_5 \times fin_{it} + \beta_6 \times D \times fin_{it} + e_{it}$$

## 四、实证结论

### （一）金融分权对经济波动的影响

模型结果表示，投资、劳动力增加以及外贸开放度提高能有效促进经济增长，宏观税负过重不利于经济增长。在5%置信水平下，金融分权指标拉动经济增长的作用显著，金融分权程度越高，越利于促进经济增长。在计算时段，整体来看，政府对信贷资源分配的干预能促进经济增长，符合命题1的假设（见表2）。

表2　　　　　　　　实际GDP增长率影响因素分析

| Variable | Coefficient | Std. Error | t-Statistic | Prob. |
| --- | --- | --- | --- | --- |
| C | 7.992482 | 0.726791 | 10.99695 | 0.0000 |
| INVEST | 0.149466 | 0.006942 | 21.53077 | 0.0000 |
| LABOR | 0.155601 | 0.035567 | 4.374942 | 0.0000 |
| TAX | −0.368418 | 0.051261 | −7.187060 | 0.0000 |
| TRADE | 0.043043 | 0.006953 | 6.190394 | 0.0000 |
| FIN | 2.909764 | 1.259985 | 2.309365 | 0.0213 |
| $R^2$ | 0.716900 | Prob（F-statistic） | | 0.000000 |

**（二）不同货币周期下金融分权对经济波动的差异化影响**

本文对货币供应量（M2）进行滤波处理后取循环项，以判断货币周期。如图1所示，认为2003—2008年、2013—2014年、2016—2018年三个时段处于货币政策收紧时期。

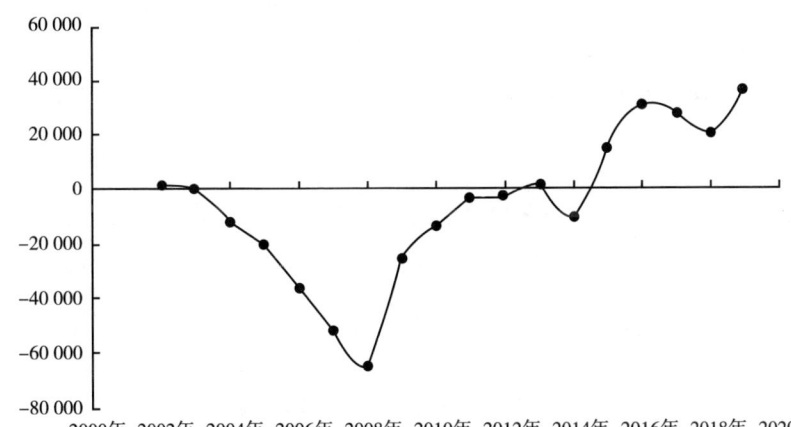

图1　货币供应量（M2）循环项时序变化（亿元）

交互模型其他项系数正负号与基础模型一致，交互项系数为负（见表3）。结果说明，当货币政策收紧时，金融分权在一定程度上会拖累经济增长，即此时政府对金融资源分配的干预是低效的，符合命题2的猜想。

表3　　　　　　　　货币政策收紧时交互模型结果

| Variable | Coefficient | Std. Error | t-Statistic | Prob. |
|---|---|---|---|---|
| $C$ | 8.503519 | 0.779177 | 10.91347 | 0.0000 |
| $INVEST$ | 0.146407 | 0.007133 | 20.52414 | 0.0000 |
| $LABOR$ | 0.157858 | 0.035509 | 4.445580 | 0.0000 |
| $TAX$ | −0.369680 | 0.051151 | −7.227244 | 0.0000 |
| $TRADE$ | 0.043706 | 0.006947 | 6.291056 | 0.0000 |
| $FIN$ | 2.427424 | 1.285624 | 1.888130 | 0.0596 |
| $D_1 \times FIN$ | −0.520644 | 0.290425 | −1.792695 | 0.0736 |
| $R^2$ | 0.718744 | Prob（F-statistic） | | 0.000000 |

### （三）不同地区金融分权对经济波动的差异化影响

此处考虑了经济发达地区（上海、北京、天津、浙江、广东、江苏）金融分权对经济波动的影响。交互模型其他项系数正负号与基础模型一致，交互项系数为负（见表4）。结果说明，在计算时段，经济发达地区金融分权程度提高并不能促进经济增长，反而起到了负面作用，即此时政府对金融资源分配的干预是低效的，符合命题3的猜想。

表4　　　　　　　　经济发达地区交互模型结果

| Variable | Coefficient | Std.Error | t-Statistic | Prob. |
|---|---|---|---|---|
| $C$ | 8.292354 | 0.757866 | 10.94171 | 0.0000 |
| $INVEST$ | 0.150060 | 0.006949 | 21.59488 | 0.0000 |
| $LABOR$ | 0.155422 | 0.035534 | 4.373908 | 0.0000 |
| $TAX$ | −0.376679 | 0.051562 | −7.305392 | 0.0000 |
| $TRADE$ | 0.038519 | 0.007680 | 5.015619 | 0.0000 |
| $FIN$ | 3.520754 | 1.334247 | 2.638758 | 0.0086 |
| $D2 \times FIN$ | −4.265433 | 3.087432 | −1.381547 | 0.1677 |
| $R^2$ | 0.717998 | Prob（F-statistic） | | 0.000000 |

## 五、研究结论与建议

过去17年的经验表明，我国金融分权越大，政府对金融干预越强，对经济增长的正向刺激作用越大。这可能与斯蒂格利茨的金融抑制理论相似，当市场机制和监管体制还不够完善的情况下，完全市场化可能较难应对金融事故，不利于经济发展和金融稳定，而政府的适度干预反而能起到正面作用。因此，当前我国对金融体系适度干预、允许地方政府一定程度参与金融改革的模式，有力地支持了经济增长。

但是在不同货币态势下，这种作用可能有较大区别。货币政策从紧时，金融分权越大，政府对金融干预动力越强，对经济增长反而可能起到负面效应。可能的原因是，货币政策出现紧缩迹象时，银行可能更加惜贷，从而使融资渠道收窄。在地方政府的干预下，国有企业相对于民营企业融资条件受到的冲击更小，得到的补贴更大，可能挤占民营企业融资渠道。而且这些融资约束大的企业可能会降低投资预期，扩大经营生产的意愿下降，进而影响经济增长。因此，需要把握宏观政策调控整体方向的同时，综合运用产业、财政和金融政策，精准滴灌，满足好民营小微企业有效融资需求，激发民营小微企业主体活力。

我国不同省份之间金融分权对经济增长的作用不一。发达地区的金融体系和机构发展充分，如果给予地方政府过多的空间进行行政干预，可能会降低金融资源配置效率。比如，一些轻资产科创小微企业可能在传统银行融资体系下难以满足抵质押条件，存在一定的融资约束。政府过多地干预金融市场，可能导致创新性的中小企业金融支持不足。而多层次的金融市场可能是更加适宜的金融结构安排，股权融资平台的发展可能更能为优质创新企业提供适应性高的金融服务。对于这些地区，应该着力营造良好的市场投资环境，完善投资者保护制度，激励闲散资金投入金融市场，给予优质企业持续的支持。对于欠发达地区，不能盲目扩张金融市场，应发挥好银行体系对实体经济的支持作用，结合当地产业结构和金融结构的匹配程度逐步推进市场化，防止出现金融系统性风险。

## 参考文献

[1] 巴曙松, 刘孝红, 牛播坤. 转型时期中国金融体系中的地方治理与银行改革的互动研究 [J]. 金融研究, 2005 (05).

[2] 傅勇. 中国的金融分权与经济波动 [M]. 北京: 中国金融出版社, 2016.

[3] 龚强, 张一林, 林毅夫. 产业结构、风险特性与最优金融结构 [J]. 经济研究, 2014 (04).

[4] 郭峰. 政府干预视角下的地方金融: 一个文献综述 [J]. 金融评论, 2016 (03).

[5] 何德旭, 苗文龙. 财政分权是否影响金融分权——基于省际分权数据空间效应的比较分析 [J]. 经济研究, 2016 (02).

[6] 胡育蓉, 朱恩涛, 龚金泉. 货币政策立场如何影响企业风险承担——传导机制与实证检验 [J]. 经济科学, 2014 (01).

[7] 江伟, 李斌. 制度环境、国有产权与银行差别贷款 [J]. 金融研究, 2006.

[8] 吕勇斌, 金照地, 付宇. 财政分权、金融分权与地方经济增长的空间关联 [J]. 财政研究, 2020.

[9] 林朝颖, 黄志刚, 杨广青等. 基于企业微观的货币政策风险承担渠道理论研究 [J]. 国际金融研究, 2015 (06).

[10] 苗文龙. 金融分权、股权结构与银行贷款风险 [J]. 金融监管研究, 2018.

[11] 饶品贵, 姜国华. 货币政策对银行信贷与商业信用互动关系影响研究 [J]. 经济研究, 2013 (01).

[12] 沈坤荣, 孙文杰. 投资效率、资本形成与宏观经济波动——基于金融发展视角的实证研究 [J]. 中国社会科学, 2004 (06).

[13] 孙铮, 刘凤委, 李增泉. 市场化程度、政府干预与企业债务期限结构——来自我国上市公司的经验证据 [J]. 经济研究, 2005.

[14] 田川. 我国区域经济增长的空间分异与发展对策——基于地方

分权视角[J].商业时代,2020.

[15]谢宗藩,姜军松.金融分权、银行制度变迁与经济增长[J].当代经济科学,2016.

[16]熊虎,沈坤荣.金融分权对企业投资效率的影响[J].经济与管理研究,2019.

[17]于蔚,金祥荣,钱彦敏.宏观冲击、融资约束与公司资本结构动态调整[J].世界经济,2012.

[18]杨兴全,尹兴强.谁受到了货币政策的有效调控?——基于上市公司投资行为的研究[J].会计研究,2017(04).

[19]余泳泽,陈蕾,杨晓章.中国式分权与经济增长研究综述[J].南京财经大学学报,2017(02).

[20]郑力璇,王耀东.财政分权对金融分权的影响——基于信贷的视角[J].经济问题,2018.

[21]祝继高,岳衡,饶品贵.地方政府财政压力与银行信贷资源配置效率——基于我国城市商业银行的研究证据[J].金融研究,2020.

**课题主持人:** 王 兵
**课题组成员:** 赵旭东 李 征 王一飞 杨雅婷 方 敏 石亦慧
　　　　　　　吴沁松 李晓冬 邓天歌

# 基于数据应用的供应链金融发展研究

中国人民银行武汉分行征信管理处课题组

**摘要**：在"互联网+"时代，基于信息流转和应用的供应链金融正在成为下一个重要金融风口。本文总结探析了供应链金融领域的产业链数据应用、电商平台数据应用、区块链电子债权数据应用三种主要模式，并从数据应用维度、风险控制能力、盈利模式、发展趋势等方面进行了比较。分析研究了线上供应链金融发展面临的风险集中化、风险扩散快速化、法律法规滞后监管困难等问题，并有针对性地提出了完善供应链金融法规制度和政策措施，为供应链金融发展创造良好外部条件；加强监管供应链数据流动共享，切实保障企业商业秘密和金融信息安全；加强对供应链核心企业支付行为的监管，推动供应链金融真正惠及小微企业等政策建议。

**关键词**：供应链；金融；数据

为促进形成金融和实体经济的良性循环，持续提升经济发展质量，金融创新迫在眉睫。供应链金融作为金融机构的一项基于供应链的融资业务创新，正在成为企业拓展融资渠道的重要途径之一。我国供应链金融历经从线下到线上、从"1+N"到"N+N"的两次重大发展后，现已形成多个主体参与、多种形式、多种属性、多种组合的供应链金融。在"互联网+"时代，供应链金融借助互联网与大数据等创新技术，为核心企业及其上下游企业提供融资解决方案，有效提高了供应链金融服务效率，供应链金融正在成为下一个重要金融风口。与此同时，虽然大数据在供应链金融领域的应用能够提升金融机构的风控水平，降低信贷管理成本，但是仍面临风险集中化、风险扩散快速化、法律法规滞后监管困难等问题，线上供应链金融业务发展亟待规范。

## 一、文献综述

随着信息化时代的到来，数据化成为金融行业的大趋势，我国的供应链金融得到快速发展，在短短的十几年内从无到有，从简单到复杂，并针对中国本土企业进行了诸多创新。学者们关于供应链金融的研究主要基于对供应链金融的业务模式研究、供应链金融的风险研究，基本不涉及对供应链金融运用的数据进行分析。

### （一）供应链金融的业务模式研究

目前，学者针对供应链金融的业务模式提出了不同的分类方式。胡跃飞（2017）从商业银行角度提出四种典型的业务场景，即以数字化商业生态为基础的金融服务平台、特定金融科技带来的业务蓝海、技术企业的跨界整合带来的业务机会和标准化可流转的资产证券化平台。金旭君、许海峰（2020）运用分析模型框架，对三大供应链平台进行分析，指出了运用大数据技术的供应链融资打破了传统供应链的融资边界，可为供应链上最底层的供应商办理融资，提高效率，降低风险。刘利科、任常青（2020）在此基础上指出供应链金融在充分利用产业链的贸易流、信息流、资金流等基础上，随着大数据、区块链、云计算、物联网、智联网、人工智能等新一代信息技术加快应用，供应链金融与数字金融深度协同发展，供应链金融加速走向互联网化和数字化。大数据等信息技术给供应链金融带来的影响，也为经营主体的"融资难、融资贵"问题提供了新的解决方案。张召哲、蒋九、赵静、张梨花和凌端平（2020）讨论了基于互联网快速发展下两种互联网+供应链金融模式：一是通过利用互联网技术连接核心企业、上下游企业和物流配送公司的相关数据，以核心企业及项目优势制定风控方案，从而形成供应链金融圈；二是电子商务平台企业将互联网技术融入供应链金融行业中，传统电子商务平台利用自身的平台通过积累深挖交易数据，利用对信息流、商流和物流的各种优势，以自有资金或金融机构资金为核心企业的上下流中小企业提供融资服务和各类金融产品。陈宇柔（2020）认为，供应链金融在我国的应用发展时间不长，但对于中小型企业的融资而言帮助巨大，拓宽了其融资的方式和渠道，随着这种模式的进一步发展，相应利用大数据的网上交换平台也逐渐建立完善，银行能够深入供应链的所有环节，进一步降低了企业的融资成本。

**（二）供应链金融的风险研究**

随着我国供应链金融的逐步发展，我国学者开始对供应链金融进行比较系统细致的研究，尤其是针对供应链金融系统中出现的风险研究。杨宴忠（2007）提出商业银行要防范供应链金融中的风险，即指商业银行在对供应链企业进行融资过程当中，由于各种事先无法预测的不确定因素带来的影响，使供应链金融产品的实际收益与预期收益发生偏差，或者资产不能收回从而遭受风险和损失的可能性。弯红地（2008）通过对供应链金融的模型分析，得出供应链金融所依赖的通过货物、应收账款等的抵押或核心企业的担保给予供应链企业融资的风险规避机制存在失灵的可能性。吴华茵（2012）基于对供应链金融项目的全生命周期的分析，认为供应链金融的风险主要是违约风险，认为相关银行在进行供应链金融的时候一定要考察项目的全生命周期。刘宏（2015）运用解释结构模型得出线上供应链金融信用风险各因素之间的结构关系，认为信用风险是目前商业银行面临的最大挑战。何平均、李菁菁（2018）选择对中小板中49家制造企业样本进行因子分析与Logistic模型回归，通过对比加入客户集中度这一因变量前后的预测效果，得出客户集中度越高，供应链金融业务信用风险越低的结论。在供应链金融领域引入区块链技术，建设技术创新的供应链金融系统，可以提升供应链金融整体效率和质量，增强系统安全性。朱兴雄、何清素和郭善琪（2018）认为，供应链金融应用区块链技术后，可解决核心企业不愿提供信用背书的难题，构建各方共享的联盟平台，保证数据的安全性和业务的透明可视化，实现应收账款确权，进行质押物及其价格管理，加强风险管理。

## 二、数据分析在供应链金融领域的应用

### （一）供应链金融的基本概念

供应链金融是指从供应链产业链整体出发，运用金融科技手段，整合物流、资金流、信息流等信息，在真实交易背景下，构建供应链中占主导地位的核心企业与上下游企业一体化的金融供给体系和风险评估体系，提供系统性的金融解决方案，以快速响应产业链上企业的结算、融资、财务管理等综合需求，降低企业成本，提升产业链各方价值。

按照担保措施的不同，从风险控制和解决方案的导向出发，将供应链金融的基础性产品可分为应收类融资、预付类融资和存货类融资三大类。一是应收类：应收账款融资，是指在供应链核心企业承诺支付的前提下，供应链上下游的中小型企业可用未到期的应收账款向金融机构进行贷款的一种融资模式。二是预付类：未来货权融资模式。未来货权融资（又称为保兑仓融资）是下游购货商向金融机构申请贷款，用于支付上游核心供应商在未来一段时期内交付货物的款项，同时供应商承诺对未被提取的货物进行回购，并将提货权交由金融机构控制的一种融资模式。三是存货类：融通仓融资模式，指企业以存货作为质押，经过专业的第三方物流企业的评估和证明后，金融机构向其进行授信的一种融资模式。互联网+大数据技术使得银行有了更多的风控手段，基于供应链的信用贷款产品也逐渐增多。

### （二）数据分析在供应链金融领域的应用形式

随着互联网和大数据技术的兴起和发展，供应链金融线上化的步伐进一步加快。现代供应链金融的数据应用形式分为产业链数据应用模式、电商平台应用模式和电子债权凭证应用模式。

#### 1.产业链数据应用模式

产业链数据应用模式指银行通过系统连接产业链核心企业ERP系统或财务系统，基于核心企业订单、应收应付账款、物流信息的应用为供应商提供供应链金融服务的模式。在该种模式下，借用核心企业信用为

N个中小微企业提供增信和担保，需要银行、核心企业和小微企业签署三方协议，小微企业是否能够顺利获得授信，更大程度取决于核心企业对银行的配合程度，其实就是核心企业对小微企业的支持力度。在数据交换形式上分为两类：第一类是银行——企业直连模式，如中建三局、良品铺子等；第二类是银行——供应链平台——企业直连模式，如中国交建、建信融通等，其中供应链平台可由中国人民银行、银行或核心企业设立，发挥数据交互作用。

主要业务流程为：（1）B2B或供应链平台与核心企业、银行、融资企业、物流公司进行业务系统ERP或财务系统对接，实现数据同步交互；（2）融资企业（上游供应商或下游采购商）在平台发起融资申请，填写融资金额、融资用途、贷款期限等信息；（3）平台核实融资企业融资资格，符合融资资格企业，通过融资企业在平台与核心企业发生的所有交易记录、交易频次及交易量利用数据模型进行信用评估。对于下游采购商需要货物配送，还需要核心企业与银行、物流公司签署货物回购协议；（4）平台对融资企业信用资质审核通过后，数据会同步到银行端，银行或第三方金融机构对企业融资申请进行复审，复审通过即可对企业放款。如果融资企业为下游采购商，首先由银行端向物流监管仓发起货物冻结指令，物流监管方按照银行指令对其仓库监管货物进行冻结，并返回冻结状态给银行，银行根据冻结状态对采购企业放款，如采购企业在还款过程出现异常，会由核心企业按照回购协议对冻结货物进行回购变现，变现款项归还银行。以中国人民银行建立的应收账款融资服务平台为例，主要流程如图1所示。

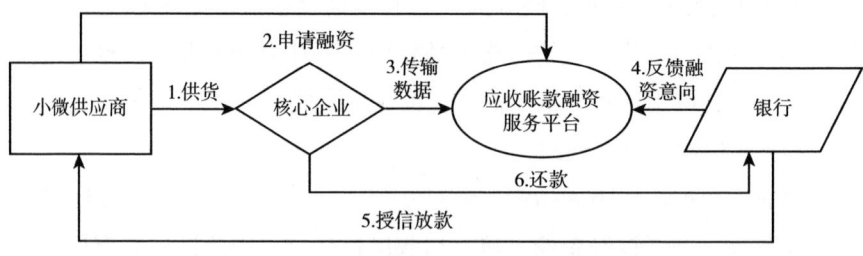

图1　产业链数据应用模式业务流程图

**2.电商平台数据应用模式**

电商平台数据应用模式是指银行与电商平台系统直连，通过利用电商平台共享的商家采购、销货、物流等数据，为电商平台商家提供的线上供应链金融服务模式。电商平台一般分为平台型电商和自营性电商。平台型电商不参与具体的供应链活动，但是为平台上的众多企业，特别是小微企业为电商供应链金融服务提供了广阔的市场空间。对于自营型电商企业，由于自身在供应链中的突出地位，可以为上下游企业提供较高的授信额度，同时，基于应收账款等方式的融资模式有效降低了信用风险，促进了供应链的良性发展。自营性电商平台与银行合作类似核心企业直连模式，如京东的"京保贝"、苏宁的"账速融"等，本节不再赘述。平台型电商供应链金融服务的供应链金融运作企业主要有敦煌网、金银岛等大型网站。按照资金来源又可以进一步划分为基于自有资金和外来资金的在线供应链金融。

（1）基于自有资金的平台型电商供应链金融。阿里小贷贷款便属于典型的平台型电商基于自有资金的供应链金融运作模式。阿里巴巴小额贷款主要有面向B2C、C2C平台的"淘宝（天猫）小额贷款"，还有一些专项贷款产品，如天猫供应链贷款。淘宝卖家得到客户订单并向客户发货；卖家凭借"卖家已发货"的订单申请贷款；淘宝后台基于订单和历史数据进行分析并给出授信额度，审核通过后即发放贷款；卖家按期还本付息。（2）基于外来资金的平台型电商供应链金融。该类服务主要由第三方平台服务企业和商业银行合作开展。电商企业提供平台信息，但是不参与到具体业务当中，银行则负责提供融资服务，融资对象为第三方平台上的中小企业。此种类型又分为三种模式：一是电子订单模式——供应商贷款生产，银行依据订单为上游供应商发放贷款；二是电子订单模式——分销商贷款买货，银行依据供应商供货为下游分销商贷款；三是电子仓单模式，中小企业将银行认可的电子仓单质押给银行，进而获得一定比例的贷款。在具体业务实现过程中，电子仓单的审核、传递通常由物流企业或电商企业协助完成。以天猫供应链贷款为例，主要流程如图2所示。

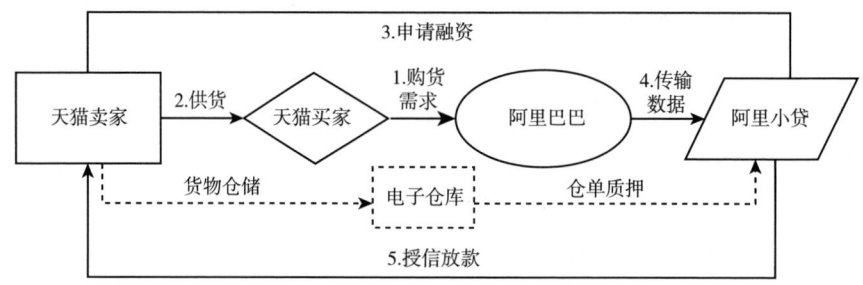

**图2　电商平台模式主要业务流程**

**3. 区块链电子债权应用模式**

随着区块链分布记账、量子计算等技术的发展，可对法律意义上的一切物权、债权、知识产权、股权及其他财产性权利等底层资产进行确权，为应收账款电子化确权创造了技术条件。区块链电子债权应用模式是指核心企业运用区块链技术在供应链金融平台上对其确权的应付账款进行拆分流转，支持供应商供应链融资的模式。区块链电子债权凭证具有安全、连续、不变的链式数据结构，且具有分布式、多节点共识、公开透明、不可篡改等显著特征。如简单汇平台打造了应收账款债权凭证——金单，通过核心企业汇聚1—N级供应商，引入银行等外部金融机构，构成完整生态圈的线上平台。又如中企云链平台中企云链开立的可流转、可融资、可拆分的应收账款债权凭证"云信"，核心企业为上游供应商开出"类商票"的"云信"，上游多级供应商可以将云信进行任意拆分并转让，也可以融资或持有到期。除核心企业自建网络外，一些金融机构，如浙商银行、平安银行等，均推出类似应收账款电子凭证。主要流程如下：（1）平台依托区块链、电子签章等技术，经核心企业对应收账款进行初始确认形成电子化债权凭证，记载应收账款债权人、债务人（包括直接债务人或增信方）、债权金额、债权到期日等，并将交易信息（包括基础交易资料、线上化交易数据等）形成债权数据包，以区块链分布式记账方式进行交易数据存储，形成安全、连续、不变的链式数据结构，具有分布式、多节点共识、公开透明、不可篡改等显著特征。（2）核心企业为一级供应商开出应收账款电子凭证，一级供应商有三种选择：一是选择将数字凭证持有到期，取得资金。二是可以选择进行外部融资，将应收账款转让给金融机构（商业银行、保理公司等）；金融机构可以进行ABS、再保理等，可以选择持有到期，取得资金。三是将数字凭证进行转让（可拆分）给二级供应商或债权债务抵消。二级供应商同样可以选择持有到期，或进行外部融资，或将数字凭证再次转让给下级供应商。主要流程如图3所示。

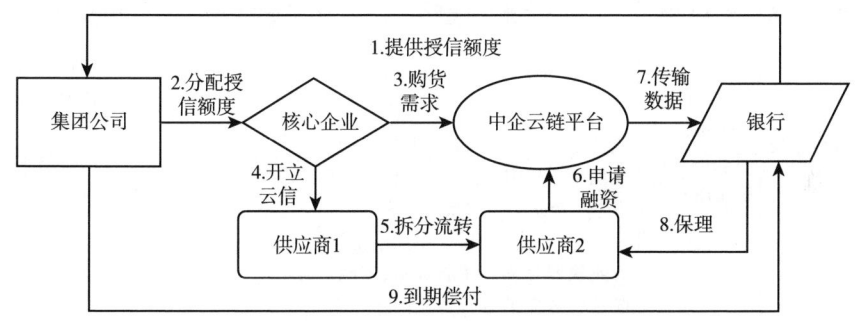

图3 区块链电子债权凭证模式业务流程图

## （三）三种模式的比较分析

### 1.数据维度应用的分析

不同供应链金融模式下，银行对供应链数据的利用广度和深度均有所区别。根据调查，在产业链数据应用模式下，核心企业通过与银行系统直连，向合作银行提供供应链的数据项包括历史付款金额、账款余额、凭证金额、发票号等，银行主要围绕核心企业与供应商之间的应收应付账款相关数据进行分析建模。一般采用逻辑回归模型（LR）等简单常用模型。银行首先需要对核心企业进行整体评估授信，然后通过系统智能分析供应商应收账款结算情况，给予供应商一定的授信额度。由于主要基于固定的供应链和客户群，采用的模型变量相对较少，模型应用比较成熟。在电商平台模式下，电商平台与银行系统直连，向合作银行提供供应链的数据项包括累计交易金额、当前库存金额、行政处罚次数等，银行对数据的需求维度明显要高于产业链数据应用模式，需要具有较强的数据分析和模型构建能力，主要通过数据分析供应商的交易流量情况、风险等级情况、企业经营规模、实际控制人资信状况等。一般采用随机森林（RF）、GBDT、XGBOOST等集成学习模型。在区块链电子债权模式下，应付账款具有票据化的特征，银行与核心企业及供应链金融平台之间基本没有供应链数据的共享和应用。不同模式数据应用维度及模型特点如表1所示。

表1　　　　　　　　数据应用维度

| 应用模式 | 数据来源 | 数据类型 | 适用模型 | 模型特点 |
|---|---|---|---|---|
| 产业链数据应用模式 | 核心企业ERP系统或自建的供应链金融平台 | 查询授权数据、历史付款金额、账款余额、年度应付账款总金额、凭证号、凭证金额、挂账日期、到期日、付款日期、发票号、订单号、合同号、回款账号等 | 逻辑回归模型（LR） | 数据维度低，建模简单快速，模型的可解释性非常好，但容易欠拟合，对数据要求高 |
| 电商平台模式 | 电商企业或者独立的电商数据平台 | 营业执照号码、注册资本、分级级别、合作平台、营业面积、累计交易金额、累计同客群平均交易金额、上年度核心企业销售指标达成率、当期库存数量、当前库存金额、实际控制人身份证号码、行政处罚次数、行政处罚金额、内部处罚次数、内部处罚金额、月度交易金额、实际控制人其他交易行为及负面记录等 | 集成学习模型（RF、GBDT、XGBOOST等） | 数据维度较高，数据适应能力强，拟合度较高，分类精度高，但模型的可解释性比较差 |
| 区块链电子债权模式 | 以核心企业为依托的供应链金融平台 | 对核心企业单独授信，对供应商不进行风险识别。在供应链金融平台流转的是区块链电子债权凭证，仅记载金额、承诺还款期限、付款人等 | 无建模 | 无模型应用 |

**2.风险控制能力的分析**

在不同供应链金融模式下，因银行对供应链数据的获取和加工处理能力不同，信贷业务流程有所不同，银行对供应链金融风险的控制能力也有较大差异。在产业链数据应用模式下，特别是在保理业务中，银行同时对核心企业授信和供应商的偿债能力和资信状况进行考察，通过数据建模实时掌握信用风险状况，银行在买方和卖方均具有较强的风险识别能力。在电商平台模式下,特别是在信用贷款业务中,银行主要通过系统建模对借款方的还款能力、还款意愿、实际控制人资信状况进行考察,对交易对手方仅作真实场景和交易数据的验证,银行主要依赖于对借款方的实际风险考察,主要是由于电商平台企业较难进行线下风险识别,只能依据大数据进行风控管理。在自营性电商平台模式下,电商平台还会对供应商的店铺进行声誉控制。在区块链电子债权模式下,银行主要对核心企业的资信状况进行考察,给予一次性总额度授信,对其供应商只进行基本资料线上审查,银行主要依赖于对核心企业授信评估,但核心企业不会实时共享自身及供应链金融平台的相关经营情况和融资数据,银行在事中事后风控管理缺乏手段。不同供应链金融模式风险控制程度如表2所示。

表2　　　　　　　　不同供应链金融模式风险控制程度

| 应用模式 | 对核心企业风险识别 | 对供应商风险识别 | 银行风险控制力度 | 风控重心 |
| --- | --- | --- | --- | --- |
| 产业链数据应用模式 | 较强 | 较强 | 较强 | 质押、保理+追索权 |
| 电商平台模式 | 一般 | 较强 | 较强 | 信用+店铺声誉 |
| 区块链电子债权模式 | 较强 | 较弱 | 较弱 | 核心企业保证 |

**3. 盈利模式和发展趋势的分析**

经对湖北辖内20家银行机构开展线上供应链金融业务情况调查,2017—2019年,各银行机构共累计发放线上供应链融资1.95万笔,融资金额487亿元,融资余额153.8亿元。不良贷款率低于0.5%,主要为电商平台模式贷款。从供应链金融模式分类来看,2019年产业链数据应用模式融资笔数为7 647笔,融资金额260亿元,占比分别超过50%和80%。电商平台融资笔数呈现高增长态势,2019年融资笔数为6 542笔,同比增长640倍,但余额仅有16亿元。说明电商平台供应链融资多为期限短、频率高的贷款。第三方平台模式业务占比总体较低,不足10%,但呈现稳步发展的上升趋势,如图4、图5所示。

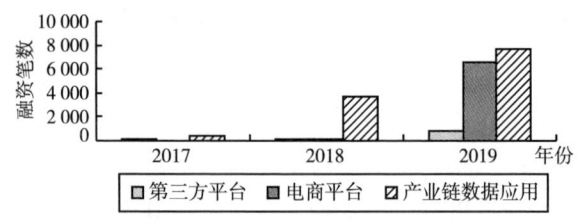

**图4　不同模式下供应链融资笔数**

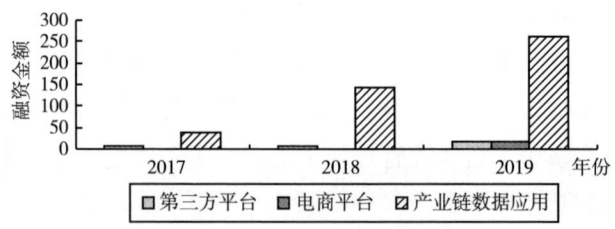

**图5　不同模式下供应链融资金额**

从担保方式来看,电商平台模式以信用贷款为主,2019年贷款笔数5 831笔,占全部信用贷款的62.6%,质押贷款金额占比为53.5%。可见,附带担保的供应链融资额度更大。产业链数据应用模式以保理和信用贷款为主,2019年保理融资笔数4 142笔,占全部保理融资的88.6%,融资金额143亿元,占比为93%,信用贷款占比稍逊于保理业务,质押贷款占比最低,主要是因为质押融资效率较低。第三方平台模式以保理为主,2019年保理融资笔数为533笔,占自身总笔数的68.6%,融资金额为10.75亿元,占自身总金额的59%。如图6、图7所示。

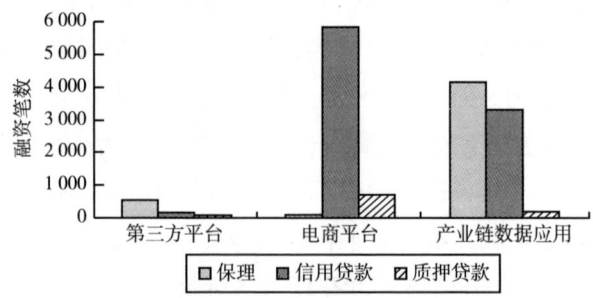

**图6　不同担保方式下供应链融资笔数**

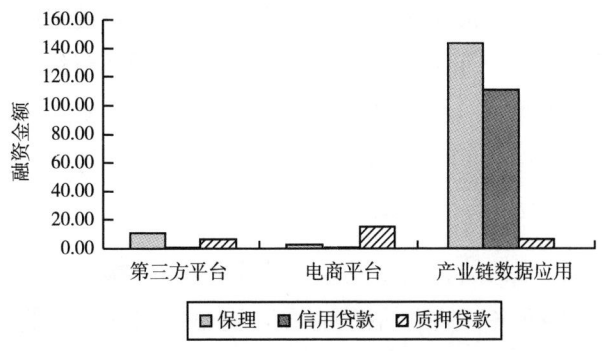

图7 不同担保方式下供应链融资金额

从中分析得出,产业链数据应用模式下的保理业务和电商平台模式下的信用贷款发展最快,前者得益于核心企业的线上担保,后者得益于大数据风控技术的提高。

## 三、线上供应链金融发展面临的问题

### (一)线上电子债权确认面临法律风险

随着现代信息技术的发展,很多核心企业组建供应链金融平台创设了应收账款电子化债权凭证,如中企云链的"云信""简单汇"的"金单",中航信的"航信"等,在一定程度上提高了应收账款的流动性。但在法律法规层面,"云信""金单"和"航信"本质上不属于《票据法》所规范的票据范畴,相关权利义务也不受《票据法》的保障。2009年中国人民银行出台的《电子商业汇票业务管理办法》,明确了电子商业汇票是出票人依托电子商业汇票系统,以数据电文形式制作的,委托付款人在指定日期无条件支付确定给收款人或持票人的票据。应收账款电子化债权凭证也不属于电子商业票据的范畴,其本身不是权利凭证,只是底层债权的记录,性质更接近付款承诺函,属于电子合同的范畴。根据《最高人民法院关于互联网法院审理案件若干问题的规定》,一定条件下采用区块链技术的电子数据可以作为证据,但是"云信"普遍采用的是联盟链,缺乏可实现不可逆交易及降低中心化风险的机制,这些中心化式的信任会使联盟链因网络审查和简单故障点的失误，造成联盟成员无法彻底信任。同时区块链技术只能解决流通环节的信任，但无法避免数据源的虚增和伪造，该类电子凭证仍然存在操作风险。目前杭州、广州、北京的互联网法院也并未覆盖全国，其他省市类似的供应链金融创新的法律效力有待确认。

### （二）风险分布更加集中，极端风险事件难以预测

供应链金融业务开展的前提和关键在于供应链核心企业或电商平台与上下游企业的相互合作，风险控制的关键在于对核心企业信用风险的识别及对电商交易数据的分析应用。近年来，银行过度青睐和发展保理业务，因核心企业起着极其重要的担保作用。但互联网时代由于供应链金融自身的串联性，一旦核心企业和平台出现了违约风险，将触发连锁反应，导致整个供应链相关企业与银行之间的桥梁崩塌，形成行业系统性金融风险。通过对9家供应链金融业务规模较大的上市公司（见表3）进行分析发现，近年来核心企业应付账款余额呈现逐渐大幅增长趋势，但短期借款增长较慢甚至呈现逐步下降的趋势，企业短期负债结构重心逐渐向应付账款端转移。应付账款的大幅增长不仅有损核心企业的商业信誉，而且带来整个供应链的信任危机，从而冲击主业经营。当前供应链金融风险管理主要依赖于核心企业提供的供应链数据，特别是对于独立运作的第三方供应链金融平台，在利益冲击下供应链数据的失真、造假和虚增的人为操作风险可能会从根本上颠覆银行的风控认知，偶然发生的黑天鹅事件可能顷刻导致严重金融风险。

表3　　主要核心企业应付账款与短期借款变化情况[①]　　　单位：亿元

| 企业名称 | 2019年应付账款余额 | 近四年增加额 | 2019年短期借款余额 | 近四年增加额 |
| --- | --- | --- | --- | --- |
| 中国建筑 | 4 931.30 | 1 731.29 | 160.07 | 28.95 |
| 中国铁建 | 3 257.85 | 998.09 | 190.78 | −6.22 |
| 中国中铁 | 2 875.39 | 511.20 | 98.65 | 187.76 |

---

① 数据来源：Wind。

续表

| 企业名称 | 2019年应付账款余额 | 近四年增加额 | 2019年短期借款余额 | 近四年增加额 |
| --- | --- | --- | --- | --- |
| 中国交建 | 2 396.89 | 965.60 | 206.14 | −103.76 |
| 中国中冶 | 1 158.55 | 224.41 | 114.00 | 36.78 |
| 中国中车 | 1 066.02 | 234.23 | 175.43 | 31.65 |
| 苏宁易购 | 443.80 | 353.22 | 129.36 | 157.29 |
| 海尔智家 | 337.51 | 190.37 | 144.71 | 67.12 |
| 宝钢股份 | 294.23 | 80.37 | 67.94 | −140.43 |
| 合计 | 16 761.54 | 5 288.78 | 1 287.08 | 259.16 |

### （三）风控模型应用缺乏规范管理

近年来，银行的模型已经由Basel模型在资本计量的应用，发展到人工智能和机器学习模型及其在数据分析、信贷审批、决策推断、客户管理等多领域的应用。这些模型在提升银行业务管理水平和自动化程度的同时，也加剧了模型风险管理的复杂性，对模型风险管理提出了严峻挑战。当前模型风险管理并没有跟上模型应用的飞速发展，主要体现在：模型管理没有集中化，模型资产分散，银行缺乏对全行模型状态的掌握；模型开发、验证流程管理不规范，模型应用监控体系不完善；模型的数据及特征管理缺乏统一性，数据缺少有效整合无法发挥效能，特征无法形成有效共享和复用，数据与模型的交互缺少顶层设计；模型部署敏捷性不足，无法有效应对市场及流量的变化。任何模型缺陷设计的缺陷或者模型的误用都会导致不可逆的损失。比如在电商平台模式下，市场环境或消费者行为习惯瞬息万变，自然人极小的网络行为特征发生变化，可能会对模型产生较大的影响，模型如果不能及时修正或数据存在缺失，将导致重大损失等。例如，2016年国内某股份制银行分行利用大数据模型开发线上小微企业信用贷款产品，投入使用后不良贷款率超过40%，随之紧急停止信贷投放。随着银行数字化转型，模型被嵌入银行的自动化业务流程，模型风险被逐步放大。

## （四）实体产业面临金融化的趋势

当前较多供应链核心企业看到供应链金融的巨大发展空间，纷纷自建供应链金融平台，加强对自身应付账款的运营管理，通过与银行机构合作，支持上游供应商在线应收账款融资，同时借商票贴现收取利息、回扣或中介服务费，形成了以核心企业为中心的封闭的供应链金融生态圈。据了解，东风汽车、中国交建、中建三局、中国一冶、九州通等企业均建有供应链管理系统，与银行系统进行直连，开展线上应收账款融资业务，借供应链金融业务赚取中介费。以东风汽车股份公司为例，2020年三季度末财务费用为-4 900万元，比2017年底下降了3.8倍，应付账款运作已经成为该公司重要的利润增长点。中企云链、简单汇、中航信等供应链金融平台发展势头迅猛，基于商业性原则开展供应链金融产品创新，使得核心企业借机切入金融领域，进一步加重对实体经济的盘剥和侵蚀。部分核心企业如顺丰、苏宁等甚至在赊销活动中直接向下游购货商提供融资，赚取融资利息差，变相从事金融活动，有待加强监管。

## 四、政策建议

### （一）加强金融法律制度建设

金融科技的创新带来票据产品和服务的不断升级，当前各类电子债权凭证创新层出不穷，票据交易也全面实现了集中化、电子化，现行《票据法》明显滞后于金融市场的发展，某些条款已经不能适应当前金融创新的需要，亟待解决。如中企云链的"云信"等线上电子债权凭证，不属于《票据法》所规范的范畴，但又游离于金融监管之外，一旦出现数据欺诈、道德风险等诱因，可能产生巨大的金融风险。中国人民银行虽然出台了关于电子票据相关管理规定，但不包含电子数据形式的债权凭证等金融创新工具。建议修订完善《票据法》《电子签名法》等法规制度，将一切可以自由交易的电子数据形式的债权流转凭证纳入票据体系进行规范，以适应票据业务线上化、电子化、可分拆、易流转的发展趋势，引导多元化主体合规参与票据交易。同时积极研究出台电子债权凭证相关监管制度，理顺供应链金融场景下的授信业务的规则，明确电子债权凭证的监管规则，提高电子债权凭证交易的透明度。在司法实践方面，建议扩大互联网法院案件审理管辖范围，从杭州、广州、北京扩大到全国，为线上供应链金融产品创新提供良好的法治环境。

## （二）规范大数据风控管理，促进线上供应链金融发展

金融科技结合互联网和大数据，赋予线上供应链金融发展新的契机，促进数据共享和规范风控模型管理成为当务之急。一是加强对银行风控模型的规范和监督管理，建议借鉴美国模型风险监管体系，在模型清单（Model Inventory）、模型开发（Model Development）、模型实施与使用（Model Implementation and Model Use）、模型验证（Model Validation）、模型监控（Model Monitoring）等方面予以全方位规范和监管，避免模型滥用造成系统性的信贷风险。二是鼓励将物联网、互联网等信息技术与供应链管理、现代物流技术结合应用，加强对核心企业经营状况、核心企业与上下游企业交易情况的监控，分析供应链历史交易记录，加强对物流、信息流、资金流和第三方数据等信息的跟踪管理，进一步打通供应链数据壁垒，加强对供应链数据真实性的管理，保证数据信息链的完整性、真实性和有效性。三是鼓励电商平台数据的共享交换。基于电商平台的线上供应链金融发展越来越快，大型电商平台势必形成数据垄断，不利于普惠金融发展，要积极推动各电商平台数据合法交换共享，促进数字供应链金融健康快速发展。四是探索成立专注于供应链金融业务的企业征信机构，促进供应链信息流动、共享、整合和应用，促进供应链金融业务中的银行、核心企业、小微企业三方信息对称，为供应链金融发展创造良好外部条件。

## （三）强化对线上供应链金融业务的监管

受利益驱动，核心企业直接参与供应链金融活动诱导小微企业账款期限被恶意延长，造成商业信用环境的恶化，不利于实体经济发展。一是建议推动出台贯彻落实《保障中小企业款项支付条例》相关实施细

则，建立健全执法机制，对供应链核心企业恶意拖欠、拒不履行账款或票据确认义务、拒不配合小微企业供应商开展供应链金融业务的行为予以惩戒，并依法督促其及时纠正。对凭借供应链核心地位和优势，利用应付账款、商业汇票进行寻租套利，盘剥小微企业的市场主体及其内部人员，要予以公开曝光和责任追究。防范核心企业金融化，加强对大企业下属财务公司的监管，不得以开展供应链金融名义，增加供应链小微企业的财务成本。二是建议金融监管部门要创新对商业银行线上供应链金融业务的监管规则，将核心企业创设电子债权凭证或提供付款担保的行为进行全面监管，一方面支持应收账款流动，另一方面避免商业银行对核心企业过度授信，避免金融创新脱离监管，产生系统性金融风险。

**（四）加强对供应链数据流动共享的安全管理**

供应链相关企业销售、应收应付账款、订单、合同账号等数据属于非公开信息，甚至涉及企业商业机密，必须得到买卖双方的授权同意，才能向第三方提供共享。当前部分电商平台、核心企业在与银行合作过程中存在数据获取授权机制不完善、数据使用过程不透明等问题，存在侵犯供应商的商业隐私权的风险隐患。建议完善相关法律制度，加强供应链数据开放共享中信息主体权益保护机制设计，探索通过制度和技术双重手段推进供应链数据共享和应用，建立健全事前授权共享归集、事中数据脱敏、事后授权查询使用等工作机制，确保信息共享、使用全过程的信息安全，切实保障企业商业秘密和金融信息安全。同时，鼓励各核心企业通过区块链等安全可信技术实现供应链金融平台之间的互联互通，打破信息壁垒，促进跨区域跨行业供应链金融发展。对于提供虚假数据造成金融风险的核心企业，应严肃追究法律责任。

## 参考文献

［1］胡跃飞.“双轻”时代的数字供应链金融［J］.中国金融，2017（14）：44-46.

［2］金旭君，许海峰.信用穿透式供应链融资模式在小微企业融资中的应用研究［J］.中国金融，2020（01）：39-47.

［3］张颖，余菲菲，吴华茵.基于项目全生命周期的供应链金融风险控制研究［J］.河南社会科学，2012，20（04）：28-30.

［4］杨晏忠.论商业银行供应链金融的风险防范［J］.金融论坛，2007（10）：42-45.

［5］弯红地.供应链金融的风险模型分析研究［J］.经济问题，2008（11）：109-112.

［6］刘利科，任常青.农业数字供应链金融创新模式分析［J］.金融理论与实践，2020（20）：113-118.

［7］张召哲，蒋九，赵静，张梨，凌端平.互联网+供应链金融模式研究［J］.现代营销，2020（11）：236-238.

［8］陈宇柔，大数据时代供应链金融模式及风险研究［J］.2020（06）：86-87.

［9］刘宏，吴屏，朱一鸣.线上供应链金融信用风险研究——基于解释结构模型［J］.财会月刊，2015（08）：97-101.

［10］何平均，李菁菁.客户集中度与供应链金融信用风险——基于中小企业板制造业上市公司的实证研究［J］.征信，2018，36（07）：21-26.

［11］朱兴雄，何清素，郭善琪.区块链技术在供应链金融中的应用［J］.中国流通经济，2018，32（03）：111-119.

**课题主持人：** 胡学林
**课题组成员：** 范先究　李政为　吴　杰　朱湘元

# 开放环境下跨境资本流动风险防范研究

中国人民银行武汉分行资本项目管理处课题组

## 一、前言

20世纪90年代以来，经济全球化的浪潮助推全球金融一体化进程，许多国家资本账户从管制走向开放，且开放程度不断提高。伴随着资本项目开放、汇率波动，跨境资本在全球范围内大规模频繁流动已经成为常态，许多国家都面临跨境资本剧烈波动的问题。跨境资本具有的流动性和投机性特征，导致其发生大规模流动、频繁进出以及逆转时，很有可能对各国经济和金融稳定带来冲击，与发达国家相比，发展中国家更容易受到跨境资本流动带来的冲击。

在全球金融环境趋向复杂化的大背景下，我国跨境资本流动状况复杂多变，对国际收支产生转折性影响，打破了长期"双顺差"格局：一方面跨境资本流动规模日渐增长。据我国外汇管理局公布的国际投资头寸表显示，截至2019年末，我国对外金融资产和负债总规模达13.30亿美元，较2009年的5.57亿美元增长了138.66%。另一方面跨境资本双向流动趋势明显。自2006年起，我国跨境资本流入和流出规模开始增加且波动幅度不断扩大。2012年我国资本和金融项目开始呈现较大的波动，非储备性质金融账户首次出现逆差，2014年起我国出现大规模资本流出现象，非储备性质金融账户连续三年出现逆差。

当前，我国金融开放程度持续加大，资本市场对外开放明显提速。2014年后，我国先后推出沪港通、深港通和债券通，与全球资本市场的互联互通持续深化；2017年以来，我国A股市场、债券市场相继被纳入国际主流指数，资本市场对外开放步伐加快；2019年，国家外汇管理局取消了合格境外机构投资者（QFII）和人民币合格境外机构投资者（RQFII）投资额度制度，境外投资者参与境内金融市场投资便利化程度大幅度提升。在国际环境和国内环境均发生较大变化的背景下，研究中国跨境资本流动的规模、方向以及流动结构，有助于把握当前我国跨境资本流动现状，不仅有重要的理论价值，而且对我国防范跨境资本流动风险，维护国家经济金融安全有重要的现实意义。

## 二、文献综述

### （一）国外文献

近年来，国外学者对跨境资本流动风险进行了一定的研究，普遍认为跨境资本的大规模异常流动易引发货币危机等金融系统动荡问题。Disyatat（2006）认为，跨境资本大规模流入会导致证券市场泡沫增加，若出现资本流入减少或者资本流出则容易引发货币危机。Ostry（2011）表示跨境资本大规模流入会扩大国内信贷规模，特别是过度借用外债，加剧各金融机构资产负债表的脆弱性，同时进一步向金融机构传导。Fratzscher（2012）认为，跨境资本大规模流入会导致流入国出现经济过热、资产泡沫化、实际利率上升等问题，甚至容易引发货币危机。Eng和Wong（2016）通过对九个亚洲国家的数据分析得出，跨境资本流动对一国经济增长产生非对称效应，跨境资本流出对经济增长带来破坏性影响，但是跨境资本流入并无影响。

还有学者专门对新兴经济体进行了研究，发现相对于发达国家而言，新兴经济体跨境资本异常流动引发金融不稳定性的风险更高，且呈现显著的顺周期性。Guidotti（2004）认为，由于新兴经济体的跨境资本大规模流出会引发本币贬值从而加重本国的外债负担，造成金融危机且会加重非贸易部门的破产风险。Broner（2013）认为，跨境资本在经济扩张时期大规模流动，会制造泡沫，在经济危机时期迅速撤退，给原本不乐观的经济环境带来不利后果。

### (二)国内文献

国内学者对我国跨境资本流动进行了较为深入的研究,主要研究方向集中在跨境资本流动的驱动因素和风险。肖继五(2010)对我国跨境资本流动和经济增长状况之间的关系进行了深入研究,发现我国跨境资本流动存在较为显著的顺周期性,这种特性将会造成资本泡沫聚集,但是经济周期波动增加出现结构性通货膨胀的风险。田拓和马勇(2013)运用多元线性回归分析法,对我国跨境资本流动的影响因素进行实证分析,得出人民币汇率变动、国内外经济发展差异及中美利差对跨境资本波动影响显著。张广婷(2016)利用因子分析法分析新兴市场国家跨境资本流动的影响因子,发现传染因子、经济因子、流动性因子影响较为显著。陈创练(2017)采用时变参数向量自回归模型分析得出汇率对跨境资本流动的影响较为显著。吴成颂等(2019)选取中国沪深股市16家主要上市商业银行的数据,分析短期跨境资本流动对商业银行系统性风险的影响,发现短期跨境资本的频繁流动提高了商业银行系统性风险。

从风险角度来看,我国学者最新的研究表明,跨境资本大规模异常流动会引发系统性金融危机,从而存在一定的风险,建议采取监测、预警、宏观审慎管理应对跨境资本流动风险。龚关(2019)将我国跨境资本流动风险划分为利率和汇率风险、保值性资本流动风险、投机性资本流动风险三大风险。孙博(2019)认为,短期跨境资本具有较强的流动性、投机性和破坏性,对一国经济金融发展带来负面影响,建议构建与短期跨境资本流动趋势较为一致的预警指数预测短期跨境资本流动方向和规模。金成晓(2020)通过一个四变量MS-VAR模型实证分析了不同宏观审慎政策的效应,建议常规时期对国内金融部门以宏观审慎监管为主,危机爆发时期,应加强跨境资本流动宏观审慎政策力度。陈军等(2020)提出了在我国跨境资本流动风险管理中,建议将跨境资本流动纳入宏观审慎监管范畴,强化对跨境资本流动"宏观与微观"相结合的监管方式,构建跨境资本流动风险的监测体系。

### (三)小结

总体来看,近年来随着我国跨境资本流动规模的增加,对于建立防范跨境资本流动风险体系的需求程度也随之增加。考虑到当前国内宏观环境和国际环境的复杂性，我国经济又处于调整期，本文在以下几个方面进行了改进：一是样本研究时序更长，样本时间跨度为2007—2020年第二季度；二是在预警指数构建中包含了国内国际宏观环境状况；三是除了美元汇率与利率外，在预警指数构建中还增加了其他SDR货币汇率和利率变动指标，更加全面地反映国际环境变化对我国跨境资本流动的影响。

本文采用理论研究和实证分析相结合、定性分析和定量分析结合的方法，探究在我国资本项目进程不断推进的背景下，跨境资本流动的风险防范体系，主要内容如下：第一部分为前言，介绍本文的研究背景及意义；第二部分为文献综述，对跨境资本流动及其带来的风险和防范对策的现有研究和文献进行梳理；第三部分为理论基础，从理论角度阐述跨境资本流动风险；第四部分对我国跨境资本流动形势及风险防范现状进行了总结；第五部分为实证分析，构建跨境资本流动预警体系；第六部分为政策建议。

## 三、跨境资本流动风险理论

### （一）理论基础
**1. 不可能三角理论**

不可能三角理论是Krugman1999年在"蒙代尔——弗莱明模型"的基础上，结合对亚洲金融危机的实证分析提出的。该理论建立在两个重要前提条件之上：一是货币政策必须独立于财政政策，且两者必须是相互独立的货币政策工具；二是本国必须具备发达的资本市场和货币市场，本国个人和企业能够以本币进行国际借贷和汇率风险对冲。不可能三角理论指出一国不可能同时实现资本流动、货币政策独立性和汇率稳定，所以只能选择以下三种政策组合：一是保持资本自由流动和货币政策独立性，牺牲汇率稳定，实行浮动汇率制；二是保持汇率稳定和货币政策独立性，必须限制资本的自由流动，实行资本管制；三是保持资本流动和汇率稳定,必须放弃货币政策独立性。不可能三角理论给我国跨境资本流动风险防范一定的启示,我国应采用更加灵活的汇率制度增强货币政策的有效性,完善以市场供求为基础的、有管理的浮动汇率机制,保持人民币汇率总体稳定以抑制通货膨胀和资产泡沫,从而更好地发挥货币政策作用。利率、汇率的市场化和资本账户的开放相互影响、相互依赖、相互促进,是深化金融体制改革的重要内容,需要研究路线图和时间表,积极稳妥地推进。

**2.货币危机理论**

资本在不同国家或地区的流动,经常涉及不同国家之间的货币兑换,大规模的资本进出,易在短期内使得资本流入国经济的外部均衡受到强烈冲击,造成本国货币的大幅贬值和金融市场不稳定,最终以货币危机形式表现。自20世纪70年代以来,货币危机理论一直是经济学界的研究焦点,形成了一套著名的理论框架,即"三代货币危机理论"。

第一代货币危机理论:1979年,Krugman构造的模型是关于货币危机最早的理论模型,Flood和Garber在1984年对Krugman提出的模型进行扩展和简化。第一代理论认为一国的经济基本面决定了货币对外价值稳定与否,决定了货币危机是否会爆发、何时爆发。当一国内部均衡与外部均衡产生矛盾时,一国固定汇率制面临的问题源于为弥补政府不断扩大的财政赤字而过度扩张的国内信贷。公共部门的赤字持续"货币化",利息平价条件会诱使资本流出,导致本国的外汇储备不断减少。在储备减少到某一临界点,投资者出于规避资本损失的考虑,会向该国货币发起投机冲击。政府剩余的外汇储备在极短的一段时间内被投机者全部购入,政府被迫放弃固定汇率制,货币危机就此爆发。该理论认为货币危机爆发的主要原因在于宏观经济内外部均衡目标不一致,即宏观经济政策和固定汇率之间存在冲突。因此,该理论又被称为"宏观经济基本因素理论"。

第二代货币危机理论:20世纪80年代中后期,经济学家开始从经济基本面没有出现持续恶化这一角度解释危机,探讨货币危机爆发的可能性，主要代表人物有Obstfeld等。第二代货币危机理论注重危机的"自我实现"，强调市场预期在货币危机中的作用，认为即使一国货币当局部署实行过度扩张的货币政策，投机者仍然会因为货币贬值预期的自我实现而发起攻击，货币危机就可能在这种投机性攻击下发生。如果投机者意识到当前的经济政策与长期的经济走势存在不协调性，也可能对货币发生攻击。该理论还认为，仅仅依靠稳健的国内经济政策是不足以抵御货币危机的，固定汇率制的先天不足使其易受投机冲击，选择固定汇率制，必须配以资本管制或限制资本市场交易。

第三代货币危机理论：1997年，东南亚爆发了货币危机，引起了学术界的关注，Krugman认为这次货币危机在传染的广度、深度及国际收支平衡等方面与以往的货币危机均有显著的区别，原有的货币危机理论不足以解释，并将此次金融危机归因于金融机构的道德风险，即由于受到政府担保和袒护，金融机构不加限制地从国际资本市场上融资，并大规模投资股市和房地产，酿成巨大的资产泡沫。一旦市场预期受到不利因素影响而发生改变，使跨境资本发生大规模的突发性逆转，最终导致真实汇率的过度波动，资本泡沫破灭，货币危机形成。第三代货币危机理论应运而生。第三代货币危机理论跳出了宏观经济分析范畴，在研究中加入银行、企业、金融中介等微观主体。

### （二）跨境资本流动风险

**1. 概念**

根据现有文献，跨境资本流动风险是指跨境资本在国与国之间频繁进出过程中给一国经济带来的不确定性。在一个不完全竞争的国际金融市场中，规模庞大的跨境资本在利益的驱使下频繁流动，会给一国的货币市场、汇率市场以及股票市场都带来一定的冲击，跨境资本流动风险的积累可能会导致形成泡沫经济、债务危机甚至引发金融危机。

**2. 风险的种类**

现有的文献研究一般将跨境资本流动风险划分为利率、汇率风险，资本外逃风险和国际游资冲击风险三类。

利率、汇率风险指随着各国金融市场的不断开放，利率以及汇率对于跨境资本流动的规模、速率等方面的共同作用逐渐成为引发跨境资本流动风险的重要因素。若一国为了控制跨境资本大规模流入而采取紧缩的货币政策，该国利率会相应提升，从而高于国外利率水平，吸引国际资本快速流入国内，造成本币的升值，严重时加剧资本流动过剩，催生经济泡沫，使得资产价格急剧上涨，从而引发通货膨胀现象。反之，若一国采取扩张的货币政策，引发国际资本的抽逃，造成本币贬值。在利率和汇率的共同作用下，跨境资本流动规模增大，速率提高，波动幅度增大，从而威胁一国经济增长和稳定。

资本外逃风险指资本持有者为规避自身利益受损，保证其所持有资本的安全保值以及获取收益从而转移资本，引起一国跨境资本大量流出的风险。当一国出现货币大幅贬值的预期、资本所在国的政治形势不稳定、外汇管制趋紧等情形，容易发生资本抽逃现象，而且由于资本抽逃者往往存在一定的恐慌，容易引起羊群效应，从而产生跨境资本流动风险，造成经济波动。

国际游资冲击风险指金融市场中的投机者利用利率以及汇率的波动，为了获得买卖价差，牟取高额收益，将资本在国与国之间频繁调动，从而对一国经济造成冲击。而且国际游资逐渐出现一个新趋势，频繁、大量流入经济发展迅速的发展中国家，获得套现流出发展中国家，对金融脆弱性较强的发展中国家经济发展带来极大的不利影响。

**3.风险成因**

跨境资本流动风险的形成原因主要有：利率和汇率差异、宏观经济状况、投资者情绪、外汇管理水平等。

国内外存在利率和汇率差异，跨境资本具有趋利性，会流入利率较高的国家，从而导致流入国的货币需求上升，该国货币升值；若资本流出国的货币需求下降，该货币有贬值趋势，易导致资本外流。资本频繁地出入某国易形成跨境资本流动风险，对经济增长形成负面冲击。

国内外宏观经济状况对跨境资本流动风险也有重要影响，若一国的宏观经济良好，投资者可期待利益上升，从而吸引国际资本流入；反之，若一国经济下行，投资者会抽出资金投向另外可期待利益高的国家，从而引发资本流出。资本流动的不稳定性增加，跨境资本流动风险增加。

投资者情绪是指市场中的投资者对市场中金融产品未来预期的系统性偏差，反映了投资者的投资预期。投资者对市场信息的反应存在误判，市场价格将出现明显的泡沫，使得市场不稳定性增强，引发风险的可能性增加。国际市场中投资者情绪的波动会加大跨境资本流入流出的规模，从而易引发金融风险。

外汇管理水平指政府对国际外汇使用、收支等有关外币流通实行管控的能力。外汇管理水平过低会影响该国对跨境资本流动的管理能力，使得跨境资本流动风险加大。跨境资本会避开该国的监管和统计，通过地下渠道进入该国，从而导致该国的跨境资本流动风险不断积累。

## 四、我国跨境资本流动形势及风险防范现状

### （一）我国跨境资本流动情况

**1. 总体形势**

进入21世纪后，我国跨境资本流动总体保持较快的增长态势，外汇储备规模逐渐增加，国际收支从经常账户、资本和金融账户双顺差格局逐渐过渡至顺差逆差交替出现的格局。我国的跨境资本流动总体情况大致划分为以下四个阶段。

2000—2007年阶段。该阶段全球经济的联系不断加强，2001年加入世贸组织后，我国进出口贸易的发展迅速，该阶段我国资本项目开放程度较低，所以在该时期，我国经常账户与资本和金融账户持续保持双顺差，外汇储备规模从1 655.74亿美元快速扩张至15 282.49亿美元。

2008—2013年阶段。2008年美国次贷危机蔓延至全球后，世界各国经济均受到了极大的冲击，我国出口贸易大幅下滑，经常项目下的货物和服务贸易规模从2007年第四季度的914亿美元下降到2008年第一季度

末的541亿美元,贸易差额虽然持续顺差态势,但规模收缩。在发达国家维持量化宽松政策的国际大环境下,我国资本项目稳步开放,跨境资本净流入规模显著增加,此阶段外汇储备规模维持在高位。

2014—2016年阶段。2014年之后,发达国家退出量化宽松的预期不断增强,人民币汇率贬值预期加强。"811汇率改革"后,人民币汇率贬值,跨境资本流出规模增加,资本账户开始出现逆差,且规模逐步扩大至超过经常账户顺差,资本由净流入转为净流出。该阶段国际收支由顺差转变为逆差,外汇储备下降。

2017年之后的阶段。2017年后,我国跨境资本流出的形势才得以逆转,持续两年的资本和金融账户逆差逐步改善成顺差。2018年,人民币兑美元汇率先涨后跌,呈现双向波动。中美贸易摩擦升温,但没有拖累我国经常项目收支平衡。此后,经常项目与资本项目顺差逆差交替出现,外汇储备资产总体趋于平衡(见图1、图2和图3)。

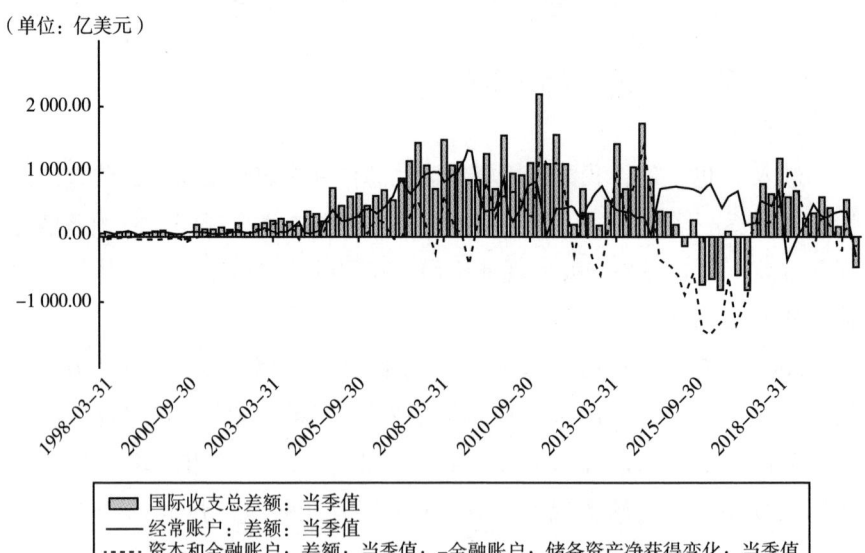

图1 中国经常账户与金融账户差额变动情况①

---

① 数据来源:Wind、国家外汇管理局。

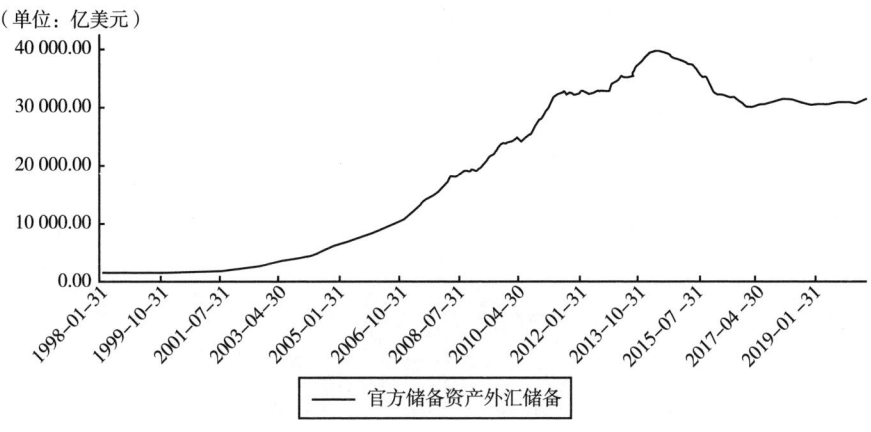

图2 中国外汇储备变动情况[①]

图3 美元兑人民币汇率走势[②]

**2. 经常账户变化**

经常账户顺差规模和占GDP比重呈持续下降趋势。2015—2018年，我国经常账户顺差逐渐递减，由2015年的3 042亿美元下降到2018年的491亿美元，占GDP比重分别为2.8%、1.8%、1.6%和0.4%。2018年第一季度出现了自2001年以来的首次经常账户逆差（见图4）。

**3. 非储备性质金融账户**

非储备性质金融账户顺、逆差互现。1999—2011年，我国非储备

---

①② 数据来源：Wind、国家外汇管理局。

性质金融账户连续13年保持顺差格局。2012年以来，双向波动特征明显。2014—2018年，我国非储备性质金融账户占GDP比重分别为–3.9%、–3.7%、0.9%和0.9%（见图5）。

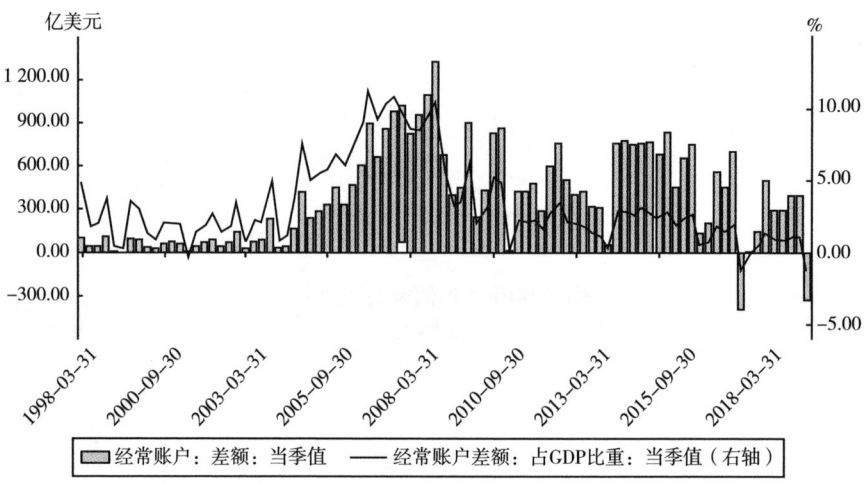

图4　经常账户变化情况（亿美元）①

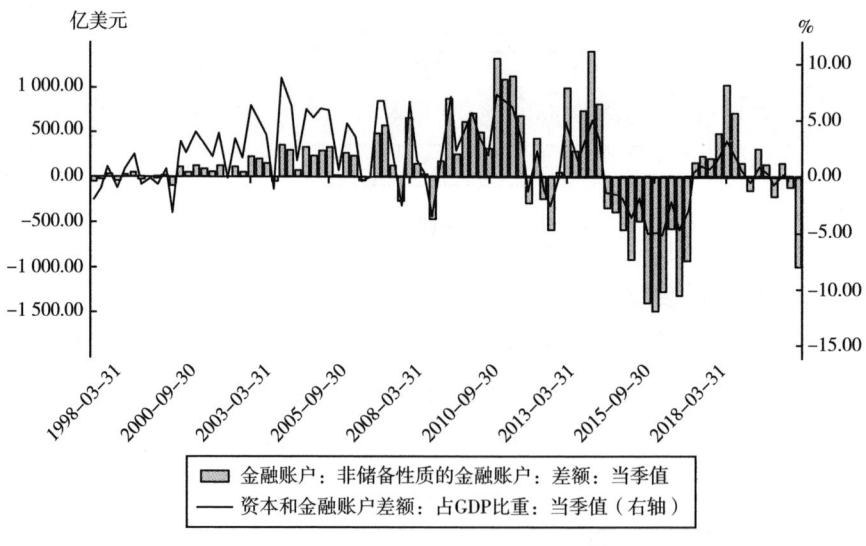

图5　非储备性质金融账户变化情况②

①② 数据来源：Wind、国家外汇管理局。

### (二) 我国跨境资本流动的新特点

一是国际收支由"双顺差"转为"双向波动"。自1996年我国开放经常账户以来,直到2014年之前,除个别年份外,我国经常账户和资本账户常年保持双顺差。但自2014年第二季度起,资本和金融账户连续11个季度逆差。2017年以来,资本和金融账户逐步恢复顺差,但经常账户、资本和金融账户顺差规模均有下降。2018年第一季度经常账户自2000年以来首次出现逆差,2018年上半年逆差288亿美元。2020年上半年,我国经常账户顺差859亿美元,资本和金融账户中,直接投资顺差187亿美元,储备资产减少59亿美元。未来,外部环境仍然复杂严峻,不稳定、不确定因素较大,国际收支呈双向波动将成为"新常态",跨境资金流动趋向自主调节、自我平衡。

二是国际收支平衡逐渐由经常账户收支主导转为跨境资本流动主导。自2001年以来,经常账户顺差规模不断增加。2008年以后,经常账户差额占比回落,目前基本维持在2%以下的水平。资本和金融账户逐步成为影响国际收支平衡的主要因素,资本和金融账户资金流动占全部跨境资本流动比例有所提升。

三是证券投资项目对中国国际收支形势的影响力逐步上升。我国银行间债券市场开放步伐加快,合格境外机构投资者制度改革不断深化,沪港通、深港通和债券通相继实施,境外投资者投资我国证券市场更加便利。同时,随着我国债券、股票逐步纳入国际主流指数,境外投资者配置我国债券和股票的需求上升。据外汇局统计,近年来境外机构不断增持我国债券和上市股票(含基金,下同),持有的合计规模从2014年末的2 192亿美元上升到2018年末的4 448亿美元,增长103%。其中,持有的债券规模从1 085亿美元上升到2 638亿美元,增长143%;持有的股票规模从1 107亿美元上升到1 810亿美元,增长64%。在2016年之前,中国的资本市场开放度较低,吸引国际资本流入的主要渠道是直接投资。2016年之后,我国资本项目开放进程加快,中国债券和股票指数被纳入国际指数等推动金融市场开放,证券投资项目对于中国国际收支形势的影响力逐步上升。2018年,直接投资项目下净流入1 070亿美元,同期证券投资项目净流入1 069亿美元，比前一年多2.6倍，规模已与直接投资项目净流入规模相当，体现了资本市场进一步开放的效果。

四是资产的配置需求给跨境资金流动带来持续不确定性。招商银行和贝恩公司联合发布的《2019中国私人财富报告》（以下简称《报告》）显示，截至2018年末，我国个人可投资资产在1 000万元人民币以上的"高净值人群"达197万人，其中，个人可投资资产超过1亿元人民币的"超高净值人群"约17万人，可投资资产在5 000万元人民币以上人群约32万人。随着国内多层次资本市场的开放程度提升，目前，高净值人群在资产配置方面看好"中国机会"，境外配置则主要出于分散风险的考量。居民财富增长催生大量投资理财需求，居民资产配置逐步由房产拓展到金融资产，由人民币资产拓展到外币资产。而居民资产配置主要由利差和汇率预期决定，当出现人民币贬值预期时，投资者会减少人民币资产配置而增加外币资产配置；当人民币出现升值预期时，则会增加人民币资产配置，减少外币资产配置。在美联储加息，境内金融资产风险上升的情况下，境内投资者对美元资产的需求会越来越旺盛。由于人民币资产市场的深度远远超过外汇市场，一旦汇率出现贬值预期，不仅贸易商和企业会减少结汇，还会出现资金伪装成"实需"进入外汇市场套利。

### （三）跨境资本异常流动给我国经济带来的风险

**1.增加我国货币政策调控难度，不利于宏观经济的稳定**

短期内，如果资本大规模流出我国，人民币汇率会随之下降，央行必须在外汇市场购买本币抛售外汇，外汇占款规模下降即减少我国基础货币的投放规模。一方面，基础货币投放规模的减少将通过货币乘数的作用引发货币供应量的大规模减少，从而影响物价稳定、经济增长、充分就业等宏观经济目标的实现；另一方面，大规模的短期跨境资本流动也将使汇率稳定和国内货币政策的最终目标实现发生冲突，一旦资本与金融账户逆差规模超过经常账户的顺差规模，将使国际收支呈现逆差，进而加大人民币汇率的贬值压力，货币政策调控难度加大（见图6）。

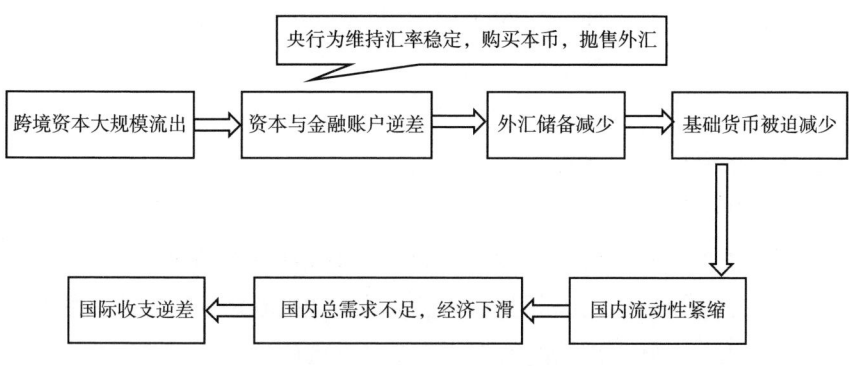

**图6　跨境资本异常流动对宏观经济的影响**

**2. 对人民币汇率稳定造成一定影响，易受到外部金融动荡的冲击**

短期内，跨境资本的频繁、大规模流动将增加我国汇率的波动，直接影响我国外汇市场的供求关系，不利于人民币汇率的稳定。自2005年7月汇改以来，我国"双顺差"不断增加。2015年"811"汇改后，人民币汇率的市场化改革进一步深化。2017年5月，人民币汇率中间价机制引入"逆周期调节因子"，人民币汇率的双向波动幅度不断增大。2018年我国大幅放宽外资进入金融业的投资比例限制，这些都使得跨境资本流动更加频繁，人民币汇率的双向波动性也更大。当前，中美贸易摩擦前景不确定，外部环境复杂，有潜在的资本抽逃风险，不利于人民币汇率的稳定（见图7）。

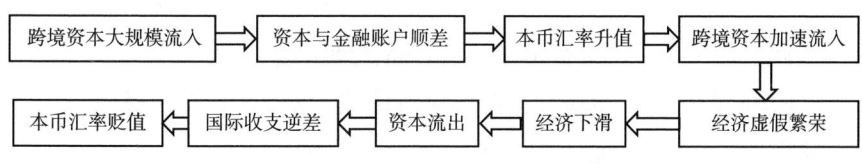

**图7　跨境资本异常流动对汇率的影响**

**3. 削减我国利用外资的竞争力并增加外债风险**

如果跨境资本大规模流出，外商直接投资规模增速会减慢甚至减少，将会加大我国利用外资的难度。在跨境资本大规模流出的同时，可能触发国内经济出现下行，进而增加本国的负债风险。如2009年希腊债务余额高达2 800亿欧元，占GDP比重为113%，远超过欧盟《稳定与增长公约》规定的60%上限，主要原因之一就是其长期贸易逆差，导致资本外流，债务恶性循环。跨境资本的大量流出还会导致人民币汇率贬值，使我国以外币计划的外债成本提高。

**4. 不利于国内金融市场的稳定**

跨境资本大幅波动会对我国的金融稳定和经济增长产生巨大冲击。回顾过去的金融危机，国际资本跨境流动，特别是短期资本流入的激增与突然撤出，对新兴市场的汇率体系造成极大的冲击。随着跨境资本流动出现新常态，当前我国金融市场双向开放进程加快，跨境资本流动将日趋频繁，资本的逐利性可能导致跨境资本流入证券、房地产等高收益、高风险领域，可能引发资产价格膨胀，导致"虚假繁荣"，一旦经济形势发生逆转，极易引发整个金融市场的动荡，使我国金融体系稳定性受到冲击（见图8）。

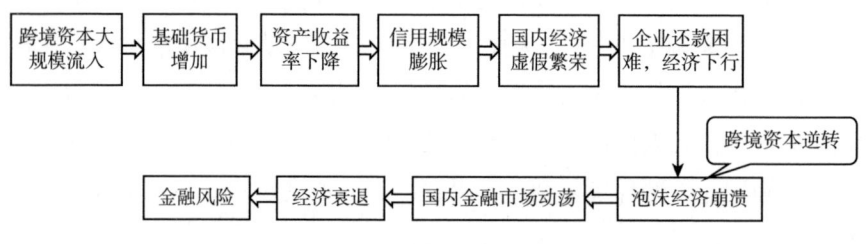

**图8 跨境资本异常流动对金融市场的影响**

### （四）我国防范跨境资本流动风险的管理实践

我国防范跨境资本流动风险的应对措施主要分为宏观审慎管理、微观监管和资本流动管理。

**1. 宏观审慎管理**

我国建立宏观审慎管理框架大致经历了四个发展阶段。第一阶段（2008年）：宏观审慎框架主要构建于2008年，在金融危机爆发之前，目的是为维护金融系统的稳定性以及总量平衡；第二阶段（2009—2010年）：由单个宏观审慎政策升级至"宏观审慎评估体系"；第三阶段（2011—2014年）：建立差别准备金动态调整和合意贷款管理机制；第四阶段

（2015年之后）：完善宏观审慎评估体系阶段。

近年来我国采取的宏观审慎管理措施如表1所示。从我国目前的跨境资本流动宏观审慎管理实践情况来看，宏观审慎管理框架多次成功地对资本流动进行了逆周期调控，有效防范了由跨境资本流动带来的系统性风险。

表1　　近年来我国针对跨境资本流动采取的宏观审慎管理措施

| 政策目的 | 措施内容 |
| --- | --- |
| 针对市场主体顺周期加杠杆行为 | 2015年9月，为调控银行代客远期售汇业务非理性增长的顺周期行为，人民银行采取宏观审慎管理措施，要求金融机构按其远期售汇（含掉期和期权）签约额的20%交存外汇风险准备金，通过提高交易价格抑制市场主体的投机行为。2017年9月，外汇风险准备金征收比例降至零。2018年8月，又重新恢复至20%的征收水平 |
| 针对境内主体通过借用外债加杠杆行为 | 2015年中国人民银行建立了对上海自贸区经济主体跨境融资的宏观审慎管理模式。2016年1月，面向27家银行类金融机构和在上海、广东、天津、福建四个自贸区注册的企业扩大本外币一体化的全口径跨境融资宏观审慎管理试点，并于2016年4月将本外币一体化的全口径跨境融资宏观审慎管理试点进一步扩大至全国范围内的金融机构和企业 |
| 针对离岸人民币市场加杠杆行为的宏观审慎管理 | 自2016年1月25日起，中国人民银行对境外金融机构在境内金融机构存放执行正常存款准备金率，建立了对跨境人民币资金流动进行逆周期调节的长效机制，有助于抑制跨境人民币资金流动的顺周期行为。2017年市场环境发生较大变化，人民币贬值压力大幅下降，人民银行及时进行调整，9月该存款准备金要求降至零 |
| 针对市场主体过度投机行为 | 2015年8月，人民币购售业务量大幅增长，明显超出了正常水平，存在一定套利行为。中国人民银行于2015年9月中旬对人民币购售业务采取宏观审慎管理措施，提高了跨境人民币购售业务存在异常的个别银行购售平盘手续费率，通过价格手段抑制了跨境套利行为 |

**2. 微观监管**

微观监管是跨境资本流动"宏观审慎+微观监管"两位一体管理框架的重要组成部分，是在"宏观审慎管理"概念提出之前普遍采用的监管方式，更关注市场个体的安全稳定。我国加快资本项目开放进程后，外汇局大幅减少了行政审批，全面提高外汇管理水平，更注重真实性合规性的事中事后管理，强化资本流动的真实性审核，加大了打击虚假交易、地下钱庄等外汇领域违法违规交易的力度，强调反洗钱、反恐怖融资和反逃税，促进了微观市场主体依法合规经营，维护外汇市场的稳定，有效防范跨境资本流动风险。

**3.资本流动管理**

在我国利率和汇率市场化改革尚未完全实现的阶段，在预期驱使下，受到冲击后资本更容易出现大规模的流入流出，为防止该情况发生对市场造成的冲击，必要时可以采取一定的资本管理措施，遏制资本非理性的流动，为制度改革和其他配套措施的实施争取缓冲时间。2016年底，在人民币汇率"破7"、外汇储备存量跌破3万亿美元的关口，我国启动阶段性的资本流动管理措施，主要包括严控非理性对外投资、鼓励资本流入等。2017年8月18日，多部门联合下发《指导意见》明确了鼓励、限制、禁止三类境外投资活动，其中，限制房地产、酒店、影城、娱乐业、体育俱乐部五大类境外投资，这些举措的实施有效遏制了短期资本的非理性流出，为后续改革争取了缓冲时间，跨境资本流出的形势也得到改善。

## 五、实证分析

跨境资本无序流动会通过一国或地区经济金融指标反映出来。跨境资本流动监测通过观察或跟踪这些指标，诊断金融体系或资本市场的健康程度，即市场脆弱性诊断。跨境资本流动预警就是当部分重要经济或金融指标超过设定的阈值时，向市场发出警示信号，以便相关金融机构、监管机构和管理层及时作出应对举措或采取干预行为。

**（一）构建预警体系**

构建预警指标体系具体分为四步：第一，根据跨境资本流动现状分析得出风险因素，设立备选指标；第二，运用格兰杰因果关系检验法从备选指标体系中提取出先行指标和同步指标，确定预警指标体系的入选指标；第三，利用主成分分析法将多个入选指标合成综合预警指数，得到预警指数测算结果；第四，对预警指数进行有效性检验。

**1.备选指标选取**

面对全球金融危机后跨境资本流动形成和引发的新风险，本文在构建和测度跨境资本流动预警指标体系时，不能仅仅关注外部金融状况等常见指标，还要将国内外宏观经济运行状况更多地纳入考察范畴，保证指标选取的全面性。综上考虑，同时借鉴前人对跨境资本流动的研究成果，本文选取了21个指标，作为跨境资本流动监测预警体系的备选指标，如表2所示。具体而言，主要分成四大类：宏观经济运行指标、外部金融状况指标、外债风险指标和金融市场指标。指标的时间跨度为2007—2020年，数据频率为季度数据。

表2　　　　　　　　跨境资本流动监测预警备选指标[①]

| 指标类别 | 变量 |
| --- | --- |
| 宏观经济运行指标 | GDP增长率、CPI增长率、PMI指数、M2增长率、出口额增长率、进口额增长率 |
| 外部金融状况指标 | 人民币与美元利差、人民币与英镑利差、人民币与欧元利差、人民币兑美元汇率、人民币兑英镑汇率、人民币兑欧元汇率、外汇储备 |
| 外债风险指标 | 外债余额、外债负债率、外债偿债率 |
| 金融市场风险指标 | 万德全A指数、国房景气指数、上海银行间同业拆借利率、商业银行不良贷款率、非储备性质的资本和金融账户 |

宏观经济运行指标的变化与跨境资本流动密切相关。经济持续稳定发展可以增强投资者信心，对本国未来前景乐观，带来资本流入；而经济基本面的恶化将导致投资者恐慌，从而撤出投资，导致资本流出。外部金融状况变化对于跨境资本流动具有直接的引导作用。2008年国际金融危机之后，主要经济体纷纷采取量化宽松政策，导致人民币相对主要经济体货币出现升值，跨境资本大量流入，伴随着显著的通货膨胀压力；而当主要经济体退出量化宽松并进入加息周期后，人民币汇率持续承压，跨境资本流出明显。因此，本文从利差、汇率、外汇储备三个角度选取指标，反映国际环境变化对我国跨境资本流动的影响。对外债务是一国外部经济风险的直接衡量，如果利用得当，对外债务可以有效促进一国经济长期增长，但如果债务积累过多，国家经济风险增大，当企

---

① 数据来源：Wind数据库、国家外汇管理局。

业加速偿还以外币计价的债务融资时，则导致跨境资本外流，加剧我国跨境收支失衡和外债风险积累。由于资本具有逐利性，一国金融市场发展状况也会对跨境资本流动规模和方向产生一定影响。由于我国当前金融市场尚未完全放开，还存在大量通过难以监测的灰色渠道和非法渠道出入境的跨境资本，且此类跨境资本多为短期投机资本，流动性强且蕴含较大风险和破坏性，应当保持重点关注。

**2. 格兰杰因果检验**

为了在备选指标中选出跨境资本流动的同步指标和先行指标，本文采用格兰杰因果检验方法。根据指标的时间频率和实际的预测效果，将滞后期均设定为滞后一期。当备选指标是基准序列的单向格兰杰原因时，备选指标为先行指标；当基准序列是备选指标的单向格兰杰原因时，备选指标为滞后指标；当两者互为格兰杰原因时，备选指标为同步指标；当双向检验结果均不显著时，备选指标为参考指标。

根据格兰杰检验结果，本文确定了5项先行指标、7项同步指标、9项滞后指标，结果如表3所示。从表中的指标分类结果可以看出，国内宏观经济运行状况和外部金融状况的相关指标占据了影响跨境资本流动的先行指标与同步指标中的大部分。

表3　　　　　　　　格兰杰因果检验结果

| 类型 | 变量 |
|---|---|
| 先行指标 | M2增长率、出口额、人民币兑欧元汇率、外债余额、外债负债率 |
| 同步指标 | GDP增长率、CPI增长率、人民币兑美元汇率、人民币兑英镑汇率、外汇储备、万德全A指数、非储备性质的资本和金融账户 |
| 滞后指标 | PMI指数、进口额、人民币与美元利差、人民币与英镑利差、人民币与欧元利差、外债偿债率、国房景气指数、上海银行间同业拆借利率、商业银行不良贷款率 |

**3. 主成分分析**

虽然已经通过格兰杰因果检验方法挑选出对跨境资本流动可能存在先行影响和同步影响的指标，但是这些指标不仅和跨境资本流动相关，指标之间也存在一定相关性。因此，为了避免多重共线性对预测效果的影响，本文采取主成分分析法，将跨境资本流动的先行和同步指标综合成预警指数，再利用预警指数来对跨境资本流动走势进行预测。同时，为了控制短期跨境流动资本的自相关性，在进行主成分分析的指标中加入了前一期的跨境流动资本。

采用主成分分析法合成综合预警指数，可以分成四个步骤：第一步，针对所提取的先行指标和同步指标进行可行性分析，判断指标体系是否适合主成分分析；第二步，根据相关系数矩阵得出相应的特征值和累计贡献率；第三步，提取出特征值大于1，或累计贡献率达到80%以上的主成分，计算原始因子载荷矩阵；第四步，对原始因子载荷矩阵采用最大方差法进行正交旋转，运用旋转后的因子载荷矩阵计算各个主成分的函数表达式，以方差贡献率为权重合成综合预警指数。

表4结果显示，KMO值为0.694，超过0.6的可行性标准；Bartlett球形检验的P值接近0，显著拒绝原假设。综合以上两种检验结果，说明本文所构建的指标体系适合进行主成分分析。

表4　　　　　　　　　KMO和Bartlett的检验

| 取样足够度的Kaiser-Meyer-Olkin度量 | | 0.694 |
|---|---|---|
| Bartlett的球形度检验 | 近似卡方 | 807.107 |
| | df | 78 |
| | Sig. | 0.000 |

根据变量间的相关系数矩阵，可以进一步确定特征值、方差贡献率及累计贡献率，由表5可知，主成分1、主成分2、主成分3和主成分4的特征值分别为6.059、2.450、1.525和1.002，符合主成分的提取标准（特征值大于1），这4个主成分旋转后的方差贡献率依次为36.808%、21.482%、15.359%和11.242%，累积贡献率为84.89%，说明所提取的4个主成分共包含了原变量84.89%的信息，解释能力较强，可用其代表原变量进行实证分析。旋转后的因子载荷矩阵如表6所示。

表5　总方差解释

| 成分 | 初始特征值 | | | 提取平方和载入 | | | 旋转平方和载入 | | |
|---|---|---|---|---|---|---|---|---|---|
| | 合计 | 方差的% | 累积% | 合计 | 方差的% | 累积% | 合计 | 方差的% | 累积% |
| 1 | 6.059 | 46.607 | 46.607 | 6.059 | 46.607 | 46.607 | 4.785 | 36.808 | 36.808 |
| 2 | 2.450 | 18.845 | 65.452 | 2.450 | 18.845 | 65.452 | 2.793 | 21.482 | 58.289 |
| 3 | 1.525 | 11.729 | 77.181 | 1.525 | 11.729 | 77.181 | 1.997 | 15.359 | 73.648 |
| 4 | 1.002 | 7.710 | 84.890 | 1.002 | 7.710 | 84.890 | 1.461 | 11.242 | 84.890 |
| 5 | 0.651 | 5.006 | 89.896 | | | | | | |
| 6 | 0.472 | 3.629 | 93.526 | | | | | | |
| 7 | 0.308 | 2.372 | 95.897 | | | | | | |
| 8 | 0.242 | 1.861 | 97.758 | | | | | | |
| 9 | 0.132 | 1.015 | 98.773 | | | | | | |
| 10 | 0.079 | 0.609 | 99.383 | | | | | | |
| 11 | 0.047 | 0.359 | 99.742 | | | | | | |
| 12 | 0.027 | 0.204 | 99.946 | | | | | | |
| 13 | 0.007 | 0.054 | 100.00 | | | | | | |

表6　旋转后的成分矩阵

| | 成分 | | | |
|---|---|---|---|---|
| | 1 | 2 | 3 | 4 |
| 跨境资本流动（$X_1$） | −0.391 | −0.078 | 0.823 | 0.023 |
| GDP增长率（$X_2$） | −0.059 | −0.094 | 0.017 | −0.863 |
| CPI增长率（$X_3$） | −0.070 | −0.140 | 0.172 | 0.802 |
| M2增长率（$X_4$） | 0.939 | 0.213 | −0.191 | −0.026 |
| 出口额（$X_5$） | 0.769 | 0.498 | −0.116 | −0.178 |
| 人民币兑美元汇率（$X_6$） | 0.026 | −0.958 | 0.007 | 0.013 |
| 人民币兑英镑汇率（$X_7$） | −0.668 | 0.598 | 0.264 | −0.002 |
| 人民币兑欧元汇率（$X_8$） | −0.617 | −0.596 | 0.421 | 0.031 |

续表

|  | 成分 | | | |
| --- | --- | --- | --- | --- |
|  | 1 | 2 | 3 | 4 |
| 外汇储备（$X_9$） | 0.417 | 0.890 | −0.101 | −0.017 |
| 外债余额（$X_{10}$） | 0.940 | 0.118 | −0.225 | 0.004 |
| 外债负债率（$X_{11}$） | 0.809 | 0.090 | −0.104 | −0.005 |
| 万德全A指数（$X_{12}$） | 0.764 | −0.146 | −0.389 | 0.116 |
| 非储备性质的资本和金融账户（$X_{13}$） | −0.161 | −0.022 | 0.877 | 0.161 |

从表6来看，运用主成分1的各个变量系数依次除以主成分1特征值的算术平方根，即可得到主成分1在原始变量线性组合中的系数，例如 $X_1$ 的系数为 $-0.391\sqrt{6.059}$，$X_2$ 的系数为 $-0.059\sqrt{6.059}$。同理，主成分2、主成分3和主成分4表达式中的各个系数均可以计算得到。4个主成分的函数表达式，如下所示：

$$F_1 = -0.1588X_1 - 0.0240X_2 - 0.0284X_3 + 0.3815X_4 + 0.3124X_5 + 0.0106X_6 \\ -0.2714X_7 - 0.2507X_8 + 0.1694X_9 + 0.3819X_{10} + 0.3287X_{11} + 0.3104X_{12} \\ -0.0654X_{13} \tag{1}$$

$$F_2 = -0.0498X_1 - 0.0601X_2 - 0.0894X_3 + 0.1361X_4 + 0.3182X_5 - 0.6120X_6 \\ 0.3820X_7 - 0.3808X_8 + 0.5686X_9 + 0.0754X_{10} + 0.0575X_{11} - 0.0933X_{12} \\ -0.0141X_{13} \tag{2}$$

$$F_3 = 0.6664X_1 + 0.0138X_2 + 0.1393X_3 - 0.1547X_4 - 0.0939X_5 + 0.0057X_6 \\ 0.2138X_7 + 0.3409X_8 - 0.0818X_9 - 0.1822X_{10} - 0.0842X_{11} - 0.3150X_{12} \\ +0.7102X_{13} \tag{3}$$

$$F_4 = 0.0230X_1 - 0.8621X_2 + 0.8012X_3 - 0.0260X_4 - 0.1778X_5 + 0.0130X_6 \\ -0.0020X_7 + 0.0310X_8 - 0.0170X_9 + 0.0040X_{10} - 0.0050X_{11} + 0.1159X_{12} \\ +0.1608X_{13} \tag{4}$$

在主成分函数的基础上，以主成分的方差贡献率为权重，构建综合预警指标（R）：

$$R = (36.808F_1 + 21.482F_2 + 15.359F_3 + 11.242F_4) \div 84.890 \tag{5}$$

## (二)预警指标测算结果及有效性检验

经过计算,得出2007年以来的中国跨境资本流动预警指标,并对其经济含义进行解释:第一,预警指标没有特定的含义,更多地反映一种趋势和变化,所以单一时点的数值计算结果没有意义,时间序列的数据才能够反映跨境资本流动的变化趋势和相对变化。第二,其正负并不代表跨境资本的流向,但有相关性。预警指标越大代表跨境资本流入规模越大或流出规模越小,预警指标越小代表跨境资本流入规模越小或流出规模越大。第三,构建预警指标采用的是标准化之后的数据,所以指标表述的是标准化之后的跨境资本流动趋势,可以根据预警指标计算出相应的跨境资本流动真实值,并据此对跨境资本流入还是流出作出判断。

首先,观察预警指标与标准化的跨境资本流动序列之间的联动走势(见图9)。从图中可以看出两者相关度较高,预警指标很好地预测了跨境资本流动趋势。本文还将预警指标和跨境资本流动真实值进行了对比(见图10),发现两者的相关系数为79.70%,两者高度相关,预警指标能够较好地预测跨境资本流动走势。预警指标2010年之后波动性较大,呈现双向波动。2014—2017年,预警指标持续下跌,处于低谷,说明跨境资本流出规模在增加;直到2017年预警指标逐渐恢复,说明跨境资本流入在增加,这一阶段对应了2014—2017年我国资本与金融账户持续逆差,面临资本外流的压力。以两个预警指标观测点为例,2010年第三季度的预警指标为0.5016,高于第二季度的0.4069,说明跨境流入规模在扩大,实际上2010年第四季度跨境资本流入规模为2 185亿美元,高于第三季度的1 136亿美元,说明滞后一期的预测结果较好(见图9、图10)。

其次,进一步对预警指标和跨境资本流动进行格兰杰因果关系检验(见表7)。结果显示,在滞后一期的情况下,预警指标是跨境资本流动的格兰杰原因,即可以通过$t-1$期的预警指标对$t$期的跨境资本流动进行趋势预测,且预警效果较好。

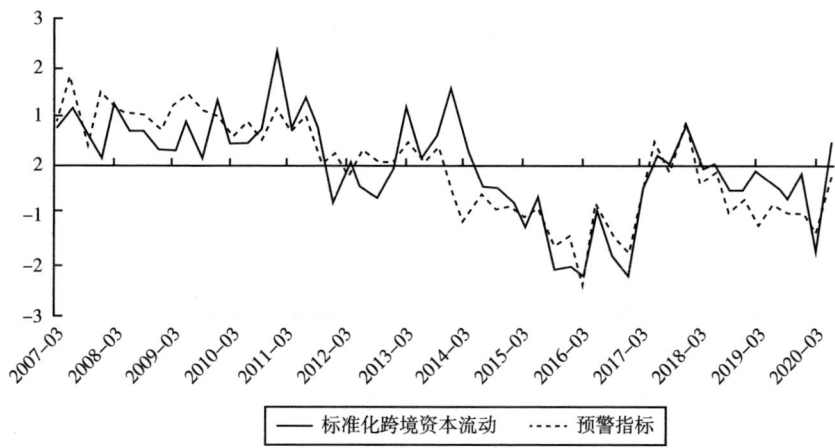

图9　标准化的跨境资本流动和预警指标走势

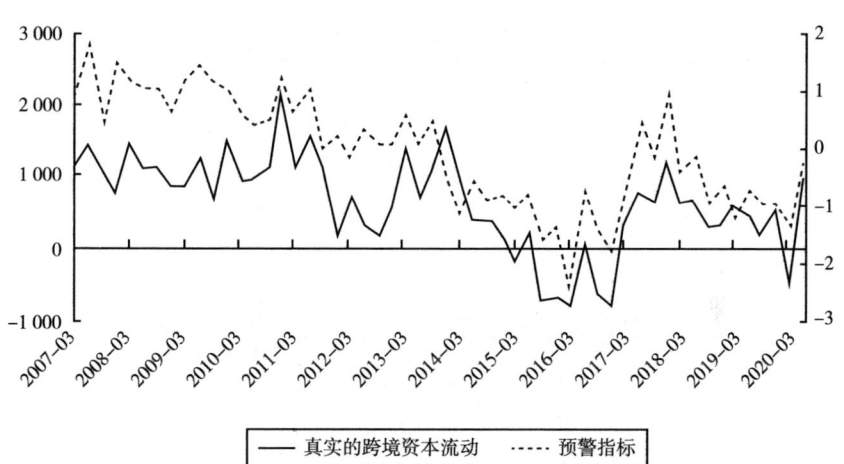

图10　中国跨境资本流动真实值和预警指标走势

表7　跨境资本流动真实值与预警指标的格兰杰检验结果

| 原假设 | F值 | P值 | 结论 |
|---|---|---|---|
| 预警指标不是跨境资本流动的格兰杰原因 | 9.26182 | 0.0037 | 领先 |
| 跨境资本流动不是预警指标的格兰杰原因 | 0.07971 | 0.7789 | |

## （三）实证结论

本文运用主成分分析法构建跨境资本流动预警指标，研究结论如下。

第一，我国跨境资本流动具有显著的顺周期性。通过格兰杰因果检验筛选出的先行指标和同步指标中，衡量国内宏观经济运行状况和外部金融状况的相关指标数量占比超过60%，说明我国跨境资本流动与国内宏观经济形势和外部金融形势具有显著联动性，国内宏观经济形势的恶化而外部金融状况趋好时，会引发严重的资本流出，进而导致国内资本流动进一步紧缩，易引发国内的系统性金融风险。

第二，预警指标与跨境资本流动历史数据对比结果显示，预警指标领先于基准序列或与其同步变化，表现出了较好的预测性，说明预警指标可发挥出一定的预警效力。

## 六、防范跨境资本流动风险的政策建议

未来，随着我国资本项目开发进程的推进，企业和居民全球资产配置的需求日益强烈，跨境资本流动将更加频繁，受利率、汇率、市场情绪等指标的影响也将越来越大，可以预见，防范突发性、恐慌性、异常的跨境资本流动风险具有重要意义。

### （一）充分发挥宏观经济政策在跨境资本流动管理中的作用

只有宏观经济政策才能从根源上化解危机，持续稳定的宏观经济制度是发挥跨境资本流动监管效应的重要前置条件。宏观经济政策包括货币政策、财政政策、汇率政策等，主要针对利率、汇率、货币供应量等基础的经济变量的调整来影响跨境投资性资本流动规模和方向，从而降低跨境资本流动可能对经济稳定造成的冲击。所以保持经济社会持续健康发展，加强对基础经济变量和经济政策的调整和监控，进一步释放财政政策和货币政策对于跨境资本流动监管的政策支撑作用，调节经济内外均衡。

### （二）完善跨境资本流动宏观审慎管理框架

目前，从历史实践来看，我国的宏观审慎管理框架能够在一定程

度上对资本流动进行逆周期调节，有效防范了跨境资本流动所导致的系统性风险。但随着我国资本项目开发进程不断推进，国内外形势复杂多变，跨境资本双向流动趋向常态，我国跨境资本流动的宏观审慎管理还有待进一步完善，以应对越来越活跃的资本流动。一是建议尽快完善直接投资、跨境担保等跨境投融资活动的宏观审慎管理，强化对重点领域、重点行业和重点国别的宏观审慎管理，丰富宏观审慎管理工具箱；二是强化对跨境资本流动的监测分析，通过指标分析、系统监测、阈值设置和触发机制等，及时、适度、有针对性地开展宏观审慎管理，防控系统性风险。

### （三）优化金融系统和金融市场的广度和深度，加固我国资本流动管理的基石

金融市场是跨境资本的主要流向，金融市场的发展水平对防范跨境资本流动风险有显著影响，完善的金融体系和健全的制度安排可以有效降低外部冲击对金融稳定的影响；吸收或缓解一定的资本流动溢出效应。建议从两方面进行完善：一是完善金融系统多样化结构设置，推动多层次资本市场建设，鼓励金融机构为市场主体提供差异化的金融服务，提高金融服务的精准性，使不同类型的市场主体均能享受到优质的金融服务，满足市场主体的需求；二是优化制度环境，金融的市场属性极强，规范要求极高，必须以制度规则为基础，减少行政干预，充分发挥市场主体在资源配置中的决定作用，着力提升我国法律法规、会计制度、信息披露原则、社会信用环境等多方面金融基础设施的国际化适应程度。此外，除了金融市场本身的完善和发展，市场中投资者素质以及配套的监管政策也至关重要，因此，我国还应完善金融市场的监管制度，加强投资者教育，防止投资者"羊群效应"给金融稳定发展带来的负面效应。

### （四）构建本外币一体化的跨境监测预警体系

当前我国将关注重点放在外币的跨境流动和跨境交易行为上，对人民币关注过少，缺乏对人民币资金流向跟踪监测，缺乏预警功能和信

息共享机制，监管效率有待提高。忽视对人民币跨境借贷、证券投资及外汇市场操作风险的管理，会放大国内金融市场风险敞口。因此，我国应完善多部门、多币种的跨境监测体系，一是建议加强各部门之间的信息共享，建立监管数据库，对货币市场、资本市场、外汇市场和保险市场跨境资本流动和跨境交易的统一监测；二是强化对企业层面跨境资本流动的跟踪监测，加强银行展业监管与尽职审查的执行力，关注企业大额、异常和高频资本流动的相关行为，落实真实性审核和穿透式外汇管理要求；三是不断完善跨境资本流动监测预警体系，将灰色渠道或非法跨境资本流动规模的指标纳入监测体系，全面、真实地掌握资本流动情况。

## 参考文献

[1] 傅樵.我国跨境资本流动管理的新发展问题研究［J］.河南社会科学，2020（05）.

[2] 陈卫东，王有鑫.跨境资本流动监测预警体系的构建和应用［J］.国际金融研究，2017（12）.

[3] 刘玚，李佳耘.逆全球化视角下我国跨境资本流动监测预警指标体系构建研究［J］.中央财经大学学报，2019（06）.

[4] 孙天琦.我国跨境资本流动管理的政策框架和实践［J］.清华金融评论，2019（07）.

[5] 谭小芬，梁雅慧.我国跨境资本流动：演变历程、潜在风险及管理建议［J］.国际贸易，2019（07）.

[6] 金成晓，李岩松，姜旭.跨境资本流动、宏观审慎管理与金融稳定［J］.世界经济研究，2020（03）.

[7] 巴曙松，巴晴.跨境资本流动宏观审慎管理的国际经验与中国探索［J］.清华金融评论，2019（08）.

[8] 毕海霞，陈小荣，刘玉娟.我国跨境资本流动新动态、潜在风险与化解对策［J］.经济纵横，2018（05）.

[9] 龚关. 宏观审慎监管视角下跨境资本流动风险监测预警研究[D]. 天津财经大学,2019.

[10] 张广婷. 新兴市场国家跨境资本流动的驱动因素研究——基于因子分析法的实证分析[J]. 世界经济研究,2016(10).

[11] 张礼卿,蔡思颖. 稳步开放资本市场 防范跨境资本流动风险[J]. 中国外汇,2019(11).

[12] 陈创练,姚树洁,郑挺国,欧璟华. 利率市场化、汇率改制与国际资本流动的关系研究[J]. 经济研究,2017(04).

[13] 田拓,马勇. 中国的短期跨境资金流动——波动性测度及影响因素分析[J]. 金融研究,2013(12).

[14] Kunibert Rafter. The tobin tax: Reviving a discussion[J]. World Development,1998(03).

[15] IMF. The Liberalization and Management of Capital Flows: An Institutional View[J]. IMF Working Papers,2012.

[16] Cantu,Carlos. Effects of Capital Controls on Foreign Exchange Liquidity[J]. BIS Working Papers,2017.

课题主持人:王 芳
课题组成员:崔 军 翟超颖 谈 叙 吴杨萍
执 笔 人:谈 叙

# 提高制造业中长期贷款占比路径研究

中国人民银行咸宁市中心支行课题组

中长期资金有助于促进制造业企业资本积累，对于"稳企业、保就业"具有重要意义。我国直接融资市场发展滞后，融资体系以间接融资为主，制造业企业融资高度依赖债权，尤其是信贷融资。但银行受到流动性风险、代理成本、信用风险等因素制约，银行难以完全满足企业的中长期贷款需求（张金清等，2011）。同时，张杰等（2017）实证研究发现，我国房地产部门和国有企业部门挤占了制造业的长期贷款分配额。制造业企业中长期贷款缺口较大，"短贷长投"现象较为普遍，加剧了企业的债务压力，也提高了企业的持续经营风险（ACHARYA，2011；马红等，2018）。针对这一问题，2019年7月30日，中央政治局会议进一步要求，推进金融供给侧结构性改革，引导金融机构增加对制造业企业的中长期融资。因此，立足于我国以间接融资为主的融资体系，研究如何提高制造业中长期贷款占比，对于解决制造业企业中长期融资难的问题具有重大现实意义。中国人民银行咸宁市中心支行课题组基于制造业企业中长期贷款的经济学原理，对咸宁市制造业贷款制约因素进行了分析，并借鉴与我国融资结构相似的德国中长期贷款制度安排的经验，在此基础上提出了一些提升制造业贷款占比的对策建议。

## 一、制造业中长期贷款经济学原理

制造业中长期贷款，其实质是银行对经济资源的跨期配置，用短期负债匹配长期资产，将资金盈余方的资金转换为企业所需的中长期资金，并投入制造业领域。在这个过程中，作为金融中介的银行需要承担代理风险（长期贷款不利于银行通过逐步了解信息和重复博弈来控制风险)、流动性风险和外生风险(一般由超预期的宏观经济金融或产业环境变化等引起),且风险大小与贷款期限成正比。按照边际分析原理,只有当期限转换的边际收益大于边际成本时,期限转换才得以进行,在边际成本等于边际收益时实现市场均衡。因此,要提高银行制造业中长期贷款占比,就需要对银行发放制造业中长期贷款的行为进行安全补偿、流动性补偿、外生风险补偿和盈利补偿。

（一）安全补偿

根据委托代理理论,由于信息不对称,银企之间普遍存在代理风险,且与贷款合约的期限成正比。中长期贷款由于期限较长,代理风险较高。安全补偿就是通过设置较高的准入条件、要求企业提供足值抵押品和缩短贷款期限等方式来降低银行与企业间的信息不对称程度,增加贷款需求方履行契约的可信度,降低银行中长期贷款边际代理成本。

（二）流动性补偿

根据流动性偏好理论,期限转换必然给银行带来流动性风险,发放中长期贷款给银行带来的流动性风险较短期贷款更高,因此,发放中长期贷款对银行流动性风险管理提出更高的要求。流动性补偿就是通过建立各类较长期金融产品二级交易市场、允许贷款等非标准化金融产品资产证券化、建立金融机构流动性拆借市场等方式来为银行提供便捷稳定的流动性获取渠道,降低期限转换过程中的边际流动性成本。

（三）外生风险补偿

随着贷款期限延长,银行在贷款合约到期前还需要承担企业经营环境变化、物价变动、利率波动等超预期外生冲击,而银行难以再通过短期合约滚动谈判的方式进行抵消,必然要承担更高的风险。外生风险补偿就是通过提供多样化的金融衍生品、第三方的担保增信等方式分散或对冲风险的方式,降低期限转换过程中的边际外生风险成本,促进期限转换。

（四）收益补偿

根据资产组合理论,理性经济人要求预期收益和所承担的风险成正比,那么还可以通过扩大贷款期限利差、提高资产负债利差和减免中长期业务税收等方式来提高银行期限转换业务的预期收益,补偿银行在期限转换过程中承担的风险。

## 二、咸宁市制造业中长期贷款情况

### (一)基本情况

**1. 制造业中长期贷款的准入门槛较高**

从客户条件来看,咸宁市各金融机构中长期贷款通常要求是战略客户、重点客户或政府背景的企业,公共基础设施领域由于政府隐性担保强而容易获得中长期贷款,而制造业企业多为民营、中小企业难以符合中长期贷款准入门槛。从信用等级看,制造业中长期流动资金贷款要求信用等级必须为A+级及以上,咸宁制造企业评级一般达不到A+。从规模条件来看,部分银行设立的企业规模条件多数制造业企业无法达到。如咸宁市邮储银行要求制造企业的中长期贷款的客户主营业务收入超3亿元,该要求将多数制造业企业拒之门外,截至2020年10月末,该行仅1家制造业企业获得了中长期贷款。

**2. 制造业中长期贷款办理周期较长**

基础设施项目和房地产等行业相关数据相对透明,市场发展情况及需求较易掌握,金融机构办理相关领域中长期流动资金贷款只需要1周即可,固定资产贷款一般只需1个月。而制造业中长期贷款办理周期较长,办理的不确定性较大。据咸宁市农行反映,制造业中长期流动资金贷款办理一般需要2—3周,中长期固定资产贷款则需要1个月以上,并且还需要到省分行审批,能否通过省分行审批存在较大的不确定。如某陶瓷制造企业向农行申请4 500万元中长期流动资金贷款,在市农行经过1个月初审后,在省分行复审时因企业财务管理不合规范而被要求重新审计财务报表。

**3. 制造业企业中长期贷款惧贷心理强**

2020年10月末,咸宁市制造业不良贷款率6.92%,高于全市不良率

5.46个百分点。制造业贷款风险较高,但包含中长期贷款在内的制造业贷款安全补偿不足,银行制造业中长期贷款投放意愿受到抑制,更倾向于将中长期资金投向能提供额外安全补偿的预算软约束主体或房地产企业。如咸宁市建行制造业不良贷款在全行不良贷款中占比42.29%,制造业不良贷款率11.29%,高于全行不良贷款率10.45个百分点,制造业中长期贷款审批权被上收至省分行,该行自2018年来再没有发放过制造业中长期贷款。据统计,截至2020年10月末,咸宁市有22.7%(5家)金融机构因风险高而暂停发放制造业中长贷款。

**4. 制造业企业中长期贷款增长较慢**

2020年10月末,咸宁市金融机构投向制造业的贷款余额103.8亿元,同比增长25%,高出各项贷款增幅8.4个百分点,在各项贷款余额中占比8.19%,较同期提升0.69个百分点。制造业贷款投放有所改善,但中长期贷款增长较慢,占比下滑。2020年10月末,咸宁市金融机构制造业企业中长期贷款余额35.3亿元,同比增长6.4%,低于制造业贷款增速18.6个百分点;制造业中长期贷款余额在制造业贷款中占比34%,较同期下降3.53个百分点,较2012年末下降6.88个百分点。

**5. 制造业企业中长期贷款缺口较大**

2020年前10个月,咸宁市已完成制造业投资379亿元,按照项目融资约占总投资金额的40%—50%测算,上半年咸宁市制造业固定资产建设需要贷款151.6亿—189.5亿元,而10月末咸宁市制造业企业中长期贷款余额仅35.3亿元,在制造业投资完成额中的占比仅为9.3%,存在116.3亿—154.2亿元的融资缺口。此外,近年来,随着产业升级加速,企业研发等长周期成本占比提升,相应的资金需求增多,但咸宁市各金融机构制造业企业中长期贷款主要有中长期流动资金贷款和固定资产贷款两类产品,主要用于购买原材料和项目固定资产建设,金融机构缺乏与制造业企业长周期成本相匹配的金融产品。

## (二)制约因素

**1. 制造业中长期贷款安全补偿不足**

(1)制造业细分行业较多,信息不对称程度更高。据统计,咸宁市制造业涉及29个大类、248个小类。制造业细分行业众多，产品门类繁多，各个小类行业内企业涉及项目技术、销售市场需求等关键要素均差别较大，高端制造业更是涉及很多不同领域的专业知识和技术，细分行业市场需求情况、市场数据、技术领先程度等获取难度更大。而电力、铁路、公路等基础设施项目和房地产等行业社会关注度高，行业运营情况及相关数据相对透明，相关的行业分析报告较多，市场发展情况及需求较易掌握。金融机构要花更多时间来获取、核查项目及市场数据，还需调查借款人生产经营规划、资产负债结构稳定性、现金流量和管理层的稳定性以及关键管理人员的品行等，导致制造业中长期贷款决策流程变长，获批的不确定性较大。

（2）银行粗放经营思维尚未完全扭转，信用风险评估和管控能力不足。多数银行基于企业的历史价值（如历史资产、收入等）来评价企业价值，而咸宁市制造业企业以中小民营企业为主，历史价值不高。为控制中长期贷款风险，银行通过提高客户准入门槛、抵质押担保条件、信用等级等来降低信息不对称风险，而不是通过深入掌握制造业经营规律、分析企业经营情况和不断提升风控技术来控制风险。同时，基于历史价值开发中长期信贷产品，难以真正契合制造业企业需求。如青砖茶生产是咸宁地方特色产业，其从购进原材料到发酵、制砖、烘干、存放，再到包装出售，生产周期较长，最少需要3年时间，而年份茶，则需要5—6年或更长的陈化时间。部分制茶企业为提高产品品质，将陈化时间从3年延长至5年以上，导致企业库存增加，对3年期以上的流动资金贷款需求增加，但银行认为企业存货增加，资产流动速度放慢，只向企业发放不超过3年期的贷款。

（3）政务信息共享机制不健全，非公开政务信息开放共享协调难。注册登记、抵质押登记、环境评价等政务信息被各银行用来辅助中长期贷款审核和风险管理，但法院诉讼、海关报关、不动产抵押、纳税、水电费、社保缴纳、公积金缴存等具有重要参考价值的非公开政务信息获取难度较大。这一方面是由于政务信息共享机制尚不健全。我国《中小企业促进法》第十八条规定："国家要建立信用信息征集和评价体系，实现中小企业信用信息查询、交流和共享的社会化",但尚未进一步制定具有可操作性的制度规范。这些非公开信息按照《政务信息资源共享管理办法》属于有条件共享信息,主管部门和单位应履行为信息主体保密的义务,不得擅自对外提供和使用。另一方面是由于非公开政务信息开放共享协调困难。政务信息分散在市场监管、税务、法院、水电气等政府部门和公共事业单位,各部门和单位的平台系统大多无法互联互通。银行难以协调相关部门和单位共享信息,只有要求企业自身提供税务发票、水电缴费发票、社保缴纳证明等纸质证明或凭证,导致企业信息的碎片化,加大信息利用的难度。

**2. 制造业中长期贷款外生风险补偿渠道有限**

我国信用衍生品市场发展较慢,风险对冲工具主要集中于债券市场,制造业银行中长期贷款缺少风险对冲工具,主要依靠第三方担保机构来分散风险。但截至2020年10月末,咸宁市担保机构制造业代偿余额3.69亿元,同比增长25.55%,制造业代偿余额占比在各行业中最高,达到64.27%。制造业担保代偿风险高,全市各担保机构制造业中长期贷款担保意愿和能力较低,均未开展制造业中长期贷款提供担保增信服务,制造业中长期贷款外生风险补偿渠道有限。

(1)担保机构资金实力不足,担保代偿能力较弱。咸宁市担保公司资金实力较弱,资本金持续补充机制不健全,不愿意涉足制造业等风险较高的业务。如咸宁市担保集团公司为咸宁市最大的一家担保公司,注册资本6亿元,实际仅到资4亿元,到2020年6月末在保余额35.09亿元,存放合作银行担保业务基础保证金近亿元,代偿余额2.7亿元,能用于新业务拓展和隐性逾期担保责任代偿资金已不足。咸宁金桥担保公司由于担保对象风险频发,已无资金补充在各行的担保金,在合作金融机构的担保金余额为零,多家银行与其暂停合作。嘉鱼县中小企业融资担保公司注册资金仅1.53亿元,2020年新增代偿1 251万元,同比增长33%,资本金消耗加快,现在仅能对在保到期业务进行续保。

(2)担保业务收益与风险不匹配,担保业务可持续性降低。银行信贷人员对符合银行信贷条件的优质小微企业直接受理不推送担保增信,对不符合银行信贷条件的相对困难企业,要求融资担保机构承担全部逾期代偿责任,向担保机构转嫁风险。如截至2020年10月末,咸宁市担保集团累计代偿的82笔4.56亿元担保贷款,全部是由市担保集团承担100%的担保责任。担保机构的担保对象资质本身低于银行普通贷款客户,担保业务的风险却高于银行贷款,且收取的担保费低于银行贷款利率,收益与风险严重不匹配,担保业务可持续降低。据统计,到10月末,全市16家政府融资担保公司只有1家处于盈利状态。

（3）新型风险分担机制覆盖面有限,风险分担机制不健全。2020年来,全国各地正在构建政府性融资担保再担保体系,推行政银担风险分担新机制,国担基金和省再担保集团采用总对总的方式,分别与同级银行总行签订了风险合作协议,但在咸宁市的国有商业银行积极性不高,合作意愿不强,新机制担保业务扩面、增量、优结构、降成本的作用得不到充分发挥。到10月末,咸宁市各县市国有担保机构已与辖内67家银行业机构中有19家签订了再担保、担保、银、政府四方"4321"合作机制协议①,合作银行机构占比仅28.36%,合作贷款仅占合作担保公司总担保责任余额的8.9%。部分银行虽然签订协议,但未开展实质性合作。如咸宁市担保集团7家合作银行中,仅3家发放贷款,金额1.2亿元。

**3.制造业中长期贷款的流动性补偿不足**

（1）不良贷款处置困难,冻结银行流动性。从各行不良贷款的处置来看,主要有核销、资产转让、贷款重组、土地置换等方式来盘活不良资产。但制造业企业贷款抵押物具有行业专属特性,加之经济增长放缓阶段资产管理公司收购不良资产意愿降低,制造业不良贷款抵押物难以处置变现,不良资产处置主要依靠核销。而不良贷款核销必须要经过诉讼和强制执行阶段,诉讼从立案到执行的平均周期需5—6个月的时间,且执行收回率低,制约银行不良贷款呆坏账核销。如咸宁市农行到10月末,有202笔共5 499万元还没有进入司法诉讼程序,有35笔共2 897万

---

① 再担保、担保、银行、政府四方"4321"合作机制,即对于纳入再担保体系的小微企业无力偿还到期的担保贷款时,政府性融资担保机构、湖北省再担保集团、银行业金融机构和地方政府分别按4∶3∶2∶1比例承担风险。

元已立案但未判决；累计3.84亿元不良贷款已进入执行阶段，但执行收回或部分收回1 338万元，执行收回率仅1.83%。

（2）存款增长慢于贷款，金融机构流动性趋紧。在金融脱媒的大背景下，银行各项存款特别是活期存款增长放缓，导致银行流动性整体收紧。据统计，2020年10月末，咸宁市各项存款余额1 803.4亿元，同比增长12.1%，增速低于各项贷款增速3.4个百分点，金融机构整体流动性趋紧。

（3）信贷资产证券化发展不充分。我国信贷资产证券化面临市场参与主体不多、流动性较差、基础资产种类较少、信用评级机构缺乏专业性和中小银行产品备案以及发行周期较长等因素制约，信贷资产证券化总量仍较低，为银行提供的流动性补偿的能力有限。据Wind统计，截至2020年10月，我国存量信贷资产支持证券仅1.36万亿元，只有银行贷款余额（176.26万亿）的0.78%，大幅低于德国资产担保债券存量与银行贷款余额之比（14%）。

**4.制造业中长期贷款收益补偿不足**

（1）制造业中长期贷款利率下降。据统计，2020年前10个月，咸宁市制造业中长期贷款加权平均利率为4.54%，同比下降124bp。但随着存款利率市场化及理财市场发展，银行揽储成本不断上升，再加之制造业平均不良率超过6%，金融机构制造业中长期贷款利率不能覆盖其各项成本。

（2）制造业贷款期限利差结构性不合理。据调查，咸宁市多数金融机构1年期（含）以内的制造业企业贷款利率一般较1年期LPR低30—40bp，而1至5年期（含）以内的制造业企业贷款较1年期LPR低5bp左右，30bp左右的期限利差难以弥补因期限延长而产生的风险，从而导致金融机构更愿意发放短期贷款。

## 三、德国经验借鉴

德国融资体系以银行等间接融资为主，其通过一系列制度安排来促进银行等金融中介进行期限转换，进而使得市场主体主要通过银行等中介获得中长期资金。我国金融资结构与德国相似,德国提高非金融企业中长期融资的制度安排对我国具有较强的借鉴意义。

### (一)德国提高中长期间接融资制度安排

**1. 密切银企关系**

德国实行主要往来银行制度,通过长期综合金融服务、投票权、向公司派遣监事等,强化信息生产能力和决策话语权,为期限转换提供更多安全补偿。一是长期综合金融服务。主要往来银行一般对企业持股或贷款最多,并作为企业最主要的支付结算人,为企业提供长期的、多次的、综合性的金融服务,获得更多的企业内部信息。二是直接持股。德国法律允许银行在50%自有资本以内持有非金融企业股票,且只要持股比例超过25%,就可以一票否决企业决策。银行通过参与企业内部决策,可以获取企业内部信息。三是代理投票和派驻监事。德国个体投资者和企业可以将持有的证券存放银行并委托其代理行使投票权,从而银行可以远高于自身持股份额获得监事会席位。德国监事会是企业的最高决策机关,有权任免企业管理人员,从而影响企业决策。

**2. 政策金融补位**

德国构建了以复兴信贷银行和各州担保银行为主体的政策性担保体系,明确了担保机构与金融机构风险分担机制,并将政策性担保业务的风险通过金融市场进一步分散,中长期贷款的外生风险分担机制较为完善。一是复兴信贷银行采用"批发+转贷"模式投放政策性贷款。德国成立复兴银行通过企业主要往来银行向符合标准的项目发放6年期和10年期的贷款,并承担25%的风险。主要往来银行为推荐的企业提供50%的担保,并获取1%的报酬。德国政府分担25%的风险。二是信用风险衍生工具应用。中小企业主要往来银行贷款可以通过CDS(信用风险掉期)将贷款违约风险转移给复兴信贷银行,复兴信贷银行再通过Promise平台(中小企业信贷资产证券化平台)将信用风险转移给不同风险偏好的投资者,其中,优先级部分通过CDS转移给OECD银行,普通级部分则通过SPV发行不同等级的CLN(信用联系票据)。三是担保银行贷款担保。德国各州成立以银行、银行业协会、工商会和工商行业协会为主要股东的担保银行，将通过协会和政府获得的企业信息和主要往来银行提供的信息进行分析，对符合条件的企业贷款提供每笔最高125万欧元、不超过贷款额80%的担保。担保银行与商业银行按8∶2比例分担贷款风险，担保银行代偿后，政府分担其损失额的65%（其中联邦政府39%，州政府26%）。

**3. 谨慎的信贷资产证券化**

德国允许银行以住房抵押贷款、对公共部门的贷款等高质量贷款构建资产池，发行资产担保债券。到2018年末，德国担保债券余额为0.42万亿美元，全球排名第二，达到银行贷款余额的14%，为银行期限转换提供了大量的流动性补偿。德国担保债券在次贷危机中受到的冲击较小，主要得益于以下机制设计：一是表内双担保。德国银行证券化的信贷资产不出表，担保债券的投资者对基础资产具有优先追索权，还对发起银行享有一般追索权，促使发起银行加强信贷资产风险管控。二是高担保率。担保债券基础资产必须为高质量贷款，同时要求居民住房抵押贷款的贷款价值比（LTV）最高为80%，商业住房抵押贷款的LTV最高为60%，确保担保债券能够承受较大的基础资产减值压力。三是动态资产替换。监督机构定期对担保债权资产池进行监测，如某些资产质量下降，银行必须用其他优质资产、现金或现金等价物进行替换，确保资产池储备足够的资产。

## （二）德国提高中长期间接融资经验总结

**1. 间接融资市场可以解决制造业中长期贷款市场失灵问题**

Fan等（2012）对39个发达国家和发展中国家的上市公司进行实证研究后发现，与金融市场主导型国家相比，银行主导型国家的企业债务期限确实相对较短；然而，对比银行主导型的德国和金融市场主导型的英国的样本公司发现，两者长期债务占比的中位数非常接近，均高出中国约5倍。由此可见，即使中长期信贷市场存在市场失灵问题，但通过提高安全补偿、外生风险补偿和流动性风险补偿的制度安排，可以有效缓解中长期信贷市场失灵问题，使得非金融企业可以通过银行等间接金融中介获取中长期资金。

**2. 注重以市场引导的方式引导金融机构进行期限转换**

德国促进金融系统期限转换过程中，政府主要通过制度安排来提高安全补偿、外生风险补偿和流动性风险补偿，引导银行主动进行期限转换，而不是像早期一些发展国家用政府替代市场的方式（即通过构建以国有银行绝对主导的金融体系，再压低存款利率和投向优先发展经济部门的贷款利率，以实际为负的中长期贷款为优先发展的产业、项目筹集资金）来加速资本积累。政府替代市场会扭曲价格信号，抑制储蓄的积极性，导致金融抑制。

**3. 注重政府在中长期信贷市场培育中的作用**

德国政府注重加强金融基础设施建设，培育更为健全高效的市场，更好发挥对期限转换的补偿和促进作用。一是完善法治体系和金融监管制度，加强对投资者和契约履行的保护。如担保债权投资者依法享有对基础资产和银行的双重追索权，银行对持股超过25%的非金融企业具有决策否决权等，制定了复兴银行与主办行风险分担比例。二是搭建流动性拆借和各类金融产品尤其是中长期金融产品的交易平台，有助于强化流动性补偿。如德国金融围绕Promise平台（中小企业信贷资产证券化平台）来有效提高流动性补偿。三是培育市场主体。德国政府依据《德国复兴信贷银行法》对复兴信贷银行的所有债务提供完全担保，各州成立多方参与的担保银行，丰富和补充了中长期信贷市场参与者，为分散银行中长期贷款信用风险创造了条件。

## 四、对策建议

基于制造业获得中长期贷款的经济学原理、德国中长期融资制度安排的经验和咸宁实际情况，需要充分发挥市场在资源配置中的决定性作用，更好发挥政府在市场培育中的作用，集中精力优化和完善四种补偿机制，提高银行发放制造业企业提中长期贷款意愿和能力。

**（一）优化安全补偿方式**

从短期来看，要加强银企互动。一方面鼓励金融机构加强与科研院所、行业协会互动联系，开展制造业及其子行业的研究，加深对制造业客户、产品、行业、商业运作模式和交易规律的了解，根据细分行业、规模和地区等不同情况，进一步科学细化准入标准，适当降低对于企业资产规模、销售收入等方面的过高要求，开发出更多适合制造业企业的研发贷款、信用贷款等中长期信贷产品。另一方面，要引导其他中小制造业企业健全规范财务制度，及时主动地向贷款银行完整披露自身信息。

从中长期来看，一方面要推动企业信息共享。完善《中小企业促进法》，加快发展地方金融信用信息服务平台，整合政银企各方资源，建立标准统一的信息基础数据库，充分利用大数据、云计算等科技手段，推动各部门信息的集成和共享；另一方面，强化银行获取和处理企业信息的能力。逐步将投贷联动试点范围，支持银行与其子公司、创投、证券、基金等根据实际开发投贷联动产品，鼓励各银行加强金融科技的运用，扭转银行粗放经营思维，促进银行重视信息搜集，强化贷前、贷中、贷后全流程的风险评估和管控能力。

**（二）拓宽外生风险补偿渠道**

从短期来看，要增强担保机构实力，提升制造业中长期贷款的担保意愿和能力。要引导和鼓励各市县政府设立地方政府性担保机构，完善资金补充机制，设立中长期贷款融资担保基金，同时运用税收手段减轻体系内机构经营负担，通过免征营业税、准备金税前扣除等减税降费措施，对政府性融资担保机构进行税收减免或补贴，支持担保机构稳健运行、持续发展。

从中期来看，要鼓励地方担保机构与国家或省级再担保公司合作，完善担保风险分担机制，合理划分担保机构、银行、再担保机构等各方的风险承担的比例。同时，要尽快研究制定担保坏账核销办法，依法依规核销担保坏账，降低担保机构经营风险，提高资产质量，促进担保机构健康发展。

从长期来看，要完善机制，稳妥推进信用衍生品市场、资产证券化市场发展，为担保机构提供市场化的风险对冲工具。

### （三）丰富流动性补偿手段

一是积极运用再贷款、再贴现、定向降准、定向中期借贷便利等工具，对于投向中小微、科创、"三农"等领域的中长期贷款，给予更多的流动性支持。二是加快不良贷款处置力度。引导各银行综合运用核销、清收、批量转让、债转股等手段处置已形成的不良贷款，拓宽不良资产处置渠道。提升司法诉讼效率，从简、从快处置金融债权维护案件，为银行贷款核销创造条件。三是借鉴德国担保债券的"表内双担保"模式，压实银行责任，严把风险关口，积极稳妥发展信贷资产证券化业务，盘活存量信贷资产。四是支持银行拓宽融资渠道，通过金融市场筹集更多中长期稳定资金，优化中长期资产负债匹配结构。

### （四）确保必要的盈利补偿

一方面要制定制造业中小微型企业中长期贷款定向支持政策，对向制造业小微型企业发放中长期贷款的金融机构提供低成本的再贷款政策。另一方面要深入推进利率市场化，持续完善贷款市场报价利率（LPR）形成机制，适当提高中长期贷款和短期贷款的期限利差，不断提高利率的宏观经济敏感度，促进市场利率准确反映中长期资金的稀缺程度。

## 参考文献

[1] 张金清，张健，吴有红. 中长期贷款占比对我国商业银行稳定的影响——理论分析与实证检验[J]. 金融研究，2011（09）：78-92.

[2] 张杰，居杨雯. 贷款期限结构与中国经济增长[J]. 世界经济文汇，2017（05）：1-22.

[3] 马红，侯贵生，王元月. 产融结合与我国企业投融资期限错配——基于上市公司经验数据的实证研究[J]. 南开管理评论，2018（03）：46-53.

[4] 邹晓梅，张明，高蓓. 欧洲的资产证券化：发展历程、特色产

品及其对中国的启示［J］. 上海金融，2015（01）：79-84.

［5］ACHARYA V. V., GALE D, YORULMAZER T. Rollover risk and market freezes［J］. The Journal of Finance, 2011, 66（04）: 1177-1209.

［6］Fan H., S. Titman, G. Twite. An International Comparison of Capital Structure and Debt Maturity Choices［J］. The Journal of Financial and Quantitative Analysis, 2012, 47（01）: 23-56.

课题主持人：朱　华
课题组成员：皇　震　镇　飞　李瑜信　童星英　韩玉国
执　笔　人：韩玉国

# 跨境服务贸易新业态对国际收支统计的影响

中国人民银行武汉分行国际收支处课题组

**摘要**：互联网、数字技术等服务贸易新业态的出现推动服务贸易迅速发展，但其数字化、电子化、虚拟化、隐匿化的特点给跨境服务贸易的统计带来了新的挑战。目前，国际收支间接申报是我国跨境服务贸易统计的重要数据来源，但实践中可能不足以反映我国服务贸易的进出口全貌。本文尝试估算我国服务贸易的实际规模，分析与国际收支统计的数据差异，对可采用的补充数据源或估算方法提供建议，以进一步完善国际收支统计制度、提高国际收支统计准确性。

**关键词**：服务贸易；新业态；国际收支统计

## 一、引言

世界贸易组织（WTO）发布的《2019年世界贸易报告》聚焦服务贸易发展，指出服务贸易已经发展成国际贸易中最具活力的领域，其中起决定性作用的是数字技术应用和发展。随着数字技术的进步，服务贸易成本呈下降趋势，准入门槛大幅降低，数字技术使得传统上需要面对面互动的服务可以实现跨境贸易、远程交付，为跨国服务交付提供了便利，推动服务贸易迅速发展。自2005年以来，服务贸易平均每年增长5.4%，高于货物贸易平均4.6%的增速，未来服务贸易将面临更大的发展。根据世贸组织全球贸易模型测算，到2040年全球服务贸易份额可能提高50%、占世界贸易总量的1/3。

在世界服务贸易快速发展的过程中，我国服务贸易的总体水平也逐渐上升，服务进出口规模不断增长，服务贸易进出口总额在2014年超越德国，成为世界第二大服务贸易国，连续六年位居世界第二，仅次于美国[①]。虽然我国服务贸易的发展势头良好，增长速度超过货物贸易，但是仍然达不到发达国家的发展水平，也存在一些不可忽视的问题。相比于欧美发达国家，我国服务贸易逆差有待改善，服务贸易质量有待提高，服务贸易结构有待优化。

按照《国际收支和国际投资头寸手册第六版》（BPM6）的统计标准，服务贸易可以细分为加工、维护和维修、运输、旅行、建设、保险和养老金服务、金融服务、知识产权使用费、电信计算机和信息服务、其他商业服务、个人文化和娱乐服务，以及别处未提及的政府服务12个项目（见表1）。

**表1　　　　　　　　服务贸易分类**

| 服务项目名称 | 分类 |
| --- | --- |
| 加工服务 | 制造业相关服务 |
| 维护和维修服务 | |
| 运输 | 传统服务 |
| 旅行 | |
| 建设 | |
| 保险和养老金服务 | 新业态相关服务 |
| 金融服务 | |
| 知识产权使用费 | |
| 电信、计算机和信息服务 | |
| 其他商业服务 | |
| 个人、文化和娱乐服务 | |
| 别处未提及的政府服务 | 政府服务 |

---

① 采用IMF公布的各国国际收支平衡表（BOP）数据分析得到。

目前，国际国内对货物贸易新业态有较为一致的提法和分类，但并没有对服务贸易新业态进行明确定义，运输、旅行、建设一般归为传统服务贸易，WTO和商务部相关报告提到了数字服务贸易和新兴服务贸易，本文认为服务贸易新业态是伴随着数字技术（Data Technology，包括大数据、物联网、云计算、人工智能、区块链等）不断发展而产生的，是采用数字化技术进行研发、设计、生产，通过线上传输、跨境交付的产品和服务。其主要特征为无须人员和物质跨境流动，一般只是服务本身跨越国界。数字技术的应用导致了信息的传输成本大幅下降，极大解决了服务贸易供需之间的不平衡，提升了服务的可贸易性。从具体领域看，服务贸易新业态包括三大类，一类是信息技术服务，如软件、社交媒体、搜索引擎、通信、云计算、大数据、人工智能、区块链、物联网、卫星定位等；二类是数字内容，如数字传媒、数字娱乐、数字学习、数字出版等；三类是其他通过互联网交付的离岸外包服务[①]。服务贸易新业态可以分布在服务贸易12个项目的每一个项目中，但主要集中在保险和养老金服务、金融服务、知识产权使用费、电信计算机和信息服务、其他商业服务、个人文化和娱乐服务6个项目中。

服务贸易新业态的数字化、电子化等特点极大促进了贸易便利化，中小企业更容易进入新市场，我国服务贸易规模日益扩大。但其虚拟化、隐匿化的特点，又使得交易过程中的交易场所、资金性质等内容难以判断或获取，给国际收支统计带来了挑战，很多新业态的服务贸易活动未能在国际收支统计数据中体现，不利于风险防范和监管决策。为全面掌握中国服务贸易发展的真实情况，外汇管理部门需要调整原有管理方式和制度，更加准确地做好服务贸易统计。只有及时完善服务贸易新业态的国际收支统计，才能更加全面、准确、及时地反映我国真实的国际收支状况，才能为监管部门开展外汇监管及决策提供充足、科学的基础数据支持，这对于国家开展经济金融领域宏观决策、防范异常跨境资金流动风险具有重要意义。

---

① 参考商务部《2018年中国数字服务贸易发展报告》。

## 二、研究综述

服务贸易相关文献颇多,但是涉及服务贸易新业态和服务贸易国际收支统计的研究可谓凤毛麟角。

关于服务贸易新业态,王拓(2019)借助OECD分析框架对数字服务贸易的定义和内涵进行阐释,并分析了数字服务贸易的发生过程。聂燕峰(2020)在分析我国服务贸易发展现状的基础上,明确了加快服务贸易创新发展的意义,并探讨了"互联网+"背景下的服务贸易创新发展。许翔宇、孙希华(2018)认为,国际服务贸易发展迅速,在国际贸易中的地位日益上升。发展重心逐渐由三大传统行业转向信息、金融、文化休闲、知识产权等新兴现代服务业。

关于服务贸易统计数据的准确性,刘东强、冯丽娜(2015)使用联合国服务贸易数据库(UN Service Trade)对中国服务贸易主要出口目的地和进口来源地进行了分析研究,发现中国服务贸易伙伴比较集中,服务贸易进出口前十大贸易伙伴均为发达经济体。杨丽琳(2015)通过对比服务贸易双边镜像数据,探讨了我国服务贸易统计数据的非对称问题。认为贸易统计数据非对称背后折射出来的是统计数据准确性问题。乔斯林·马德琳、安德里亚斯·马瑞尔(2016)建议通过设计和实施调查问卷、个人以及家庭调查、国际交易的报道系统、政府记录以及其他资源(信用卡记录或其他大数据)来收集数据。商务部发布的《2018年中国数字服务贸易发展报告》认为,我国数字服务贸易的统计制度有待建立,目前还没有制定数字服务贸易统计分类,从而对数字服务贸易的宏观管理、行业分析、理论研究都造成不利影响。

整体来说,现有文献关于服务贸易新业态和国际收支统计的研究多有提及统计上的错漏和困难,也提出一些宏观层面的意见和建议,但是对于可采用的补充数据源或估算方法基本未涉及。本文则在上述文献的基础上,充分考虑跨境服务贸易提供与资金流动关系不匹配的情况,调研跨境服务贸易企业,估算我国服务贸易实际交易量和统计数据之间的差距,并对可采用的补充数据源或估算方法提供建议,以进一步完善国际收支统计数据源、提高国际收支统计准确性。

## 三、我国服务贸易发展概况

总体看来,我国是服务贸易大国,但是国际竞争力不足,服务贸易逆差较大。近年来,由于服务贸易新业态的崛起,服务贸易结构显著优化,有望扭转服务贸易逆差扩大的趋势。

### (一)服务贸易发展快而稳,总规模位居世界第二

自2001年我国加入WTO以来,服务贸易发展迅猛,总体规模不断迈上新台阶。2012年,我国服务贸易规模居世界第四,2013年上升为第三,2014年超越德国成为世界第二大服务贸易国,仅次于美国。2019年,我国服务贸易进出口总额达到7 499亿美元,连续六年位居世界第二位。图1展示了2001年以来我国服务贸易规模及变化趋势。

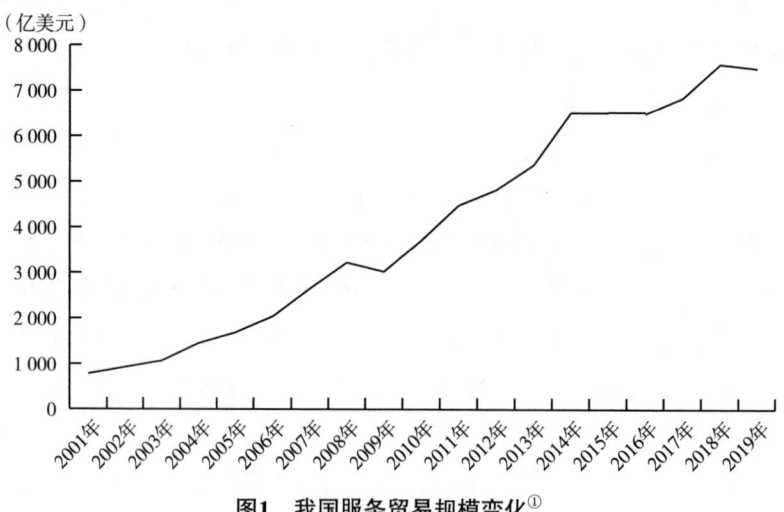

**图1　我国服务贸易规模变化**①

### (二)服务贸易进口增长快于出口,逆差居高不下

从我国国际收支平衡表来看,服务贸易已经连续11年逆差,2019年我国服务贸易逆差金额高达2 611亿美元。2009—2019年,服务贸

---

① 数据来源:国家外汇管理局。

易出口仅增长70%,但是进口增幅高达218%,是出口的3倍多,造成服务贸易逆差10年间扩大16倍(见图2)。说明我国虽然是世界第二大服务贸易国,但并不是服务贸易强国,服务贸易国际竞争力亟须提高。

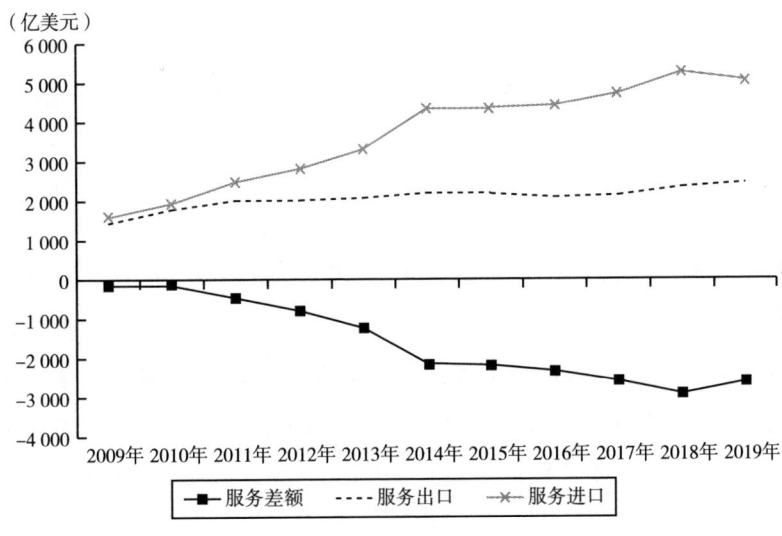

**图2　2009—2019年服务贸易进出口趋势**①

### (三)新业态成为增长动力,服务贸易结构持续优化

长期以来,我国服务贸易主要集中在传统的劳动密集型服务项目上,旅行、运输、建筑三大传统服务行业在我国服务贸易中一直占据主导地位,近5年占比均超过60%(见表2)。

表2　　　　　　　　　近5年服务贸易结构变化②　　　　　　　单位:亿美元

| 类别 | 2015年 | | 2016年 | | 2017年 | | 2018年 | | 2019年 | |
|---|---|---|---|---|---|---|---|---|---|---|
| | 金额 | 占比 | 金额 | 占比 | 金额 | 占比 | 金额 | 占比 | 金额 | 占比 |
| 制造业相关服务 | 255 | 4% | 259 | 4% | 265 | 4% | 274 | 4% | 300 | 4% |
| 传统服务 | 4 456 | 68% | 4 301 | 66% | 4 479 | 65% | 4 913 | 65% | 4 655 | 62% |

①② 数据来源:国家外汇管理局。

续表

| 类别 | 2015年 | | 2016年 | | 2017年 | | 2018年 | | 2019年 | |
|---|---|---|---|---|---|---|---|---|---|---|
| | 金额 | 占比 | 金额 | 占比 | 金额 | 占比 | 金额 | 占比 | 金额 | 占比 |
| 新业态相关服务 | 1 784 | 27% | 1 896 | 29% | 2 055 | 30% | 2 343 | 31% | 2 491 | 33% |
| 政府服务 | 36 | 1% | 44 | 1% | 52 | 1% | 62 | 1% | 53 | 1% |
| 服务贸易总额 | 6 531 | 100% | 6 500 | 100% | 6 851 | 100% | 7 593 | 100% | 7 499 | 100% |

不过，随着数字技术的快速发展，新业态相关服务正在加速升级，在服务贸易总额的占比不断提高。2015年以来，制造业相关服务和政府服务在服务贸易中的比重基本无变化，分别为4%和1%。但是传统行业的比重从68%逐年下降到62%，与此同时，新业态相关服务贸易的占比从27%稳步增长到33%，也就是说新业态相关服务完全消化了传统服务6%的份额。2015年以来，传统服务的进出口总额仅增长4%，新业态相关服务贸易总额却迅速增长了40%。尤其是2019年，传统服务贸易金额下降了5%，新业态相关服务贸易总额增长6%。由此可见，我国服务贸易正在进行产业结构转型，新业态相关服务贸易已逐步成为拉动我国服务贸易增长的主要动力。由于我国互联网基础设施完善，在5G、云计算、人工智能、大数据等新兴技术领域都积累了较强的优势，预计数字技术驱动的知识密集型服务出口将保持快速增长。

## 四、我国服务贸易国际收支统计现状及面临的挑战

当前，国内对跨境服务贸易进行统计的部门主要有商务部和国家外汇管理局。其中，国家外汇管理局已经严格按照《国际收支和国际投资头寸手册第六版》（BPM6）建立起一套统计体系，即以国际收支间接申报为主，国际收支直接申报和调查统计为辅，其他相关部门统计数据为补充，逐笔申报与定期申报、流量申报与存量申报相结合的国际收支统计制度框架。理论上，通过银行或第三方支付机构进行跨境结算交易的

无形商品或服务均能纳入国际收支统计制度框架中。

但是，基于互联网、数字技术的跨境服务贸易新业态，给国际服务贸易统计带来新的挑战。一方面，服务贸易新业态的数字化、电子化，有助于简化涉外交易流程，提高交易效率，节约交易成本，促进贸易便利化；另一方面，其虚拟化、隐匿化，使得交易过程中服务的金额、资金的性质等内容难以判断或获取，给国际收支统计带来了困难，造成部分统计缺失。

### （一）统计口径及统计标准难以判断

国际收支统计的是一国居民与非居民的经济交易，但由于服务贸易新业态的虚拟化及隐匿化，有时无法判断交易双方的身份及资金是否跨境。通过平台的交易，往往又难以区分平台背后实际交易对手的身份和国别。

### （二）与现有统计原则不匹配

国际收支统计要求申报主体按照权责发生制确定交易发生时间点，报送数据，新业态的交易模式纷繁复杂，有些服务是在一个时间段持续提供，统计时无法确定交易的具体时间点，或者交易金额在某一时点并不好计价。

### （三）交易平台复杂多样，数据采集难度加大

传统涉外交易资金一般由银行进行支付清算，因此我国当前国际收支统计形成了主要通过银行采集数据的完善体系。但是随着服务贸易新业态蓬勃发展，第三方支付机构业务快速增长，它的介入直接冲击传统通过银行采集数据的方式。虽然第三方支付机构目前已纳入统计监管的视野，但获得信息的真实性和有效性还值得商榷，更别说出现的第四方甚至第五方支付机构，获取完整的涉外交易信息存在困难。另外，在以区块链为支撑技术的新型支付方式中，完全没有类似银行的中介角色，这无疑给当前数据采集模式带来极大挑战。

### （四）交易性质难以区分，数据质量无法保障

在新业态的服务贸易中，由于交易过程无纸化，相关的协议、商品

或服务的内容等资料一般通过电子形式呈现，且可能分布于不同交易主体（如销售者、购买者、交易服务平台、支付机构等），支付机构难以获取全部信息，一般只能参照有限的信息对交易性质进行归类申报，无法保障国际收支统计数据的准确性。此外，部分居民个人通过非平台跨境购买虚拟商品或服务（例如网游的道具等），交易资金多在个人之间转移，有可能游离于国际收支统计，即使申报也往往申报在旅行收支或经常转移（如赠家款）项下，而非按真实性质进行申报，造成国际收支统计数据严重失真。

### （五）交易计值面临困难

国际收支统计采用的本币或外币均为法定计价货币。但在数字服务贸易中，部分交易以虚拟货币完成支付，如Q币、比特币、以太币等，难以折算为法定货币进行统计。

### （六）难以实现逐笔统计

新业态下服务贸易由于交易便捷、成本低廉，呈现出笔数多、金额小的特征，不可避免存在轧差交易的问题，因此难以实现逐笔统计或还原申报。

## 五、我国服务贸易总体规模及差异估算

2015年以来，传统服务的进出口总额仅增长4%，新业态相关服务贸易总额却迅速增长了40%。换言之，近年来我国国际收支服务贸易规模迅速增长主要是依靠服务贸易新业态支撑起来。因此，我们通过研究跨境服务贸易新业态的形式、特点及其发展状况，发现现有国际收支统计的数据可能不足以反映我国跨境服务贸易进出口全貌。为进一步摸清服务贸易收支规模与实际资金收支之间的关系，本文对国际上现行的服务贸易统计进行了研究和梳理，并使用我国贸易伙伴相关数据对我国实际服务贸易规模进行试算，估计其间差距，对估算方法提供建议。

## （一）国际组织现有服务贸易统计数据概览

目前，国际上对服务贸易统计主要分为两大系统：一是国际货币基金组织（IMF）较为狭义的国际收支统计要求（BOP）；二是世界贸易组织（WTO）较为广义的服务贸易总协定统计要求（FATS）。这两大标准对服务贸易统计的原则、范围均有不同，最大的区别是：国际收支统计的涵盖范围为"居民和非居民之间的交易"，用交易发生金额的数值直接衡量计算服务贸易业务规模；服务贸易总协定统计则将其扩展到作为东道国居民的"外国商业存在"与该国其他居民之间的交易，它还包含了部分无资金交易背景下的国际服务贸易业务开展。国家外汇管理局主要采用IMF的国际收支统计准则，通过统计一揽子申报为服务贸易交易的资金收支，辅以相关调查统计，来开展服务贸易业务的统计。课题组通过比较多个国际组织服务贸易统计的定义和口径，借以寻找估算的数据源并总结方法。

以IMF及WTO为代表的一些国际组织根据以上两种统计标准对各经济体跨境服务贸易数据进行了统计，课题组对这些国际组织现有的国际服务贸易统计标准进行了整理比较，大致情况如表3所示。

由表3可知，国际货币基金组织统计的经济体更全面，且国家外汇管理局编制的国际收支平衡表以IMF的《国际收支和国际投资头寸手册》（第六版）为标准。因此，课题组将以IMF的数据为基础，以BPM6为标准进行下一阶段的估算和分析。

## （二）我国服务贸易实际规模估算过程

由于货物贸易有货物为载体，与无形的服务贸易相比，统计体系较为成熟，而且通过镜像数据对比可知，数据准确性较高。故本文的研究基于一个假设 $H_0$：各经济体对中国的货物贸易进口÷出口额占其货物贸易进口÷出口总额的比例，等于其对中国服务贸易进口÷出口占该国服务贸易进口÷出口总额的比例。

表3 国际组现有国际服务贸易统计数据概览①

| | 欧盟统计局 | 国际货币基金组织 | 经合组织 | 联合国统计委员会 | 世界贸易组织、联合国贸易与发展会议、国际贸易中心 |
|---|---|---|---|---|---|
| 法规依据 | 欧洲议会和理事会第184（2005）号法规 | 国际货币基金组织协定条款第八条 | 经合组织国际货物贸易和服务统计工作组TIS和TISP年度数据收集任务 | 统计委员会第二十三届会议（2001年） | WTO：服务贸易总协定以及区域贸易安排透明化机制要求对贸易自由化和监督，以评估贸易自由化。UNCTAD：多哈任务。以发展为中心的全球化，实现包容性和可持续的增长与发展。ITC：提高发展中国家的认识，改善贸易信息的提供和使用 |
| 覆盖经济体 | 欧洲、欧洲经济区成员国（30个），+克罗地亚、土耳其、挪威、瑞士、冰岛、日本、美国 | 所有经济体 | TIS：34个成员国（MCs）加上金砖五国 TISP：34个MCs、俄罗斯联邦、中国香港特区 | 会员国（192个国家中的180个）+约15个经济体 | 年度数据：约190个经济体 季度数据：约130个经济体 月度数据：约30个经济体（仅由世贸组织提供） |
| 来源 | 数据采集 | 数据采集 | 欧盟——经合组织国家：欧盟统计局 非欧盟——经合组织国家+俄罗斯联邦+中国香港特区：通过Excel问卷收集数据（CBS或NSOs） TIS的金砖四国（不包括俄罗斯联邦）：从国际货币基金组织下载电子版 | 数据收集（NSO、CB）+欧盟统计局+国际货币基金组织数据库BOPS数据库的电子数据传输 | 国际货币基金组织月度BOPS数据库 欧盟统计局、经合组织、联合国统计处网站的NSOs和CBs 世贸组织/贸发会议的估计数 |

① 根据IMF官网内容整理，网址为https://unstats.un.org/unsd/tradeserv/TFSITS/matrix.htm。

续表

| | 欧盟统计局 | 国际货币基金组织 | 经合组织 | 联合国统计委员会 | 世界贸易组织、联合国贸易与发展会议、国际贸易中心 |
|---|---|---|---|---|---|
| 时间序列 | 年度：1985年至今<br>季度：从1994年第一季度开始 | 1948年至今 | TIS：1970年至今<br>TISP：1999年至今 | 2000年至今 | 年度数据：1980年至今的可用数据<br>短期数据：2006年至今的可用数据 |
| 服务分类 | 国际服务贸易统计手册（EBOPS）2002 | 从2012年8月发布的国际金融统计和在线国际收支统计数据库开始，数据将以BPM6为基础发布 | 通常按2002年版的EBOPS，某些国家按2010年版的EBOPS（例如澳大利亚）。2010年后的数据是来自国家报告（并准之后的数据是来自经合组织的换算） | 国际服务贸易统计手册（EBOPS）2002 | 年度数据：服务总计，商业服务和16个选定的BPM5/EBOPS项目；更详细的EBOPS信息可从ITC贸易地图获得，更详细的EBOPS信息可从ITC贸易地图获得<br>正在编制：按4个主要子项目分列的季度数据：运输、旅行、其他（商业）服务和政府服务 |
| 拥有交易伙伴国数据的国家数量 | 32个国家/地区（27个MCs，克罗地亚、土耳其、挪威、瑞士和日本） | 无 | 35个国家/地区（34个MCS中的33个，中国香港和俄罗斯联邦） | 46个国家/地区 | 49个国家/地区 |
| 采集周期 | 年度：9月，a−1<br>季度：m−3 | 连续的 | 连续的 | 7月，t−1 | 年度数据：每年两次（2月/3月和6月/7月，t−1）；短期数据：滚动（如可用） |
| 发布周期 | 5月，t−1（初步）<br>年度：11月，t−1<br>季度：t+110天 | 每月 | 在经合组织统计中滚动更新 | 连续−2月数据的目标截止日期，t−2 | 年度数据：每年两次（4月和7月，t−1）；季度数据：1年4次（+90天）；月度数据：每月2次 |

估算思路大致为：假设某一经济体X某年货物贸易出口额为 $Export_x$ ( $goods$ )，货物贸易进口额为 $Import_x$ ( $goods$ )，其中，对中国的货物贸易进出口额分别为 $Import_{x \to china}$ ( $goods$ )、$Export_{x \to china}$ ( $goods$ )，则经济体X对中国的货物贸易进口额占其货物贸易进口总额的比例和对中国的货物贸易出口额占其货物贸易出口总额的比例分别为：

$$P_x(Import) = \frac{Import_{x \to china}(goods)}{Import_x(goods)}$$

$$P_x(Export) = \frac{Export_{x \to china}(goods)}{Export_x(goods)}$$

另外，经济体X某年服务贸易进出口额分别为 $S_x$ ( $Import$ )、$S_x$ ( $Export$ )，那么基于 $H_0$ 假设，可以得到经济体X对中国的服务贸易进出口额分别为：

$$S_{x \to china}(Import) = S_x(Import) \times P_x(Import)$$

$$S_{x \to china}(Export) = S_x(Export) \times P_x(Export)$$

以此计算出所有经济体的 $S_{x \to china}$ ( $Import$ )、$S_{x \to china}$ ( $Export$ ) 的值，则可以推算中国某年的跨境服务贸易实际规模为：

$$S_{china} = \sum_{x=1}^{n} S_{x \to china}(Import) + \sum_{x=1}^{n} S_{x \to china}(Export)$$

本文使用2014—2018年的年度数据，数据来源于IMF官网。

**1.假设比例的计算**

首先，课题组从IMF官网下载了175个经济体对中国货物贸易的出口值和进口值（见表4和表5）及其对世界所有经济体货物贸易出口值和进口值（见表6和表7）；然后，用各经济体对中国货物贸易进、出口额分别除以对应经济体货物贸易的进、出口额，计算出对中国货物贸易进口占各经济体的货物贸易进口总额的比例（见表8）、对中国货物贸易出口占各经济体的货物贸易出口总额的比例（见表9）。部分结果展示如下。

表4　　　　各经济体对中国的货物贸易进口值　　　　单位：亿美元

| 国别 | 2014年 | 2015年 | 2016年 | 2017年 | 2018年 |
|---|---|---|---|---|---|
| 阿富汗 | 0.17 | 0.12 | 0.04 | 0.03 | 0.24 |
| 阿尔巴尼亚 | 1.90 | 1.29 | 1.30 | 1.99 | 1.08 |
| 阿尔及利亚 | 13.14 | 7.81 | 3.29 | 4.37 | 11.42 |
| 安哥拉 | 310.95 | 159.83 | 138.19 | 200.48 | 252.73 |
| 安提瓜和巴布达 | 0.00 | 0.00 | 0.00 | 0.00 | 0.00 |
| 阿根廷 | 52.58 | 57.14 | 51.22 | 47.31 | 34.90 |
| 亚美尼亚 | 1.70 | 2.19 | 2.74 | 2.94 | 3.16 |
| 阿鲁巴 | 1.84 | 0.00 | 0.00 | 0.00 | 0.00 |
| 澳大利亚 | 901.32 | 651.41 | 701.27 | 928.08 | 1 051.41 |
| 奥地利 | 58.56 | 49.66 | 50.04 | 58.57 | 69.13 |
| …… | …… | …… | …… | …… | …… |

表5　　　　各经济体对中国的货物贸易出口值　　　　单位：亿美元

| 国别 | 2014年 | 2015年 | 2016年 | 2017年 | 2018年 |
|---|---|---|---|---|---|
| 阿富汗 | 3.94 | 3.64 | 4.35 | 5.41 | 6.71 |
| 阿尔巴尼亚 | 3.79 | 4.30 | 5.18 | 4.54 | 5.43 |
| 阿尔及利亚 | 73.90 | 76.00 | 78.02 | 67.90 | 79.40 |
| 安哥拉 | 59.76 | 37.22 | 17.61 | 22.98 | 22.45 |
| 安提瓜和巴布达 | 1.74 | 0.54 | 1.04 | 0.45 | 0.56 |
| 阿根廷 | 76.87 | 88.90 | 72.56 | 90.80 | 84.34 |
| 亚美尼亚 | 1.23 | 1.14 | 1.13 | 1.42 | 2.15 |
| 阿鲁巴 | 0.54 | 0.52 | 0.26 | 0.25 | 0.33 |
| 澳大利亚 | 391.22 | 403.80 | 380.61 | 417.01 | 476.47 |
| 奥地利 | 23.98 | 24.98 | 22.46 | 25.27 | 28.45 |
| …… | …… | …… | …… | …… | …… |

表6　　　　各经济体的货物贸易进口总值　　　　单位：亿美元

| 国别 | 2014年 | 2015年 | 2016年 | 2017年 | 2018年 |
| --- | --- | --- | --- | --- | --- |
| 阿富汗 | 9.40 | 9.23 | 11.23 | 10.53 | 12.83 |
| 阿尔巴尼亚 | 24.91 | 19.59 | 20.65 | 24.65 | 28.94 |
| 阿尔及利亚 | 607.48 | 364.09 | 298.79 | 345.91 | 422.42 |
| 安哥拉 | 653.33 | 373.29 | 281.18 | 348.29 | 432.48 |
| 安提瓜和巴布达 | 6.16 | 4.88 | 3.00 | 2.34 | 2.87 |
| 阿根廷 | 734.48 | 623.74 | 611.07 | 626.85 | 644.59 |
| 亚美尼亚 | 14.77 | 14.08 | 18.18 | 21.20 | 24.47 |
| 阿鲁巴 | 6.26 | 3.32 | 1.73 | 2.39 | 1.22 |
| 澳大利亚 | 2 536.64 | 2 012.82 | 2 025.32 | 2 503.86 | 2 721.36 |
| 奥地利 | 1 819.73 | 1 586.88 | 1 575.00 | 1 741.18 | 1 928.51 |
| …… | …… | …… | …… | …… | …… |

表7　　　　各经济体的货物贸易出口总值　　　　单位：亿美元

| 国别 | 2014年 | 2015年 | 2016年 | 2017年 | 2018年 |
| --- | --- | --- | --- | --- | --- |
| 阿富汗 | 86.45 | 81.37 | 75.63 | 77.05 | 78.20 |
| 阿尔巴尼亚 | 47.44 | 41.64 | 45.04 | 49.98 | 56.84 |
| 阿尔及利亚 | 564.67 | 476.61 | 481.82 | 469.33 | 498.34 |
| 安哥拉 | 287.21 | 189.88 | 118.02 | 121.49 | 107.22 |
| 安提瓜和巴布达 | 13.88 | 14.60 | 10.16 | 11.15 | 12.11 |
| 阿根廷 | 586.77 | 541.69 | 510.13 | 622.24 | 601.30 |
| 亚美尼亚 | 34.00 | 26.39 | 24.56 | 31.09 | 37.50 |
| 阿鲁巴 | 41.45 | 28.01 | 19.49 | 20.02 | 15.63 |
| 澳大利亚 | 2 133.89 | 1 920.23 | 1 815.41 | 2 062.76 | 2 177.29 |
| 奥地利 | 1 709.43 | 1 489.14 | 1 510.55 | 1 672.81 | 1 838.96 |
| …… | …… | …… | …… | …… | …… |

表8　各经济体对中国货物贸易进口占其货物贸易总进口的比例　　单位：%

| 国别 | 2014年 | 2015年 | 2016年 | 2017年 | 2018年 |
|---|---|---|---|---|---|
| 阿富汗 | 1.85 | 1.30 | 0.40 | 0.32 | 1.88 |
| 阿尔巴尼亚 | 7.64 | 6.57 | 6.28 | 8.06 | 3.74 |
| 阿尔及利亚 | 47.59 | 42.82 | 49.14 | 57.56 | 58.44 |
| 安哥拉 | 0.01 | 0.00 | 0.01 | 0.00 | 0.02 |
| 安提瓜和巴布达 | 7.16 | 9.16 | 8.38 | 7.55 | 5.41 |
| 阿根廷 | 11.52 | 15.57 | 15.10 | 13.87 | 12.90 |
| 亚美尼亚 | 29.44 | 0.00 | 0.22 | 0.00 | 0.03 |
| 阿鲁巴 | 35.53 | 32.36 | 34.63 | 37.07 | 38.64 |
| 澳大利亚 | 3.22 | 3.13 | 3.18 | 3.36 | 3.58 |
| 奥地利 | 1.85 | 1.30 | 0.40 | 0.32 | 1.88 |
| …… | …… | …… | …… | …… | …… |

表9　各经济体对中国货物贸易出口占其货物贸易总出口的比例　　单位：%

| 国别 | 2014年 | 2015年 | 2016年 | 2017年 | 2018年 |
|---|---|---|---|---|---|
| 阿富汗 | 4.55 | 4.48 | 5.76 | 7.02 | 8.58 |
| 阿尔巴尼亚 | 7.99 | 10.33 | 11.50 | 9.09 | 9.56 |
| 阿尔及利亚 | 20.81 | 19.60 | 14.92 | 18.91 | 20.94 |
| 安哥拉 | 12.54 | 3.70 | 10.21 | 4.06 | 4.59 |
| 安提瓜和巴布达 | 13.10 | 16.41 | 14.22 | 14.59 | 14.03 |
| 阿根廷 | 3.61 | 4.31 | 4.62 | 4.56 | 5.73 |
| 亚美尼亚 | 1.29 | 1.85 | 1.36 | 1.24 | 2.10 |
| 阿鲁巴 | 18.33 | 21.03 | 20.97 | 20.22 | 21.88 |
| 澳大利亚 | 1.40 | 1.68 | 1.49 | 1.51 | 1.55 |
| 奥地利 | 4.55 | 4.48 | 5.76 | 7.02 | 8.58 |
| …… | …… | …… | …… | …… | …… |

**2.估算各国对中国服务贸易进出口总值**

再使用上面计算出的比例分别与175个经济体国际收支平衡表中服

务贸易项目收支额相乘,再将进出口求和,得出各经济体对中国服务贸易进出口的估值,部分结果如表10所示。

表10　　　　各经济体对中国服务贸易估值[①]　　　　单位:亿美元

| 国别 | 2014年 | 2015年 | 2016年 | 2017年 | 2018年 |
|---|---|---|---|---|---|
| 美国 | 1 816 | 1 981 | 1 961 | 2 168 | 2 220 |
| 日本 | 732 | 735 | 791 | 860 | 898 |
| 韩国 | 595 | 591 | 568 | 574 | 644 |
| 中国香港 | 673 | 620 | 623 | 536 | 595 |
| 新加坡 | 407 | 460 | 457 | 511 | 549 |
| 德国 | 426 | 388 | 396 | 440 | 476 |
| 英国 | 440 | 449 | 426 | 451 | 473 |
| 澳大利亚 | 344 | 321 | 338 | 386 | 435 |
| 印度 | 239 | 287 | 323 | 363 | 399 |
| 法国 | 229 | 228 | 215 | 240 | 282 |

估算出对中国服务贸易排名前十位的经济体分别为:美国、日本、韩国、中国香港、新加坡、德国、英国、澳大利亚、印度和法国,服务贸易规模合计为6 971亿美元。而2018年《中国国际收支报告》显示,我国服务贸易前十大伙伴国(地区)依次为:中国香港、美国、日本、德国、英国、新加坡、韩国、澳大利亚、加拿大和俄罗斯,金额合计为5 286亿美元,低于估算结果24.17%。课题组的估算结果中前8个经济体与《中国国际收支报告》重合,但顺序和总金额略有差异,原因可能是各经济体货物贸易和服务贸易的对手国集中度不一样。

根据上述方法测算,中国与世界主要的175个经济体产生的服务贸易总额为11 752亿美元,其中进口6 907亿美元,出口4 845亿美元,服务贸易逆差2 062亿美元。作为对比,2018年《中国国际收支报告》显示中国的服务贸易总值为7 594亿美元,其中进口5 258亿美元,出口2 336亿美元,服务贸易逆差为2 922亿美元。本文估算的服务贸易总额

---

[①] 仅列示2018年排名前十的国家。

超出国际收支统计值4 158亿美元，服务贸易逆差比国际收支统计值缩小320亿美元（见表11）。

表11　估算结果与国际收支统计结果对比　　　单位：亿美元

| 项目 | 本文估算 | 国际收支统计 | 差异 |
| --- | --- | --- | --- |
| 服务贸易总额 | 11 752 | 7 594 | 4 158 |
| 服务贸易进口 | 6 907 | 5 258 | 1 649 |
| 服务贸易出口 | 4 845 | 2 336 | 2 509 |
| 服务贸易差额 | −2 602[①] | −2 922 | 320 |

**3. 稳健性检验**

与我国庞大的货物贸易额相比，我国服务贸易类型与总量偏少，尤其是与发达国家相比，加之存在前文提及的无法纳入国际收支统计的服务贸易交易情形，可以认为我国国际收支统计口径的服务贸易与货物贸易比值应比实际结果偏小，存在一定缺口。因此，在已知我国货物贸易交易量的前提下，选择一国服务贸易与货物贸易比值（记为r）来计算合理区间，即r=某国服务贸易交易量÷该国货物贸易交易量。

鉴于我国国际收支统计计算所得r值偏小的缘故，r值估算区间下限可取为中国国际收支统计数据的计算结果。将除中国外全部其他经济体视为一个整体，计算出其r值设为上限，这样能反映世界的平均情况。因此，估算区间为［r（China_BOP），r（Othercountries_BOP）］，计算得到结果为（0.1690，0.3698）。

以此区间乘以我国2018年货物贸易总额，得出2018年我国服务贸易的合理参考区间为7 594亿美元至16 614亿美元。可以看出，课题组的估算结果11 752亿美元在此区间范围内，故有一定的参考价值。

## 六、服务贸易统计差异的结果分析

由于本文测算的服务贸易交易额远大于我国国际收支统计数据，为

---

① 服务贸易差额为负数表示存在逆差。

进一步摸清企业跨境服务贸易与实际资金收付之间的关系，分析差异原因，课题组对湖北省辖内90家涉及服务贸易出口的企业进行了问卷调查（收回有效问卷84份）。调查结果如下：

### （一）部分企业存在服务贸易出口收入未及时汇回的情况

逾三成企业（30.95%）存在服务贸易出口收入未及时汇回的情况，主要集中在对外承包工程类业务。总体来看，被调查企业2019年服务贸易出口金额约为22.45亿美元，其中汇回国内收款金额约为13.07亿美元。说明这部分业务中，有约41.78%的金额未汇回国内，未汇回款项主要存放于企业境外投资实体账户，从而未涵盖在国际收支统计数据中。收入未汇回的原因包括境外有用汇需求，规避汇率风险，境外政局动荡或外汇管制导致企业汇路不畅，资金无法顺利汇回等。

### （二）企业可能存在轧差净额结算、境外关联公司收汇、境内结算（服务出口、境内收款，资金不跨境）等非主流结算方式

例如跨国公司资金集中运营的企业会将资金轧差后按月净额结算、通过境外关联公司账户收款从而规避服务实际出口国的外汇管制等，均会造成服务贸易出口收入未及时汇回国内，从而使涉外收付款统计数据缺失，无法反映其真实的交易规模。

### （三）跨境提供服务与收款之间存在时间差，造成服务贸易提供与资金流动关系不匹配

国际收支统计依据权责发生制来确定流量数据记录时间，是提供服务的时间，而非收付款项的时间，即服务一旦提供了，就应予以记录，而目前我国国际收支间接申报统计是依照收付实现制来记录的。实践中许多服务是在一定时间段内持续提供的，但不会依据实际提供服务时间持续收款，而是提前、延期、分期或一次性收款后统一统计在某一时点下。被调查企业中，有约11%的企业存在已提供服务还未回款的情况。例如，某公司涉外服务业务以来料加工为主，但到目前为止企业尚有2018年以前的3 400万元人民币来料加工收入（交易对方主要为境外关联企业）未收回。

综上所述，这三点原因都会造成我国的服务贸易统计数据低于权责发生制下实际的货物贸易交易量。此外，上文提及的基于数字经济的新业态服务贸易面临难以统计监测的诸多挑战，造成部分统计数据缺失，因此，我国服务贸易实际交易额应该远大于目前的国际收支统计数据。

## 七、政策建议

近年来，我国服务贸易发展迅速，服务贸易逆差一直是我国国际收支平衡表中的逆差大项，为更加全面、准确、完整地统计跨境服务贸易，需要进一步健全服务贸易统计体系，设计更加科学的统计标准和统计制度，改进统计方法，确保"应统尽统"，按照权责发生制将未发生跨境收付款的实际交易量纳入统计。

### （一）建立新业态相关服务贸易的统计制度

借鉴美欧等发达国家经验，更加重视数字技术等新业态相关服务贸易统计，进一步明确细分领域、及时追踪和更新统计数据。制定新业态服务贸易统计分类，应形成统一性、系统性、权威性的数据，从而对新业态服务贸易的宏观管理、行业分析、理论研究提供数据基础。

### （二）继续加强对第三方支付机构跨境资金流动的监管，完善对第三方支付机构等新型支付机构国际收支数据采集与监测

一是强化对第三方支付机构国际收支统计申报数据质量的管控。第三方支付机构应真实准确地申报客户或电商在跨境交易中的资金性质、对应金额、实际交易双方信息，确保跨境交易的真实性、合规性和数据质量。二是对第三方支付机构执行外汇业务进行相关考核，根据其业务特点制定考核标准，建立奖惩机制。三是可在国际收支间接申报系统中增加对第三方支付机构外汇业务监测模块，强化对其监测分析和预警功能。

### （三）畅通部门间的统计合作以及数据共享渠道，扩展统计数据来源

服务贸易统计远比货物贸易统计困难，其数据采集涉及渠道多、范围广，完成一份较为全面、准确、具有国际可比性的统计报告，绝非一

个层次、一个部门力所能及。服务贸易统计的这一特点要求纵横向、多方面的配合与协作。可先从对外承包工程以及跨境电商领域着手：一是将企业境外承包工程的实际收支纳入统计监管，与其他相关部门建立联动机制。在国际收支统计申报的基础上，辅以业务报表统计，掌握企业境外承包工程资金运营情况。将外汇部门与商务部门的相关数据对比，结合企业上报的资金留存境外和留存境外资金的使用情况，建立对境外承包工程的外汇收支统计监测，补充完善国际收支平衡表中"境外建设"项目数据。二是借助海关跨境电商平台等大数据监测统计平台实现跨境电商、数字金融等新形势下服务贸易收付的数据共享。

**（四）增加数据统计系统自动校验功能，提高统计数据准确性**

参照海关跨境电商通关服务系统，构建一个专门针对新业态数字经济涉外交易的数据采集系统，或者在现有统计系统基础上开辟相关数据采集接口，实现与支付机构、交易平台、交易主体的系统对接，用以直接、自动、逐笔接收数字经济涉外交易数据，并能够对自动化采集的数据进行比对、校验，生成满足国际收支统计申报的数据格式。

**（五）实务中探索实践不同监管原则，为今后兼容性核查制度建设提供参考**

对于电信、计算机和信息服务等跨境交付类服务，以及境外承包工程收入在境外无法管控部分，国家外汇管理局可在实践中尝试运用不同监管原则（例如国际通行的效果原则、长臂监管等原则）开展核查工作，并及时总结与评估核查实施过程中出现的困难与解决措施，为今后部门构建国际兼容性核查工作制度提供实践参考经验，也为我国参与国际服务贸易规制重建提供参考意见。

**（六）稳步将服务贸易企业纳入直接申报企业范围，补充统计数据来源**

目前，外汇局国际收支统计直接申报主体涵盖金融机构、境外上市企业、大型货物贸易企业等，下一步应逐步扩大直接申报主体范围，延伸至服务贸易企业和满足一定条件的个人。服务贸易企业直接申报数据源可补充完善国际收支平衡表相关服务贸易数据。

**（七）加强对创新业务的研究探索，不断完善统计方法**

随着数字化技术的快速发展，新业态的服务贸易类型和新的涉外交易模式必将不断涌现，因此应持续对这些新业态和新模式的交易原理、流程、特征进行深入梳理，研究探索交易数据的记录方式和采集手段，完善统计方法，健全我国国际收支统计体系。

## 参考文献

[1] 刘东强，冯丽娜.我国服务贸易伙伴情况分析［J］.现代商贸工业，2015，36（03）：87-88.

[2] 乔斯林·马德琳，安德里亚斯·马瑞尔，白晓柯.无疆界的数字服务贸易，该如何统计？［J］.金融市场研究，2016（08）：27-35.

[3] 秦莹.中国服务贸易发展：特征、形势与建议［J］.对外经贸实务，2018（09）：81-84.

[4] 聂燕峰."互联网+"背景下服务贸易创新发展研究［J］.信息系统工程，2020（03）：154-155.

[5] 杨丽琳.对我国服务贸易统计数据非对称问题的探讨［J］.国际贸易，2015（08）：54-59.

[6] 许翔宇，孙希华.世界服务贸易格局与中国服务贸易发展研究［J］.合作经济与科技，2018（07）：71-75.

[7] 韦念好，班婷.跨境交付类服务贸易新业态外汇管理探析［J］.区域金融研究，2019（07）：64-68.

[8] 段亚琳.我国服务贸易结构问题分析［J］.现代营销（创富信息版），2018（10）：124-125.

[9] 朱福林.中国服务贸易发展70年历程、贡献与经验［J］.首都经济贸易大学学报，2020，22（01）：48-59.

[10] 杨金玲.构建我国服务贸易创新发展长效机制的路径［J］.对

外经贸，2019（02）：28-30+43.

[11] 王拓.数字服务贸易及相关政策比较研究[J].国际贸易，2019（09）：80-89.

[12] 王晓红，费娇艳，谢兰兰."十四五"服务贸易高质量发展思路[J].开放导报，2020（02）：7-21.

[13] 覃海燕，黄志勇，陆文希，苏飞雨.数字经济涉外交易发展现状及国际收支统计问题研究[J].区域金融研究，2018（06）：5-15.

[14] 莫万贵，袁佳，王清.全球服务贸易发展趋势及我国应对浅析[J].清华金融评论，2020（01）：49-53.

[15] 张海晴.中国服务贸易发展形势与展望[J].现代商贸工业，2019，40（08）：30-31.

课题主持人：吴剑峰
课题组成员：潘俊竹　赵美贞　王架浩　邰金怡

# 规范外汇处罚自由裁量权的制度与实践探索

中国人民银行武汉分行外汇检查处课题组

《中华人民共和国行政处罚法》(修订草案)规定:"行政处罚是指行政机关在行政管理过程中,对违反行政管理秩序的公民、法人或者其他组织,以依法减损权利或者增加义务的方式予以惩戒的行为。"作为对当事人权利义务影响最大的行政行为,行政处罚是否公正合理显得尤为重要。而行政处罚却是由行政机关根据违法行为的情节、性质等因素,在行政法规规定的处罚幅度范围内作出的,不可避免地需要行政机关进行一定的自由裁量。对具有行政处罚权力的外汇检查部门来说,规范外汇处罚自由裁量权对于依法行政、更好地维护当事人的合法权益具有重要意义。

## 一、行政处罚自由裁量权概述

### (一)相关概念

行政处罚自由裁量权是指行政处罚主体在实施行政处罚时,在法律允许的范围内落实执法目标,并本着公正合理原则,酌情自行选择具体的处罚方式与内容的权力。具体来看:**一是**决定是否作出行政处罚行为的自由裁量权;**二是**实施行政处罚种类和幅度的自由裁量权,包括不同处罚种类的自由选择和同一处罚种类幅度的自由选择;**三是**认定事实性质的自由裁量权,即行政机关对行政相对人的违规行为性质的认定有自由裁量的权力;**四是**判定情节轻重的自由裁量权;**五是**作出行政处罚行为时限的自由裁量权。

## （二）存在的必要性

从提高行政执法效率上看，行政活动的复杂性，决定了法律必须为行政权力的运行设置自由裁量的空间，赋予行政执法主体一定的自由裁量权，使他们在法律规定的原则和范围内发挥主观能动性，根据客观实际情况和法律原则理性判断，审时度势地及时处理，实现有效的行政管理。

从立法技术层面上看，法律不可能预测未来发生的一切，立法不可能无所不包、罗列穷尽，有限的法律只能做出一些较原则性的规定，做出可供选择的措施和上下活动的幅度，不可能做出非常具体、细致的规定。社会不断发展进步，但法律的稳定性是法律的内在要求，法律法规的制定、修改需要有一个时间过程。这就必然产生自由裁量权以适应管理过程中的新需要，使法律法规能与时俱进，不易产生滞后效应。

对外汇检查部门而言，从适应外汇管理改革方向上看，随着外向型经济的不断发展，外汇管理改革开放进程不断加快，外汇领域新业务不断涌现，用一个模式、一个标准去衡量行政相对人的行为是否违反外汇管理规定将会出现不公平的结果，最终会产生极大的副作用。需要赋予外汇管理机关一定的自由裁量权，及时对外汇管理领域的执法标准和方式加以调整，更好地维护外汇市场秩序。

## （三）规范的合理性

从主观层面上讲，某些执法人员可能出现重惩罚、轻视相对人利益等思想倾向，导致滥用自由裁量权；从客观层面上讲，行政处罚存在巨大的自由裁量空间，也给滥用者提供了可乘之机。因此，有必要通过一定方式去规范行政处罚自由裁量权，为行政处罚自由裁量权设定合理性的规则，防止给行政相对人的合法权益造成不恰当的损失。

## （四）常见的规范方式

常见的规范行政处罚自由裁量权的规则主要有行政处罚典型案例和行政处罚自由裁量基准两种方式。

行政处罚典型案例为行政机关的行政处罚行为提供了参考，当违法行为的性质、情节、社会危害程度与典型案例相似时，可以参照典型案例的处罚内容进行裁量。由于不同案件之间的差异性始终存在，典型案例对行政处罚自由裁量权的规范既不具有强制性，也不具有足够的可靠性和严谨性。

行政处罚自由裁量基准是行政执法主体对法律规定的行政处罚自由裁量空间，根据过罚相当等原则，并结合经济社会发展状况以及执法范围等情况，将法律规范预先规定的裁量范围细化为若干裁量格次，每个格次规定一定的量罚标准，并依据违法行为的性质、情节、社会危害程度和行政相对人的悔过态度，处以相对固定的处罚种类和量罚幅度，同时明确从轻或从重处罚的必要条件的一种执法制度。

行政处罚裁量基准是规范行政处罚自由裁量权最常见的方式，具有一定的优越性。**一是**控制行政处罚裁量的运作，有助于抑制行政执法人员的恣意，减少其向政治诱惑或者压力妥协的可能性，限制其考虑不相关的因素而滥用权力。**二是**提升行政处罚裁量的质量。裁量基准能够充分考虑政策、伦理、文化和形势等因素的影响，将行政法规范无法规定的内容纳入其调整范围之列，根据具体的规制对象而作出相适应的具体化、个性化的调整。**三是**减少行政处罚裁量的不确定性。进一步明确了裁量应遵守的规则，限制了行政处罚裁量的范围，减少了法的不确定性，使行政处罚裁量能够前后一致，保持一种适当的公平。

## 二、现有的外汇处罚自由裁量权规范方式

外汇处罚自由裁量权是指外汇管理机关对违反外汇管理法规的金融机构、企业、个人等涉汇主体进行行政处罚时，酌情自行选择具体的处罚方式与内容的权力。现有的外汇处罚自由裁量权规范方式与行政处罚自由裁量权常见的规范方式相类似，主要有两种，一种是典型案例，另一种是自由裁量基准。

### （一）**典型案例**

随着国内外经济金融形势发生变化，跨境交易方式日趋复杂，金

融产品创新层出不穷，外汇业务违规点更加隐蔽，有些新异常、新线索首次出现，有些表面合规粉饰实质违规，面临新情况、新挑战。外汇检查人员在银行检查中，努力探索运用"展业原则"检查银行办理贸易融资、内保外贷、离岸转手、个人售付汇等业务的真实性与合规性；在企业和个人检查中，灵活运用"穿透式"检查方法，揭开伪合规面纱，有效认定逃汇、套汇、非法买卖外汇等重大违法违规行为，其中产生了大量在全国首次处罚的案例，值得总结办法、分享经验。因此，国家外汇管理局每年会全面梳理回顾前一年查处的案件，选取有代表性的典型案例汇编成册，分为银行篇、企业篇、个人篇三部分，以实质性违规为主。每个案例的检查思路和方法、定性及处罚对查处同类案件具有较好的启发和借鉴意义，在一定程度上规范了外汇检查部门对相似案件进行处罚时的自由裁量权。

### （二）自由裁量基准

《中华人民共和国外汇管理条例》规定了违反外汇管理行为的种类、处罚方式和幅度，《行政处罚法》规定了从轻、减轻、从重、严重及不予处罚的情节，但由于同一类违反外汇管理行为的处罚方式可能有多种，且外汇检查部门对同一类案件情节程度的认识标准不统一，对同一类案件处罚幅度的判断也不尽相同，在案件的实际查处过程中，出现了总体处罚幅度偏轻、同案不同罚、减罚加罚依据不清等问题。

为了解决上述问题，给外汇检查人员提供清晰的处罚适用依据，国家外汇管理局在2013年出台了《外汇管理行政罚款指导意见（试行）》作为自由裁量基准，为防范执法风险与保护当事人合法权益发挥了基础作用。

2017年，为落实中央巡视要求与纪检监察意见，有效衔接外汇管理法规更新，国家外汇管理局对《外汇管理行政罚款指导意见（试行）》进行了更新，制定了《外汇管理行政罚款指导意见》。《外汇管理行政罚款指导意见》吸收了《国家外汇管理局综合司关于做好行政处罚工作的通知》（汇综发〔2017〕61号）对逃汇、非法套汇、非法买卖外汇和银行未履职审核4类违规行为的处罚尺度，以细化外汇违规情形、规范自由裁量权为主要内容，有效引导了外汇检查部门做到定性准确、裁量适度、过罚相当，实现公平正义。

2020年，为落实纪检监察关于"按照过罚相当、量罚一致原则，进一步细化裁量标准"的整改要求，促进公平正义、过罚相当。国家外汇管理局对《外汇管理行政罚款指导意见》进行了修订，形成了《2020版外汇管理行政罚款指导意见》。《2020版外汇管理行政罚款指导意见》遵循了"细化裁量标准，明确裁量情节适用条件""贯彻落实五部委《关于加强金融违法行为行政处罚的指导意见》，加大处罚力度""严格从轻、减轻适用条件，约束裁量权"的修订思路，进一步规范了外汇行政处罚自由裁量权。

《2020版外汇管理行政罚款指导意见》主要分为总则和分则两部分，对《外汇管理条例》规定的十类违反外汇管理行为的裁量情节及其对应的裁量区间进行了较为详细的划分。其中，**总则部分**主要规定了违反外汇管理行为通用的法定不予处罚情节、法定从轻或减轻情节、酌定从轻情节、从重情节、严重情节，并对多个量罚情节的处理进行了说明，还将一般情节分为情节较轻和情节较重两种情况。按照总则的规定，当违反外汇管理行为具备两项及以上酌定从轻情形时，外汇检查部门才能按照酌定从轻情节对违反外汇管理行为予以从轻处罚；当违反外汇管理行为具备一项酌定从轻情形时，外汇检查部门应当按照一般情节中的情节较轻情况对违反外汇管理行为予以行政处罚；当违反外汇管理行为不具备酌定从轻情形时，外汇检查部门应当按照一般情节中的情节较重情况对违反外汇管理行为予以行政处罚。**分则部分**将十类违反外汇管理行为分为十小节，每一小节对应一类违反外汇管理行为，在每一小节中规定了适用于特定违反外汇管理行为的酌定从轻情节、一般情节、从重情节、严重情节。

结合总则和分则的规定可以看出，当外汇检查部门对违反外汇管理行为给予处罚时，首先需要对该违反外汇管理行为的情节进行判断，判断该违反外汇管理行为的情节属于法定不予处罚情节、法定从轻或减轻情节、酌定从轻情节、一般较轻情节、一般较重情节、从重情节、严重情节中的哪一类情况，再根据裁量情节去对应裁量区间，在裁量区间内作出行政处罚决定。在严格遵循《2020版外汇管理行政罚款指导意见》的情况下，外汇检查部门基本上能够遵循过罚相当原则，作出的行政处罚决定与违反外汇管理行为的事实、性质、情节以及社会危害程度相当。

## 三、规范外汇处罚自由裁量权的实践探索

根据规范外汇处罚自由裁量权的主要方式，湖北分局外汇检查部门通过修订制度、优化职能等多种手段，对规范外汇检查自由裁量权进行了实践探索。

### （一）查处审三权分离

湖北分局外汇检查部门将检查、处置和法律审核三权分离，达到权责对等、分权制约、相互制衡。由非现场检查科负责查找异常违规线索，同时承担未及时发现问题和风险的责任。现场检查科负责调查取证，撰写检查报告和案卷资料收集整理等相关工作，对证据材料的真实性、准确性和完整性负责，同时承担检查不力和检查失误的责任。内控法规科承担案件审议委员会（以下简称"案审会"）办公室的职责，负责案件的法律初审并向案审会提交初步处理建议。案审会负责对违法违规行为进行认定，在集体审议的基础上，审慎利用自由裁量权进行处理，同时承担认定失误、处置不当和处罚不力的责任。湖北分局的法律审核工作由武汉分行法律事务处承担，负责对行政检查部门的检查资料和执法程序，以及行政处罚部门的处罚决定进行风险控制，同时承担相应的法律责任。

### （二）始终坚持集体审议

一是外汇检查部门的集体预审，集体预审成员包括外汇检查处的4名处级领导和内控法规科的法律事务人员。根据相关规定，案件在提交案件审议委员会时，检查部门应提出合理的处罚建议供案审会参考。外

汇检查部门集体预审的具体职责就是依据外汇管理法律法规和总局内部的裁量基准，参照同类案件的历史处罚情况和其他分局的处罚情况，经集思广益充分讨论评议后形成初步处罚意见，提交案审会集体讨论。

**二是**案审会集体审议。案审会主任由分局副局长担任，案审会成员由法律事务处和外汇局四个处室主要负责人及分管内控的负责人组成。外汇检查人员可以列席案审会作相关案情介绍，但没有表决权。只要涉及自由裁量权的案件，一律提交案审会进行集体审议。

### （三）严格遵守裁量基准

湖北分局处置的每一个案件都要求在裁量基准中找到依据，在召开案审会之前都会明确告知案审会委员裁量基准中的量罚尺度和幅度，防止案审会作出的决议偏离裁量基准主旨方向，引发决策风险。由于湖北分局严格执行总局的相关规定，至今未发生过行政复议和引起行政诉讼。

## 四、规范外汇处罚自由裁量权制度与实践中存在的问题

现有的外汇处罚自由裁量权规范方式依托典型案例和裁量基准，对自由裁量权起到了较好的规范效果。外汇检查处也在实践中形成了分工协作、分权制约、相互制衡的多层分离长效工作机制，进一步规范了外汇处罚自由裁量权。但规范外汇处罚自由裁量权的制度本身和实践应用中仍然存在一些问题。

### （一）裁量基准本身具备局限性

行政处罚自由裁量基准的设定使得立法机关将立法最棘手的问题甩给了行政机关，行政机关不得不面对纷繁复杂、变幻不定的社会现象，通过制定裁量基准来解决一般性与特殊性的处罚问题，使法的一般性与特殊性之间的张力逐渐趋于缓和或消失。但是，由于实践者认识的局限性、社会现象的复杂性、解决方法的预测与穷尽难度，以及解释的技术难度等，裁量基准必然不是绝对的周全，还会有许多不确定的法律概念以及无法精确解释和量化的问题。

行政裁量基准本身还会存在异化的问题。行政裁量基准以行政法规范的形式表现出来，对于行政主体而言是一个行为规则。大多数这样的规则已经使原来的行政自由裁量权不复存在，因为在这样的规则下，行政主体已不再有"自由意志力"和"选择权"。尤其是将原来法律规定的罚款幅度也作严格的等次上的划分，此种等次上的划分完全将裁量权变为了另一种形态的权力，将行政主体在行政执法中颇具特点的裁量行为抹煞掉了，在整个行政执法过程中的行政行为由原来的两个板块变为了一个板块。难以想象在一个国家的行政行为体系中去掉行政自由裁量行为的行政主体还能否履行好行政管理职能，如行政主体完全可以用法律没有规定为借口而放弃行政职权，也完全可以在不考虑行政相对人承受能力的情况下作出超现实的行政行为。

行政自由裁量基准是针对行政主体的而不是针对行政相对人的，其运作过程和发生法律效力的范围都在行政系统内部。我们离开行政自由裁量过程而论，行政系统内部的这种行为似乎并无错误，也不存在法律上的问题。但是，若结合行政自由裁量权行使的过程而论，情况就不一样了。我们知道，行政自由裁量是行政主体对行政相对人采取的行为，这个行为中所涉及的权利与义务都是针对行政相对人的，即这个行为本身是一个外部行为。外部行为在我国必须符合相关的行政实体法和行政程序法，如必须符合有关的证据规则，符合行为认定的程序规则等。行政系统内部确定的行政自由裁量基准便将这样一个外部行为内部化了。内部化以后所带来的法律后果是十分明显的。例如，《2020版外汇管理行政罚款指导意见》有从重处罚的规定，这个规定作为内部行为指导规范着外汇检查部门，那么一旦外汇检查部门对行政相对人实施了从重处罚，该行政相对人还有无诉权？《中华人民共和国行政处罚法》并无从重处罚的规定，行政相对人对于处罚裁量中违反上位法规定的情形当然有权说不，但行政主体很可能会以这是一个内部行为而抵抗相对人的诉权。

法律在允许行政自由裁量权存在的同时就赋予了行政主体具体问题具体分析的权力。可以说，行政主体每一次的行政自由裁量行为都不可能用上一次的行为方式进行模式化的套用，如果这种套用能够存在，那就不是自由裁量行为了,而是一个一般意义上的执法行为。那么,行政自由裁量基准是否以个案处理为基础?回答是否定的。因为行政自由裁量基准形成行为规则以后,其就是多次适用、反复适用的东西,制定行政自由裁量基准的机关所追求的也是这样一个效果。这样便必然出现裁量行为要件一次适用和基准要件多次适用的矛盾,以及行政过程中自由裁量权要求个案处置与裁量基准要求抽象处置的矛盾。这个矛盾只要用行政裁量基准规则去调整裁量行为就是无法调和的,而不可调和的最终结果是使行政自由裁量违反具体问题具体分析的哲学原理。

**(二)对裁量基准落实程度不够**

一些外汇检查部门对行政裁量权的规范化缺乏正确认识,基于本单位利益、支持地方经济发展等因素,对于具有严重情节的违反外汇管理行为按照一般情节予以处理,对于具有一般情节的违反管理行为按照酌定从轻情节予以处理,违背了法治统一的基本要求。而由于行政自由裁量权自身存在的特点和缺陷,易于被外汇检查部门和人员用来赚取额外收益。一些外汇检查部门和人员与行政相对人具有某种特殊关系,在执法过程中有法不依、行政执法不严,不按期履行法定职责,该为不为,故意拖延或放弃行使自由裁量权;或者对弹性的裁量基准条款用语随意做扩大或缩小解释,甚至故意歪曲裁量基准条款用语的本意。

此外,外汇检查人员的素质差异也影响裁量基准的正确运用。外汇检查人员在对违反外汇管理行为进行处罚时,由于自身对法律、政策的理解和专业程度的不同,对裁量情节的判断存在差异,对违法情节的严重程度或造成后果的危害程度分析不够周全,在认定事实性质和情节轻重方面仅考虑量化因素,综合性因素考量不够全面。例如,认定违法情节轻重时仅看违规行为数量,不考虑被处罚对象的规模大小及其业务量基数,仅凭单一因素认定情节轻重。某些违反外汇管理行为介于程序性违规和实质性违规之间,定性不同会对处罚幅度产生很大影响。

**(三)个别从轻减轻处罚依据不够充分**

《行政处罚法》第二十七条规定了法定从轻、减轻以及不予处罚的三种具体情形,但均为笼统的概括性描述,实际案件中还要根据具体的事实情节来判断。这也给行政机关从轻、减轻行政处罚留了一道弹性较大的口子。外汇检查部门在实施行政处罚时,很容易将处罚相对人认错态度较好、积极配合检查、整改及时到位等情形套用第二十七条的规定,过度行使自由裁量权,做出不恰当的从轻、减轻或不予处罚的行政处罚决定。

**(四)裁量基准的裁量空间仍然偏大**

《2020版外汇管理行政罚款指导意见》针对不同的案件情节设置了不同的裁量区间,其中针对一般较轻情节、一般较重情节的裁量区间普遍较小,能够起到明显的规范自由裁量权效果,但对于从重情节的裁量区间却普遍过大。例如,对逃汇、非法套汇等违反外汇管理行为的严重情节裁量区间均为违法金额15%以上、30%及以下;违反外债管理规定等违反外汇管理行为的严重情节裁量区间甚至达到了违法金额7%以上、30%及以下。这都会给外汇检查部门自由裁量权的行使留出较大空间,产生潜在的风险。

**(五)《外汇管理条例》的疏漏影响裁量公平性**

《外汇管理条例》对外汇违法违规行为主观方面没有加以区别对待,包括故意与过失,故意是明知自己的行为会触碰法规,并希望或者放任这种结果发生,存在主观恶意;过失指的是行为人因疏忽大意应当预见而没有预见,或已经预见但轻信能够避免,以致发生违法违规的结果,且该结果是违背行为人主观本意的。事实上,绝大多数非主观故意违规行为不致对外汇市场秩序构成较大或恶劣影响,而现行《外汇管理条例》却将其与故意行为等量齐观。以《外汇管理条例》第三十九条为例分析:"有违反规定将境内外汇转移境外,或者以欺骗手段……处逃汇金额30%以下罚款……"从该法条看,"以欺骗手段"明确表述了行为人的主观故意性,而"违反规定将境内外汇转移境外"则存有非主观故意的可能,但两者的处罚标准却都是"处逃汇金额30%以下罚款"。

### （六）违反外汇管理行为的隐蔽性、复杂性对裁量带来新挑战

在业务考核压力下，部分银行出现为扩大外汇业务量、提高内部考核绩效，不断创新产品组合行为，此类业务中涉及部分"伪创新"的空转业务，其复杂性与隐蔽性也在不断增强。如某银行为企业办理有实际付汇需求的企业售汇后，并未按照企业申请的购汇用途进行支付，而是转存保证金发放外汇贷款，再以外汇贷款对外支付，造成原本直接支付资金在系统内空转，属于典型的金融脱实向虚的伪创新。从违规动机分析，该案例主要是银行为增加存款和外汇业务量而发起的。售汇资金质押融资这类违规行为，从表面看并不影响外汇储备及跨境支付，但改变了售汇用途，虚增了企业和银行的资产负债，影响了外汇数据统计质量，削弱了外汇局窗口指导政策效果。从处罚角度出发，属于银行违规办理结售汇业务，但又不存在明显的逃套汇行为，与刻意规避外汇管理相关规定的违规行为有一定的区别，在处罚过程中如何体现差别尺度较难把握。

再者，一个业务多种违规，定性处罚判断依据模糊。近年来，在外汇检查实际查处工作中，经常会面临同一业务涵盖多种违规行为情况，此类违规的处罚易出现争议。如某企业通过伪造购销合同、发票、提单等证明材料，办理以融资为目的、先收后支的虚假离岸转手业务，实际是通过离岸转手有收有支的过程，实现跨境资金的跨境收付，达到变相借用外债和归还外债的目的。该案中，虚假离岸转手业务在收支环节均存在违规行为，在现有已处罚的案件中，多选择以逃汇罪进行处罚。但该企业实质目的是利用离岸转手资金有收有付的便利性，借用外债。违规动机与处罚定性之间存在偏差，以擅自对外借款进行处罚更为合理，以逃汇罪论处与"目的违规高于手段违规"的外汇违规行为竞合处罚原则相背离，容易引起争议。

## 五、完善外汇处罚自由裁量权的建议

制度与实践中存在的问题给外汇处罚自由裁量权的规范产生了不利影响，本文试图在重新阐述行政处罚自由裁量权的基本原则基础上，为

更好地规范外汇处罚自由裁量权提出建议。

### （一）基本原则

行政处罚自由裁量权的适用必须符合法律精神。任何法律的制定都是出于一定的动机，为了达到某种社会目的，自由裁量权的行使不能偏离法律本身的目的，不能偏离法的基本原则和立法者的目的，不能偏离法律条文的本意，不能任意对法律、法规做出解释，法律、法规的解释应当依据科学的解释方法。

行政处罚自由裁量权的适用应当出于正当动机。动机是指行为人通过一定行为而想要达到的目的。行政主体在适用自由裁量权时不得基于不正当的动机解释法律适用，法律的模糊性概念不得出于偏袒一方、发泄私愤或者谋取个人利益等动机而故意作出从重处罚，或者从轻处罚，必须超然于个人利益之外。

行政处罚自由裁量权的适用应力求公平正义。这是行政相对人最为关注和最易感知的法律原则。公正原则要求行政主体在选择处罚方式和处罚幅度时必须全盘考虑，不能有歧视、显失公平。

### （二）具体建议

**1.完善定性规则，为准确裁量打好基础**

一要遵循法规效力等级原则，健全完善外汇管理法规的配套使用。对所有的外汇管理法规进行再梳理和归纳，按照"上位法优于下位法、后法优于前法、特殊法优于一般法"的效力顺序来消除现行法规之间不一致或相抵触的情况。一方面，对现行的各项业务规章和规范性文件进行审查，并重新确定其法律效力。另一方面，比照《外汇管理条例》的处罚标准，调整与其冲突的相关规定，以保证处罚依据的上位法与下位法衔接、特殊法与一般法一致。二要借鉴其他部门法的定性原则，实现对"违法竞合"普遍无争议的定性。建议参照《刑法》上规定的"择一重或行为通常会触发的罪名"处断，对《外汇管理条例》进行法律解释。对同一违规行为可能同时违反两个或以上外汇管理规定的情形，原则上择一重处断，若分不出轻重或其中某一定性纯属偶然，而不是行为通常造成的结果，则应按照行为通常的定性处罚。

**2. 全面细化裁量基准**

行政自由裁量权被滥用，根本原因在于权力行使过程中自由裁量"弹性空间"过大。要将现有裁量基准对不同违反外汇管理行为案件情节的裁量空间进行进一步细化，特别是对从重情节、严重情节所对应的裁量空间进行更多等级划分，确保罚款数额与违反外汇管理行为的事实、性质、情节、社会危害程度相当。对部分违法外汇管理行为情节中"数额较大""危害后果"的认定，应结合外汇案件的实际情况进行量化。要将违反外汇管理行为的主观方面扩充至自由裁量，对故意和过失进行区分。要认真考虑不同地区经济社会发展差异，对同一行为在不同地区的认定要结合经济社会发展实际，考虑建立不同的裁量基准，并必须不断在实践中修改和完善，发挥好裁量基准的应有作用。

**3. 优化裁量程序**

遵循"规范程序、提高效率、简明清晰、便民利民"的原则，优化各项外汇处罚裁量流程，绘制并公布覆盖行政裁量权力运行过程的流程图，通过软件系统实现行政裁量过程每个环节互联互通，形成行政裁量的规范性权力运行机制。

**4. 充分发挥案例指导作用**

进一步重视归纳典型案例，成为以后同类型案例行使自由裁量权的典范，如果再遇到与其相同或相似的案件，在没有新情况和提不出更充分的理由时，就不得做出与过去不一致的执法行为，可以保证行政执法的统一性、公平性，也能对外汇处罚自由裁量权作出相应的规范和约束。

**5. 引入激励约束机制**

完善外汇检查部门的绩效考评机制，制定科学合理的外汇检查工作绩效评估体系，将人民群众的满意度作为衡量外汇行政处罚工作绩效的重要标准。定期或不定期地开展公开评选活动，对外汇行政处罚程序规范、事实确凿、证据合法、罚当其过、社会反响好的案例实行奖励制度。

**6.提高各类监督的有效性**

首先，要强化内部监督。一方面，对大要案件在处罚结案后，采用抽查方式，由外汇检查部门联合法制部门、纪检监察部门进行回访，重点回访外汇检查部门及执法人员在该案件中行使行政处罚自由裁量权是否得当。另一方面，通过交叉监督，采取系统内各单位交叉互查的方式，对非本单位查办的案件进行评查，通过相互评查看行政处罚自由裁量规则是否落实。

其次，要强化社会监督。充分发挥人大、政协的优势，加强人大、政协对外汇处罚自由裁量权的监督，不定期组织人大代表、政协委员对外汇处罚自由裁量权行使情况进行检查，对行政自由裁量相关的政策和行为进行质询。要加强新闻舆论监督，通过新闻舆论引导，真正形成制度化和法律化社会监督机制，保障外汇处罚自由裁量权规范工作顺利进行。健全行政执法投诉举报制度，推进政务信息公开，依法保障群众对行政行为实施监督的权利。

再次，要强化司法监督。将外汇处罚自由裁量权的行使纳入司法审查的范围，对外汇处罚自由裁量权行使的过程和结果都要进行有效监督。既要使司法权对外汇处罚自由裁量权是否合理进行有效审查，又要保证司法权不过分干预外汇处罚自由裁量权，这就必须有一个判断行政行为合理性的标准。《法律对行政的控制》曾经作了一般性的概括，可以予以借鉴，即有以下情形时可以高度怀疑其"合理性"：（1）当发现行政主体或行政行为人在行为当时，明显存在恶意、不诚实的情况时，可以高度怀疑。（2）当发现行政主体或行政行为人在行为当时，明显故意或非故意严重曲解法律或其他依据时，可以高度怀疑。（3）当发现行政主体或行政行为人在行为当时，明显应当考虑的因素没有被考虑时，可以高度怀疑。（4）当发现行政主体或行政行为人在行为当时，明属不应当考虑的因素却被考虑了时，可以高度怀疑。（5）当发现行政行为如果与多数有理性的人的观点严重相违背时，可以高度怀疑。（6）当发现行政方法上强人所难、要求苛刻，明显使相对人利益受不必要侵害，或者增加相对人不必要的负担时，可以高度怀疑。（7）当发现同一行政主体对同类事件实施处理却变化无常，违反同一性和平等性时，可以高度怀疑。

最后，要强化责任追究，不定期组织对外汇处罚自由裁量工作中可能存在的不作为、乱作为、推诿扯皮、不协同协作等问题进行监督检查，对出现滥用行政裁量权的外汇检查部门，根据严重程度给予限期整改、通报批评、效能告诫等处理；对滥用行政裁量权的外汇检查人员，根据情节轻重，给予批评教育、诫勉谈话、效能告诫、离岗培训、调离检查岗位、取消执法资格等处理，情节严重触犯党纪政纪的要给予党政纪处分，从源头上防止行政处罚自由裁量权的滥用。

## 参考文献

［1］邵娜.建立行使外汇管理自由裁量权机制的探讨［J］.吉林金融研究，2010（02）.

［2］张敏恬.关于基层外汇局行政执法自由裁量弹性的思考［J］.武汉金融，2011（09）.

［3］许力.外汇管理中行政处罚裁量情节的认定［J］.中国外汇，2011（09）.

［4］许芯.外汇管理行政执法中存在问题及建议［J］.现代金融，2012（08）.

［5］高玉成.完善基层外汇局行政处罚之策［J］.中国外汇，2013（11）.

［6］秦秀峰.外汇检查执法风险及防范措施浅析［J］.时代金融，2016（03）.

［7］宋金桂.新形势下外汇管理最优处罚机制研究［J］.时代金融，2018（08）.

［8］张家华.完善外汇行政处罚的思考［J］.时代金融，2018（05）.

［9］张显华.对行政处罚自由裁量权的规制探析［J］.法制博览，2020（08）.

［10］王贵松.行政裁量基准的设定与适用［J］.华东政法大学学报，2016（03）.

［11］陈新.行政惯例对行政裁量活动的影响及其规范［J］.人民司法，2015（21）.

［12］毛广玉.行政执法自由裁量权规范行使研究［J］.金融纵横，2017（08）.

［13］关保英.行政自由裁量基准质疑［J］.法律科学，2013（03）.

［14］廖秋子.行政自由裁量权的存在悖论与规范理路［J］.东南学术，2010（02）.

［15］刘国乾.立法对行政自由裁量权的配置：一个初步的规范说明［J］.云南大学学报法学版，2015（04）.

［16］王宝刚.人民银行行政处罚自由裁量权正确行使及约束控制［J］.济南金融，2007（09）.

［17］郭瑞.略论行政自由裁量权的控制［J］.菏泽学院院报，2010（03）.

［18］郑丽利.论权力清单对行政自由裁量权的控制与规范［J］.柳州职业技术学院学报，2016（06）.

［19］于丽平，穆丽霞.探究行政自由裁量权［J］.行政法学研究，2007（02）.

课题主持人：郑忠丽
课题组成员：高继安　李宜晖

# 信用信息对小微企业获得信贷的影响研究

中国人民银行武汉分行金融生态办课题组

**摘要**：为进一步发挥信用信息增信作用，疏通银企信息不对称导致小微企业融资难的堵点，本文在调研当前金融机构信息需求及共享应用情况的基础上，建立博弈模型探索信用信息对小微企业获得信贷的作用机理进行理论分析。结果表明：信用信息的有效应用对于小微企业获得信贷的提升具有正向推动作用，信用信息共享程度越高，银行征信成本和小微企业违约概率越低，信贷可获得性越高。最后，基于理论结果和国内建设成效较好地区的经验做法，对如何运用信用信息助推小微企业提升获得信贷水平提出有针对性的政策建议。

**关键词**：信用信息；信息不对称；小微企业；获得信贷

## 一、问题的提出

为唤醒中小企业信用资本，着力解决银企信息不对称导致银行面对小微企业融资需求存在的"不敢贷、不愿贷、不能贷"的问题，中央出台了一系列文件推动涉企信用信息平台建设以提高中小企业信息透明度，解决小微企业信用缺失问题。2019年2月，中办、国办印发了《关于加强金融服务民营企业的若干意见》，从战略高度部署抓紧抓好信息服务平台建设，依法开放相关信息资源，在确保信息安全前提下，推动数据共享，健全优化金融机构与小微企业信息对接机制，实现资金供需双方线上高效对接，让信息"多跑路"，让企业"少跑腿"。2019年4月，中办、国办印发《关于促进中小企业健康发展的指导意见》针对市场普遍关注的信用信息共享，明确提出进一步完善小微企业名录，积极推进银商合作，依托全国公共信用信息共享平台建设全国中小企业融资综合信用服务平台，改善银企信息不对称，提高信用状况良好中小企业的信用评分和贷款可得性。

大多数小微企业缺少可抵押资产，也难以承受高额的担保费用，"缺信息"和"缺信用"导致的银企信息不对称问题是小微企业贷款融资的难点堵点。因此，充分挖掘企业信用信息，推动企业以信用换信贷，是解决这一问题的突破口。探索信用信息助推小微企业获得信贷的作用机制，对提升小微企业融资可获得性，助力中央金融支持湖北经济发展一揽子政策的落地见效、促进信用贷款的发放等具有重要意义。

## 二、文献综述

针对信息不对称导致的小微企业融资难的问题，国内外很多地区尝试通过引入信用信息共享机制，建立征信平台的方式，以减少逆向选择、降低道德风险的概率（Stiglitz & Weiss, 1981）。从现有研究来看，通过信用信息共享应用能够提升小微企业获得贷款能力已成为共识。众多学者从信用信息共享对信贷市场的影响机制、信息共享与企业融资成本的关系、大数据征信在小微企业融资中的应用路径探索等方面做了一系列的研究。

信息共享对信贷市场的影响机制方面，李锋、陈倩（2013）通过仿真研究银行间信息共享、企业间信息共享等多情景下银行与企业演化博弈，发现企业之间的信息共享增加了信贷市场中的信息不对称现象，增加了银行的风险损失；而银行之间的信息共享则能够有效地降低银行的信贷风险和损失。刘春志（2016）等基于全球165个国家和地区为样本进行实证发现，信用信息分享可显著促进信贷供给，而银行集中度则降低了信贷可得性，随着银行集中度的提高，信用信息分享对银行信贷供给的正向效应逐渐减弱。陈小林（2017）通过对506户企业征信数据的实证分析，发现征信信息中的基础信用信息、财务信息对小微企业贷款可获得性具有显著的正向影响，但影响力度较小，而小微企业商业信用信息与信贷可获得性显著负相关。

信息共享与企业融资成本关系方面，周继先（2011）利用我国上市公司的贷款数据研究了银企关系对公司融资成本的影响，并检验了企业信用征信体系对银企关系作用机制的影响，发现良好的银企关系有助于降低企业融资的"显性成本"与"隐性成本"。张宁（2017）选取深圳证券交易所中小板上市企业983个研究样本，实证验证了外部信息共享和内部信息共享的程度与企业债务融资成本之间存在显著的负相关关系，即改善银行与企业之间的信息不对称程度可以降低企业债务融资成本。

大数据征信在小微企业融资中的应用路径探索方面，麻文奇（2016）以广东省中小微企业信用信息和融资对接平台为实例，探索大数据分析在中小微企业信用融资方面的应用。邹丽（2016）以阿里小贷为例分析了大数据征信一定程度上在降低信息获取成本、降低融资门槛、缩短审核周期上为中小企业的融资提供了便利。赵明悦（2018）以阿里金融为例分析了大数据金融对小微企业融资模式的影响，阐述了大数据金融对小微企业融资的促进作用。中国人民银行营业管理部课题组（2020）对当前大数据金融支持小微企业融资的主要模式、存在问题进行了分析，认为企业信用画像数据可得性和可靠性不足，制约了纯信用贷款的发展，难以解决小微企业融资难的根本问题。

本文结合国内外研究成果，在充分调研小微企业融资可获得性与信息不对称现状、金融机构对信用信息需求及共享应用情况的基础上，通过博弈模型探索信用信息对小微企业获得信贷的作用机理，最后结合理论结果和国内建设成效较好地区的经验做法，对如何推动信息共享应用提升小微企业获得信贷水平，解决小微企业融资难题提出政策建议。

## 三、小微企业融资可获得性与信息不对称现状

小微企业贷款融资难有很多原因，发展前景不明、财务不规范、信用信息缺失并且金融参与度较低，导致的银企信息不对称问题成为融资

难融资贵、制约小微企业发展的重要原因之一。我们对湖北省小微企业融资现状和银企信息不对称的问题进行调查研究，相关情况如下。

### （一）小微企业融资的现状

随着金融业的差异化发展，尤其是互联网金融、区块链、供应链金融的快速涌现，推动金融服务可获得性大幅提升，传统银行信贷投放结构也在优化调整，小微企业融资环境不断优化。但从总体上看，小微企业生存发展环境总体欠佳，小微金融服务体系还有待发展和完善，"融资难、融资贵"问题还一定程度制约小微企业发展。

2017年9月至2020年9月，湖北省小微企业贷款余额增长40.65%，低于各项贷款增速11.65个百分点，占全部贷款的比重由20.88%下降到19.28%。制造业是小微企业的主体，是实体经济的重要组成部分，但其融资形势不容乐观，制造业小微企业贷款余额增长12.13%，比全部小微企业贷款余额增速低28.52个百分点；单户授信500万元以下的小微企业贷款余额仅由260亿元增长到369亿元，占全部小微企业贷款比率始终不到5%。在企业贷款中"垒大户"问题依旧存在，数量众多、规模较小、融资需求迫切的小微企业信贷可获得性有待进一步提高。

### （二）小微企业融资难的原因

**1. 小微企业基础薄弱、信用不足是内在原因**

一是大多数小微企业资本规模小、管理和技术落后、财务制度不健全、盈余积累少，当下又面临经营成本拉高、需求下降等困境，造成小微企业存活能力不高，抵御风险能力差，难以获得银行机构的青睐。二是大多数小微企业属于轻资产型企业，难以满足银行的抵押和担保条件。由于信用环境缺失和失信惩戒机制尚不健全，小微企业恶意拖欠、故意骗贷等现象屡见不鲜，将银行贷款用于对外投资、不务正业时有发生，加之小微企业财务管理不规范，银行难以跟踪信贷资金流向和保障资金安全，小微企业贷款不良率远远高于大中型企业，造成银行对小微企业惧贷、慎贷的"融资难、融资贵"。

**2. 银行与小微企业信息不对称是外在原因**

小微企业财务管理普遍不规范、缺乏透明度，财务信息可信度较低，致使银行无法掌握企业的真实经营状况。涉及小微企业的信用信息条块分散、分割问题较为突出，既涉及银行等金融机构，也涉及工商、质检、税务、法院、水电气等政府部门和公共服务企事业单位。信息的碎片化和甄别的复杂化导致银行对小微企业的风险识别度降低。小微企业对银行刻意隐瞒民间融资、隐性关联等关键信息，而银行又无从查证核实，部分企业利用这种信息不对称机会，滥用信用来获取银行贷款并不还贷，损害了银行的利益。总体上，小微企业信用信息的可靠性和有效性严重不足，银企之间信息严重不对称，是形成银行对小微企不敢贷、不能贷和小微企业融资难、融资贵的主要原因。

**（三）银行与小微企业信息不对称的主要体现**

根据课题组对湖北辖内部分银行的调查，银行在对小微企业进行贷前调查和贷后管理上，主要关注小微企业的基本信息、生产经营信息、负债信息、涉诉信息、行政处罚信息五个方面的信息，银行与小微企业信息不对称集中体现在四个难点和痛点。

**1. 财务信息难以核实**

因小微企业财务制度不规范，银行必须通过结算账户、交易流水、税票、仓库现场核查、下游客户验证等手段和方式来核实财务信息。其中，结算账户和银行交易流水可能涉及多家银行，企业只能提供纸质件，难以进行集中式、电子化分析，而且交易流水存在刷单、造假的风险；仓库核查和仓单也缺乏持续监控的手段；税票查询同样存在交易对象识别困难、查询效率低下等问题。

**2. 民间借贷信息无法查询**

部分银行反映，当前小微企业及其股东民间借贷成为小微企业贷款的最大风险隐患，也是银行最难以掌握的因素。参与民间借贷往往成为压垮小微企业的最后一根稻草。但银行只能通过分析小微企业各项数据和查证外围信息进行推测，没有手段和渠道进行权威的查询。

**3. 隐形关联信息不易获取**

小微企业隐性关联易导致银行信贷资金被倒腾和挪用，风险极大。目前，银行只能通过国家企业信用信息公示系统及相关手机 App 应用查询存在的显性关联，无法通过其他途径获取和验证小微企业的隐性关联关系，如实际控制人与法人代表不是同一人等信息。

**4. 企业涉诉信息无法获取**

小微企业一旦涉及诉讼，对企业的正常经营和银行信贷资金安全将有重大影响。而银行通过法院公开网站上只能查询到判决执行信息，无法获取已立案未判决的涉诉信息。

## 四、金融机构信息需求及共享应用情况调查分析

经过多年的积累和建设，我国建立了全球规模最大的征信系统，收录了 2 500 余万家企业和其他组织的信息。征信系统已经成为我国重要的金融基础设施，在创造融资机会、降低金融风险等方面发挥着重要作用，为金融机构制定信贷决策提供重要的参考依据。但由于央行征信系统的数据主要来源于银行等金融机构，对于那些金融机构尚未有效覆盖的民营和小微企业而言，在央行征信系统内缺乏征信记录，其他非银涉企信用信息又分散在不同部门，形成信息孤岛，银行难以获得，由此造成的信息不对称导致小微企业融资受阻，推动银行发放信用贷款的优惠政策难以落地见效。为进一步发挥涉企信用信息为企业增信的作用，课题组对湖北省主要省级金融机构开展调研，了解金融机构对信息项的需求和应用情况。

### （一）金融机构对小微企业非银行信息需求情况

从调查结果看，湖北省金融机构对涉企信用信息需求主要归纳为两个方面：一是由各政府部门归集掌握的遵纪守法、履行法定义务、技术实力、非金融负债等方面的信息，如注册登记、行政许可、行政处罚、纳税、社保缴费、公积金缴存、抵质押登记、海关报关、法院诉讼、项目审批、环境评价、质量认证、专利商标等信息项。二是公共事业单位

掌握的各类生产缴费信息，如水、电、燃气的缴费信息。具体信息需求情况和信息集中程度见表1。

表1　　　　金融机构主要信息需求情况及信息集中程度

| 信息类别 | 涉及部门 | 信息集中程度 | 需求程度 |
| --- | --- | --- | --- |
| 诉讼信息 | 省高级人民法院 | 省集中 | 非常强烈 |
| 纳税信息 | 湖北省税务局 | 省集中 | |
| 不动产抵质押信息 | 省自然资源厅 | 省集中 | |
| 海关报关信息 | 武汉海关 | 省集中 | |
| 用电缴费信息 | 省电力公司 | 省集中 | |
| 用水缴费信息 | 各县市水务公司 | 县市集中 | |
| 判决执行信息 | 省高级人民法院 | 省集中 | 比较强烈 |
| 项目审批 | 省发展改革委 | 省集中 | |
| 注册登记信息 | 省市场监管局 | 省集中 | |
| 行政许可、行政处罚信息 | 省发展改革委 | 省集中 | |
| 环境评价 | 省生态环境厅 | 省集中 | 需求一般 |
| 质量认证 | 各有关部门和行业协会 | 未集中 | |
| 专利商标 | 省市场监管局 | 省集中 | |
| 社保缴纳信息 | 省人社厅 | 省集中 | |
| 公积金缴存信息 | 各市州公积金中心 | 市州集中 | |

从信息需求程度和获取难度来看，需求非常强烈而无渠道获取的有法院诉讼、海关报关、不动产抵押、纳税、水电缴费等信息；需求比较强烈、有获取途径但需要统一优化整合渠道的信息有注册登记、股东关联、抵质押登记、判决执行、项目审批、行政许可、行政处罚等信息；需求一般且具有一定参考价值的有环境评价、质量认证、专利商标、社保缴纳、公积金缴存等信息。

**（二）金融机构对小微企业信用信息的应用情况**

有了信息还不够，还要知道如何使用信息。近年来，银行通过灵活运用金融科技和改变经营理念,将各类信用信息深度嵌入信贷审批发放流程中,不仅开发出各类新产品,也有效提升了普惠小微信贷的发放。经调查,湖北省各金融机构对小微企业非银行信用信息的应用主要有以下两种模式。

**1. 政银互动应用模式**

随着数字政府建设的推进,部分银行与政府部门合作,运用涉企政务大数据资源,多维度分析小微企业财务状况、运营能力、信用风险等关键信息,为信用客户360度精准画像,大幅提升银行风控能力,促进小微企业信用贷款发放。湖北省共有10多家银行应用政务数据进行信贷审核和风控,其中,以纳税、政府采购等信息应用为主体,开发上线了10多款信贷产品,如工商银行的"经营快贷(代缴税)"、农业银行的"微捷贷"、建设银行的"云税贷"、交通银行的"政采e贷"、湖北银行的"税易贷"等。在纳税信息应用方面,湖北有8家商业银行与省税务局合作开展线上银税互动,2019年发放信用贷款200多亿元。在政府采购信息应用方面,武汉市14家金融机构与市财政局合作,开展政府采购贷业务,累计发放信用贷款1.5亿元。2019年,黄石市政府采购系统与应收账款融资服务平台对接,实现政府采购线上信用融资突破。

**2. 结算流量模式**

各银行机构对小微信用贷款的风控主要依赖于对小微企业还款能力和还款意愿的识别。还款意愿主要依赖于央行征信系统及其他渠道公布的不良信息,还款能力依赖于对企业财务状况、经营能力的分析。其中,对小微企业账户资金流水的数据分析是银行机构判断其还款能力的主要手段之一。湖北省辖内共有20多家银行上线了基于小微企业账户现金流量的信用贷款产品。这些银行机构主要对小微企业在本行开户的账户资金流量或者利用银联pos交易流水信息进行系统分析和判断,并依据系统评价模式给出风险可控的授信额度。如工商银行的"小微e贷"、招商银行"结算流量贷"、交通银行线上"优贷通"、中信银行的pos商户网络贷款等。

## 五、信用信息对小微企业获得信贷的影响机理分析

信用信息能够帮助银行对客户进行分析，防止身份欺诈和盗用等情况的发生，识别虚假交易，揭示放贷因信息不对称带来的信用风险，起到防范信用风险作用。有效的信用信息使得金融机构可以了解信用信息主体过去和当前的信用状况，减少贷前调查工作量，有助于金融机构准确进行风险评估，有效缩短审贷周期，降低融资成本，使得"信用"换"信贷"成为可能，从而提高了企业获得信贷水平。基于这一基本逻辑，本文构建一个博弈模型，研究信用共享对小微企业获得信贷的影响。

信用信息对银行而言分为"应用信用信息"和"不应用信用信息"，银行依据所获得的信用信息对小微企业的融资需求进行判断决策，获得贷款的小微企业有两种决策选择，即"履约"和"违约"。小微企业如期履约的成本为支付银行贷款利息，用 $c_1$ 表示。收益则可以分为两个部分：一部分是通过融资所获得的直接收益，用 $e_1$ 表示；另一部分是获得良好的信用记录，通过征信系统被其他金融机构获取从而带来潜在融资收益，用 $F$ 表示，从而小微企业履约收益为 $e_1+F$，在这种情形下银行的收益用 $R_1$ 表示。小微企业选择违约时也会存在一定的成本和收益，分别表示为 $c_2$ 和 $e_2$。当银行通过信用信息应用发现小微企业存在信用风险或者不良记录，会在正常利息上额外加价 $P$，此时银行的收益用 $R_2$ 表示。假设银行因信息共享不充分或者风险识别不灵敏，小微企业的风险未被识别，银行面临贷款无法如期收回的风险，此时银行的收益用 $R_3$ 表示。另外银行获取企业信用信息需要的额外成本 $C$ 表示。在本文设定的银行与小微企业的博弈模型中会存在四种博弈情形，分别为：

（1）银行应用信用信息，小微企业如期履约。此时银行的收益为 $R_1-C$，小微企业的收益为 $e_1+F-c_1$。

（2）银行不应用信用信息，小微企业如期履约。此时银行无须支付获取企业信用信息需要的额外成本 $C$，因此银行的收益为 $R_1$。由于银行不应用信用信息，小微企业无法获得除正常信贷支持收益外的良好信誉带来的潜在收益，从而小微企业的收益为 $e_1-c_1$。

（3）银行应用信用信息，小微企业选择违约。此时银行可以获得直接收益$R_2$，对小微企业的惩罚加息收益$P$，获取企业信用信息需要的额外成本用$C$，银行的收益最终为$R_2+P-C$，小微企业的收益为$e_2-c_2-P$。

（4）银行不应用信用信息，小微企业选择违约。此时银行未识别出小微企业的信用风险，小微企业获得了融资，小微企业的收益为$e_2-c_2$，银行有损失贷款本金的风险，收益为$R_3$。

根据上述决策分析，可得到银行、小微企业博弈收益矩阵如表2所示。

表2　　　　　　　　　银企博弈收益矩阵

| 银行＼小微企业 | 履约 | 违约 |
|---|---|---|
| 应用信用信息 | $R_1-C$, $e_1+F-c_1$ | $R_2+P-C$, $e_2-c_2-P$ |
| 不应用信用信息 | $R_1$, $e_1-c_1$ | $R_3$, $e_2-c_2$ |

设小微企业如期履约的概率是$p_1$，则违约的概率是$(1-p_1)$；银行应用信用信息的概率是$p_2$，则不应用信用信息的概率是$(1-p_2)$，用$E_e$表示小微企业的期望收益，$E_b$表示银行的期望收益，根据各自的概率分布可以得到对应的期望表达式为：

$$E_e = p_1[p_2(e_1+F-c_1)+(1-p_2)(e_1-c_1)]+(1-p_1)[p_2(e_2-c_2-P)+(1-p_2)(e_2-c_2)]$$

$$E_b = p_2[p_1(R_1-C)+(1-p_1)(R_2+P-C)]+(1-p_2)[p_1R_1+(1-p_1)R_3]$$

根收益最大化原则，可求得$p_1$、$p_2$的均衡解为：

$$p_1^* = \frac{R_2-R_3+P-C}{R_2-R_3+P} = 1-\frac{C}{R_2-R_3+P}$$

$$p_2^* = \frac{e_2-e_1+c_1-c_2}{P+F}$$

通过均衡解$p_1^*$可以看出，影响小微企业如期履约的因素包括对小微企业违约行为的惩罚加息力度$P$，银行获取应用信用信息的成本$C$。不难推断，当银行获取应用信用信息的成本$C$过高，表明信用信息共享程度较低，信息的采集应用难度较大，银行更偏向不应用信用信息，对小微企业的风险识别度低，小微企业如期履约的概率降低，表现为$p_1^*$与呈

$C$ 负相关。在征信平台建设完备,征信市场发展活跃的情况下,银行获取和应用小微企业信用信息的成本会不断下降,加上对小微企业失信行为的惩罚力度加大,起到"失信惩戒"的作用,如期履约成为小微企业的最佳选择,$p_1^*$ 与 $P$ 呈正相关,银行也会因为获取应用信用信息的成本较低而选择应用企业信用信息数据作为审贷及贷后管理的重要手段,对小微企业贷款投放力度加大,小微企业的信贷获得感得到提升。

通过均衡解 $p_2^*$ 可以看出,与银行应用信用信息概率呈反向关系的包括良好的信用行为带来的收益 $F$ 和对小微企业失信行为的惩罚力度 $P$,可以理解为小微企业的授信激励机制越好,失信行为单位惩罚力度越大,此时小微企业如期履约的概率也越大,银行选择应用信用信息的必要性减小,从而银行选择应用信用信息的概率越小。若企业履约成本 $c_1$ 变大,违约成本 $c_2$ 减小,小微企业违约的可能性就会加大,银行必须选择应用信用信息来对小微企业的信用风险进行识别,应用选择应用信用信息的概率增加。对小微企业而言,在完备的征信体系下,各种信用信息完整展现给银行,"守信激励、失信惩戒"的机制将得到很好的落实,保持较高的信用等级和用信行为,将会得到更多银行的贷款支持,实现信用换信贷的良性循环。

## 六、结论与政策建议

从上述博弈模型的分析来看,信用信息的有效应用对于小微企业获得信贷的提升具有正向推动作用。银行获取应用信用信息的成本、小微企业良好的信用带来的潜在收益和失信行为的惩戒力度是影响银企融资对接的重要因素。信用信息归集共享越充分,征信体系建设越完备,银行获取和应用小微企业信用信息的成本越低,"守信激励、失信惩戒"的机制发挥的作用越大,银行对小微企业的信贷投放增加,信用贷款的优惠政策得到进一步落实,小微企业的信贷可获得性不断提升。基于上述结论,吸纳国内部分小微企业征信平台建设的经验,结合湖北实际,本文从信用信息的归集共享、信用信息的有效运用和重视隐私保护三个方面对发挥信用信息助推小微企业提升获得信贷的机会提出政策建议如下。

**（一）加快推进企业信用信息的归集与共享**

一是推进政府部门涉企政务信息的开放共享，充分调研银行对涉企政务信息的需求情况，是利用数字政府、政务云建设契机，推动省级公共信用信息服务平台、国家企业信用信息公示系统等政务平台通过接口方式与银行机构、征信机构进行系统对接和信息共享。对于暂未实现集中归集或归集有一定难度的涉企政务信息，按照需求程度和开放难度分步推进税务、法院诉讼、海关报关、社保缴纳、公积金缴存、水电气缴费等信息的开放共享，通过系统对接、前置机共享、联机查询、部门批量下载等方式，支持政务信息的流动和共享，尽快满足银行对涉企政务信息查用方便的需求。

二是地方政府要高度重视和大力支持信息归集共享工作。从苏州、台州、宜昌、荆门等地经验来看，地方政府均成立了专项工作领导小组，分解相关部门责任分工，形成工作合力，建立规范的考核督办机制，通过行政手段推动企业信用信息的归集和共享，减少协调难度，保证了归集效率，自上而下打通部门间的信息孤岛，降低银行信息收集成本。

**（二）加快推进企业信用信息的推广应用**

一是探索通过市场化方式推进小微企业信用信息平台建设。推行"政府+市场"双轮驱动模式，如苏州征信、浙江省企业信用信息服务平台，利用市场化机制推进小微企业信用信息平台建设，设立具有政府背景、市场化运作的企业征信机构，负责开发运营小微企业融资综合信用服务平台，归集共享相关部门或单位掌握的信息，实现不同部门、不同来源政务数据的碰撞和交互。

二是以用户需求为导向提供金融服务。以信用与信贷联结为目标，打造集金融产品展示、政策宣传、融资对接、信用评分、风险监测于一体的综合服务平台，利用大数据和区块链技术等金融科技开发适合小微企业特点的征信增值产品，通过涉信用信息为企业画像增信，识别预警企业信用风险，为银行发放小微企业信用贷款提供基础信息支撑。

三是创新信贷产品和服务。鼓励金融机构接入平台以提升风险管理能力为立足点，开发更多符合小微企业资金需求周期、多种类型的信贷产品，逐步提高小微企业贷款中信用贷款的比重，对信用良好、正常经营的小微企业创新续贷方式，切实降低小微企业贷款周转成本。

四是完善政策配套机制。学习厦门、台州等地的做法，引进风险评级机构对小微企业实施动态信用评分，还可以通过引导各级地方政府设立风险缓释基金、实施贷款贴息等支持政策，建立多层次的风险缓释机制，为小微企业提供增信服务，从而鼓励银行加大对信用信息的应用，降低小微企业贷款门槛和融资成本，提升融资效率，缓解小微企业融资难、融资贵的问题。

### （三）重视信息主体隐私保护

在切实保障信息主体权益和信息安全的前提下，平衡好信息保护与信息使用，审慎推进信息共享。一是制定规范的信用平台管理制度，加强信用平台建设中信息主体权益保护机制设计。通过建立事前授权采集、事中数据脱敏、事后授权查询等工作机制，推动建立健全平台运行管理、异议处理、投诉办理和侵权责任追究等制度规范，切实保障信息主体合法权益。二是加强对信用信息归集共享到应用的全流程监管。各地人民银行分支机构要加强对信用平台建设运营、信息征集共享、产品开发和服务提供的全程监管。统筹落实《征信业管理条例》与各省市地方性信用法规，对信用平台信息征集、共享、查询、应用等过程中的法律风险进行全面论证和排查，推动信用平台建设运营的法治化和公开透明化。三是加强数据安全硬件设施建设。数据库与应用服务器之间采用硬件防火墙等安全措施，保障数据安全。四是加强对数据脱敏与隐私保护的研究。制定数据脱敏后共享和使用的规则，破除信息征集共享的法律障碍，协调处理信息使用与隐私保护的关系。

## 参考文献

[1]陈小林.征信机制、信用信息与小微企业信贷可获得性[J].金融纵横，2017（09）：34-42.

［2］李锋，陈倩.信息共享对信贷市场影响的演化博弈分析［J］.华南理工大学学报（社会科学版），2013，15（05）：10-14.

［3］李政为.关于金融机构征信服务需求的现状与对策研究［J］.财经界，2018（25）：104-106.

［4］刘春志，张雪兰，陈亚男.信用信息分享、银行集中度与信贷供给——来自165个国家和地区（2004—2013）的经验证据［J］.国际金融研究，2016（12）：43-53.

［5］麻文奇.大数据征信在企业融资中的应用——以广东省中小微企业信用信息和融资对接平台为例［J］.金融科技时代，2016（12）：15-20.

［6］张宁.信息共享对中小企业融资成本的影响［D］.河南大学，2017.

［7］赵明悦.大数据金融对小微企业融资模式影响分析——以阿里金融为例［J］.山东纺织经济，2018（12）：19-21.

［8］邹丽.基于大数据的小微企业融资模式研究——以阿里金融为例［J］.财会通讯，2016（32）：15-18.

［9］周继先.信息共享、银企关系与融资成本——基于中国上市公司贷款数据的经验研究［J］.宏观经济研究，2011（11）：83-93.

［10］中国人民银行营业管理部课题组.大数据金融支持小微企业融资的主要模式、存在的问题及政策建议［J］.北京金融评论，2019（04）：143-153.

［11］Stiglitz J E, Weiss A. Credit Rationing in Markets with Imperfect Information［J］. American Economic Review, 1981, 71（03）: 393-410.

课题主持人：刘爱华
课题组成员：王晓羽　周远慧　李全文　张　勇
执　笔　人：张　勇

# 区域经济金融问题研究

# 区块链技术在银行供应链金融领域的发展与应用

## ——基于武汉地区的探索与实践

**中国人民银行武汉分行营业管理部课题组**

## 一、引言

2008年11月，中本聪在其论文《比特币：一种点对点的电子现金系统》中首次提出"基于密码学原理而非基于信用，通过点对点技术实现"的电子现金系统，即比特币。区块链则是构建比特币的一项基础技术。自问世以来，众多机构对区块链技术在分布式云存储、身份验证、支付结算、物联网、供应链等多方面开展大量研究探索。

2019年10月，中共中央政治局就区块链技术发展现状和趋势进行第十八次集体学习。习近平总书记强调，区块链技术的集成应用在新的技术革新和产业变革中起着重要作用，尤其是区块链技术在物联网、供应链、金融多个领域的融合发展。

2020年1月，新冠疫情暴发，给我国和世界经济发展带来较大冲击。一方面，大量中小企业面临延迟复工、经营困难、资金紧张等难题，亟须信贷支持。另一方面，疫情期间交通出行、商务洽谈存在诸多不便，银行机构也面临信息收集、上门服务等方面的困难，难以了解企业需求、核实企业营运信息。

与此同时，区块链技术具有不可篡改、可追溯等技术特性，通过集体维护和共识机制，构建弱中心化的信任链，能够与供应链上中小企业融资紧密结合。因此，梳理区块链技术相关概念和作用机制、总结武汉地区区块链在金融方面的已有实践，对探索区块链技术发展、助力解决中小企业融资具有十分重要的意义。

## 二、文献综述

### （一）文献回顾

**1. 区块链技术在金融领域应用的研究**

Tapscott（2017）指出区块链可以颠覆金融业传统的中介模式，极大提高金融系统运行效率。谢冠儒（2019）指出近年来区块链技术正逐步应用于支付结算、证券交易、保险、数字货币等金融业应用场景，区块链共享、不可篡改、可追溯的特点有助于保障交易过程的公开透明，提升信息沟通效率，降低交易成本。区块链在数字货币、清算结算、票据、审计等领域有极大的应用潜力，银行业应加强对国外区块链技术成果应用的关注，推动制定行业标准规则。任春伟、孟庆江（2017）认为，证券清算结算中引入区块链技术能够有效解决多方信任问题，大幅度提升清算、结算效率。任安军（2016）指出区块链技术可应用于票据市场，通过票据信息的分布式存储实现票据链信息的不可篡改性和可追溯性，提升票据市场风险管控能力。

**2. 区块链技术解决供应链金融问题的研究**

具体到供应链金融细分领域，Stefan（2017）等给出区块链技术利用分布式账本去中心化减少和弱化对核心企业信用的担保背书，智能合约加强了链上主体在无监管主体参与下的安全性，不可篡改保证了对交易记录的可追溯性等，将解决供应链金融目前存在的信息更新不及时、"一贷多押"和"一押多贷"等信用风险和实时监控等一系列问题。Chris（2016）认为，区块链的可追溯性特征能够解决采购方为上游供应商及二级供应商提供供应链担保的问题。宋华（2017）在研究中指出，供应链金融能够使金融和实体经济有机结合，形成涉及多方主体参与的新兴业态，能够使金融体系有效支撑实体经济，并在风险合理管理的前提下解决企业融资问题。吴俊（2017）认为，区块链能够化解供应链金融中信息不对称风险。张路（2019）总结出区块链技术能够利用分布式账本技术形成数据共享，形成可信数据和真实交易，传递核心企业信用形成价值转移，并利用智能合约控制风险。赵公民（2019）等通过构建区块链在供应链信任管理系统的运用模型，得出区块链能够应用于供应链信任管理机制中。许荻迪（2019）认为，区块链技术的功能和供应链金融中多元主体协调的特点匹配程度很高，区块链能够通过打通底层数据畅通供应链金融信息传递，并简化供应链金融操作流程。段潇宇（2020）通过建立基于区块链的供应链金融信用指标评价体系及logistic模型构建，提出区块链集成解决方案，对供应链融资模式及信用风险进行优化。

**3.新冠疫情下区块链运用出现的新情况研究**

随着2020年初新冠疫情的暴发，区块链技术在应对金融危机中的应用前景进一步凸显。陈彦蓉（2020）指出疫情之下，已有金融机构、金融科技公司及供应链上核心企业开发了基于区块链的供应链金融服务平台，使得供应链上贸易关系得以更清晰地展示，有助于银行机构尽快为中小企业复工复产提供信贷支持。费晓蕾（2020）指出新冠疫情背景下，北京市政府采取的建立基于区块链的供应链债权债务平台实践有效地提升了融资便捷性，促进抗疫阶段中小企业健康发展。郭滕达、周代数（2020）认为，新冠疫情揭示出全球供应链普遍缺乏透明、交互操作和链接的网络等问题，后疫情时代运用区块链技术提高供应链的可见性，准确了解供应链中关键组成部分信息变得越发重要。

**4.区块链在金融领域运用面临的挑战和问题的研究**

谢冠儒（2019）认为，目前区块链存在底层技术不成熟、基础设施不完善的问题，面临着技术、法律、隐私等层面的风险，区块链在金融领域的大规模推广应用须协调好区块链去中心化特征和传统金融信用中介功能，在鼓励创新和防范风险之间做好权衡。范忠宝等（2018）认为，区块链分布式结构存储和处理海量信息时对硬件要求较高，在高频交易行业的应用存在瓶颈，法律和监管措施相对滞后，使得监管灰色地带可能滋生区块链技术在黑色产业的应用。马超群等（2020）认为，当前区块链技术在信息安全、标准等方面的风险，可能导致存在"黑客攻击"、兼容性差、互操作性低、法律边界模糊等问题，增大现有金融风险管理难度，还需在共识机制、隐私保护、部分存储、链外交易等方面进一步优化。

### (二) 文献评述

通过现有文献梳理可看出,近年来国内外学者对于区块链技术在金融领域的应用做了诸多崭新的研究,一致认为区块链技术具有广泛的应用潜力。但针对区块链技术运用的研究仍处于早期阶段,多为理论分析,定量分析较少,侧重于技术特点的介绍和宽泛的应用前景分析,运用模型构建、案例研究的方式展开深入讨论的尚不多见。

在供应链金融领域,纯粹针对供应链金融的运行模式、核心企业行为分析的研究已经较为深入,总结出了交易信息真实性难掌握、资金流向难追踪、交易动态信息更新缓慢等制约供应链金融发展的问题。区块链技术出现后,金融界很快认识到区块链技术的开放性、去中心化、可追溯性等特点,可以很好地解决供应链金融中的信息孤岛、信用背书和信用风险等难题。近两年开始出现了一些将区块链技术应用于供应链金融的探讨,但大多文献集中于讨论区块链在解决供应链金融风险问题中发挥的作用,偏向于对技术应用的理想化设想,缺乏针对区块链技术的供应链系统应用模型的研究,也缺少相关指标的设立和运用,对区块链技术如何具体应用于供应链核心技术、核心流程及模块的研究较少。

此外,学术界普遍认识到在当前区块链技术尚不成熟的条件下,大规模推行应用仍面临着运营成本高、缺乏统一的行业规范与监管规范、应用场景分割化、底层技术存在被攻击风险等问题,并在此基础上提出了一些意见建议,总体来看,区块链技术的广泛运用尚需时日。尽管如此,随着数字化金融在新冠疫情发生后更加受到重视,利用区块链技术开展疫情防控、公共治理、企业融资得到不少机构的青睐,区块链技术的产业化进程有望进一步加速。

## 三、区块链的概念内涵和作用机制

### (一) 区块链的概念内涵

中本聪 (2008) 在《比特币: 一种点对点的电子现金系统》中,并没有明确给出区块链技术的定义。随着区块链技术作为比特币的底层技术而被大家所研究和利用，不同专家和学者纷纷对其作出定义。

王元地等（2018）从五个维度梳理了现有学者对区块链的定义。一是从数据维度，将其定义为一种数据结构或数据库；二是从记账维度，将其定义为一种分布式记账技术；三是从协议维度，将其定义为一种互联网协议；四是从技术维度，将其定义为一种由多种技术构成的新技术方案；五是从经济维度，将其定义为一种价值互联网络。朱嘉明（2019）则指出，"区块链"是一个集群概念，包括大数据、云计算和人工智能，甚至热门的"物联网"概念，都可以视为区块链的一种利用。

狭义上说，区块链是一种按照时间顺序，将数据区块以顺序相连的方式组合成链式数据结构，并以密码学方式保证的不可篡改、不可伪造的分布式账本。广义上说，区块链技术是利用块链式数据结构来验证与存储数据、利用分布式节点共识算法来生成和更新数据、利用密码学方式保证数据传输和访问的安全、利用由自动化脚本代码组成的智能合约来编程和操作数据的，一种全新的分布式基础架构与计算范式。

2020年7月，中国人民银行发布的《区块链技术金融应用评估规则》指出，区块链是一种由多方共同维护，使用密码学保证传输和访问安全，能实现数据一致性、防篡改、防抵赖的技术。

### （二）区块链的技术特性及其与传统方式的比较

通常认为，区块链技术具有去中心化、共识机制、可追溯性、不可篡改、去信任化、匿名性等特点（见表1）。在这些技术特点下，区块链实现了多项创新技术的集成，从而保证价值和信息的传递与实现。

表1　　　　　　　　　　区块链的特性

| 特性 | 含义 |
| --- | --- |
| 去中心化 | 整个网络没有中心化的硬件或者管理机构，任意节点之间的权利和义务都是均等的，系统中的数据块由整个系统中所有节点共同参与维护，且任一节点的损坏或者失去都会不影响整个系统的运作。因此也可以认为区块链系统具有极好的稳定性 |

续表

| 特性 | 含义 |
| --- | --- |
| 共识机制 | 共识机制是一种区块链治理体系。由于没有中心化管理机构，区块链结合博弈论等学科设计出保证链上各节点都能积极维护区块链系统的方法，即让各节点积极成为记账员节点，在短时间内完成对交易的验证和确认。目前，区块链共识机制主要有四类：工作量证明机制（POW）、权益证明机制（POS）、委托权益证明（DPOS）、Pool验证池机制 |
| 可追溯性 | 记账员节点记账时，其他节点对数据及其生成时间的真实性无异议或冲突，记账员节点就会将其计入区块，并推送到其他节点。每个时段周而复始，形成时间戳，各区块按时间先后顺序紧密链接，使得账本可追溯 |
| 不可篡改 | 通过共识机制和可追溯性，使得信息修改必须自系统成立之始覆盖所有参与节点，并且得到集体的认可。除非能够同时控制整个系统中超过51%的节点，否则单个节点对账本的篡改是无效的，也无法影响其他节点上的数据内容。区块链具有显著的技术规模递增效应，账本规模越大，数据越可靠 |
| 去信任化 | 参与整个系统中的每个节点之间进行数据交换是无须互相信任的，整个系统的运作规则是公开透明的，所有的数据内容也是公开的。因此在系统指定的规则范围和时间范围内，节点之间不能也无法欺骗其他节点 |
| 匿名性 | 由于节点之间无须互相信任，因此节点之间无须公开身份，即节点是匿名的。所以，存储在区块链上的交易信息是公开的，但账户的身份信息是高度加密的，从而使系统中的每个参与节点的隐私受到保护 |
| 非对称加密 | 非对称加密使用一对互相匹配密钥，其中公钥公开、私钥保密，参与双方需通过公钥、私钥匹配才能查看数据 |

**1. "去中心化"和"集体维护"是区块链与传统技术的重要区别**

在传统方式下，无论系统大小，都存在一个硬件后台数据库作为该系统的中枢。即便是近年来新出现的微信、支付宝等的扫码支付、面对面支付，背后也需这些第三方支付机构及人民银行系统作为中枢节点予以确认，实现资金汇划。同时，腾讯、阿里等团队需要构建后台中枢数据库，并进行维护。

但区块链方式下，各节点之间直接交互信息，不再需要通过中心节点。系统通过共识机制，在每个时间段内选出一名符合条件的记账员节点，把该时间段内的经全网用户确认的所有交易信息和数据变化，打包记录在一个新的区块上，并把这个区块复制推送给系统内所有用户。在此过程中，每个节点均可通过竞争成为记账员。上述竞争记账、推送全网的过程会周而复始，每个用户都有一份相同且完整的账本备份。因此，该系统中不需要后台中枢数据库，每一个节点都可成为记账员，共同维护数据库（见图1）。

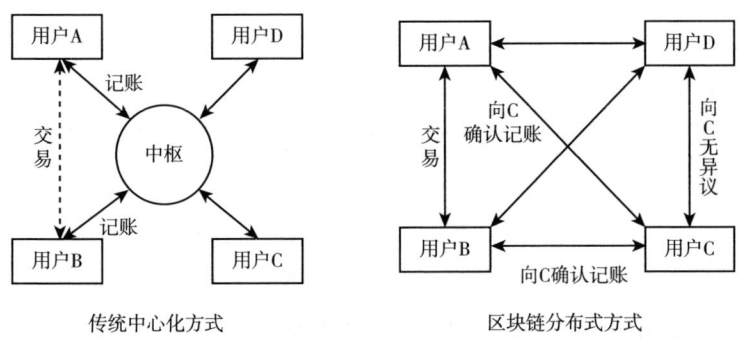

图1　区块链与传统技术方式的比较

**2."共识机制"和"可追溯性"是区块链技术应用的关键前提**

传统方式下，各个节点之间就数据真实性很难达成共识，导致信息难以传递。例如，用户A与用户B交易数据的真实性及其生成时间，是由信息产生节点（A或B）标注、中枢节点确认的。中枢节点需要花费大量成本，来验证数据及其生成时间的真实性，从而为其背书。其他节点（如，用户C和用户D）是根据对中枢节点的信任，来相信数据及其生成时间真实性。

但区块链方式下，各方按共识机制均可竞争参与记账。同时，交易各相关方（例如，除交易方A、B以外的其他相关方D等）只要在该时段的记账员节点（如用户C）记账时，对数据及其生成时间的真实性无异议或冲突，记账员节点就会将其计入区块，并推送到其他节点（如用户D），全网形成对该信息及其产生时间真实性的共识，避免私下内幕交易。每个时段周而复始，形成时间戳，各区块按时间先后顺序紧密链接，且副本推送到每个节点，形成全网共识统一账本。

**3."不可篡改"和"去信任化"是区块链技术应用的坚实基础**

传统方式下，中枢节点可能遭到攻击导致系统崩溃或修改删除数据。但区块链方式下，每节点都有相同副本，因此该系统不会由于单个节点宕机而导致整个系统崩溃。另外,这种分布式的授权机制,让少数节点的篡改无法影响其他节点所持副本,除非能够同时控制整个系统中超过51%的节点,否则单个节点上对该区块的修改是无效的。然而,"链"上有众多的"区块",且按时间先后紧密链接。因此,单独或少数节点回溯篡改之前的区块是不可能的,这意味着数据无法篡改。即便是对之前数据的善意修正,也只会记入新的区块中并全网推送。由于数据无法篡改,所以进行数据交换的每个节点无须互相认识或彼此信任,节点之间也无须公开身份。

### 4. "非对称加密"和"隐私保护"是区块链技术应用的重要保障

对企业机构来说,很多商业经营与财务数据都涉及商业秘密。区块链上公开透明的特点对于部分敏感信息来说并不适用,这类信息对隐私有着多样和严格的要求。采用非对称加密技术配对生成公钥与私钥,可较好解决这类问题,实现信息共享下的隐私保护。例如,A用户若授权B用户能看到部分数据,则A用户先用自己的私钥加密上传{信息a,信息b,信息c}对发出的信息做第一层加密,再用B用户的公钥做第二层加密。第一层加密证明该信息由A用户加密并发出的,第二层加密确保信息只有B用户能够解密,且只能看到被授权的信息。如B能解密读取{信息a,信息c},但看不到未授权的{信息b}(见图2)。通过上述技术,区块链实现了用户间的身份验证和保障信息传递安全性两项基本功能。

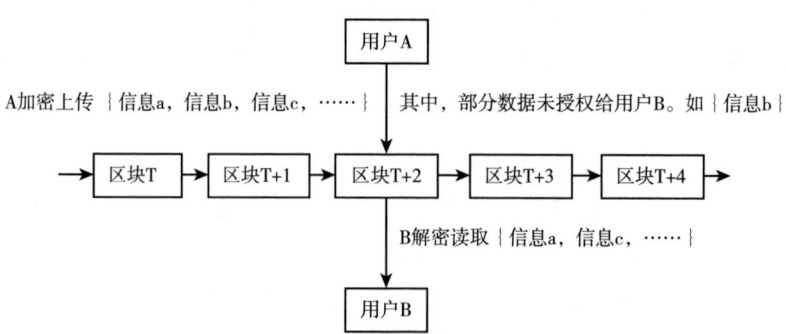

图2 非对称加密实现信息共享的隐私保护

## （三）区块链的类型及实际运用

区块链可被划分为三种类型，即公有链、私有链、联盟链。公有链可理解为公共区块链，它不受任何人控制，也不归任何人所有，是完全去中心化的。所有节点匿名加入网络，在链上的所有行为都是公开的，任何节点都可以查看其他节点的账户余额以及交易活动。

与之相对的，私有链则仅限在一个企业、组织以及机构内的用户访问和交易。相比传统中心化数据库，私有链的可追溯性，使得故意隐瞒或篡改数据的情况很容易被发现，发生错误时也能追踪错误来源。

在现实中，运用较多的是联盟链。联盟链由不同组织、机构组成联盟，节点通过授权后才能加入网络，且只针对联盟成员开放全部或部分功能和信息。联盟链上的读写权限、记账规则更加灵活，可按联盟成员间的共识来确定。例如，可预先指定一些节点为记账人，形成多中心或弱中心架构。这样每个区块的生成由所有记账人共同决定，其他节点可以交易，但没有记账权。

值得注意的是，虽然区块链类型不同，但其链上信息都具有可追溯、不可篡改的特点。随着应用对象和范围的不同，区块链的去中心化并不是绝对的，而是可以形成多中心或弱中心架构。同时，随着节点存储空间和运行效率的不同，也不要求所有节点都持有包含所有信息的完全账本，而是可以根据节点特点和保有信息多寡，形成轻节点和重节点。在上述调整中，区块链仍可利用散列函数等数学、密码学等技术手段，保证链上信息的不可篡改和可追溯性。

由此可见，由于区块链的类型不同，其去中心化程度、节点加入门槛、信息公开范围都有所区别。具体如表2所示。

表2　　　　　　　　不同类型区块链的特点

| 区块链的类型 | 公有链 | 联盟链 | 私有链 |
| --- | --- | --- | --- |
| 去中心化程度 | 完全去中心化 | 多中心化、弱中心化 | 弱中心化、中心化 |
| 节点加入方式 | 无门槛 | 授权后加入 | 仅同一机构内部成员可加入 |
| 节点隐私保护 | 可匿名 | 可匿名 | 可匿名 |

续表

| 区块链的类型 | 公有链 | 联盟链 | 私有链 |
| --- | --- | --- | --- |
| 信息公开范围 | 完全公开 | 不同机构之间,可浏览经授权的信息 | 不对外公开,仅供机构内成员使用 |
| 信息可靠程度 | 可追溯、不可篡改 | 可追溯、不可篡改 | 可追溯、不可篡改 |
| 应用领域 | 比特币、以太币等 | 机构间的交易、结算 | 机构内部数据库的应用 |

## 四、区块链在供应链领域中的运用

### (一)区块链技术对供应链金融业务的优化

**1. 信息不对称、不透明是传统供应链金融的业务痛点**

传统方式下,供应链上各企业ERP系统并不互通,且中小企业财务信息不透明,银行机构无法从中小企业获得有效的数据。无论是应收账款融资,还是库存融资、订单融资等,都会遇到真伪难辨、确权难办、回款难定等问题。银行机构出于风险管控的考虑,只能基于核心企业的主体信用,给上下游企业进行授信。但核心企业背书信用会随着应收账款债权的转让不断减弱。这使得金融机构的服务对象局限于一级供应商与经销商,而处于供应链远端的中小企业融资需求则很难得到满足。

**2. 区块链可追溯、不可篡改等特性能实现供应链上信用传递,盘活中小企业应收账款等资产**

区块链上可追溯、不可篡改的特性,可方便银行验证中小企业应收账款及其持有的核心企业票据的真实性,银行不用担心"萝卜章",更高效地进行贸易审查和风险评估,实现核心企业信用向供应链远端的中小企业的传递。同时,区块链可保证交易信息的完整和可靠。因此,一笔区块链技术下的应收账款资产不会因多次转让而减弱其可信度。这使得该笔资产在背书转让时可以便利地进行拆分,实现电子票据所不能实现的分割支付功能,从而减少中小企业现金占用。

**3. 区块链可助力实现供应链中小企业融资从"主体信用"向"交易信用"演进**

传统供应链金融业务,银行是对包含核心企业在内的供应链"1+N"

综合授信。然而，这种方式下，银行主要考虑的仍是核心企业的"主体信用"，中小企业融资仍高度依赖于核心企业对其款项的确认。若核心企业出于自身财务考虑，拉长账期或不予确认，中小企业则难以取得融资。但区块链技术整合信息流，让任何交易行为都被忠实记录于链上且不可篡改，让交易行为数据化、透明化。银行可基于链上交易记录作出信贷判断（见表3）。

表3　　　　区块链与传统供应链金融业务模式对比

| 类型 | 区块链供应链金融 | 传统供应链金融 |
| --- | --- | --- |
| 信息流转 | 全链条贯通 | 信息孤岛明显 |
| 信用传递 | 可达多级供应商 | 一般仅到一级供应商 |
| 授信条件 | 物流、资金流、信息流等，全链上信息 | 动产/应收账款 |
| 业务场景 | 全链条渗透 | 核心企业与一级供应商 |
| 回款控制 | 封闭可控 | 通常可控 |
| 中小企业融资 | 有数据、有场景即可 | 依赖核心企业 |
| 风险程度 | 可控度高 | 依赖核心企业 |
| 贷款过程 | 整个过程有链上信息依据 | 传统的识别机制 |

## （二）区块链的运用实例——武汉众邦银行"众链贷"产品

众邦银行"众链贷"产品以区块链为底层技术，通过与中农网、化塑汇、卓钢链等核心B2B供应链管理平台对接，实现小微企业订单、资金、物流、仓储等交易全流程信息"上链"，并通过交叉验证，确保交易场景与智能合约的真实性，有效解决了传统模式下银行与中小微企业之间信息不对称问题。

该行运用区块链技术通过以下三种方式助力供应链上中小微企业融资：

**1. 信用类融资**

信用类融资产品主要服务于信用较好的企业。以化塑汇平台为例，下游采购商需在平台采购货物，存在融资需求。采购商将授权银行采集其税务、交易、财务等信用数据，贷款审批通过后，银行受托将货款直接支付于平台。整个流程通过"链上"操作，实现了交易信息可得、交易行为可信、交易风险可控,提高了贷款审批效率。具体流程如图3所示。

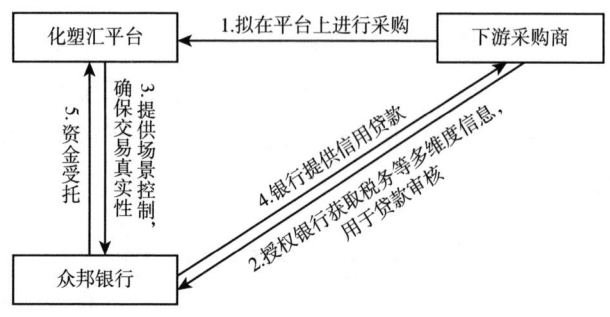

**图3 信用类融资流程**

**2.应收账款融资**

应收账款类融资产品主要服务于上游供应商。以中农网平台为例,蚕丝厂作为中农网平台的一级供应商,将货物赊销平台形成应收账款,银行基于平台确权的应收账款或应收票据为蚕丝厂提供融资,并受托将该笔资金直接支付给二级供应商养蚕农户(蚕丝厂的上游供应商),用于支付蚕丝厂赊欠的货款。经银行、平台、蚕丝厂、云仓四方协定,在贷款期限内,由云仓对交易货物进行管理,待蚕丝厂还款或中农网平台付款后解除货物监管,有助于银行对融资企业进行贷前交易真实性验证及贷中、贷后经营风险管控。具体流程如图4所示。

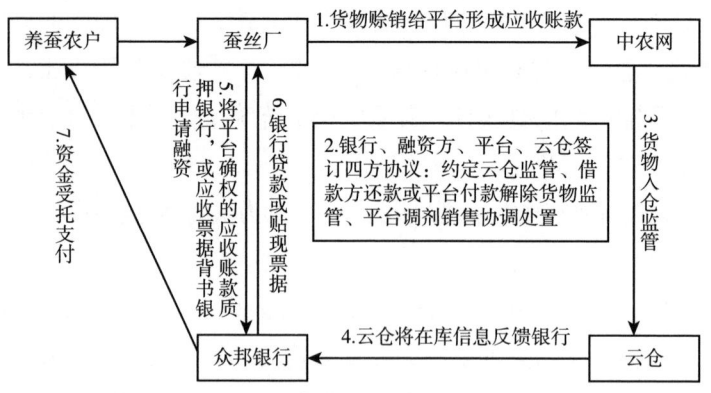

**图4 应收账款融资流程**

**3.订单类融资**

订单类融资产品主要服务于下游经销/采购商。以卓钢链平台为例，平台下游采购商与其签订钢材采购订单形成预付款项，经平台确认后，银行为采购商提供贷款融资，并受托将资金直接划拨平台用于支付采购货款。平台收到货款后，向其上游供应商大型钢厂采购钢材，并将货物委托云仓监管。货物入库后，云仓将实时向银行反馈物流、提货等在库信息，待下游采购商还款或平台退款后解除货物监管，有助于银行对采购商生产经营风险进行管控（见图5）。

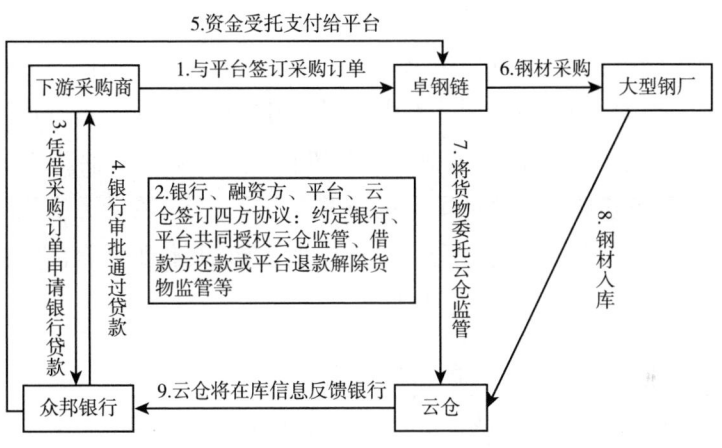

**图5 订单类融资**

众邦银行的上述运用中，一方面，通过"控款"助力小微企业融资增信。即众邦银行与核心供应链平台打通，并实时采集融资企业上下游的交易数据。依托区块链技术信息共享可信、不可篡改、不可抵赖、可追溯的技术特征，确保订单流转各个环节数据的真实性。由此将核心平台的信用优势传递至供应链上下游，为上下游中小微企业融资增信，降低了融资成本。另一方面，通过"控货"严管小微企业经营风险。众邦银行经与平台、融资企业协定，由第三方云仓对供应链上的交易货物进行全生命周期管理，借助区块链、物联网等底层技术对交易货物入库、物流、提货等在库信息实时在线采集、验证，保障企业存货安全，及时识别小微企业经营风险，提高对小微企业"敢贷、愿贷、能贷"的意愿。

### (三) 定量统计分析

现有文献中,对基于区块链技术的信贷产品及服务的定量分析并不多。部分论文以证券市场中小板企业、核心企业的供应链上下游中小企业为对象,通过在 Logistic 模型中增加有关区块链技术的新指标,衡量传统财务分析之外的新信息维度,从而改进传统分析模型。在加入区块链指标后的新 Logistic 模型下,中小企业的守约概率得到提升,由此说明区块链技术能够降低银企信息不对称性、补充传统财务分析的不足、助力中小企业融资。

然而,作为上述研究对象的中小企业已具有相对成熟健全的财务制度。一方面,模型分析指标体系中,仍以财务指标为主,占有很大权重(见表4)。另一方面,由于新技术尚未普及,因此不少研究中区块链指标是作为假设指标,降低了模型的说服力。此外,在业务实践中,大量中小微企业实际并没有健全的财务制度,难以提供如此全面的财务数据,这也限制了此类模型的适用性。

表4　　　　　　　　传统分析的指标项目

| 序号 | 一级指标 | 二级指标 | 指标描述 |
|---|---|---|---|
| 1 | 偿债能力 | 流动比率 | 流动资产÷流动负债 |
| 2 | | 速动比率 | 速动资产÷流动负债 |
| 3 | | 资产负债率 | 负债总额÷资产总额 |
| 4 | | 利息保障倍数 | 息税前利润÷利息费用 |
| 5 | | 现金流动负债比率 | 当期经营现金净流量÷期末流动负债 |
| 6 | 营运能力 | 应收账款周转率 | 当期销售净收入÷[(期初应收账款余额+期末应收账款余额)÷2] |
| 7 | | 存货周转率 | 销售(营业)收入÷平均存货 |
| 8 | | 总资产周转率 | 销售收入总额÷平均资产总额 |
| 9 | | 营运资金周转次数 | 360÷(存货周转天数+应收账款周转天数-应付账款周转天数+预付账款周转天数-预收账款周转天数) |

续表

| 序号 | 一级指标 | 二级指标 | 指标描述 |
|---|---|---|---|
| 10 | 盈利能力 | 销售利润率 | 利润总额÷销售（营业）收入 |
| 11 | | 净利润率 | 净利润÷营业收入 |
| 12 | | 净资产收益率 | 净利润÷净资产 |
| 13 | 发展能力 | 销售（营业）收入增长率 | （本期营业收入－上期营业收入）÷上期营业收入 |
| 14 | | 净利润增长率 | （本期净利润－上期净利润）÷上期净利润 |
| 15 | | 总资产增长率 | （期末总资产－期初总资产）÷期初资产总额 |

众邦银行通过利用区块链、大数据等新技术，实现"控款"和"控货"，考察重点从关注企业的规模大小转向关注企业的交易行为，即从主体信用转向交易信用。通过与电商平台合作，取得新的关注指标（见表5）。

表5　　　　　　　　基于交易信用的分析项目

| 序号 | 一级指标 | 二级指标 | 指标描述 |
|---|---|---|---|
| 1 | 财务情况 | 应收账款周转率 | 当期销售净收入÷[（期初应收账款余额+期末应收账款余额）÷2] |
| 2 | 平台情况 | 交易总量 | 借款人在中农网、化塑汇、卓钢网或其他合作平台的交易总次数 |
| 3 | 交易信用 | 税务情况 | 根据业务实际情况，为借款人税务情况划分四档予以10、7、4、0评分 |
| 4 | | 信用情况 | 通过区块链、大数据等新技术实现控款控货后，根据业务实际以及企业征信情况，为借款人信用情况评分 |

其中，"税务情况"是众邦银行与各地税务部门联网后，通过大数据等新技术手段取得企业纳税及发票数据，结合业务实际情况，为借款人予以10、7、4、0评分。"信用情况"是通过区块链、大数据等新技术实现控款控货后，根据业务实际以及企业征信情况，为借款人按"百分制"进行综合评分。

本文取得了"众链贷"项目中50户企业的上述指标数据。其中，正常还贷的中小微客户35户、未能正常还贷的中小微客户15户。通过统计学的线性判别分析法（LDA），开展相关分析。选择数据中正常还贷的32户、未能正常还贷的13户，共45户作为训练集，用于训练拟合判别分析模型；余下5户作为测试集，用于验证模型有效性。训练集与测试集比例为9∶1。通过训练集取得判别函数如表6所示。

表6　判别函数

| 项目 | 系数 |
| --- | --- |
| 截距 | −264.516 |
| 信用得分（trust score） | 3.046 |
| 税务得分（tax score） | 3.690 |
| 交易总量（trading volume） | 0.006 |
| 应收账款周转率（turn over） | −1.440 |

即：判别函数 = −264.516 + trust score × 3.046 + tax score × 3.690 + trading volume × 0.006 − 1.440 × turn over

由此得到训练集预测准确率如表7所示。

表7　训练集预测准确率

| 预测类别 | 样本量 | 正确率Precision | 召回率Recall | F1-score |
| --- | --- | --- | --- | --- |
| 未能正常还贷 | 13 | 50.00% | 69.23% | 58.06% |
| 正常还贷 | 32 | 85.19% | 71.88% | 77.97% |
| 汇总 | 45 | 75.02% | 71.11% | 73.01% |

其中，正确率是指预测为某类别时，实际情况下属于该类别的样本比例；召回率是指实际为某类别时，被正确预测到该类别的样本比例；F1-score值是指正确率与召回率的加权综合指标，其计算公式为F1-score = 2 × 正确率 × 召回率 ÷（正确率 + 召回率）。由表7可知，该判别函数在训练集预测准确率的正确率、召回率和F1-score三个指标中，对整体和正常还贷类别企业的判断准确率均超过70%。再将其代入测试集中，得到测试集预测准确率（见表8）。可见，该判别函数能够较好对数

据集进行判别分类。

表8　　　　　　　　　　　测试集预测准确率

| 预测类别 | 样本量 | 正确率Precision | 召回率Recall | F1-score |
| --- | --- | --- | --- | --- |
| 类别1（0） | 2 | 100% | 100% | 100% |
| 类别2（1） | 3 | 100% | 100% | 100% |
| 汇总 | 5 | 100% | 100% | 100% |

综上可知，众邦银行通过区块链、大数据新技术手段，在达到控款控货目的的同时，取得了能刻画中小微企业的交易行为的信息，并通过"信用得分""税务得分"和"交易总量"进行评分衡量。由于区块链等新技术的应用，这些数据是不可篡改、不可抵赖的，因此指标的可信度很高。一方面，这些交易行为信息是传统财务分析所不能包含的；另一方面，这更好地适应了中小微企业财务制度尚不健全的实际情况。在此情况下，只用选取少量的财务指标，如"应收账款周转率"即可开展定量化分析。

当然，受样本数量、模型类别等因素的限制，上述判别分析模型还有很多不足，但也说明了在区块链技术应用后，可形成新的指标体系，从关注企业主体信用，转为关注交易信用，从而弱化企业规模、财务报表等因素的影响，助力中小微企业融资。这也是中小微企业信贷产品的创新发展方向。

### （四）区块链等新技术运用中面临的问题

区块链等新技术促进创新产品服务将会是银行业未来发展趋势。整个数据信息交互将以不可篡改的数字信息作为信用背书，从关注企业主体信用转换到聚焦场景交易信用，从而降低信息不对称性、降低交易成本、提升业务效率。但区块链分布式架构、复杂的计算、海量的数据，对传统的建模开发、运行管理模式提出新挑战，新技术的应用仍面临以下多方面问题。

一是不同机构各自研发的技术通用性低。由于金融科技研发投入大，对人员素质要求高，现多由大型金融机构组织研发，技术标准不统一。同时，中小银行对新技术运用尚持观望态度，业务参与方上链意愿不强，难以形成统一的区块链生态。

二是区块链技术性能尚未达到行业级应用要求。一方面，区块链采用共识协议在参与节点之间进行分布式记账，需要参与节点之间多次网络通信，导致区块链应用的性能不高，不适用于高频交易。另一方面，区块链节点通过点对点网络相连接，由于各家参与机构的网络安全水平参差不齐，可能导致一家的节点被攻破，出现波及全网的网络攻击。此外，由于全网共享智能合约代码。如果代码中存在漏洞或恶意后门，将造成严重后果。

三是区块链等新技术下各方的法律责任有待明晰。相较于传统数据架构存在一个特定地点的服务器，区块链去中心化的组织方式，不受地理边界和司法管辖边界的限制，也不被任何单一企业、机构或个人拥有或控制。因此，金融业务中的客户识别、反洗钱、信贷管理等责任可能被悬空。一旦产生法律纠纷，受损害者很难从去中心化的自治组织中获得赔偿。另外，基于区块链等新技术的电子凭据的合规性及其适用范围也有待明确。出现纠纷时，会存在监管和仲裁问题。

四是各机构部门的数据开放共享程度有待进一步提升。运用区块链等新技术助力中小微企业融资，最关键的地方在于，银行机构能通过新技术手段获得能够刻画企业信用行为的大量数据，弥补中小微企业财务制度不健全、抵质押物不充分的不足。因此，银行需要取得工商、税务、社保，以及水电气等与企业生产经营相关的大量数据。但银行反映，取得这些数据的难度较高，如税务数据需要和各省逐一商谈对接，且各地的数据结构、接口标准并不统一，大幅度提高了银行数据信息收集的成本。

## 五、相关建议

### （一）制定技术标准，促进应用平台建设

一是技术标准上，进一步细化区块链等新技术的配套技术规范。目前，由于主流区块链和云计算等金融科技平台的数据和接口标准各不相同，建议制定细化银行技术应用的数据和结构标准。既避免重复建设形

成新的技术隔阂与数据孤岛，又避免后期因规则标准调整给银行机构带来的遵从成本。二是基础平台上，搭建或认证具有公信力的金融科技基础平台。建议相关部门牵头完成新技术运用的基础平台建设，或做好市场上成熟运用的基础平台可信认证，银行机构统一接入后应用面更广。三是应用程序上，鼓励各机构合作开发，形成兼容性强、通用性好技术程序。鼓励各金融机构与高校、科技公司等组成研究联盟，开发兼容性强、通用性好的区块链技术程序，增强各银行间相关业务数据挖掘和交换能力。

**（二）加强部门协调，整合各方数据资源**

一是加强数据信息整合，建立多部门协作机制。建议依托武汉"智慧城市"建设，督促落实工商、税务、社保，以及水电气等与企业生产经营相关的部门加快数据资源整合，通过区块链、大数据等新技术建立数据资源共享平台，打破信息壁垒，实现数据一体化。二是提升数据开放共享，降低银企信息不对称性。针对中小企业融资需求和银行掌握信息的不对称问题，建议政府相关机构对金融机构提供上述数据资源共享平台的访问权限，降低银行对中小企业日常经营信息的不对称性，为各方主体精准服务实体经济提供便利。

**（三）完善相关制度，强化业务风险管理**

一是针对新业务模式，研究完善新技术下的制度规范。在区块链等新技术下，各金融机构间形成了线上客户导流、机构合作授信等新业务模式。建议研究业务变革，明晰各方责任，细化在线上开户、客户识别、反洗钱、授信融资、贷后管理及不良处置等方面的规范，出台相关管理细则和办法。二是针对新操作对象，研究明确基于区块链等新技术的电子凭据的合规性及适用范围。基于区块链等新技术的电子单证、电子签章等电子数据，具有不可篡改、可追溯的优势，因此建议研究这类新电子数据的合规性认定。在保证风险可控的情况下，实现在线支付管理的有效合规，使得资金实时在线发放、划转更加便捷高效。三是针对新操作风险，研究制定侵犯隐私及数据造假的惩戒规则。建议将区块链上的数据造假、侵犯隐私等列入失信行为，纳入联合惩戒机制，使违反者承担法律责任。在进一步释放金融发展动力的同时，维护居民个人和企业的数据安全。

### （四）鼓励研发创新，助力中小企业融资

一是研究政策措施，鼓励核心企业上链。建议研究专门的供应链金融支持政策，鼓励核心企业通过信用传导，创新银行综合授信方式，盘活应收账款等资产，减少中小微企业流动性占用，提升融资能力。二是针对中小微企业财务制度不健全的特点，鼓励金融机构利用区块链等新技术手段，开发新风控模型。鼓励金融机构研究利用区块链、大数据和云计算等新技术手段，通过交叉验证信息真实性的方法，降低对中小企业财务信息的依赖度，探索开发基于交易信用的新数据分析与风控模型，提高对中小企业的融资。

### （五）鼓励人才培育，宣传交流成功案例

一是鼓励联合开发，共同培养人才。鼓励高校、科研院所、科技公司和各金融机构开展跨行业交流培训和联合产品研发，共同分担新技术前期研发的巨大投入。发挥武汉作为国内首个也是唯一的独具特色的"网络安全学院+创新产业谷"基地的优势，联合培养区块链技术开发与应用人才。二是开展论坛评比，宣传推广典型案例。可由中国人民银行、湖北省金融学会牵头邀请知名专家学者授课讲学，组织区块链等新技术在银行业运用的高峰论坛，组织各银行机构比拼创新服务和优秀做法的典型项目案例，及时总结交流，以利于推广复制。

## 参考文献

[1] 谢冠儒.区块链在金融领域的应用研究 [J]. 金融会计，2019（09）：29-33.

[2] 任春伟，孟庆江.区块链与证券清算结算 [J]. 中国金融，2017（05）：61-62.

［3］任安军.运用区块链改造我国票据市场的思考［J］.南方金融，2016（03）：39-42.

［4］宋华，卢强.什么样的中小企业能够从供应链金融中获益［J］.管理世界，2017（06）：104-121.

［5］吴俊.区块链技术在供应链金融中的应用——基于信息不对称的视角［J］.物流技术，2017（11）：121-124.

［6］张路.博弈视角下区块链驱动供应链金融创新研究［J］.经济问题，2019（04）：48-54.

［7］赵公民，万强强等.基于区块链的供应链信任管理机制研究［J］.征信，2019（11）：25-31.

［8］许荻迪.区块链技术在供应链金融中的应用研究［J］.金融科技，2019（02）：74-82.

［9］段潇宇.基于区块链的供应链金融信用风险研究［D］.天津师范大学，2020.

［10］陈彦蓉.区块链赋能信用传递 支持中小企业复工复产［J］.中国信用，2020（03）：104-105.

［11］费晓蕾.区块链破局供应链金融［J］.华东科技，2020（04）：40-42.

［12］郭滕达，周代数.区块链技术与应用发展态势分析——中美比较视角［J］.信息技术与网络安全，2020（08）：1-5.

［13］谢冠儒.区块链在金融领域的应用研究［J］.金融会计，2019（09）：33-35.

［14］范忠宝，王小燕，阮坚.区块链技术的发展趋势和战略应用——基于文献视角与实践层面的研究［J］.管理世界，2018（12）：177-178.

［15］马超群，孔晓琳，林子君，李登佳，匡先华，周中定，李平，吴刚.区块链技术背景下的金融创新和风险管理［J］.中国科学基金，2020，34（01）：38-45.

［16］Tapscott A，Tapscott D.How blockchain is changing finance［J］.

Harvard Business Review, 2017, 1（09）: 2-5.

[17] STEFAN S, RONNY S. Blockchain technology as an enabler of service systems: A structured literature review [J]. Exploring Services Science, 2017, 279: 12-23.

[18] CHRISG.DASKALOS. Increasing supply chain assurancevia the blockchain [J]. Carnegie Mellon Universit, 2016.

课题主持人：占再清
课题组成员：袁海松　范　薇　王　超　罗　莹　田　旭
执　笔　人：王　超　罗　莹　田　旭

# 生态价值资本化的制度构建与完善
## ——基于鄂州的实践研究

中国人民银行鄂州市中心支行课题组

**摘要**：生态价值资本化是生态文明保护可持续发展的根本路径，也是金融深层次创新所面临的一个新课题，具有重要的理论与实践意义。本文以鄂州市生态价值工程的实践探索为背景，全面分析了生态价值实现机制的设计方案、路径框架，总结出鄂州市在生态资产价值化、市场化、金融化、发展动能生态化几方面的具体经验做法和所面临的困境，提出完善鄂州市生态价值资本化的对策与建议，以形成"可复制、易推广、广覆盖"的生态指标配额金融模式，为破解生态价值资本化困境提供实践依据和样本指导。

**关键词**：生态价值资本化；生态指标配额；质押融资

## 一、引言

长期以来，水、空气、森林、湿地等公共自然生态要素没有参与国民经济核算，人们往往无偿或以极低的成本占用这些生态资源，生态资源的直接价值和间接价值无法得到真实的体现，所以资源浪费、生态破坏的现象时有发生。

近年来，鄂州认真贯彻落实习近平总书记"绿水青山就是金山银山"重要思想，将绿色发展理念融入经济社会发展全过程，积极探索经济发展与生态保护双赢之路，加快建设江南美丽田园城市，争当生态文明建设的先行者和长江大保护的排头兵，充分发挥政府对生态环境保护的主导作用，引导国有企业、金融机构、市场主体积极参与生态修复工程，创新思维提出"生态价值"工程，形成破坏者付费、保护者得到合理补偿的运行机制。

2018年11月，人民日报整版报道鄂州探索生态价值实现路径——《呵护绿水青山 构建生态补偿机制》；同年12月，鄂州生态价值工程改革案例成功入围改革开放40周年40个优秀改革案例之一。2019年，鄂州市生态价值工程改革经验得到中央政治局3位常委领导同志书面批示，全国人大预算工委、国家发展改革委、财政部等国家8个部委调研组先后来鄂州开展专题调研。2020年4月23日，自然资源部办公厅印发《关于生态产品价值实现典型案例的通知》，面向全国推荐11个生态产品价值实现案例，鄂州市生态价值核算和生态补偿案例入选其中。2020年5月，中央政治局4位常委领导同志、2位中央领导同志和湖北省委主要领导同志再次对鄂州生态价值工程改革经验作出重要批示；6月11日，湖北省前省委书记应勇在省委十一届七次全会上指出，要在全省推广鄂州的生态价值工程改革探索经验，并写入了《中共湖北省委关于贯彻落实党的十九届四中全会精神、推进省域治理现代化的决定》中。

鄂州市围绕生态价值工程在自然资源资产价值化、市场化、金融化、发展动能生态化几方面做了系列有益探索及实践，并取得了初步成效。本文梳理了国内外相关研究文献，总结了鄂州市生态价值实现的系统框架及实践做法，在分析鄂州实践中所面临困境的基础上，提出了进一步完善生态价值资本化的对策与建议。

## 二、文献综述

目前，国内外关于自然资源生态价值的研究大多并未对生态价值资本化进行制度的系统构建，主要集中于生态价值的测度与计量、生态价值补偿两个方面。

### （一）生态资源价值测度与计量

生态资源资产的价值量化起始于各国政府的自然资源核算体系。

二十世纪四五十年代，西方国家提出绿色GDP思想，并建立了国民经济核算体系（SNA）；1973年，苏联提出物资产品平衡表体系（MPS）；20世纪80年代以来，发达国家探索建立自然资源核算账户，1981年挪威首次公布了自然资源核算数据，并在1987年出版了自然资源核算报告，对1978—1986年的能源、鱼类、土地利用、森林和矿产资源进行了核算。1997年，联合国统计局将环境资源纳入国民经济核算体系，形成环境经济账户（SEEA），随后，多个国家相继建立了本国的经济和生态核算体系。中国的自然资源核算体系在20世纪80年代由MPS转为SNA，1998年开始试点实施SEEA体系，2000年后开始构建适宜于中国实际的核算体系，如环境经济综合核算体系（CSEEA）。2004—2006年，国家环保部门和世界银行实施了"建立中国绿色国民核算体系研究"的项目，并公布了部分核算结果。我国在党的十八届三中全会开始实施自然资源资产核算及负债表编制的探索工作，并在浙江省湖州/安吉编制了全国首张市/县自然资源资产负债表。从核算方法来看，以湖州/安吉自然资源资产为例，其自然资源核算体系主要包括实物量核算和价值量核算：实物量核算是基础，基于资源环境统计资料，以账户形式直观反映资源、环境、生态三个方面的实物数量；价值量核算是在实物量核算和合理估价基础上，采用市场法等计量方法对资源、环境、生态存量及其变化进行统一度量。具体测算方法上，主要有功能价值法和当量因子法。

功能价值法源于1997年Costanza在Nature上发表的《全球生态系统服务价值和自然资本》一文，在国内以李文华（2009）、欧阳志云（2013）等学者为代表，他们根据某时间点的当地的生态特点，逐一归纳生态服务功能，并结合当年的功能单价逐条估算价值。

因子当量法是国内学者谢高地（2014）在Costanza等研究的基础上，前后对我国700多位生态学背景的专业人员进行了多次问卷调查，并从我国的实际情况着手，2015年发表了新一版的"中国陆地生态系统服务价值当量因子表"，以此实现了对全国生态服务功能价值的综合评估。2015年版当量因子法进一步针对区域地方特点，通过构建生物量调节因子、降水调节因子和土壤调节因子，改善了空间异质性问题，实现了对生态系统类型和服务功能类型的更进一步细分评价。

### （二）生态资源价值补偿

在生态补偿方面，张昌顺等（2015）通过分析生态服务价值构成、流转与消费格局，研究了生态服务价值的实现机制；杨欣（2015）以农田生态服务价值为基础，建立了生态补偿空间转移模型，并测算了武汉城市圈农田生态补偿额度；边玉花等（2016）基于会计体系确认生态建设和保护过程中形成的成本，通过测算生态服务价值和确定生态补偿标准，建立了京张区域间的生态补偿机制。周敬宣等（2017）利用当量因子法测算了鄂州三区的生态服务功能价值，从宏观角度探索了区域间生态补偿标准量化方法。刘春腊等（2014）基于生态价值研究了我国生态补偿问题，并试图通过资源税实现资源价值补偿。李峥和付晓枫（2015）、王敏和曹润林（2015）等提出扩大资源税的征收范围，将耕地、森林和水等自然资源纳入资源税体系。姚昕等（2010）分析了温室气体、固体废物等直接污染物以及污染产品和生态损耗行为纳入征税范围，构建独立的环境税。

## 三、生态价值资本化的鄂州实践

作为湖北省自然资源资产负债表编制和领导干部自然资产离任审计试点市，自2016年3月以来，鄂州市认真学习贯彻习近平生态文明思想，从编制自然资源资产负债表入手，开展生态价值计量、生态资产融资、生态权益交易、生态价值目标考核等一系列实践探索和制度设计，取得了初步成效。因钢而兴的鄂州，用生态价值工程率先破题，为全省乃至全国贡献了鄂州实践样本。

### （一）鄂州市生态价值实现机制的路径框架

鄂州市紧紧围绕生态修复、生态保护推进绿色发展，坚决把修复长江生态环境摆在压倒性位置，强力推进长江经济带生态保护，梁子湖区全面退出一般工业，主动退垸（湖、田）还湖，一批子湖重回母亲湖怀抱，在全省率先实现城乡垃圾、城乡污水全收集全处理，对重点生态保护区域"只予不取"，开展自然资源资产负债表编制和领导干部自然资源资产离任审计试点卓有成效。同时，积极对接国家开发银行、中国工程院、中央党校、华中科技大学等单位，开展生态金融研究。出台了《鄂州市开展生态金融试点工作方案》，编印了《鄂州市绿色金融产品汇编》，成立了绿色信贷服务中心，开辟了绿色企业上市行动"绿色通道"，一批企业获得了信贷支持和上市融资。

在此基础上，鄂州市先拟订了《生态价值工程实施方案（试行）》，将生态价值工程按照价值实现的内在逻辑分作三大环节：第一，自然资源资产负债表的编制。第二，生态价值计量。第三，生态价值应用及实现。在前期工作推进过程中，发现该方案存在交易缺乏市场买方、生态指标定价标准单一等缺漏，使得生态指标市场化难以深入推进。如何利用各种金融及经济工具将生态价值显性化，直接打通"数值"向"货币"转化的通道，使生态价值融入当下现实经济活动中，打通未来价值和当前资金之间的"时间隧道"，是一项极具挑战、同时又极为关键的课题。为解决以上问题，使生态指标交易具备可持续性、可操作性，实现生态价值工程向纵深发展，鄂州市暂停了生态指标与用地指标相结合的交易与定价模式，创新提出了建立市场"全主体"参与、具备可持续良性循环的生态指标市场化交易新方案，构建了生态价值实现机制的路径框架。

新方案可概括为"一定价、两主体、三功能"：

"一定价"即市场化定价。新方案改变了原来与用地挂钩的统一基准价格模式，明确以"生态指标/配额"的形式体现生态价值，通过促进、刺激市场需求的增长，活跃交易平台的市场交易与生态指标的质押融资，实现生态指标的市场化定价。

其中：

生态价值即生态系统的总体性任何价值，包括经济价值与环境价值的有机整体，具体包括良好的生态产品的价值、矿产资源所承载的生态价值、生态系统完整性所蕴含的生态价值以及人类通过减少污染、节约资源、修复生态等行为而获得的价值。

生态指标即生态价值指标，指可实现生态价值的指标，本方案中生态指标内容包括水资源、传统化石能源和土地资源三个维度，产生的生态价值为节约资源（水、能源和土地）带来的经济价值。

生态指标配额（以下简称"配额"），是指生产或经营企业在特定时期内需消耗或产生的生态指标的总量，代表的是各企业在相应履约年度的生态指标购买义务或售卖权利，是生态价值工程市场交易的主要标的物。

储备配额是指在生态指标配额中选择一定比例作为鄂州市储备，用于对生态指标配额交易市场的适当干预，以避免碳市场价格的剧烈波动维稳市场。

"两主体"即生态友好型企业与生态消耗型企业两大市场供需主体。以企业具体项目对生态的影响，划定生态指标的供给端与需求端范围，明确生态指标交易的两个市场主体：若市场主体实施生态产业、生态保护、生态修复类项目，即为生态友好型企业，是生态指标的市场供给方；若市场主体实施生态影响、生态消耗、生态破坏类项目，即为生态消耗型企业，是生态指标的市场需求方。供需双方通过交易平台搭建联系：生态友好型企业，实施生态项目经验收合格，取得生态价值证书，形成生态价值指标，可在农交中心交易、折价兑换现金；生态消耗型企业经营生产所需要持有的生态价值指标，可以到农交中心购买获得。

其中：

市场交易主体指参与该生态价值工程交易的市场主体，包括生态友好型企业、生态消耗型企业、金融机构等。

生态消耗型企业：涉及能源、水资源、土地资源消耗的企业作为生态消耗型企业，满足以下任意条件的企业均可纳入生态消耗型企业范围：

（1）连续三年平均万元产值综合能耗值大于行业平均值的企业；

（2）连续三年平均万元产值水耗值大于行业平均值的企业；

（3）连续三年中至少有一年涉及新增用地的企业。

生态友好型企业：根据2016年12月6日鄂州市人民政府印发的《鄂州市环境保护"十三五"规划》，结合国家发展改革委印发的《绿色产业指导目录（2019年）》等绿色金融标准，满足以下任意条件的企业均可纳入生态友好型企业条件范围：

（1）连续三年产生替代或节约传统化石能源的企业；

（2）连续三年节约水资源或水处理治理的企业；

（3）连续三年中至少一年为修复污染土壤、矿山复垦等业务的企业。

"三功能"即弱兑现、强交易、强融资功能。生态指标具备兑现、交易、融资三种主要的金融功能，新方案侧重弱化兑现功能、强化交易与融资功能。对于企业将生态指标兑现的诉求，采用延长兑付周期、折价兑现等方式，弱化兑现功能。通过供需端企业的激励机制，强化生态指标的交易功能，如对于生态消耗型企业，可将生态指标的购买情况纳入地方政府采购投标的条件之一，或给予税收优惠等政策。同时，从企业、银行两方面同时着力，强化生态指标融资功能。企业方面，通过制定绿色项目/企业评估方法，确定企业绿色信用等级，等级划分作为企业在银行的重要授信依据，降低了生态友好型企业的融资门槛。银行方面，将生态指标折价兑现和横向生态价值补偿机制的资金组建风险补偿资金池，在生态指标质押贷款出现风险时，对银行进行风险补偿，消除银行的后顾之忧；同时，通过政府对贷款银行给予一定补贴、金融监管部门对银行考核加分等多种政策，增强银行融出资金的意愿。

生态价值实现机制路径的框架如图1所示。

系统化地构建生态价值实现框架并实施"生态价值工程"是真正解决问题、形成突破进展的方式方法，这也是贯彻落实习近平总书记"绿水青山就是金山银山"重要思想的有效实践。

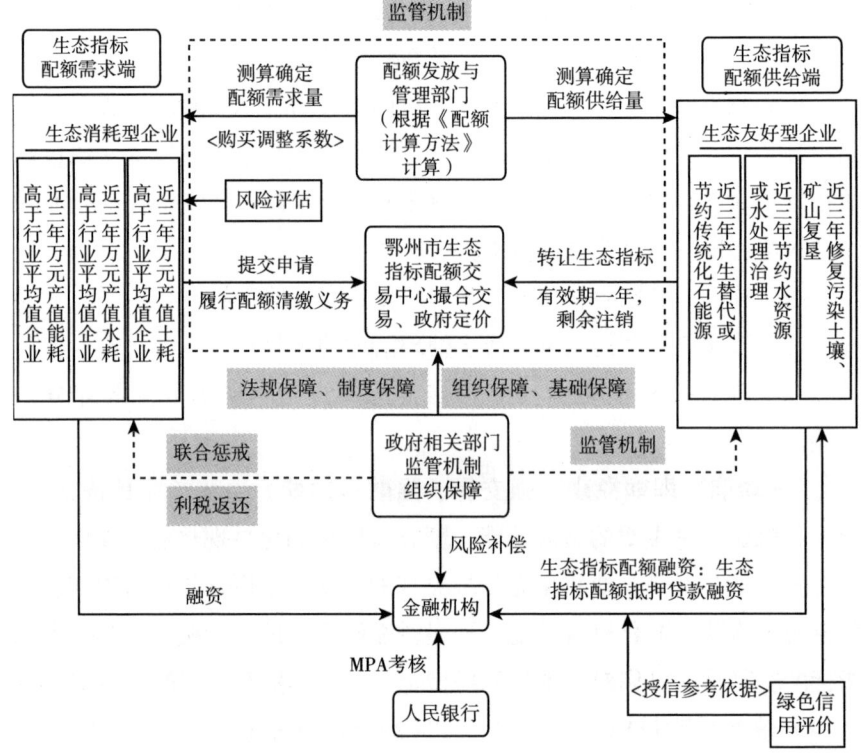

**图1 鄂州市生态价值实现机制路径框架图**

## （二）鄂州市生态价值实现的实践做法

依托于生态价值实现机制的路径框架，鄂州市生态价值工程在自然资源资产价值化、市场化、金融化、发展动能生态化几方面的具体做法如下：

**1. 生态资产价值化**

一是全域开展自然资源资产核算。作为湖北省唯一全域开展自然资源资产负债表编制试点的地级市，鄂州市克服各种困难，顺利完成了2011—2018年土地、林木、水、生物、矿产等自然资源资产负债表的编制，编制层级从市级延伸至区、乡镇、村级。

二是全面推进自然资源资产确权。以不动产统一登记为基础，建立统一的确权登记系统。推进水域、土地、矿产、森林等重要自然资源资产产权确权登记，摸清自然资源家底，建立完整全面自然资源资产数据统计资料库，逐步建立全市自然资源资产产权制度。

三是全力实施自然资源资产计量。我市积极与高校、改革智库合作，根据"市——区——乡——村"四级自然资源资产负债表的精确编制数据，采用当量因子法进行自然资源资产价值化，构建生态服务价值计量模型，将不同自然资源对生态的服务贡献统一度量为无差别、可交换的货币单位。根据测算结果，2018年梁子湖区、鄂城区和华容区生态服务总价值分别为：87.77亿元、74.45亿元和68.24亿元，对应的单位面积价值分别为1 769.65万元/平方千米、1 225万元/平方千米和1 384.8万元/平方千米。

**2.生态资产市场化**

一是建立生态补偿制度。制定出台我市生态价值补偿机制政策文件，按照"谁污染、谁补偿、谁保护、谁受益"，建立横向各区域间责、权、利相一致的生态补偿机制。考虑到各区财政支付能力，先期按实际提供生态服务价值总额的20%权重进行生态补偿，并且市政府给予70%的补贴，剩余30%由接收生态服务的区转移支付，逐年增大权重比例，逐步降低市政府补贴比例。按照2017年、2018年、2019年的测算数据，梁子湖区得到生态补偿转移支付分别为5 031万元、8 286万元、9 215.5万元。

二是开展排污权有偿使用和交易试点。制定《加快推进排污权有偿使用和交易试点工作方案》，以污染物排放总量控制为前提，建立环境成本合理负担机制和污染减排激励约束机制，构建排污权交易体系。截至2020年5月底，我市共有86家企业完成了排污权交易，总交易金额为245.46万元。

三是扩大碳排放交易试点范围。落实年综合能源消费量1万吨标准煤及以上企业纳入碳排放交易范围。

四是对生态指标配额进行分配及定价。选取能源、水资源、土地资源三个维度。涉及传统化石能源消耗或替代、水资源消耗或替代、土地使用或荒地替代/修复的企业。配额核定的计算方法优先利用历史强度法以及部分行业采用基准线法相结合。为促进市场主体的活跃度和合理性，按年度发放配额。配额分配方式采取免费分配、拍卖分配及二者混合分配。初始配额分配建议采取免费发放，建议政府按照已有成熟经验预留10%的配额。市场运行初期由政府结合企业成本对配额进行定价，待市场运行成熟后逐步实现市场定价。

五是指导生态指标配额交易方式与程序。生态指标配额交易主体为转让方（生态友好型企业）和受让方（生态消耗型企业）。交易中心为全市生态价值指标交易提供平台，负责对交易平台进行管理和维护，并为转让方与受让方的交易行为提供基础设施保障。

转让方提交相应资料、提出转让申请。交易中心受理转让申请后，向转让方出具受理回执，并在相应工作日内发布生态价值指标配额转让信息公告，公布转让指标数量、竞价方式等。竞买方购买生态指标配额后，交易中心核发"生态补偿证"。

转让方和竞买方须同时报价，以单价报价，双方报价最低价不得低于生态指标配额基准价，最高价不得高于基准价的8%。若只有一个转让方转让生态指标配额时，其转让报价即为成交价。若竞买方报价与全部转让方报价相同的，按电子竞价系统提交的报价时间先后依次确定竞得人。若竞买方报价高于一个或一个以上转让方报价时，最低报价成交，其中有两个或两个以上最低报价相同的，按电子竞价系统提交的报价时间先后依次确定竞得人。若竞买方报价低于全部转让方报价时，再次组织竞价，两次竞价后还不能确定中标者，交易中心终止交易。交易中心按当年生态指标配额基准价乘以上浮系数确定成交价，直接发布生态指标配额卖给竞买方，其上浮系数采用公正机构主持公开摇号方式确定。交易成功后，交易中心组织双方签订《生态指标配额成交确认书》。

交易过程中所涉及的竞拍收益、保证金等均由交易中心负责收取，财政部门负责管理，转让方和受让方的交易行为受政府部门的监督管理，监督管理结果纳入联合惩戒。

**3. 生态资产金融化**

一是扩大农村"五权"抵押融资规模。鄂州市积极引导各银行业金融机构以农村土地承包经营权、林权、水域滩涂养殖权、集体建设用地使用权、农村居民房屋所有权抵押融资为重点，不断拓展贷款品种和规模，逐步实现生态资产质押融资品种全覆盖。截至目前，全市农村"五权"抵押融资余额达6.32亿元。

二是开展生态资产收益权转让融资。引导林权、矿权、排污权等生态资产所有者或经营者以其持有的未来收益权作为融资标的物，在农村产权交易场所挂牌转让其收益权，拓展融资渠道。2018年8月，武汉微福言吉科技有限公司通过摘牌获取林权收益权，鄂州锦然绿化工程有限公司成功融资150万元。

三是创新生态资产融资模式。我市积极对接国家开发银行、农发行等政策性金融机构，创新生态资产融资模式。构建稳定的现金流和还款来源，从而获取金融机构的融资支持，强化对生态环境的治理力度，促进生态保护和经济发展有机结合。2018年2月，市水务集团与国家开发银行湖北分行合作，在国内首次以水库灌溉权作为融资标的物进行质押贷款，成功获得质押贷款2 000万元，为全国首笔。

四是探索生态指标配额质押融资模式。生态指标配额质押贷款融资，是指借款人以其持有的生态指标配额作为质押物，向贷款人申请获得贷款的融资活动。企业在获取生态指标配额后，为缓解自身资金短缺的困境将生态指标配额质押给银行机构，银行机构（或与企业一并）在交易中心办理质押情况登记和备案。交易中心为放贷主体提供公信力保障，保障交易双方在有序规范的市场中进行交易，并发放配额的质押凭证。质押的配额完成登记备案后，银行机构按照合同约定如期发放贷款，融资企业在约定的还款期限偿还贷款并收回配额质押的凭证。

**融资模式操作流程如下：**

（1）成立了鄂州市生态指标配额质押融资工作领导小组。中国人民银行鄂州市中心支行为小组牵头机构，牵头配额融资相关工作，制定配合融资管理办法及相关融资规则，推动各个配额融资小组工作落实，制定《银行业存款类金融机构绿色信贷业绩评价方案》，将生态价值质押贷款作为绿色信贷产品或服务创新方面的定性评价结果纳入MPA考核。参与机构主要有：市昌达公司、市财政局、鄂州农商银行。

（2）确定和明晰操作流程（见图2）。

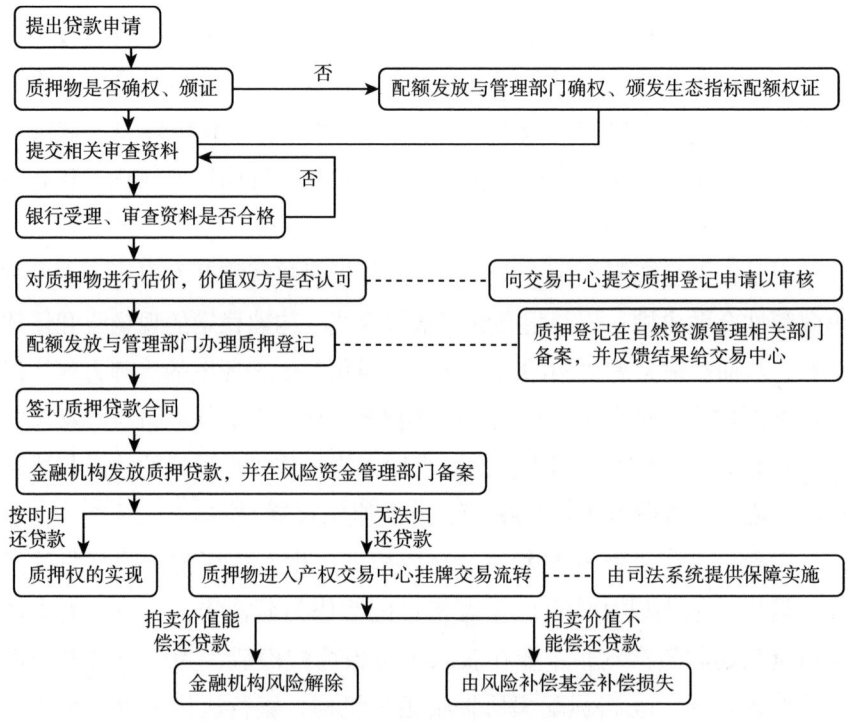

图2 鄂州市生态指标配额质押融资基本流程

根据鄂州市生态价值实现路径框架结构，生态指标配额质押融资的操作程序如图2所示。

获得生态指标配额分配的企业向金融机构提出贷款申请；生态指标配额确权，如果没有确权，需要到相关管理部门进行确权，取得生态指标配额权证这类完善的产权证明；金融机构调查企业的经营及资信情况，审查借款人风险、资产、信用等级及贷款真实用途；对生态指标配额价值进行评估、确认；办理质押等级手续；审议确定期限、金额，签订质押贷款合同；在生态指标配额产权质押融资风险资金管理部门登记备案；发放贷款；贷后管理：金融机构及经办机构共同监督资金使用；

收回贷款:如果借款人不能按时偿还银行贷款,生态指标配额将进入产权交易中心挂牌交易流转。拍卖价值高于银行贷款,首先偿还银行贷款,高出部分将归质押人所有。拍卖价值低于银行贷款,造成银行形成贷款损失的将由风险补偿基金补偿银行一定比例的损失。

五是对生态指标配额质押融资业务进行了产品设计。开展生态指标配额质押融资业务,须将企业生态指标配额、资金需求、还款能力、风险偏好等作为融资额度的重要参考依据,并遵行"政府推荐、银行把关、信息共享、风险分担"的原则,切实推进鄂州市生态价值实现机制改革工作的顺利实施。贷款对象为依规取得由鄂州市政府相关部门认定并颁发生态指标配额证书的生态消耗型企业和生态友好型企业。

(1)贷款条件。

一是准入条件。申请生态指标配额质押融资业务,借款人应同时满足下列条件。基本条件:依法取得经营执照,在本地有固定生产经营场所,且连续生产经营3年以上;企业信用评级为A级及以上;企业法定代表人征信评级在三级及以上,主要股东、实际控制人征信评级在四级及以上;企业信用报告无不良、垫款、当前逾期等行为,谨慎准入关注类客户;企业及法定代表人、主要股东、实际控制人无未终结的诉讼案件、未被法院列入失信人名单、不属于银行业金融机构黑灰名单的客户。业务条件:借款用途明确、合法;生产经营合法合规,符合国家产业政策和信贷政策;法定代表人、主要股东及其实际控制人自愿承担全额连带担保责任。二是融资控制。申请生态指标配额质押融资业务,借款人应同时符合下列条件:借款人未结清经营类贷款机构数不超过2家;资产负债率+拟申贷额度不超过70%;申贷金额不超过生态指标配额价值的70%;申贷企业及法定代表人、主要股东、实际控制人和关联企业在所有银行机构融资上限控制在2 000万元以内(含本次申贷金额)。三是签订合作协议。商业银行与鄂州市昌达公司签订合作协议,明确双方的权利和义务,落实风险补偿资金提前预存到商业银行指定账户。

(2)产品要素。

贷款额度要求:根据中小微企业经营状况、近年采购中标及履约情况、资金需求特点、用款周期、贷款方式等情况合理确定单户贷款额度,单户贷款金额最高不超过500万元。可贷额度按照下列规则计算、取值,然后取最小值作为可贷金贷:可贷金额=生态指标配额×金额的70%;可贷金额=1 000万元-借款人在全省农商行贷款余额(不含存款质押、票据贴现等低风险业务);可贷金额=2 000万元-借款人在所有金融机构贷款余额-近6个月信用卡平均使用额度的1/10。其中,所有金融机构贷款余额包括:借款人及法定代表人、主要股东、实际控制人的贷款余额(不含房屋和汽车按揭贷款)和对外担保余额,以及关联企业(持股20%及以上按贷款余额×持股比例折算金额,持股比例50%及以上应计算整个贷款余额)。

还款方式要求:一年期及以内的贷款,可采取按月结息、到期还本的还款方式;一年期以上的贷款,采取按月结息、分期还本或者等额还款方式。其中:采取分期还本方式的,每期还款间隔时间不超过3个月,每期还本金额不得低于贷款金额的5%。

(3)风险控制。

落实风险补偿资金代偿。借款人贷款本金或者利息连续逾期90天以上,商业银行依据《合作协议》相关规定,向鄂州市昌达公司送达风险贷款代偿通知书,昌达公司收到通知书的5个工作日内将代偿资金转入商业银行指定账户归还贷款;若未及时代偿的,商业银行应按事先约定,直接扣划风险补偿资金归还贷款,并暂停受理生态指标配额质押融资业务。

监控生态价值指标配额变动。借款人在借款期间,若生态指标配额价值低于原申贷时生态指标配额价值的一定比例时,商业银行应要求借款人对应归还部分贷款,或者追加担保等措施防控风险。

落实业务叫停机制。当该生态指标配额质押融资业务产品发生的贷款业务当年到期回收率低于99%时,应暂停承贷行受理网点审批发放该新增贷款权限,待达标后再给予以解除。

**4. 发展动能生态化**

一是在梁子湖区全面淘汰落后和过剩工业产能,重点发展有机农业和生态旅游。梁子湖区两年来共关闭工业企业22家,建设有机农业基地

90个,以此为依托,大力发展农村观光游、农活体验游、农产品采摘游等,不断提高农民收入。

二是以高科技成果转化为重点,加快工业结构升级步伐。依托区位和生态环境优势,在梁子湖区打造生态健康科学城。与武汉大学、华中科技大学等一批高校开展技术合作,努力建设湖北省重要创新成果转化基地。低消耗、低污染、高产出的"绿色项目",成为鄂州市招商引资的标准,全市节能环保、生物技术、信息技术、智能制造、大健康等新兴产业不断涌现。

三是以中部电商基地为引擎,力促服务业转型发展。全力打造中部电商基地,唯品会、亚马逊、普洛斯、意大利维龙等国内外电商巨头争相落户葛店,电商基地规模和水平已达到全国一流,正在形成大智慧、大物流、大仓储、大市场支撑大电商的产业格局,市场规模已达百亿元。

四是依托湖北国际物流核心枢纽项目,突破性发展临空产业。充分发挥鄂州多式联运综合交通枢纽优势,依托正在兴建的鄂州国际货运机场,大力发展生产性服务业,构建现代临空产业体系,为经济转型发展带来强大动力。

### (三)鄂州实践的初步成效

一是"绿水青山就是金山银山"有了实现路径。鄂州市梁子湖区自然生态良好,资源禀赋独特,但一直以来人们守着绿水青山过苦日子。近两年来,得益于市委、市政府开展生态价值探索,梁子湖区凭借其良好的生态成为最大受益者。2015年、2016年和2017年共获得市政府和其他区政府生态补偿资金22 532.5万元,并逐年递增。2019年12月19日,鄂州市梁子湖城市建设投资有限公司申报的6亿元水利建设固定资产项目贷款经农发行湖北省分行审批通过。这些资金广泛应用于优化产业结构,淘汰落后产能,保护生态环境,改善群众生活。梁子湖区生态基础不断夯实,后发优势不断彰显,已经走上绿色发展的良性轨道,干部群众的获得感和幸福感明显增强,纷纷感叹"绿水青山真的就是金山银山"!

二是"望得见山,看得见水,记得住乡愁"成为真实写照。实践证明,保护生态者受益,占用资源者付费,破坏生态者遭罚,鄂州全市干部群众牢固树立起"生态优先，绿色发展"的价值观，保护生态、珍惜资源成为人们的自觉行动。各区、各乡镇在垃圾收集、污水处理、村湾美化等生态治理方面争着上、比着干，已涌现出一批国家级和省级生态镇（村），鄂州的农村山清水秀，景色宜人，"望得见山、看得见水、记得住乡愁"成为鄂州农村真实的写照。

三是"共抓大保护，不搞大开发"成为行动自觉。生态文明建设是关系中华民族永续发展的根本大计。实施生态价值工程，是处理好经济发展与生态保护关系的重要实践。我们在全国率先初步建立生态产品价值实现机制，围绕科学评估核算生态产品价值、培育生态产品交易市场、创新生态产品资本化运作模式、建立制度保障体系等方面进行探索实践，初步探索出一条政府主导、企业和社会各界参与、市场化运作，实现生态发展、绿色发展的有效路径，"共抓大保护，不搞大开发"已成为鄂州广大干部群众的行动自觉，让生态文明理念可坚守，让生态文明建设可持续。

## 四、鄂州实践面临的相关制约因素

### （一）缺乏必要的法律依据和政策支持

生态指标配额的核定、分配、交易等实操环节，可能会与现有法律和相关政策相冲突，导致生态价值实现机制运转不够顺畅，当出现风险时可能会给金融机构实现生态价值融资债权增加难度。生态资源指标配额的质押作为拟创新生态资源保护修复贷款的前提条件，缺乏国家相关法律支撑。湖北省于2016年制定出台了《湖北省补充耕地指标交易管理暂行办法》（鄂政办发〔2016〕16号），全面规范补充耕地指标易地有偿交易管理，但在除耕地土地之外的生态资源指标的立法立规方面较为空白。

### （二）定价缺乏统一的标准体系，采取统一定价规则则不能反映地区差异

一方面，地区生态资源缺乏完整的量化体系，定价难以统一，客观上降低了指标的可交易性。另一方面，指标生产成本存在差异。不同区域，生

态资源状况也各不相同，资源的保护修复成本也存在差异，但在交易价格上无法体现差异。最后，生态资源极差收益差异巨大，指标使用者以同样价格取得的挂钩指标，但指标落地在不同区域取得的收益却大不相同。

### （三）生态价值融资主体有限，金融机构融资动能不强

一是融资主体有限。生态价值实现机制推广初期，试点企业比较少，符合金融机构贷款条件的企业有限，对生态价值融资的路径、贷后管理、风控措施等全面、深入探索存在一定局限性。二是大多数商业银行相关权限集中在省级分行，缺乏与金融支持生态价值工程创新相配套的自主决策权，因而对生态指标配额融资等生态金融产品的开发设计、相关业务的开展等方面工作表现得有心无力、支持乏力；内部员工对生态价值融资理念缺乏有效了解，在思想认识上还存在一定偏差，在短期内生态价值贷款投放热情不太高、动力不太强。

### （四）缺乏政策操作的系统配套

生态治理是一个系统工程，各个环节之间互相紧密关联。例如，生态绩效考核及横向补偿支付都需要生态价值准确计量的支撑，而计量准确性的提升又是一个循序渐进、不断校准的迭代过程，需要在应用中不断完善；又例如，生态绩效的提高需要大量的经济投入以实施各项生态保护项目，但经济资源的获得往往又需要经济发展的支持，但经济发展却会对生态产生消耗。因此必须从系统论的高度，避开旧有单兵行进的"死胡同"，创建、培育、形成"活循环"，让整个生态治理体系进入良性自激发状态。

## 五、进一步完善生态价值资本化的建议与思考

### （一）搭建系统平台

建立生态指标配额注册登记系统和搭建生态指标配额交易管理平台。注册登记系统为各市场参与主体设置账户和权限，实现注册登记，并对配额的发放、持有、变更、清缴、注销及生态指标量的录入实行统一的电子信息化管理，且定期发布相关信息；交易管理平台主要涵盖信息披露、竞价和拍卖等功能，并配合嵌入监管部门和第三方机构的信用

管理体系，保障交易工作的顺利开展。

### （二）建立健全法律法规、政策制度

在确立相关地方性法规草案后，可适时提请省人大的审查和评估，以推动立法进程，可有效地促进未来生态指标配额交易机制更好地融入地方经济可持续发展建设。制订生态价值工程具体落地方案及长短期发展实施规划；制定规范的、积极的市场交易规则，应用灵活的价格调控机制，设定价格的上涨上限和下跌下线，防止交易价格的上下波动浮动过大造成交易市场的不稳定；制定围绕生态价值工程落地的相关部门管理办法等政策制度。

### （三）建立实现质押融资系统配套措施

一是引入绿色信用风险评价体系。根据《绿色信用评价方法》对企业进行评价，评价结果可划分为四个等级，从高到低依次定义为绿色信用水平高、较高、一般、较低。二是市场交易价格警戒线，采取风险缓释措施。当生态指标配额市场交易价格低于配额质押价值的一定比例（双方约定）时，通过借款人及时补足配额数据或提前偿还部分贷款等方式降低风险。三是规定违约时处置方式。如借款企业在借款期间出现违约或者其他导致贷款出现信用风险的因素，可委托交易中心请具有业务资质的第三方机构对生态指标配额的处置主体进行评估。四是设置专项启动资金。财政部门拨付一定额度的生态价值实现机制的启动资金，用以建设生态指标配额交易平台和支持初期基础配备的管理费用工作，引导生态指标配额交易的市场化，打通生态指标配额质押变现或转让途径。

### （四）建立监管、激励及约束机制

一是针对参与生态指标配额交易的企业和机构资质资格是否符合要求，生态指标配额的核算计量是否客观属实，交易行为是否合规，交易数据登记是否及时、真实、准确，交易数据报送是否发生迟报、漏报、虚报、瞒报等情况，建议将"生态价值质押贷款"作为绿色信贷产品或服务创新方面的定性评价结果纳入绿色金融绩效考核范围内。二是完善经营管理机制，逐步将发展费用、工资绩效向生态价值融资领域倾斜，

提升服务质量，提高办贷效率。三是对于未完成配额清缴任务的企业，纳入环境信用评价结果，并关联至联合惩戒备忘录；当年度实现节能减排等正向环境效益的生态消耗型企业，可于次年度获得补贴。

## 参考文献

[1] 周业晶，周敬宣，陶涛，闫冀楠，秦剑涛，叶建彬. 区域间生态补偿标准定量化研究——以鄂州市三区间补偿为例 [J]. 环境与可持续发展，2017.

[2] 李文华，刘某承. 关于中国生态补偿机制建设的几点思考 [J]. 资源科学，2010，32（05）.

[3] 曾杰，李江风，姚小薇. 武汉城市圈生态系统服务价值时空变化特征 [J]. 应用生态学报，2014，25（03）.

[4] 王立. 生态价值实现的鄂州实践 [J]. 环境保护，2017.10.

[5] 李文华，张彪，谢高地. 中国生态系统服务研究的回顾与展望 [J]. 自然资源学报，2009，24（01）.

[6] 欧阳志云，郑华，岳平. 建立我国生态补偿机制的思路与措施 [J]. 生态学报，2013，33（03）.

[7] 袁伟彦，周小柯. 生态补偿问题国外研究进展综述 [J]. 中国人口·资源与环境，2014，24（11）.

[8] 欧阳志云，朱春全，杨光斌. 生态系统生产总值核算：概念、核算方法与案例研究 [J]. 生态学报，2013.

[9] 史晓燕，胡小华，邹新. 基于生态系统服务价值的东江源区生态补偿标准研究 [J]. 生态学报，2010，30（23）.

课题主持人：鲍明星
课题组成员：杨钊　段春来　刘世国　徐刚　彭薇　程菲
　　　　　　邵雅　肖瑶　李东霞
执　笔　人：彭薇

# 新冠疫情对湖北省地方法人银行的影响研究

中国人民银行武汉分行会计财务处课题组

**摘要**：地方法人银行是金融体系的重要组成和基础环节。新冠疫情不仅对实体经济产生负面冲击，更是让地方法人银行的潜在风险加速暴露。湖北省曾是我国疫情最严重的地区，本文以湖北省地方法人银行为研究对象，深入研究新冠疫情对其盈利能力、安全性、流动性、发展能力的影响，指出应关注的问题，并提出政策建议。

**关键词**：疫情；地方法人银行；影响

2020年初，新冠疫情逐渐蔓延，这是自新中国成立以来我国遭遇的传播速度最快、感染范围最广、防控难度最大的一次重大突发公共卫生事件。湖北省特别是武汉市作为国内首个疫情集中暴发地，是疫情的重灾区，全省累计确诊新冠感染者68 139例，占国内累计确诊人数的74.65%。疫情管控时期，湖北省关闭离汉离鄂通道77天，实施企业停工停产、社区封闭、车辆禁行、居民足不出户等严格管控措施，社会运转按下了"暂停键"，经济一度停摆。疫情对湖北实体经济的冲击必然会传导到金融体系，给商业银行的金融服务和业务发展带来严重冲击。地方法人银行是湖北省金融机构的重要组成部分和基础环节，具有家数多、规模小、分布范围广、受政策影响明显等特点，是服务当地民营和小微企业的主力军，对活跃经济、支持本地区经济发展起到了很大的扶持作用。疫情发生后，湖北辖内地方法人银行也面临多重挑战：一方面，法人银行主要的服务对象为中小企业，省内初期疫情暴发叠加春节时点因素，大量企业面临破产倒闭风险，不能如期偿还贷款，信用风险管理压力重重；另一方面，在给企业让利的背景下，法人银行净息差收窄。此外，疫情冲击下，地方法人银行长期积累的问题开始凸显，如公司治理、资本补充等，潜在风险加速暴露。

## 一、湖北省地方法人银行现状

### （一）总体情况

湖北省现有146家地方法人银行，其中城市商业银行2家，农村商业银行77家，村镇银行66家，民营银行1家。2020年6月末，全省法人银行总资产21 100亿元，总负债19 766亿元，资本净额1 574亿元。其中，存款余额17 865亿元，占湖北辖内全部金融机构存款规模的27.43%；贷款余额13 174亿元，占湖北辖内全部金融机构贷款规模的23.3%。

因湖北省内民营银行仅众邦银行一家，且数据量在法人银行中占比较小，因此本课题仅研究城商行、农商行、村镇银行。

### （二）经营特点

**1.城市商业银行**

我省城商行仅汉口银行和湖北银行两家，服务定位于为中小企业提供金融支持，为地方经济搭桥铺路，贷款投向主要围绕全省重要战略布局产业、民生及公共事务领域，在对公业务方面保持较大的信贷投放力度。两家城商行的股东多为国资背景，其复杂的地域依赖性和错综的地方股权关系，使其经营模式上呈现出较大的波动性，某种程度上也承载着地方融资平台的职能。湖北银行和汉口银行均以经营传统存贷款业务为主，营业收入的最大组成部分为利息净收入，但汉口银行的收入结构更加多元化。从近年披露的财报情况来看，湖北银行利息净收入占总营业收入比重的95%以上，汉口银行该比例约为60%至75%。

**2.农村商业银行**

全省目前共有77家农商行，市场定位于"立足城乡、服务'三农'、服务中小企业、服务市民百姓"，为全省农村经济发展做出了积极贡献。农商行原则上经营活动被限制在所在地，主要有以下两方面特点：一是本土化发展。农商行长期以来立足农村金融市场,带有鲜明的机构地方性、分布社区性色彩,与所在地域的联系比其他银行更多、更广,可谓当地土生土长的"草根银行"。二是市场决策更加灵活。农村商业银行由于管理层次少、经营方式灵活,同时基于农村商业银行的地缘优势,平时对已知和潜在的客户都积累了大量的信用信息知识,在需要发生信贷业务关系时,无须再耗费过多的时间去收集和处理借款人的信用信息,就能对客户需求具有快速的决策能力和灵活的处置能力,从而及时满足中小企业的贷款需求,在与其他商业银行争夺市场时取得先人一步的优势。

**3.村镇银行**

我省共有村镇银行66家,立足于为当地农民、农业和农村经济发展提供金融服务,解决县域及乡镇"三农"和小微企业的资金不足、金融服务匮乏的难题,营业机构遍布湖北省内各地市州,分布在县域及以下的占比达到86%。我省村镇银行均采取"主发起行"模式成立,股东结构较为单一,大部分主发起行的注册资本占比在50%以上。

## 二、新冠疫情对湖北地方法人银行的影响分析

本文以湖北省内农商行、城商行、村镇银行为研究对象,对其2019年1季度—2020年2季度的盈利性、安全性、流动性、发展能力相关指标进行对比研究,分析新冠疫情对湖北省地方法人银行的影响。

### (一)营收下降成本上升,盈利空间压减

**1.净利润下降**

2020年上半年受新冠疫情影响以及加大对实体经济让利的结果,地方法人银行净利润整体较2019年同期下滑,上半年湖北法人银行净利润总额为53.78亿元,较去年同期下降21.44%。其中,城商行、农商行降幅较大,上半年净利润同比分别下降55.15%、52.74%;而村镇银行净利润呈剧烈波动态势,一季度出现净亏损0.24亿元,二季度实现净利润2.57亿元。

疫情对法人银行的盈利造成了较大的冲击,随着二季度疫情得到控

制,部分地方法人银行净利润开始止跌回升。疫情影响地方法人银行净利润的主要路径:一是贷款损失准备计提增加。针对信用风险上升,地方法人银行不良贷款余额增加,贷款损失准备计提增加,冲减了净利润。如城商行,上半年贷款损失准备计提较年初增加25.73亿元,同比增加21.6%。二是营业收入受到影响。在疫情防控期间,湖北地方法人银行由于处于疫情重灾区,所有营业网点暂停营业均累计在30天以上,加之镇村封路、商铺店面停业、企业停工停产,节后的"开门红""早春行"等贷款营销活动延迟,直接导致贷款投放锐减。同时,在春节消费高峰期,受信用卡消费、收单等支付结算业务直线下降影响,中间业务收入大幅下降。如农商行,疫情期间银行卡业务收入、结算业务收入及代理业务收入均较去年同期下降近五成。三是金融支持政策出台的影响。部分规模较小的地方法人银行,受金融支持政策影响净利润波动明显。特别是一季度专项再贷款政策的出台,为辖内清单企业提供了极低利率的政策性贷款,而这些清单企业中,大部分都属于当地的重点企业或支柱企业,属于金融机构之间争夺的"香馍馍",而农商行、村镇银行均不在办理银行之列。企业出于逐利思想,更倾向于低成本资金,导致一些地区出现了"贷款搬家"的现象,这对于一些本身经营情况不佳、资产端业务增长缓慢的小型地方法人银行更是雪上加霜(见图1)。

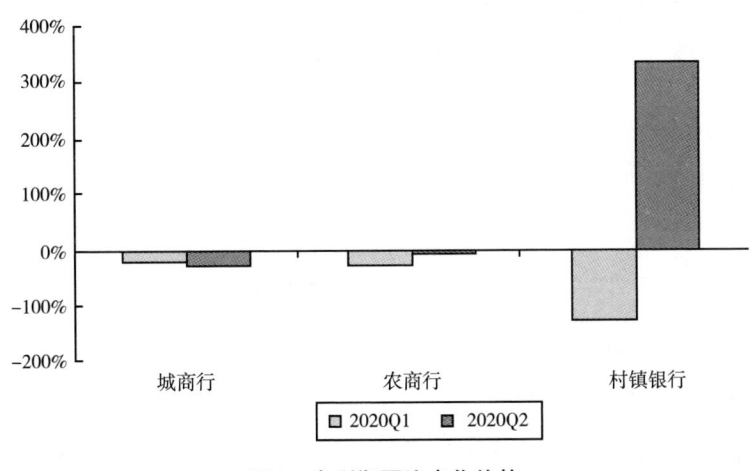

图1 净利润同比变化趋势

**2. 净息差收窄**

2020年上半年地方法人银行净息差同比收窄，城商行、农商行、村镇银行净息差同比分别下降0.08%、47.80%、17.82%。分类来看，二季度末，城商行净息差下降趋势有所减缓，但其净利润下降趋势不减，说明其资产端业务减少。相反，农商行二季度末，净息差呈持续下滑趋势，但其净利润下降趋势收窄，可见虽然其资产端业务有所增加，但创收能力不强。与城商行相似，村镇银行净息差呈下降趋势，但其净利润大幅上升，说明其资产端业务增加显著（见图2）。疫情影响净息差的主要原因：一是银行议价能力下降。疫情以来，受"宽信用"政策影响和企业信贷需求下降，银行议价能力下降，银行净利息收入减少，加速息差收窄。二是竞争加剧。地方法人银行，尤其是农商行、村镇银行身处基层第一线，其核心客户主要集中于民营小微企业和涉农主体，而其经营模式受业务区域性和资本金对单户贷款规模的双限，仍以单一区域传统的存贷款业务为主，产品和客户群有限，同质化竞争日益激烈，存贷利差不断被挤压。

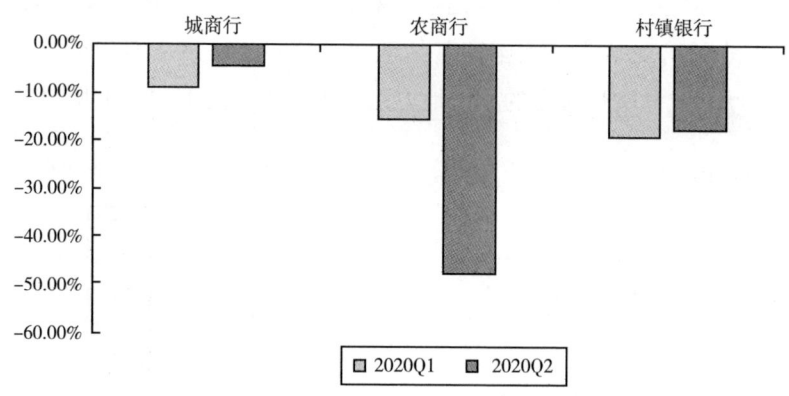

图2 净息差同比变化趋势

**3. 成本收入比先降后升**

2020年上半年，受疫情影响，地方法人银行成本收入比呈现上升趋势，盈利能力下降。二季度末城商行、农商行、村镇银行成本收入比同比上升11.76%、12.85%、9.20%（见图3）。疫情影响成本收入比的主要原因：地方法人银行是金融市场的补位者，由于其科技力量弱、社会认可度低、吸储成本高，疫情后其线下物理网点人流量大幅减少，吸储成本等经营成本攀升，叠加收入下降的影响，导致成本收入比上升。

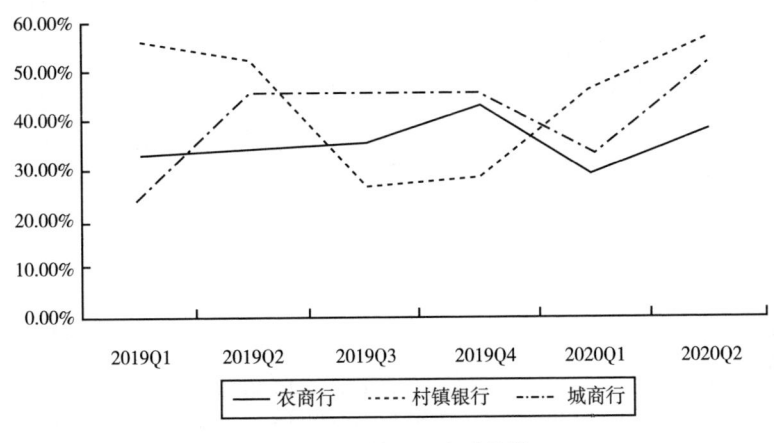

图3　成本收入比变动趋势

## （二）资产规模增长趋缓，高速发展成为过去式

**1. 存款增速放缓**

2020年上半年，受疫情影响，存款增速放缓，地方法人银行本外币存款增速同比下降4.95个百分点，城商行、农商行及村镇银行存款增速同比分别下降8.89个、4.55个和3.68个百分点（见图4）。疫情对存款增速产生影响的主要原因：一是疫情发生以来，部分外地企业向湖北地区的资金拨付暂停，企业客户销售回款减少，造成存款增速下降。二是受疫情影响严重的旅游、餐饮、娱乐等行业的个体经营户和停工停产企业员工收入大幅减少，对存款产生下拉作用。三是疫情防控加大了财政支出，也影响了一般公共预算收入和税收收入的增长；地方政府土地出让收入减少，短期内国土资源类存款难以大额回款，财政性存款下降。

**2. 贷款增速逐步恢复**

2020年上半年，整个金融宏观调控政策偏向宽松，随着企业复工复产的全面推进，小微企业对资金的需求显著增加，地方法人银行本外币贷款增速同比上涨0.22个百分点,其中,城市商业银行、农村商业银行及村镇银行贷款增速同比变化-2.43个、4.18个和3.85个百分点(见图5)。为助力经济恢复,地方法人银行加大了实体经济服务力度,且利率下行周期银行存在以量补价动力,此外,央行提高了再贷款、再贴现额度,多重原因下银行信贷投放保持较快增长。

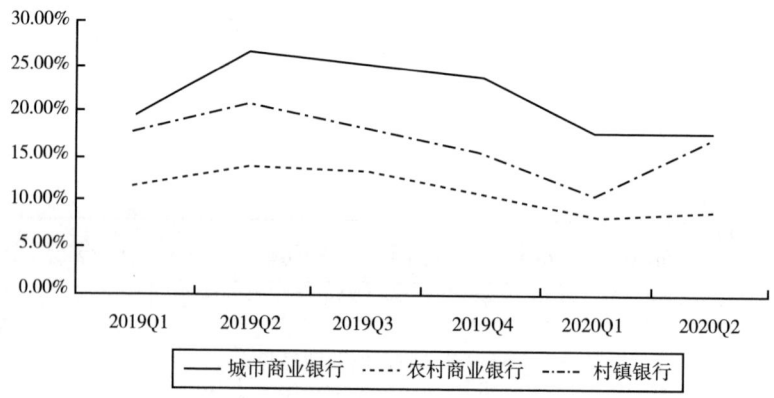

**图4 本外币存款同比变化趋势**

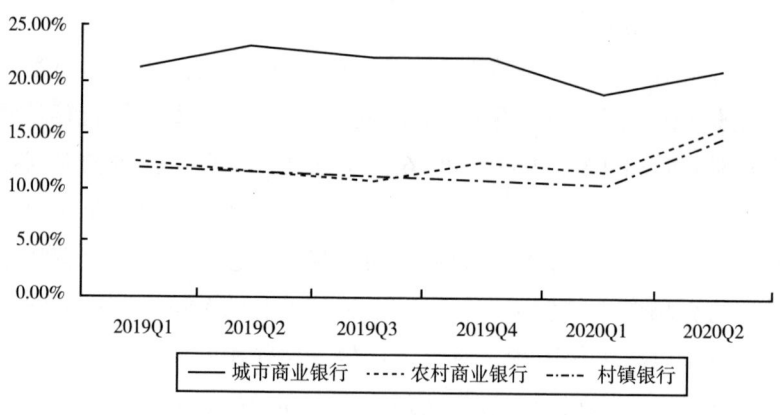

**图5 本外币贷款同比变化趋势**

## (三)不良双升拨备下降,资产质量承压

**1.不良双升**

2020年上半年,受疫情影响,湖北省法人银行不良贷款余额、不

良贷款率呈双升趋势,其中城商行不良贷款余额同比增长44.66%,不良贷款率同比增长0.44个百分点;农村商业银行不良贷款余额同比增长15.53%,不良贷款率同比增长0.03个百分点;村镇银行不良贷款余额同比减少11.52%,不良贷款率同比增长0.14个百分点(见图6、图7)。疫情对资产质量的影响主要为:受疫情冲击叠加经济下行影响,企业还款能力普遍遭受冲击,信用风险加速暴露,中小微企业出险数量增多,一些中小房企和商业综合体经营企业的资金链断裂风险呈现出扩大趋势,个人住房贷款违约情况有所上升,银行的信用风险、操作风险乃至诉讼风险加大。中小企业经营困难局面难以很快扭转,加之疫情对全球经济负面影响加大,法人银行资产质量风险还将进一步扩大。

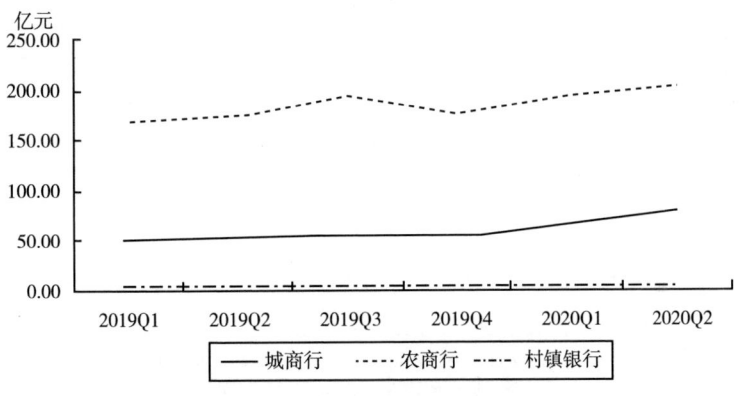

**图6 不良贷款余额变动趋势**

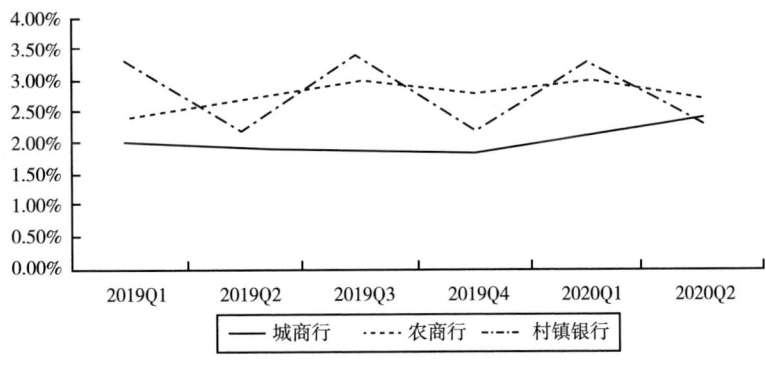

**图7 不良贷款率变动趋势**

**2.关注类贷款下降**

二季度，各法人银行关注类贷款下降，其中农商行、城商行下降趋势更明显（见图8）。关注类贷款是不良贷款的先行指标，关注类贷款大幅下降，不良贷款新增较少，主要原因有：一是延期还本付息政策和一系列支农支小政策出台，大量企业申请延期还本付息，将部分关注类贷款转为了正常类贷款。二是地方法人银行按相关要求对受疫情影响较大的企业予以困难性展期或续贷，在无法具体界定企业疫情影响度的情况下，个别银行可能借用此次政策的"宽松期"，对以前潜在的不良贷款进行"正常化"操作，掩盖了部分贷款风险，使原有的贷款风险被暂时搁置或延长。

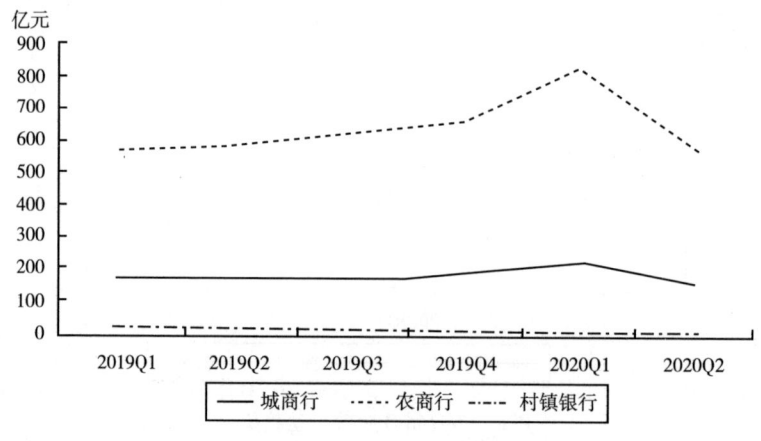

**图8 关注类贷款变动趋势**

**3.核心资本充足率下降**

2020年上半年，城商行、农商行、村镇银行核心资本充足率都有小幅度下降，分别下降0.76个、0.28个和1.1个百分点，但均处于10%安全线之上（见图9）。疫情影响核心资本充足率的主要原因：城商行、农商行和村镇银行等中小银行资本补充渠道较为匮乏，在叠加疫情下资产端不良资产侵蚀和负债端核心存款流失的双重冲击，实际资本状况更为堪忧。与大型银行相比，地方法人银行资本充足率水平较低，资本补充渠道较为匮乏，难以支撑其规模扩张的速度。

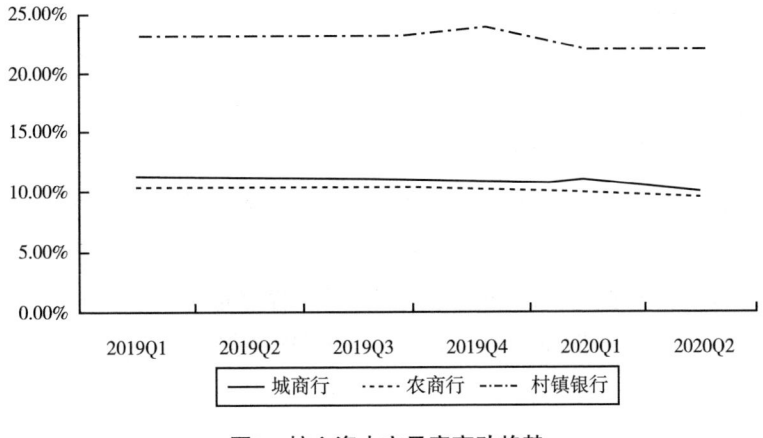

图9 核心资本充足率变动趋势

## 三、值得关注的问题

### （一）盈利水平减弱，利润空间收窄

从收入端看，由于疫情冲击，加上第三方支付对柜台和信用卡等业务的挤出效应、减税降费等相关因素，使我省法人银行的营业收入、利息净收入及中间业务收入大幅下降，盈利空间持续缩小，仅靠全面复工带来的增长难以弥补，特别是那些财务积累少、底子薄的村镇银行，受到的盈利冲击会更大。此外，利率市场化以后，LPR并轨持续推进、支持中小微企业定向贷款等相关"降成本"政策落地以及信贷增量结构性调整等因素，均将压缩银行资产端收益，加速息差收窄进程。从成本端看，疫情期间对客户现场办理业务造成了一定影响，大多数金融机构希望通过优化电子银行以及网络银行服务方便客户办理相关业务，但与其他国有或股份制商业银行相比，地方法人银行电子银行等线上业务发展相对滞后，客户竞争软实力相对较弱，未来提高存款利率定价仍然是守住客户和拓展客户的重要手段，且地方法人银行亟须投入资金升级改造线上服务和引进科技人才，资金成本将持续走高。

**（二）传统经营模式承压加大，优化转型困难较多**

农商行、村镇银行身处基层第一线，其核心客户主要集中于民营小微企业和涉农主体，产品和客户群相对单一，同质化竞争日益激烈。城商行复杂的地域依赖性和错综的地方股权关系，让其经营模式上呈现出非常局限性的特征，也更易受周期性影响。同时，地方法人银行线上产品短缺、场景应用不足等原因，线上获客引流能力偏弱，"非接触"金融服务能力短板凸显。再加之受疫情影响，对企业经营造成的冲击依然存在，这可能给正常的信贷资金营运带来很大的冲击，从而带来流动性风险隐患。

**（三）资产质量下行压力较大，风险识别难度加大**

全球产业链遭受冲击的环境下，部分中小企业破产风险加大，使得以中小企业客户为主的地方法人银行的资产质量面临巨大挑战：一是地方法人银行落实延期还本付息、支持企业复工复产等政策时，对客户受疫情影响生产经营、资金回笼、偿债能力等实际状况难以准确判断和预测，是否调整风险分类等级的依据和证据不足，潜在风险或被隐藏和后移。二是存在客户借机实施政策套利的风险。在当前相对宽松的信贷政策环境下，一些未受疫情影响的客户借机申请延期还款、利率优惠等政策支持，给风险识别和准入管理带来难度。对部分小微企业办理展期和续贷时，可能会存在一些确因经营不善或是盲目扩张的企业被政策效应所掩盖，一旦疫情影响消失，相关政策逐步退出，对于这些企业贷款的管理，将会成为新的难题。

**（四）资本补充渠道单一，内源性资本补充动力不足**

银行资本补充方式分为内源性补充和外源性补充。内源性补充主要通过增加盈余公积和未分配利润来实现。外源性补充主要通过发行资本补充工具补充银行资本。湖北省法人银行受限于资产规模及融资渠道，资本补充主要以内源性补充为主，大多采取利润留存方式补充资本。目前，我省尚未有法人银行通过发行股票、优先股和永续债等形式补充资本，仅有少数法人银行具备二级资本债发行资格。受经济下行叠加疫情冲击影响，我省法人银行不良增长、盈利收窄，盈利空间的压缩也伴随着内源性资本补充能力的减弱。

## 四、政策建议

### （一）加强风险管理，提高风险抵御能力

受新冠疫情等因素影响，地方法人银行不良贷款同比上升较多，当前经济虽逐步恢复，但疫情仍有很大不确定性，所带来的金融风险也存在一定时滞性，预计有相当规模贷款的风险会延后暴露。人民银行等金融监管部门要督促地方法人银行采取更审慎的会计财务制度，增强风险抵御能力：一是运用预期信用损失法评估贷款风险，真实反映企业经营变化，做实资产质量分类。二是引导银行"审慎反映"和"严控增长"利润，按照"实质重于形式"的原则反映经营收入，不得盲目追求利润增长，更不得以少提、缓提拨备等方式实现利润不实增长。三是加大不良资产处置力度，尽量将可用财务资源用于不良贷款核销处置。

### （二）强化窗口指导，抓紧抓实纾困化险

人民银行应推动法人银行完善无还本续贷等业务标准和中长期流动资金贷款办法指引，加快企业信用贷款、信用增信等政策制度的顶层设计，提升地方法人银行纾困化险的能力。一是引导法人银行进一步改革授信审批模式流程，推广大数据筛选非接触申贷办贷，完善利率定价机制，配套调整业绩考核、风险容忍、责任分担、信息共享等制度，全面形成有利于货币信贷政策实施、有利于内部风险管控的好模式、好机制。二是引导银行理性发放贷款，在充分满足受疫情影响的民营小微企业资金需求的基础上，处理好稳增长与防风险关系，全面权衡收益和风险，防止"宽政策"下的贷款冲动、投资冲动，避免贷款盲目扩张。三是引导银行审慎开展贷款延期和续贷，充分考虑企业经营状况和风险度，加强贷后管理，对已形成的集中性贷款，要定期监测，强防细控，严防信贷风险集中爆发。

### （三）加强政策支持，优化监管考核

为支持地方法人银行更好地服务实体经济，实现稳健可持续发展，政策与监管层面也应为地方法人银行改革和发展创造更良好的经营环境。一是建议给予地方性法人银行一定的政策支持，加大对地方法人银行的再贷款、再贴现优惠力度，降低其负债成本。二是实施针对性的监管指标动态调整。适当下调地方法人银行拨备覆盖率，减轻其拨备计提压力，释放更多信贷资源。适当放宽普惠型小微企业不良贷款容忍度，进一步为地方法人银行"解缚减压"，促进其更好地服务本地"三农"、民营和小微企业。三是积极落实奖补政策。对地方法人银行要给予特殊的支持，在财政资金存放、专项考核奖补、项目配套挂钩等方面实施倾斜，推动其做大做强。

### （四）完善体制机制，拓宽资本补充渠道

疫情冲击下，地方法人银行流动性资金偏紧、不良压力加大，资本不足的问题越发突出。人民银行应会同有关部门推动健全法人银行资本补充的体制机制，充实法人银行资本实力，提升其服务实体经济的能力。一是出台地方法人银行资本补充实施细则和操作指引，对地方法人银行的资本补充渠道、程序进行详细规定，合理简化审批手续、降低政策障碍。二是鼓励采用多种方式补充资本。推动地方法人银行利用增资扩股、引入战略投资者、挂牌新三板、区域性股权市场等方式实施股权多元化战略；支持银行利用永续债、二级资本债等创新型的资本工具，用好地方政府专项债券资金等，多渠道补充资本。

课题主持人：李　帆
课题组成员：刘东平　郭　璐　江　欢　王华玺　樊　政　王　进

# 县域法人金融机构小微企业信贷风险管理研究

## ——基于疫情冲击的视角

**中国人民银行宜昌市中心支行课题组**

**摘要：** 新冠疫情对湖北省经济社会发展产生了较大的冲击，作为省域副中心城市的宜昌市也受到比较明显的影响，以服务小微企业客户为主的农商行和村镇银行资产质量下行压力加大。本研究基于疫情冲击的视角，探讨后疫情时期县域法人金融机构小微企业信贷风险管理的现状，研究如何进一步加强小微企业的信贷风险管理，最后针对性地提出要适时减免法人机构税收，提高金融监管宽容度，进一步加强增信担保支持，加强区域性金融风险的监测等政策建议。

**关键词：** 疫情冲击；法人机构；小微企业；信贷风险

## 一、引言

现阶段，我国在积极防控新冠疫情的同时，需要有效应对疫情给我国经济社会发展带来的不利影响。此次疫情对中国经济的影响是显而易见的，增长引擎中的消费、三大产业中的服务业和重点扶持的中小微企业均面临重大冲击。与此同时，为这些行业和企业提供核心金融支持的银行业亦将面临巨大压力。行业方面，受影响较大的行业集中在劳动密集型的服务业，包括餐饮、住宿、旅游、娱乐、交通运输、教育培训等。而企业方面，最受影响的无疑是民营企业和中小微企业。由于大多数中小微企业的流转资金有限，持续冲击将使相当一部分企业濒临破产。疫情对湖北省经济社会发展产生较大的冲击,作为省域副中心城市的宜昌市也受到比较明显的影响。在县域,服务小微企业的农商行和村镇银行资产质量下行压力加大,进一步研究如何加强小微企业的信贷风险管理具有重要的理论意义和实际应用价值。

## 二、文献综述

### (一)疫情冲击下中小银行小微企业信贷风险上升

钟震、郭立(2020)认为,在新冠疫情影响下,中小银行不仅会受到来自资产端、负债端和权益端的直接冲击,发生信用风险、流动性风险和资本不足风险,而且会因"宽信用""宽监管""宽货币"等政策的实施而面临利润下降、道德风险和高杠杆风险。宗良、杜盈初(2020)认为,在新形势下,小微企业信贷风险有所上升是正常现象,商业银行全面提高对风险的防控意识和识别、处置能力是防范化解金融风险的关键环节。中国邮政储蓄银行小微企业运行指数课题组(2020)研究指出,疫情冲击下小微企业市场指数、采购指数、绩效指数、扩张指数、信心指数、融资指数、风险指数均出现大幅下滑,成本指数出现显著上升。复旦平安宏观经济研究中心(2020)研究报告指出,70%以上的小微企业贷款来自中小银行,目前中小银行不良贷款率上升、净息差缩小制约其向小微企业发放贷款。

### (二)后疫情时期如何提高小微企业的信贷风险管理水平

曲成林(2020)认为,运用大数据进行信贷资金流程管理、优化激励机制、发展供应链金融等方式应对小微企业信贷风险。张旋(2020)认为,考虑小微企业自身的特点,金融机构贷后风险管理工作并非坦途,亟须加强贷后管理,有效降低不良率,自下而上地减少系统性金融风险的累积。强博(2020)从内部管理问题、风险评估问题、信誉管理问题三个方面,对银行的中小企业信贷风险产生原因进行解析,提出银行的中小企业信贷风险管理对策。徐晨虹(2020)建议商业银行建立符合贷款客户生存和发展的风险识别、评价和处置机制及合理安排还款计划、期限、利率。也有学者认为，后疫情时期中小银行应多渠道补充资本金，增强小微企业的信贷风险管理水平。陆敏（2020）认为，中小银行客户以中小企业为主，但中小企业整体抵御风险能力较差，在本次疫情影响中首当其冲。面对资本金困境，各地也要探索多种方式加大中小银行资本补充力度，增强其抵御风险和信贷投放能力。钟震、郭立（2020）提出要推行中小银行改革，加速中小银行数字化经营转型，多渠道补充中小银行资本金等政策建议。

从疫情冲击的角度，国内研究机构、专家学者围绕疫情对中小银行经营造成的影响以及对小微企业的生产经营形成的冲击做了大量的研究，均认为受疫情的影响，小微企业的信贷风险上升，服务小微企业的中小银行面临较大的压力。但是关于探讨疫情冲击下县域法人金融机构小微企业信贷风险管理研究的文献相对不足，因此本研究报告基于疫情冲击的视角，进一步探讨县域法人金融机构如何加强小微企业信贷风险的管理具有重要的现实意义。

## 三、疫情背景下金融支持小微企业政策措施

疫情发生后，中央出台了一系列支持中小微企业发展的政策措施，全力稳住经济基本盘。人民银行总行根据疫情对经济发展和小微企业产生的冲击，出台了若干针对性的金融支持政策，如加大再贷款、再贴现的货币政策力度，引导贷款利率下行降低小微企业融资成本，定向下调中小银行的存款准备金率，创新直达实体经济的货币政策工具，有力地支持了疫情防控、复工复产和经济社会发展，金融支持"稳企业保就业"成效明显（见表1）。

表1　疫情发生后人民银行出台的一系列支持小微的政策措施

| 货币政策 | 主要措施 |
| --- | --- |
| 加大再贷款、再贴现政策支持 | 增加5 000亿元普惠性再贷款、再贴现，以市场化方式支持中小微企业复工复产。为进一步强化对中小微企业提供普惠性金融支持，增加面向中小银行的再贷款、再贴现额度1万亿元，帮助市场融资成本较高的中小微企业获得再贷款、再贴现的政策支持 |

续表

| 货币政策 | 主要措施 |
|---|---|
| 降低小微企业融资成本 | 支农、支小再贷款利率从原来的2.75%下调0.25个百分点至2.5%,多家银行对湖北省内的普惠型小微企业贷款利率,在原基础上下调0.5个百分点 |
| 定向下调存款准备金率 | 人民银行对农村信用社、农村商业银行、农村合作银行、村镇银行和省级行政区内经营的城市商业银行定向下调存款准备金率1个百分点,于4月15日和5月15日实施到位,每次下调0.5个百分点,共释放长期资金4 000亿元 |
| 创新直达实体经济的货币政策工具 | 小微企业贷款阶段性延期还本付息政策:中小微企业阶段性延期还本付息政策,一是2020年6月1日—12月31日到期的普惠小微贷款,另一个是2020年底前到期的其他中小微企业贷款和大型国际产业链企业(外贸企业)等有特殊困难的企业贷款。人民银行通过与地方法人银行签订利率互换协议,对地方法人银行按办理延期还本普惠小微贷款本金的1%给予激励。符合人民银行宏观审慎要求的地方法人银行可以享受这一激励政策,包括城商行、农商行、村镇银行和民营银行 |
| | 小微企业信用贷款支持政策:人民银行按季购买符合条件的地方法人银行2020年3月1日—12月31日新发放的普惠小微信用贷款的40%,贷款期限应不少于6个月。购买贷款的利息由银行收取,信贷风险由银行承担,银行应于购买满一年时按原金额返还。相当于以零利率为地方法人银行提供了贷款资金的40%,降低了银行发放贷款的资金成本,增加发放信用贷款的资金来源 |

注:资料由作者根据相关材料整理。

## 四、疫情冲击下县域法人金融机构小微企业信贷风险

### (一)市场风险与信用风险

突如其来的新冠疫情严重冲击了全市经济社会正常发展秩序,辖内金融机构业务经营发展受到不同程度的影响,尤其是以服务小微企业和"三农"为主的县域农商行和村镇银行正常经营发展受到较大影响,县域法人金融机构小微企业信贷面临较大的市场风险和信用风险。从2020年上半年各农商行和村镇银行实际经营数据来看,部分农商行和村镇银行净资产收益率下降较快,如6月末,当阳农商行净资产收益率下降为4.65%,宜都民生村镇银行净资产收益率下降为-1.67%。由于疫情冲击加上缺乏资本金的补充,农商行资本充足率明显下降;6月末,当阳农商行资本充足率下降为10.6%,村镇银行资本充足率相对

保持稳定（见表2）。

表2　　　　县域农商行经营指标变化情况　　　　单位：%

| 机构 | 净资产收益率 | | 资本充足率 | | 拨备覆盖率 | | 不良贷款率 | |
|---|---|---|---|---|---|---|---|---|
| | 2019年12月末 | 2020年6月末 | 2019年12月末 | 2020年6月末 | 2019年12月末 | 2020年6月末 | 2019年12月末 | 2020年6月末 |
| 五峰农商行 | 11.42 | 12.40 | 13.79 | 12 | 248 | 273.9 | 1.93 | 1.68 |
| 长阳农商行 | 13.87 | 24.55 | 11.20 | 11.18 | 187.99 | 206.29 | 2.9 | 2.45 |
| 宜都农商行 | 12.97 | 15.54 | 13.55 | 12.01 | 238.1 | 265.52 | 1.53 | 1.24 |
| 当阳农商行 | 8.84 | 4.65 | 11.5 | 10.6 | 152.76 | 137.37 | 2.66 | 2.92 |
| 兴山农商行 | 15.87 | 30.9 | 11.6 | 11.53 | 294.38 | 290.08 | 2.01 | 1.79 |
| 远安农商行 | 14.86 | 9.16 | 12.5 | 11.76 | 242.63 | 215.66 | 1.69 | 1.81 |
| 枝江农商行 | 11.8 | 20.37 | 11.37 | 10.82 | 177.33 | 197.1 | 2.73 | 2.26 |
| 秭归农商行 | 10.54 | 9.87 | 11.7 | 11.64 | 165.31 | 166.02 | 2.9 | 2.8 |

受经济下行和疫情叠加的影响，金融机构资产质量出现一定下滑，一季度县域金融机构不良贷款出现较为明显的上升，二季度金融机构加大不良资产的处置力度，再加上延期还本付息政策出台，2020年上半年金融机构资产质量保持稳定。同时，为应对疫情对金融机构资产质量的冲击，县域金融机构拨备覆盖率大幅提升，尤其是村镇银行拨备覆盖率较高，6月末，五峰金谷村镇银行拨备覆盖率达654.98%，夷陵兴福村镇银行拨备覆盖率达347.09%。部分经营困难的村镇银行在疫情的冲击下资产质量大幅下滑，如兴山本富村镇银行不良贷款率6月末达9.15%（见表3）。

表3　　　　　　　　村镇银行经营指标变化情况　　　　　　　单位：%

| 机构 | 净资产收益率 | | 资本充足率 | | 拨备覆盖率 | | 不良贷款率 | |
| --- | --- | --- | --- | --- | --- | --- | --- | --- |
| | 2019年12月末 | 2020年6月末 | 2019年12月末 | 2020年6月末 | 2019年12月末 | 2020年6月末 | 2019年12月末 | 2020年6月末 |
| 五峰金谷 | 12.18 | 19.14 | 13.78 | 13.53 | 645.07 | 654.98 | 0.59 | 0.49 |
| 长阳兴福 | 7.93 | 18.97 | 11.65 | 11.94 | 179.31 | 174.49 | 1.45 | 1.52 |
| 宜都民生 | 1.71 | -1.67 | 27.54 | 28.1 | 155.99 | 188.13 | 3.76 | 3.8 |
| 当阳兴福 | 8.09 | 4.55 | 15.44 | 12.81 | 188.35 | 217.48 | 1.64 | 1.2 |
| 兴山本富 | -5.02 | -1.82 | 45.69 | 34.26 | 785.52 | 432.91 | 4.87 | 9.15 |
| 远安金谷 | 7.88 | 26.24 | 10.36 | 12.05 | 297.22 | 352.99 | 0.92 | 0.71 |
| 枝江汉银 | 0.52 | 0.74 | 19.34 | 16.19 | 126.52 | 158.71 | 4.46 | 3.56 |
| 秭归兴福 | 0.13 | 1.59 | 11.01 | 11.35 | 165.97 | 186.93 | 1.6 | 1.4 |
| 夷陵兴福 | 12.94 | 12.98 | 10.89 | 10.98 | 233.45 | 347.09 | 1.12 | 0.76 |

为全力支持复工复产和落实金融支持"稳企业保就业"工作要求，全市县域法人机构进一步加大了小微企业的信贷投放力度，2020年上半年小微企业贷款增长明显。其中，6月末，当阳农商行小微企业贷款余额47.74亿元，占各项贷款余额的79.21%，远安金谷村镇银行小微企业贷款余额3.4亿元，占各项贷款余额的63.31%。小微企业贷款中，信用贷款的投放规模扩大，如当阳农商行小微企业信用贷款达2.17亿元，长阳农商行小微企业信用贷款达1.62亿元，村镇银行小微企业信用贷款的比重相对较低（见表4、表5）。

表4　　　　　　　　县域农商行小微企业变化情况　　　　　　　单位：万元

| 机构 | 贷款 | | 小微企业贷款（全口径） | | 小微企业信用贷款 | | 小微企业不良贷款 | |
| --- | --- | --- | --- | --- | --- | --- | --- | --- |
| | 2019年12月末 | 2020年6月末 | 2019年12月末 | 2020年6月末 | 2019年12月末 | 2020年6月末 | 2019年12月末 | 2020年6月末 |
| 五峰农商行 | 231 095 | 262 394 | 125 756 | 142 035 | 3 856 | 3 324 | 2 601 | 3 750 |
| 长阳农商行 | 431 395 | 486 474 | 251 577 | 299 626 | 16 002 | 16 164 | 9 684 | 11 017 |
| 宜都农商行 | 559 184 | 637 566 | 342 525 | 400 046 | 9 524 | 5 489 | 4 887 | 4 447 |

续表

| 机构 | 贷款 | | 小微企业贷款（全口径） | | 小微企业信用贷款 | | 小微企业不良贷款 | |
|---|---|---|---|---|---|---|---|---|
| | 2019年12月末 | 2020年6月末 | 2019年12月末 | 2020年6月末 | 2019年12月末 | 2020年6月末 | 2019年12月末 | 2020年6月末 |
| 当阳农商行 | 551 317 | 602 763 | 437 989 | 477 373 | 15 327 | 21 749 | 14 312 | 17 305 |
| 兴山农商行 | 390 642 | 428 813 | 286 197 | 314 318 | 4 938 | 7 348 | 6 100 | 7 018 |
| 远安农商行 | 331 465 | 371 570 | 214 787 | 253 158 | 2 229 | 985 | 2 028 | 3 430 |
| 枝江农商行 | 619 105 | 696 708 | 274 900 | 326 818 | 12 778 | 7 380 | 9 648 | 8 424 |
| 秭归农商行 | 434 550 | 482 960 | 189 214 | 210 856 | 17 654 | 7 891 | 5 590 | 4 544 |

2020年上半年，部分县域法人金融机构小微企业不良贷款出现了攀升，如当阳农商行小微企业不良贷款余额达1.73亿元，长阳农商行小微企业不良贷款余额达1.1亿元，长阳兴福村镇银行小微企业不良贷款余额达415万元（见表4、表5）。

表5　村镇银行小微企业贷款变化情况　　　　　　　　单位：万元

| 机构 | 贷款 | | 小微企业贷款（全口径） | | 小微企业信用贷款 | | 小微企业不良贷款 | |
|---|---|---|---|---|---|---|---|---|
| | 2019年12月末 | 2020年6月末 | 2019年12月末 | 2020年6月末 | 2019年12月末 | 2020年6月末 | 2019年12月末 | 2020年6月末 |
| 五峰金谷 | 18 769 | 22 252 | 15 804 | 18 879 | 315 | 1 103 | 36 | 50 |
| 长阳兴福 | 49 329 | 49 745 | 25 023 | 26 947 | 311 | 323 | 378 | 415 |
| 宜都民生 | 34 607 | 32 141 | 20 615 | 19 032 | 32 | 22 | 770 | 664 |
| 当阳兴福 | 44 961 | 53 085 | 22 621 | 24 414 | 982 | 1 087 | 715 | 630 |
| 兴山本富 | 2 393 | 2 313 | 505 | 480 | 0 | 0 | 35 | 13 |
| 远安金谷 | 39 179 | 53 775 | 24 408 | 34 031 | 16 | 69 | 308 | 298 |
| 枝江汉银 | 35 396 | 34 053 | 12 028 | 11 868 | 200 | 215 | 1 176 | 769 |
| 秭归兴福 | 36 992 | 40 683 | 27 730 | 32 402 | 43 | 243 | 487 | 484 |
| 夷陵兴福 | 34 694 | 39 284 | 27 361 | 30 176 | 348 | 549 | 368 | 273 |

注：全口径小微企业贷款包括小微企业、个体工商户和小微企业主经营性贷款。

## （二）应急金融创新风险

疫情期间为帮助受影响企业渡过难关，辖内县域法人金融机构通过各种方式和手段满足相关企业融资需求，一定程度上创新了应急金融的服务产品和服务方式，但是其也隐藏了一定的信贷风险，在后疫情时期应重点关注应急金融创新风险的滞后和创新政策退出后的风险集中暴露。

**1. 开辟绿色通道优化线上金融服务**

为更好满足客户疫情期间的融资需求，辖内县域法人金融机构开辟了金融服务绿色通道，优化疫情期间"非接触式服务"渠道，最大限度扩容金融服务模式，切实做好疫情期间金融服务不掉线、不打折。如当阳农商行为全力支持疫情防控和复工复产，探索线上服务，对借款人在外地无法面签等情况，在合法有效和防控风险的前提下，鼓励运用视频双录、电子签名、生物识别等科技手段，进行贷款的核查、核保、核签手续；同时适当调整审批权限，在合规的前提下，适当调整了审批权限，简化贷款审批流程，建立信贷服务绿色通道，提高审批效率。

**2. 创新金融信贷产品更好满足市场需求**

为进一步满足市场特殊客户群体的需求，县域法人金融机构结合辖内市场特点，有针对性地开发了相关信贷产品。如当阳农商行结合省联社、三峡农商银行出台的"荆楚发展贷、荆楚保医贷、荆楚天使贷、抗疫专项贷"等产品，拓宽企业融资方式和渠道，加快信贷投放，助力企业有序复产，截至2020年6月末，以创新金融产品发放贷款59户，金额3.14亿元。五峰金谷村镇银行推出了助农贷、助商贷两款纯信用贷款以及抗疫助业贷三款信贷产品，加大信用贷款投放力度。宜都民生村镇银行与财政局、公共就业和人才服务局、担保公司四方合作，推出"创业担保财政贴息贷款"来满足创业市场的融资需求。

**3. 信贷投放审批的"容缺机制"**

在疫情期间，为支持企业生产、运输防疫和生活物资，推动企业复工复产，部分金融机构按照地方政府和上级行的相关要求，简化手续流程，实行信贷审批、投放的容缺办理。据农商行反映，根据鄂农信办发

〔2020〕9号《关于进一步加强金融服务保障 全力配合做好新型肺炎防控工作的紧急通知》，建立疫情防控期间容缺办理机制，按照"实质重于形式"原则，在真实合规的前提下，采用先行受理、容缺办理、跨网点受理等模式为客户提供便捷服务。如远安金谷村镇银行反映，在"容缺机制"下，在发放贷款前，要求公司基础资料及担保资料必须齐全，如营业执照、经营许可证、公司章程、股东身份证、公司信用报告、财务报表、抵押物证明、保证资料等，其他如机构信用代码证、开户许可证、银行流水、经营场地证明、纳税证明等可以在后续补充完整。另外，在发放贷款前，借款人、股东、担保人均需签字完整后方可发放贷款。或缺要件当时因特殊情况无法及时提供的，要求在事后必须限期内补充完整，由管户客户经理进行督导补充，并在规定时间内将资料整理完整后进行归档。

### （三）政策滞后风险

为进一步落实金融支持稳企业保就业的各项政策，辖内县域法人金融机构加大落实延期还本付息政策，做到"应延尽延"。如三峡农商行反映，截至2020年7月末，全市农商行对受疫情影响、经营暂时困难的5 596笔88.38亿元贷款落实了延期还本付息，延期还本付息完成率100%。其中，对3 513笔贷款办理了延期还本，涉及贷款金额33.34亿元；对3 392笔贷款办理了延期付息，涉及利息1.34亿元。

银行在延期还本付息政策落实过程中有几个方面的顾虑：一是延期还本付息过程中，借款人本身有延期还本付息需求，也满足五部委关于延期还本付息政策，但是在和担保人沟通延期还本的过程中，担保人不同意对该贷款进行延期还本，借款人一时也无法找到合适的替代担保，导致部分企业不能充分享受政策。二是部分企业客户疫情之前能正常还款，企业经营在一定程度上受疫情影响，资金流出现了暂时紧张，延期还本付息后，客观上让客户对后续政策持观望态度，导致客户当期还款意愿降低，对正常到期利息和已延期利息拖延观望。三是银行担心本身出现经营困难的企业即使执行延期还本付息政策也很难从根本上缓解企业出现的问题。

从变化趋势来看，2020年3月末是还本付息贷款规模快速上升期，主要是疫情导致的到期短期贷款和中长期贷款分期还款调整所致。二季度进入还本付息贷款规模平稳上升期，主要是对于二季度到期短期贷款和一季度已经进行过延期支付手续调整的再次进行调整，延期至2020年底或2021年3月末。2020年下半年至2021年一季度虽然还有所增加，但增幅明显缩减（见表6）。

表6　　　　　县域法人金融机构延期还本付息户数调查

| 机构 | 总户数 | 2020年12月前到期 | 2021年3月前到期 | 利息保障倍数<1 ||
|---|---|---|---|---|---|
| | | | | 企业户数 | 贷款金额（亿元） |
| 农商行 | 259 | 61 | 79 | 49 | 24.76 |
| 村镇银行 | 60 | 7 | 10 | 9 | 1.02 |

注：利息保障倍数=息税折旧及摊销前利润÷利息费用=（税后利润+所得税+利息费用+折旧+摊销）÷利息费用，企业总户数不包括个体工商户和小微企业主。

据对辖内县域农商行和村镇银行延期还本付息逐笔（大中小微型企业，不包括个体工商户和小微企业主）实际调查，延期还本付息政策虽然暂时帮助部分企业缓解了资金流紧张状况，但是后期在经济下行压力加大的情况下，部分经营困难的企业仍然要面对较大压力，信贷风险暴露的概率不容忽视，如表6所示，2020年底至2021年一季度仍然是中小银行信贷风险集中暴露的一段时期，需要进一步加强预警监测，采取必要措施加大对小微企业的信贷风险管理和后续处置。

## 五、县域法人金融机构小微企业信贷风险管理

### （一）法人银行小微企业的信贷风险管理现状

当前辖内县域小微企业一般技术含量低，产品单一，总体抵御风险能力偏弱，因受疫情影响，用工成本上升、原材料供应紧张、订单量减少等情况，持续经营的不确定性风险加大，其承受行业和市场风险的能力加大。大多数小微企业未形成科学的内部治理结构和管理制度，对行业发展缺乏科学的定位，无明晰的财务管理制度，造成小微企业财务报

表数据不完整、失真度加大,银行难以准确判断其经营状况的真实性和准确性,因而由于信息不对称性加大了小微企业信贷风险。同时县域法人银行信贷流程一般多注重于企业财务报表、资产规模、固定抵押物等"硬指标",部分小微企业担保措施主要靠抵押物,抵押资产价值变化以及变现能力受到客观因素的影响较大。

辖内农商行严格按照省联社及三峡农商行系统的小微企业信贷风险管理办法,严格风险评估分类,分类用好增贷支持,合理配置信贷要素,稳妥开展债务平移,加快推进拆圈解链,积极化解担保公司风险,抓好银团风险化解,稳妥接收抵债资产,积极推进破产清偿,有效利用司法手段,持续健全工作机制,严格落实帮扶制度,做好监测预警及审计监督(见图1)。

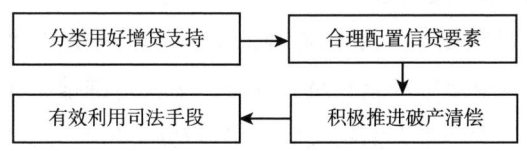

**图1　农商行小微企业信贷风险管理流程**

村镇银行均已建立了贷款"三查"管理办法,即《小微企业信贷授信工作尽职免责管理办法》《不良贷款责任认定及追究管理办法》《资产风险分类管理暂行办法》等相关工作制度来规范村镇银行小微信贷业务发展,防范发生信用风险,风险处置措施包括行业催收、司法手段催收、担保公司代偿等。如宜都民生村镇银行该行小微贷款实行审贷分离、分级审批的制度,坚持小额、分散的风险制度,贷款发放后一个月内进行贷款资金"回头看"检查,确保贷款资金按约定用途使用。每季度实行双人实地贷后检查,对出现风险苗头的小微贷款及时上报预警,确保风险能及时得到化解。

### (二)后疫情时期县域法人银行小微企业信贷风险管理优化

**1.加强金融科技手段的运用**

辖内农商行要结合系统实际,在省联社和三峡农商行的指导下优化小微企业信贷风险管理系统，充分发挥农商行系统优势和地域优势。辖内村镇银行有发起行是城商行（汉口银行、龙江银行、延边银行）、农商行（江苏常熟农商行）、股份制银行（民生银行），要利用发起行的资源优势和技术优势进一步加强风险控制。县域法人金融机构既要防范风险，又要增加小微企业贷款数量，必须要依赖系统大力发展金融科技，通过大数据、区块链、人工智能、物联网等的运用，提升风险识别能力，将真正优质小微企业挖出来；同时，也要运用金融科技进行小微企业贷款的全流程风险控制，构建预警系统，实时进行风险应对；积极开展小微企业金融产品创新，提供适应小微企业特征的个性化金融产品；加强与税务等部门的合作，将税务等部门信用转化为银行信用，尽可能多提供信用贷款。

**2. 创新改进县域金融服务**

农商行和村镇银行要根据客观情况，灵活确定贷款期限。对经营状况良好的小微企业主动延长贷款期限，更大范围推广无还本续贷类产品；对于暂时出现困难、信用良好、仍可持续经营、未来具备还款能力的客户，调整其再融资和贷款期限；增加3年或5年期限的小微企业贷款，降低技改贷款的门槛，为企业的长期建设提供中长期融资支持。同时推出灵活多样的贷款种类。主动适应小微企业经营季节波动性较大特点，开发更多期限和规模灵活的信贷产品对接企业需求，帮助企业减少资金占有；提供借还便捷的融资产品，推广循环贷款模式；对企业供应链上下游企业的数据加大分析和挖掘力度，积极开发应收账款融资等产品；针对有核心知识产权的科技型小微企业，探索创新知识产权质押+保险公司担保新产品和服务模式，解决科技企业轻资产、无抵押、融资难的问题。

**3. 加强对问题客户群体的持续跟踪和风险研判**

县域法人金融机构应加强对在贷客户的风险排查，收集及建立目前还款困难的小微企业客户名单，并对其提供相对应的政策支持，用好用足各种政策措施，灵活采取贷款展期、减免罚息、征信保护、增加信用贷款和中长期贷款等措施；对于经营困难的中小企业适当延长已贷资金还款期限或通过续贷等操作缓解企业短期压力；对名单内的小微企业实行实时的风险监测，及时掌握相关信息，在后期出现信贷风险的情况下启动相关预案，控制不发生金融风险的底线。

## 六、政策建议

### （一）进一步加大对村镇银行和农商行税费的减免

由于受税费过高、"倒找差价"、管理负担重等多种因素影响，导致农商行在执行以物抵债实践运用中受到较多制约，减免或降低抵债资产过户税费，能有效提升农商行不良资产处置效率，释放银行风险化解压力，更有助于不良资产真实反映，为监管部门提供有效的监管依据。同时村镇银行和农商行在支持"三农"、小微企业发展方面承担了一部分社会功能，承受的市场风险也较高，因此要加大对村镇银行和农商行的支持力度，实行一定的税费减免。

### （二）适时提高金融监管宽容度

应进一步合理确定银行资产充足、不良贷款和拨备覆盖等相关监管标准，提高部分指标监管容忍度，在未发生重大影响经营质效的情况下，建议不下调银行评级，或在对银行进行监管评级时，因疫情影响导致部分指标（为支持复工复产银行持续降低贷款利率，导致利差空间进一步缩窄，成本收入比持续上升）未能达标时给予适当宽容。

### （三）进一步加强增信担保支持

小微企业普遍缺乏抵押担保等增信措施，建议由市政府主导建立涉农、小微企业贷款风险分担机制，推广"4321"政银企合作模式，支持政府性融资担保机构积极为涉农、小微企业提供担保；对部分暂时流动性困难的企业，提供续贷周转保障服务，帮助企业获得银行贷款，稳定资金链条，提振企业发展信心。

### （四）加强区域性金融风险的监测

后期要进一步健全风险监测预警机制，密切关注问题企业的生产经营状况，积极组织金融机构稳妥开展风险化解处置，不盲目抽贷、压贷，妥善处置各类信贷风险，有效维护辖内良好金融秩序，确保不良贷款余额和占比控制在合理适度的区间，牢牢守住不发生系统性区域性金融风险的底线。

## 参考文献

[1] 复旦平安宏观经济研究中心.疫情下的中小企业[N]. 中小企业融资系列报告, 2020-05-08.

[2] 陆敏.拓宽中小银行资本补充渠道[N]. 经济日报, 2020-04-23.

[3] 强博.银行的中小企业信贷风险及其管理对策[J]. 中外企业家, 2020（11）.

[4] 曲成林.商业银行小微企业信贷风险防控简析[J]. 财经界, 2020（02）.

[5] 徐晨虹.商业银行贷款风险研究[J]. 金融理论与教学, 2020（01）.

[6] 钟震, 郭立.新冠疫情对中小银行的影响及对策研究[J]. 武汉金融, 2020（03）.

[7] 中国邮政储蓄银行小微企业运行指数课题组.受疫情影响小微企业业绩不同程度下降[N]. 经济日报, 2020-03-06.

[8] 宗良, 杜盈初.小微企业融资风险防范对策[J]. 中国金融, 2020（06）.

[9] 张旋.小微信贷的贷后风险管理[J]. 金融博览, 2020（01）.

课题主持人：夏国栋
课题组成员：孔　迅　刘清林　李东樵　闫晓峰　王　力　周严敏
执　笔　人：王　力

# 银行实务和央行金融管理问题研究

# 基于大数据微观分析辅助央行精准施策模型研究

中国人民银行武汉分行科技处课题组

**摘要**：本文尝试以武汉分行大数据应用平台为基础，利用数据分析技术，对目标企业自身及其上下游企业的资金流情况进行分析，发现关系网中的资金断点和贷款短板，尝试为实现贷款精准投放、信贷政策的差异化制定和落地实施效果评估提供数据支持和可视化展示，从而实现探索大数据支持当地货币信贷和信贷政策执行方面的应用。

**关键词**：大数据；供应链；精准施策

## 一、引言

近年来，随着大数据技术发展的日益进步，其在金融领域的应用场景也日渐丰富。精准营销、风险管理、投资预测、征信评级和反洗钱等领域大数据技术都发挥了显著作用，成为当代金融变革的强力助推器。面对金融科技时代金融新技术的广泛应用和金融新业态的不断兴起，人民银行总行提出了建设"数字央行"的总体战略规划。在总体规划的指引下，各分支机构纷纷探索符合自身发展需求的数字央行建设模式，稳步推进数据工作科学、高效发展。

中国人民银行武汉分行作为总行办公厅2018年9月印发的《关于扩大大数据应用试点 推进数字央行建设的通知》中选取的11家试点行之一，积极开展了大数据应用平台建设和大数据应用探索工作，通过建设数据集中存储的大数据基础设施，建成省级集中的大数据平台，夯实大数据应用的技术基础。通过强化人民银行省级数据管理和利用能力，提高服务地方金融发展和对金融经济运行更为准确的监测分析、预警和防范金融风险的能力。

2020年受疫情影响，全国各地中小企业的生产经营受到了强烈的冲击，各地各部门均出台多项政策和举措帮助遇到困难的企业渡过难关。中国人民银行等五部门2020年2月1日联合发布《关于进一步强化金融支持防控新型冠状病毒感染肺炎疫情的通知》，推出30条措施以应对疫情对我国经济带来的影响，引导金融机构加大对疫情防控领域，受疫情影响较大地区、行业和企业，以及社会和民生领域的信贷支持力度。各地人民银行积极落实总行各项政策措施，支持本地企业复工复产。在这个过程中，如何准确掌握企业信贷需求和平衡信用风险，如何尽快将金融活水精准"滴灌"到真正迫切需要支持，也扶的起来的企业，从而将这些信贷支持措施和优惠贷款发挥到最大效用，是各地人民银行在执行政策中迫切需要解决的问题。

本文尝试以人民银行武汉分行大数据应用平台为基础，利用数据分析技术，对目标企业自身及其上下游企业的资金流情况进行分析，发现关系网中的资金断点和贷款短板，尝试为实现贷款精准投放、信贷政策的差异化制定和落地实施效果评估提供数据支持和可视化展示，从而实现探索大数据支持当地货币信贷和信贷政策执行方面的应用。

## 二、相关文献综述和研究背景

### （一）大数据技术概述

大数据是以容量大、类型多、存取速度快、应用价值高为主要特征的数据集合，正快速发展为对数量巨大、来源分散、格式多样的数据进行采集、存储和关联分析，从中发现新知识、创造新价值、提升新能力的新一代信息技术和服务业态[①]。当前关于大数据的研究主要围绕大数据系统和大数据技术展开。李学龙、龚海刚（2015）基于大数据的异构

---

① 国务院：《促进大数据发展行动纲要》，2015. http://www.gov.cn.

性、规模性、实时性、复杂性和隐私性等特点，提出了包含数据生成、数据获取、数据存储和数据分析四个模块的大数据价值链[①]。刘智慧、张泉灵（2014）从大数据的概念、特征，概括了大数据的一般处理流程，总结了 MapReduce、GFS、BigTable、Hadoop 以及数据可视化等大数据关键技术[②]。大数据技术与人工智能、区块链、云计算和互联网技术被称为金融科技的五大要素和核心驱动力。

## （二）大数据金融在人民银行的应用情况

大数据技术在金融领域的应用非常广泛，据2019年统计，大数据技术在中国金融行业的应用可分为精准营销类应用、风险控制类应用、监管科技类及其他类型应用等方向，具体有客户信息整合、客户分类、客户筛选、客户挖掘、售前风险评估、交易欺诈识别、违规风险预警、智能投资顾问等[③]。随着金融市场严格监管趋势的持续，风险控制及运营合规将成为中国金融行业未来持续关注的发展重点。

金融新技术的广泛应用和金融新业态的不断兴起需要人民银行加快开发应用各种新的监管技术手段面对日益复杂的金融安全形势，从而保障我国的金融业"创新、协调、绿色、开放、共享"地发展。为贯彻落实习近平总书记"实施国家大数据战略，加快建设数字中国"的重要指示精神，全面实施《促进大数据发展行动纲要》（国发〔2015〕50号），按照"加快架构转型，打造数字央行"的总体规划，人民银行结合实际需要，开展统一标准、技术领先的省级大数据平台建设，以大数据辅助科学决策、精准施策、高效服务、风险监控，在11家试点行开展宏观审慎评估、宏观经济形势分析、金融监管与风险防范、社会信用体系建设、反洗钱、精准服务实体经济等多个领域的大数据应用探索[④]。目前，各省级人民银行大数据的应用处于初期探索阶段。

---

① 李学龙、龚海刚：《大数据系统综述》，《中国科学：信息科学》2015年第45期。
② 刘智慧、张泉灵：《大数据技术研究综述》，《浙江大学学报（工学版）》2014年第48期957–972。
③ 头豹研究院：《金融科技系列概览：2019年大数据技术在中国金融行业的应用概览》. https://www.baogaozhan.com.
④ 杨竑：《央行大数据建设与应用展望》，《金融电子化》2017年第9期。

### （三）EAST的数据资源使用情况

East是原银监会现场检查分析系统（Examination & Analysis System Technology，EAST）的简称。EAST系统的核心主要包括两方面：一是建设一个相对开放的数据分析平台，实现对银行业务数据的灵活组织、筛选、抽取、建模、挖掘和分析；二是建立一套通用的、相对封闭的数据采集标准，纳入监管人员关心的风险数据点[①]。2019年银保监会对原《中国银监会银行业金融机构监管数据标准化规范》进行了修订，形成了《中国银保监会银行业金融机构监管数据标准化规范》2019年版，也可称为EAST4.0。最新版的标准中明确规范了10个监管主体域共66张数据表。

EAST数据和系统现有主要功能有"查账"、员工违规检查、同业业务检查、授信业务检查和其他业务检查等。该数据主要服务于银保监会对各家商业银行开展的现场检查工作。如四川银监局探索"金字塔"形的EAST系统应用模式对成都某银行新增对公贷款开展现场检查[②]，天津银监局应用EAST系统对辖内法人银行机构贷款新规执行情况进行了检查[③]等，同时，商业银行自身也围绕EAST数据利用开展了一系列研究，浙江省联社基于EAST系统应用，建立了《监审联动制度》[④]，商业银行也围绕EAST系统要求开展行内的数据报送平台建设研究。

### （四）人民银行近期货币信贷政策分析

自疫情以来，为支持中小企业渡过难关、保障全面复工复产有序进行，人民银行出台了一系列政策措施对冲风险，通过构建"资金层面提供合理充裕流动性、设置专项再贷款/再贴现、加大定向信贷投放，操作层面允许延期还款、引导贷款利率下行"的政策框架确保经济平稳发展。

---

① 单继进：《EAST系统的建设与发展》，《中国金融电脑》2014年第10期。
② 徐敏：《"金字塔"形的EAST系统应用模式初探》，《中国农村金融》2011年第16期。
③ 天津银监局现场检查二处课题组，郑小红，黄志飞：《EAST在贷款新规检查中优势凸显》，《中国农村金融》2011年第16期。
④ 袁亚敏：《依托信息技术创新监审联动——EAST系统助推浙江农合机构内部审计模式"变脸"》，《中国农村金融》2011年第10期。

2020年春节前夕，人民银行通过多次全面降准对冲现金投放。节后，针对疫情防控，央行先是给出纲领性的安排和原则指导，然后通过逆回购释放流动性、设置3 000亿元专项再贷款、增设5 000亿元专项再贷款再贴现、对中小微企业贷款允许临时性延期还本付息等措施给予市场金融支持。2020年以来，人民银行出台的部分货币信贷相关政策如表1所示。从文件内容来看，相关信贷政策主要围绕防控疫情和发展经济两大工作主题，政策的面向对象主要为防疫重点相关企业、受疫情影响较大的小微企业、外贸行业和农业等，政策的精准滴灌需求十分明显。

**表1　2020年上半年人民银行部分货币信贷政策汇总**

| 时间 | 文件名称 | 内容和对象 |
| --- | --- | --- |
| 1.31 | 《中国人民银行关于发放专项再贷款 支持防控新型冠状病毒感染的肺炎疫情有关事项的通知》（银发〔2020〕28号） | 人民银行决定向相关直接参与防疫的重点医用物品和生活物资的生产、运输和销售重点企业提供优惠利率信贷支持 |
| 2.1 | 人民银行、财政部、银保监会、证监会、外汇局等五部门联合印发《关于进一步强化金融支持防控新型冠状病毒感染肺炎疫情的通知》（银发〔2020〕29号） | 从加大货币信贷支持力度、保障人民群众日常金融服务、维护金融市场平稳有序运行以及提高外汇跨境办理效率四个方面，提出金融战"疫"的一系列举措 |
| 2.8 | 《财政部　发展改革委　工业和信息化部　人民银行　审计署关于打赢疫情防控阻击战 强化疫情防控重点保障企业资金支持的紧急通知》（财金〔2020〕5号） | 明确中央财政贴息、央行再贷款、名单制管理等相关政策，进一步加强应急管理和统筹协调，强化疫情防控物资保障重点企业资金支持，支持疫情防控物资保障重点企业尽快恢复生产，助力坚决打赢疫情防控阻击战 |
| 2.24 | 中国人民银行《中国人民银行办公厅关于优化专项再贷款支持新冠疫情防控有关事项的通知》（银办发〔2020〕21号） | 强调全国性银行重点向全国疫情防控重点保障企业名单内的企业发放贷款，地方法人银行向本地区疫情防控重点保障企业名单内的企业发放贷款。精准落实专项再贷款政策 |
| 2.26 | 《中国人民银行关于加大再贷款、再贴现支持力度促进有序复工复产的通知》（银发〔2020〕53号） | 人民银行增设再贷款、再贴现专用额度共计5 000亿元，加大对有序复工复产、脱贫攻坚、春耕备耕、禽畜养殖、外贸行业等的金融支持力度，同时向受疫情影响较大的旅游娱乐、住宿餐饮、交通运输行业的小微企业提供普惠金融服务 |

续表

| 时间 | 文件名称 | 内容和对象 |
|---|---|---|
| 3.1 | 《银保监会 人民银行 发展改革委 工业和信息化部 财政部关于对中小微企业贷款实施临时性延期还本付息的通知》（银保监发〔2020〕6号） | 对于2020年1月25日以来到期的困难中小微企业（含小微企业主、个体工商户）贷款本金，以及2020年1月25日至6月30日中小微企业需支付的贷款利息，银行业金融机构应根据企业申请，给予企业一定期限的临时性延期还本付息安排 |
| 4.17 | 《中国人民银行关于增加再贷款再贴现额度支持中小银行加大涉农、小微企业和民营企业信贷投放的通知》（银发〔2020〕93号） | 增加再贷款、再贴现额度1万亿元。重点支持地方法人金融机构加大对涉农、小微企业和民营企业的信贷投放，引导降低融资成本 |
| 6.1 | 《中国人民银行 银保监会 发展改革委 工业和信息化部 财政部 市场监管总局 证监会 外汇局关于进一步强化中小微企业金融服务的指导意见》（银发〔2020〕120号） | 从落实中小微企业复工复产信贷支持政策、开展商业银行中小微企业金融服务能力提升工程、改革完善外部政策环境和激励约束机制、发挥多层次资本市场融资支持作用、加强中小微企业信用体系建设、优化地方融资环境、强化组织实施等七个方面，提出了30条政策措施 |
| 6.4 | 《中国人民银行 银保监会 财政部 发展改革委 工业和信息化部关于进一步对中小微企业贷款实施阶段性延期还本付息的通知》（银发〔2020〕122号） | 进一步对符合条件的贷款实施阶段性延期还本付息 |
| 6.1 | 《中国人民银行 银保监会 财政部 发展改革委 工业和信息化部关于加大小微企业信用贷款支持力度的通知》（银发〔2020〕123号） | 人民银行会同财政部使用4 000亿元再贷款专用额度，通过创新货币政策工具按照一定比例购买符合条件的地方法人银行业金融机构普惠小微信用贷款，促进银行加大小微企业信用贷款投放，支持更多小微企业获得免抵押担保的信用贷款支持 |
| 6.1 | 《中国人民银行关于普惠小微企业贷款延期支持工具有关事宜的通知》（银发〔2020〕124号） | 关于普惠小微企业贷款延期支持工具有关事宜 |
| 6.1 | 《中国人民银行关于普惠小微企业信用贷款支持计划有关事宜的通知》（银发〔2020〕125号） | 关于普惠小微企业信用贷款支持计划有关事宜 |
| 6.9 | 《中国人民银行办公厅关于印发〈中小微企业贷款阶段性延期还本付息政策指引〉和〈普惠小微信用贷款支持政策指引〉的通知》（银办发〔2020〕89号） | 中小微企业贷款阶段性延期还本付息政策和普惠小微信用贷款支持政策的指引 |

续表

| 时间 | 文件名称 | 内容和对象 |
| --- | --- | --- |
| 6.3 | 《中国人民银行办公厅关于印发〈金融支持稳企业保就业工作指引〉的通知》（银办发〔2020〕84号） | 为坚决贯彻党中央、国务院关于全面落实"六保"任务决策部署，细化工作措施，明确职责分工，抓好稳企业保就业任务落实，制定该指引。内容包括把握好信贷投放节奏，确保信贷资金平稳投向实体经济，加大小微企业信用贷款支持度，丰富信用贷款产品体系，提高信用贷款发放效率等 |

综上所述，已有文献和研究主要存在以下几个现实情况。**一是**人民银行在总行统一规划下，已在11家试点行开展省级大数据应用试点工作，通过建立长效工作机制、搭建省级大数据基础平台，引导各分支机构科学、高效地进行大数据应用探索。但与金融科技公司、传统的IT技术公司和部分IT技术能力较强的大型商业银行相比，人民银行地方大数据技术的开发和利用还处于初期建设，大数据应用仍需探索尝试。**二是**人民银行省级大数据平台建设秉持着数据共享的原则，不仅要在全行范围各个部门和应用间共享数据，中长期目标将要涵盖证券期货、保险等行业及其他金融机构数据，也会引入财政、工商、税务等政府部门和互联网数据，用于构建全面的经济数据体系。而现有大数据平台对银行业数据的研究大部分来自人民银行内部系统和各部门的分散报送，通过引入EAST4.0标准数据进行分析，在扩宽数据来源、多角度分析的同时还能对行内数据开展对比性分析和准确性验证。**三是**2020年春节暴发的新冠疫情让所有企业都面临一场"供应链应急"大考，供应链安全的重要性日益凸显。同时由于大多数小微企业围绕各自供应链的核心企业集聚生存，使供应链金融在精准输血民营、中小企业，有效践行政策要求方面表现优异。为坚决贯彻党中央、国务院关于扎实做好"六稳"工作、全面落实"六保"任务决策部署，做好金融支持稳企业保就业工作，精准服务供应链产业链完整稳定，提升整体运行效率，促进经济良性循环和优化布局，2020年9月，央行联合八部委发布《关于规范发展供应链金融 支持供应链产业链稳定循环和优化升级的意见》（以下简称《意

见》),这是我国首个关于供应链金融发展的框架性文件,《意见》从准确把握供应链金融的内涵和发展方向、稳步推进供应链金融规范发展和创新、加强供应链金融配套基础设施建设、完善供应链金融政策支持体系、防范供应链金融风险、严格对供应链金融的监管约束六个方面提出了23条政策要求和措施。为深入贯彻落实《意见》内容,充分利用供应链金融对小微企业精准输血作用,助推政策精准滴灌,本文以湖北省银行EAST数据为研究对象,以大数据平台技术为基础,以企业供应链资金流角度作为切入点,开展企业供应链融资现状分析和风险提示。

## 三、数据来源和技术

### (一)数据来源

本课题数据来源于武汉分行现有大数据应用平台中汇总的全省各银行报送的2020年1—3月的EAST4.0数据。自2012年启动EAST工作发布EAST1.0版以来,已先后于2015年、2017年和2019年发布了4个版本的数据标准。最新版数据标准包含10类数据信息,66张表格共355个数据项,新增了14张表和547个字段,删除了6张表和210个字段,同时对部分数据明细表格设置了采集金额下限。

EAST4.0的10类数据信息主要包括公共信息、客户信息、会计记账信息、卡片信息、客户信息、理财业务、授信交易对手信息、统计全科目、信贷管理信息、信用卡和资金业务。本课题重点对以上信息中的对公业务和企业进行分析研究,具体数据来源于对公活期存款分户账明细记录表、信贷合同表、票据票面信息表、关联关系表、授信信息表、对公客户表、关联关系表和贷款五级形态变动表等。

### (二)武汉分行大数据应用平台架构

武汉分行数据应用平台规划为统一数据采集、大数据分析处理和统一数据应用三个子平台,并以三个子平台为基础规划、建设相关业务领域的大数据应用场景(见图1)。

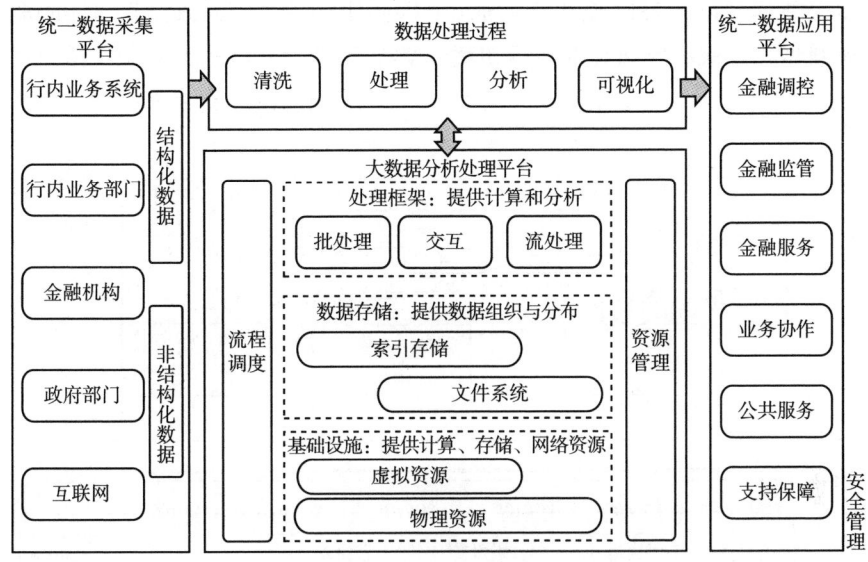

**图1 武汉分行大数据应用平台设计架构**

大数据分析处理平台由基础设施、数据存储和处理框架等组成，基础设施指为提供计算、存储资源的服务器等设备，数据存储通过分布式文件系统等方式实现逻辑数据的组织和分布，处理框架提供数据处理的工具集。现在该平台已基本建成，可用容量约100TB，支持结构化及非结构化海量异构数据存储，适用于批量及实时数据应用场景，支持开展数据分析与挖掘，能有效支撑全行数据资源整合，基本满足武汉分行未来3—5年内数据存储和分析处理需求（见图2）。

该平台采用前后端分离的方式进行架构。后端服务层中各个服务系统在服务注册配置中心进行注册，各服务间可通过应用网关互相调用在服务注册中心注册的服务。前端应用层可通过应用网关调用在服务注册中心注册的服务。

前端应用层以统一应用平台为系统门户，其他子系统均通过统一应用平台进行用户管理和访问鉴权，并以统一应用平台作为所有子系统的统一访问入口。前端应用使用AntD VUE构建UI页面，使用Vue.js作为js框架。前端应用基于REST规范以HTTP/HTTPS协议通过API网关和后台服务通信,以实现完整业务功能。前端应用可独立部署运行于Nginx服务器,并且通过反向代理与后端服务交互。

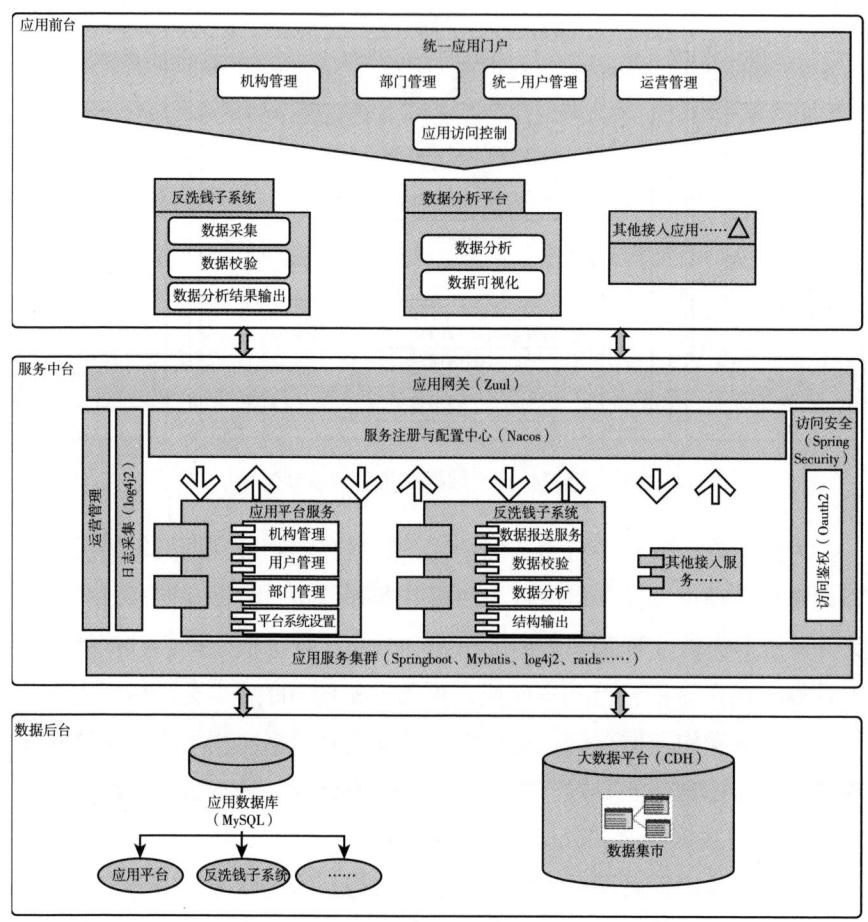

图2 武汉分行大数据分析处理平台架构

服务中台是基于Spring Boot、Spring Cloud构建的微服务集群,集群内部服务间通过Nacos服务注册平台进行交互,集群与外部通过应用网关进行交互。并且基于Spring Cloud工具集集成多种微服务架构工具构建完整的微服务风格的服务中台。

后端服务层以服务集群的方式部署,目前服务以系统为粒度进行划分。应用平台和各子系统均对应一个服务。每个服务对应独立的应用数据库。应用数据存储方面以 MySQL 8 作为应用数据库，为应用系统各项功能提供数据支持。数据分析方面使用 CDH 平台作为大数据分析平台，用于对上报的数据进行模型计算。

### （三）数据处理技术

大数据处理流程具体可划分为数据抽取与集成、数据分析和数据解释三部分。首先，从大量异构的数据源获取数据，采用特殊方法（包括数据聚合、数据修正、数据清洗、数据去噪）将不同数据类型（包括结构化数据、半结构化数据和非结构化数据）处理和集成，将其转化为统一的数据格式；然后，选取恰当的数据分析技术方法对这些数据进行分析；最后利用可视化等技术手段将分析结果展现给用户。

**1. 数据抽取、集成与清洗**

本研究中由商业银行负责按照 EAST 标准完成内部的数据抽取工作，并将数据文件加密后通过 SFTP 协议发送给武汉分行大数据应用平台。大数据应用平台收到各行数据后，增加数据报送单位字段和时间戳的标签后进行汇总，形成全省 EAST 数据集合。由于各商业银行报送的数据质量不一致，在数据分析前需要对目标数据集进行数据清洗去噪。数据清洗是将重复、多余的数据筛选清除，将缺失的数据补充完整，将错误的数据纠正或者删除，最后整理成为我们可以进一步加工、使用的数据。

**2. 数据分析**

数据分析是数据处理流程的核心环节，用户根据分析目的和需求，选取全部或部分数据进行进一步处理和分析。武汉分行数据应用平台使用了 CDH（Cloudera Distribution Hadoop）技术作为大数据分析平台，该平台提供了 Hadoop 的核心要素——可扩展的存储和分布式计算，此外还具有批处理、交互式 SQL、自由文本搜索、机器学习和统计计算等功能。本文将利用 CDH 平台，通过使用 SQL 查询，以 Excel 和 Python 作为核心工具，结合其工具包 Numpy、SciPy、Pandas 对目标数据集进行统计分析。

**3. 数据解释**

数据解释是将大数据分析结果形象地向用户展示和解释的过程。该方法通过将分析结果以可视化的方式向用户展示，可以使用户更易理解和接受。常见的可视化技术有标签云、历史流、空间信息流等。本文将利用Pyecharts数据展示工具，对数据分析结果进行可视化展示。

## 四、供应链分析实证研究探索

实证研究探索尝试通过分析选定的供应链核心企业对公账户的明细交易记录和资金往来方向，确认该企业供应链的上下游名单。对选定企业及其供应链上下游的信贷情况进行整体的健康性分析。从地域分布情况、历史信贷记录、贷款利率、贷款金额、贷款用途等多角度进行综合分析，从而对以该企业为核心的供应链进行信贷情况画像，为后续当地的信贷政策制定和实施评估数据参考。

下文选取2020年湖北省疫情防控重点保障企业——武汉H股份有限公司（后续简称H企业）作为分析对象，开展利用大数据平台进行供应链信贷信贷分析的实证研究探索。

### （一）数据集成和清洗

具体到本次清理中需要对数据源中的目标集进行以下几个方面的操作：一是基础处理。删除多余空格和其他无用字符和重复数据，补全缺失记录，提高数据匹配准确度。二是无效值和缺失值处理。由于调查、编码和录入误差，数据中可能存在一些无效值和缺失值，需要给予适当的处理。常用的处理方法有估算和删除。例如在信贷合同表的基本利率字段出现了435等明显不符合逻辑的数据，结合该行同时段类似数据可推测为填写错误，原数据应为4.35。对于该字段其他无法判断错误原因且明显超出利率范围的错误数据可进行整行删除。三是一致性检查。一致性检查是根据每个变量的合理取值范围和相互关系，检查数据是否合乎要求，发现超出正常范围、逻辑上不合理或者相互矛盾的数据。例如在信贷合同表中合同到期日期与合同约定日期之间的时间差应该等于贷款期限（单位：天），但数据中存在大量贷款期限为1但是时间差为365天的记录，可合理推测填报人员未按照数据标准填报，误将该数据项的单位认为是年，此时需要对此类数据进行重新计算。四是格式清洗。由于数据来源于不同商业银行，在数据整合时的时间、日期、数值、全半角等可能存在格式不一致的问题，部分数据还有可能存在计量单位不一致的问题，需要进行清洗。例如在数据集中由于存在不同币种，在进行金额的统计分析时需要根据汇率将金额统一转换成人民币进行计算。

**（二）数据分析及展示**

**1.确定供应链上下游企业**

（1）根据资金交易明细记录筛选分析对象。

分析H企业的资金往来情况，得出该企业的供应链上下游企业名单。目标数据表有对公活期存款分户账明细记录、对公定期存款分户账明细记录、关联关系表、对公客户表和票据票面信息表等。

通过选取对公活期存款分户账明细记录、对公定期存款分户账明细记录中与H企业相关的资金往来记录，分析记录的交易金额和借贷标志确定H企业的上下游企业和与上下游企业之间的关联程度。根据实际交易情况，本文将基于以下假设，H企业的付款对象为其上游企业，H企业的收款对象为其下游企业，同时认为资金交易越频繁交易金额越大，则关联程度越高。

（2）对数据进行过滤精确定位供应链企业。

这里主要采取数据过滤方法，选取账户名和交易记录摘要作为过滤字段。剔除摘要中含有利息、工资、奖金、手续费、保险等字段的日常费用类支出，同时剔除账户名称为H企业本身、银行、个人和内部会计结算科目的记录，保留H企业与其他企业之间的经营性资金往来。

根据对H企业2020年1—3月活期账户交易明细记录进行分析，H企业作为付款方与199家企业发生过非费用类交易，通过交易用途分析，主要类别为贷款和工程款，但从资金往来项观察，由于无法区分成本类费用和在建工程/管理费用类科目，导致如部分公司等提供的不是原材料服务，而是提供在建工程服务的交易对手也在此名单中。同时，上游企业中还出现物流贸易、传媒广告、大型商超等类公司，这些公司的交易都存在交易频率低、金额小的特点，因此通过综合交易频率、交易金额和产业链资金交叉往来三个维度来进行进一步降噪处理，可以有效提高企业供应链上下游企业定位的准确性。表中其他企业无论从资金用途还是主营业务范畴来看，均可认为符合H企业上游厂商的特征。

2020年1—3月，H企业作为收款方与209家企业发生过非费用类交易。累计交易金额前20的企业详细情况如表2所示。从表中可知，根据收款用途区分，绝大部分收款备注用途为货款、防疫用品采购、智能制造新模式项目补助及防疫专项贷款，交易对手方信息遍布省外各区域，交易对手性质包括政府机构、企事业单位、商业机构及贸易公司，结合此段时间国内疫情发展和物资需求实际情况，有充分的证据表明这些企业符合H企业下游客户的特征（见表3）。

表2　　H企业2020年1—3月上游交易金额前20企业

| 名称 | 交易金额（元） | 交易次数 | 部分用途 |
| --- | --- | --- | --- |
| S1 | 66 437 068.00 | 6 | 货款 |
| S2 | 18 793 346.00 | 13 | 货款 |
| S3 | 10 000 000.00 | 2 | 借款 |
| S4 | 9 500 000.00 | 2 | 借款 |
| S5 | 9 360 000.00 | 2 | 货款 |
| S6 | 5 846 257.00 | 10 | 货款及工程款 |
| S7 | 5 576 960.00 | 2 | 货款及工程款 |
| S8 | 5 100 000.00 | 4 | 货款 |
| S9 | 4 200 000.00 | 3 | 货款 |
| S10 | 3 853 892.53 | 3 | 货款及工程款 |
| S11 | 3 236 858.88 | 3 | 货款 |
| S12 | 3 100 000.00 | 1 | 投资款 |
| S13 | 3 000 000.00 | 1 | 借款 |
| S14 | 2 802 129.71 | 2 | 财产转让或财产租赁款 |

续表

| 名称 | 交易金额(元) | 交易次数 | 部分用途 |
|---|---|---|---|
| S15 | 2 274 170.00 | 4 | 货款 |
| S16 | 1 800 000.00 | 2 | 货款及工程款 |
| S17 | 1 590 406.59 | 7 | 货款及工程款 |
| S18 | 1 551 258.93 | 3 | 货款 |
| S19 | 1 300 000.00 | 1 | 货款 |

表3　H企业2020年1—3月下游交易金额前20

| 企业名称 | 交易金额(元) | 交易次数 | 部分用途 |
|---|---|---|---|
| S1 | 56 894 000 | 3 | 防疫专项贷款 |
| S2 | 14 915 000 | 3 | 防疫用品采购 |
| S3 | 9 400 000 | 5 | 口罩生产线货款 |
| S4 | 7 189 740 | 1 | 无 |
| S5 | 6 930 000 | 2 | 货款 |
| S6 | 6 285 000 | 7 | 0 |
| S7 | 5 040 000 | 2 | 货款 |
| S8 | 4 168 774 | 2 | 货款 |
| S9 | 3 306 000 | 1 | 0 |
| S10 | 3 060 000 | 5 | 0 |
| S11 | 3 000 000 | 1 | 智能制造新模式项目补助 |
| S12 | 2 890 000 | 7 | 货款 |
| S13 | 2 400 000 | 1 | MS-HZ-09/20 |
| S14 | 2 040 000 | 4 | 货款 |
| S15 | 2 000 000 | 1 | 托收入账 |
| S16 | 2 000 000 | 1 | 货款 |
| S17 | 1 942 000 | 6 | 0 |
| S18 | 1 615 000 | 2 | 货款 |
| S19 | 1 600 000 | 1 | 设备款 |
| S20 | 1 500 000 | 1 | 防疫产品 |

（3）通过对公客户表和关联关系表确认供应链企业属性。

通过查询已有对公客户表和关联关系表数据得到H企业关联关系如表4所示。表中共有30家企业与H企业有关联关系。关系类别主要有实际控制人、股东、所属集团、共同出资组建企业、投资、国内销售商和其他关联关系。其中S10为其国内经销商下游企业，64%的关联企业为"其他关联关系"，未进行明确定义。

根据实际分析结果可知，EAST数据的关联关系数据存在数量不全，关系定义不精确的问题，还需要分析其他数据进行补充。

表4　　　　　　　　H企业关联关系

| 企业名称 | 关联关系 |
| --- | --- |
| S1 | 实际控制人，共同出资组建企业关系，股东 |
| S2 | 其他关联关系 |
| S3 | 共同出资组建企业关系，股东，其他关联关系 |
| S4 | 其他关联关系 |
| S5 | 其他关联关系 |
| S6 | 其他关联关系 |
| S7 | 其他关联关系 |
| S8 | 其他关联关系 |
| S9 | 其他关联关系 |
| S10 | 资金（投资），国内销售商 |
| S11 | 共同出资组建企业关系，股东 |
| S12 | 股东 |
| S13 | 其他关联关系 |
| S14 | 所属集团 |
| S15 | 集团成员 |
| S16 | 其他关联关系 |
| S17 | 其他关联关系 |

续表

| 企业名称 | 关联关系 |
| --- | --- |
| S18 | 其他关联关系 |
| S19 | 其他关联关系 |
| S20 | 其他关联关系 |
| S21 | 股东 |
| S22 | 股东 |
| S23 | 其他关联关系 |
| S24 | 其他关联关系 |
| S25 | 其他关联关系 |
| S26 | 股东 |
| S27 | 其他关联关系 |
| S28 | 其他关联关系 |
| S29 | 其他关联关系 |
| S30 | 其他关联关系 |

（4）通过票据票面信息对供应链上下游企业进行补充。

由于企业在实际生产经营中经常会通过使用银行承兑汇票或商业承兑汇票提高资金回笼率，增加资产流动性。因此票据票面信息对分析企业供应链上下游企业具有很强的指向性。同时，由于银行承兑汇票的相关资金交易信息并不会反映在活期账户明细交易记录中，此部分将通过分析票据票面信息表中的承兑汇票信息的出票人和收款人信息来对H企业的上下游企业进行补充。通过选取票据票面信息中签发日期为近五年的数据，且出票人或者收款人账户为H企业的记录对交易金额和交易次数进行统计，其中H企业的收款人为上游企业，H企业的出票人为下游企业，得到表5。

表5　　　　　　　　　　H企业票据关联企业

| 上游企业名称 | 票面金额（元） | 交易次数 | 下游企业名称 | 票面金额（元） | 交易次数 |
|---|---|---|---|---|---|
| S1 | 30 663 304 | 25 | S11 | 7 933 592 | 21 |
| S2 | 10 474 285 | 20 | S12 | 4 550 000 | 8 |
| S3 | 10 026 342 | 17 | S13 | 320 500 | 2 |
| S4 | 5 000 000 | 31 | S14 | 210 000 | 2 |
| S5 | 5 000 000 | 4 | S15 | 191 200 | 2 |
| S6 | 4 099 000 | 8 | | | |
| S7 | 3 673 550 | 10 | | | |
| S8 | 3 400 000 | 11 | | | |
| S9 | 3 210 000 | 13 | | | |
| S10 | 3 046 300 | 10 | | | |

2015—2020年，H企业作为出票人共向117家企业开出过付款票据，这些企业的主业经营范围与H企业均具有较高的重合性，其中有42家企业出现在根据活期账户交易明细分析得出的上游企业名单中，该项数据能对活期账户交易明细历史数据的缺失进行有效补充。

2015—2020年，H企业作为收款人共与5家企业发生过票据业务联系。与交易明细分析得到的上下游企业结果对比，票据交易分析结果发现下游企业不论从交易频率还是交易金额上都远远少于上游企业，这有两方面的原因：一是因为票据票面信息表仅包含出票人为省内的票据信息，部分出票人为省外企业且收款人为H企业的票据信息未能采集。二是因为H企业作为这条供应链的核心企业，具有良好的信用基础且对上游企业处于相对强势地位。根据企业占用上下游资金能力与应收票据负向相关，在这条供应链中，H企业较多地占用了上游企业资金。

综合以上四部分分析结果，绘制了以H企业为核心的供应链上下游企业分布图（见图3），标志大小代表与H企业交易的金额规模。

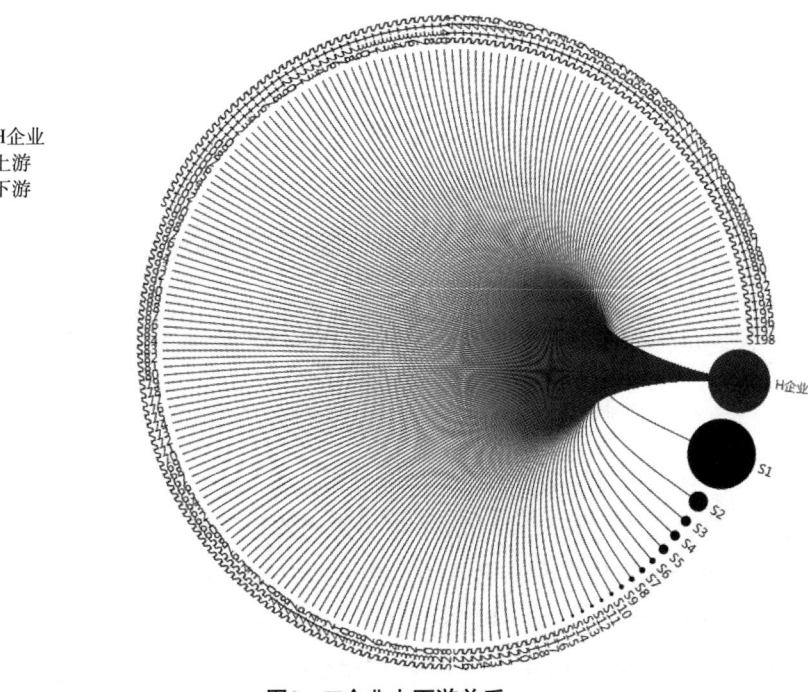

图3　H企业上下游关系

**2. 供应链稳健情况分析**

以下对以H企业为核心的供应链整体信贷情况进行分析。

（1）核心企业H企业资金流情况分析。

该企业2020年1—3月的活期存款账户余额变化情况如图4所示。该企业在2020年1月20日余额最低为1 900万元，后续余额逐步回升截至统计时点2020年3月31日，账户余额达到最高点12 000万元，流动资金充足。

据湖北省各行上报的信用信贷数据显示，截至2020年3月，H企业无逾期贷款，贷款五级形态未出现恶性变动，各银行提供的信用评价和风险预警信号指标均未出现明显风险提示，贷款额度充足。H企业作为产业链的核心企业，表外金融工具使用充分，在多家银行连续稳定取得大额综合授信，得到省内金融机构的普遍认可。

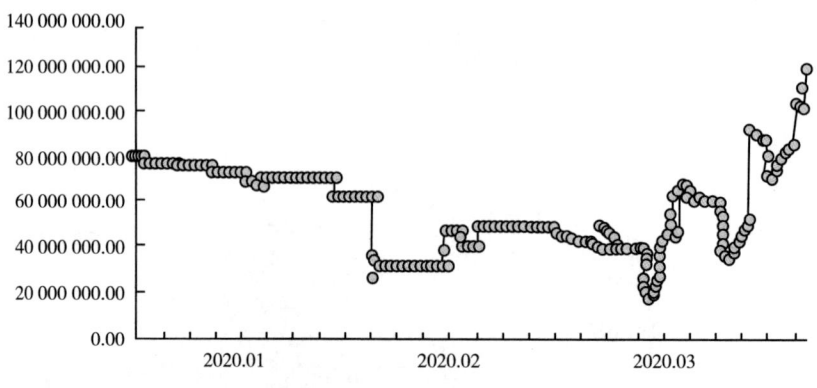

图4　H企业2020年1—3月活期账户余额变化

（2）省内供应链上下游信贷情况分析。

上游企业中，S1公司显示存在一条贷款拖欠记录，该笔贷款金额2 690 000美元，贷款产品名称为"美元流动资金贷款6个月含"，贷款到期日期为2019年11月，截至2020年3月已逾期4个月。S2公司存在1条五级分类为损失的贷款记录，S3存在6条"损失"贷款记录，详细情况如表6所示。

表6　　　　　　　　上游企业问题贷款记录汇总

| 企业名称 | 问题 | 排名 | 与H交易金额（元） |
| --- | --- | --- | --- |
| S1 | 1条逾期贷款记录 | 174 | 2 752 |
| S2 | 1条损失贷款记录 | 86 | 200 000 |
| S3 | 6条损失贷款记录 | 64 | 94 856 |
| S4 | 1条损失贷款记录 | 185 | 1 699 |

下游企业的问题贷款记录如表7所示，根据表内数据可发现，上下游存在问题贷款记录的企业与H企业的资金往来频率低，交易金额小，联系不紧密，对整个供应链的资金流健康状况影响甚微。根据以上分析我们可以看到，核心企业H有较稳定的现金流和良好授信，其上下游企业中重点往来企业未出现贷款逾期和评级恶化情况，其供应链总体资金情况未发现显著风险。同时我们需要对供应链中与H企业联系密切企业

的贷款逾期、信用评级等指标进行重点关注和监测，一旦出现异常数据应进行主动提示和预警，并及时对整个供应链的资金健康情况重新进行评估。

表7　　　　　　　　下游企业问题贷款记录汇总

| 企业名称 | 问题 | 排名 | 与H交易金额（元） |
| --- | --- | --- | --- |
| S1 | 5条呆滞记录 | 105 | 130 000 |
| S2 | 1条呆滞记录 | 5 | 191 200 |
| S3 | 5条记录，1条可疑记录，2条关注，1条损失贷款记录 | 206 | 460 |
| S4 | 1条逾期记录 | 151 | 22 200 |
| S5 | 4条关注记录 | 185 | 6 000 |
| S6 | 5条关注记录 | 191 | 3 850 |
| S7 | 1条关注记录 | 195 | 2 400 |

（3）省内供应链上下游信用评级和风险提示分析。

部分商业银行为加强风险控制，建立了银行内部客户信用评级和风险预警系统，这部分数据具有较高的参考价值，但现有报送数据中各行对该指标的标准尚未统一。可考虑通过横向对比、综合分析各商业银行的评价结果，为供应链的安全性评估提供参考。

**3.供应链金融资源分布分析**

（1）供应链上下游企业地域分布情况。

对供应链的上下游企业所处地理位置进行统计分析结果如表8所示，H企业的上游主要分布在广东、湖北和江浙片区，集中程度较高。而下游企业广泛分布在全国各地，东北区域下游企业数量明显高于上游企业。总体来说，该供应链存在明显的发达地区技术集中输入和产品广泛输出的特点，分布形态比较健康，下游企业的地理分布也与H企业的主营业务的分布相符合，可以认为数据较为准确地反映了H企业供应链的特点。

表8　　H企业上下游分布统计表　　单位：万元

| 名称 | 上游 | 占比(%) | 上游排名 | 下游 | 占比(%) | 下游排名 |
|---|---|---|---|---|---|---|
| 广东 | 78 068 022.20 | 43.72 | 1 | 79 295 470.00 | 43.21 | 1 |
| 湖北 | 63 641 201.85 | 35.64 | 2 | 16 475 637.00 | 8.98 | 3 |
| 江苏 | 13 062 672.83 | 7.32 | 3 | 4 030 901.06 | 2.20 | 10 |
| 辽宁 | 6 213 160.00 | 3.48 | 4 | 18 506 906.51 | 10.09 | 2 |
| 浙江 | 5 423 675.53 | 3.04 | 5 | 117 470.00 | 0.06 | 23 |
| 湖南 | 3 658 648.06 | 2.05 | 6 | 8 719 165.81 | 4.75 | 4 |
| 北京 | 2 348 782.92 | 1.32 | 7 | 5 572 623.09 | 3.04 | 9 |
| 云南 | 1 551 258.93 | 0.87 | 8 | 8 337 591.40 | 4.54 | 5 |
| 河南 | 1 488 360.87 | 0.83 | 9 | 7 115 978.13 | 3.88 | 7 |
| 山东 | 997 410.00 | 0.56 | 10 | 2 102 300.00 | 1.15 | 15 |
| 河北 | 802 022.70 | 0.45 | 11 | 5 350.00 | 0.00 | 26 |
| 上海 | 738 761.15 | 0.41 | 12 | 3 251 181.20 | 1.77 | 13 |
| 江西 | 191 596.53 | 0.11 | 13 | 1 320 000.00 | 0.72 | 16 |
| 福建 | 185 772.68 | 0.10 | 14 | 2 837 000.00 | 1.55 | 14 |
| 陕西 | 63 900.00 | 0.04 | 15 | 3 451 998.50 | 1.88 | 12 |
| 四川 | 58 695.12 | 0.03 | 16 | 841 873.20 | 0.46 | 19 |
| 贵州 | 52 499.24 | 0.03 | 17 | 1 140 000.00 | 0.62 | 17 |
| 内蒙古 | 0 | 0.00 | | 8 205 200.00 | 4.47 | 6 |
| 甘肃 | 0 | 0.00 | | 6 120 000.00 | 3.34 | 8 |
| 吉林 | 0 | 0.00 | | 3 687 540.00 | 2.01 | 11 |
| 宁夏 | 0 | 0.00 | | 864 500.00 | 0.47 | 18 |
| 重庆 | 0 | 0.00 | | 744 600.00 | 0.41 | 20 |
| 国外 | 0 | 0.00 | | 536 162.54 | 0.29 | 21 |
| 海南 | 0 | 0.00 | | 128 000.00 | 0.07 | 22 |
| 广西 | 0 | 0.00 | | 55 000.00 | 0.03 | 24 |
| 安徽 | 0 | 0.00 | | 33 000.00 | 0.02 | 25 |
| 山西 | 0 | 0.00 | | 1 000.00 | 0.00 | 27 |
| 黑龙江 | 0 | 0.00 | | 900 | 0.00 | 28 |

（2）供应链省内贷款相关指标分析。

贷款情况量化分析。本部分通过对供应链核心企业和上下游企业的贷款数据进行统计，分析其基本利率、浮动利率、贷款金额随时间的变化情况，同时对三者进行横向对比。统计结果如表9、表10、表11所示，本部分贷款统计不包含表外授信及商业承兑汇票信息。

表9　　　　　　　　　　上游企业贷款情况

| 明细 | 2015年 | 2016年 | 2017年 | 2018年 | 2019年 | 2020年 1—3月 |
|---|---|---|---|---|---|---|
| 公司数目 | 7 | 7 | 13 | 16 | 19 | 8 |
| 贷款笔数 | 12 | 18 | 41 | 55 | 47 | 21 |
| 贷款总金额（万元） | 11 478 | 2 299 | 47 606 | 25 258 | 25 905 | 7 789 |
| 贷款平均值（万元） | 956 | 127 | 1 161 | 459 | 551 | 370 |
| 基准利率（%） | 5.33 | 4.58 | 5.67 | 5.46 | 4.05 | 3.34 |
| 浮动范围（基点0.01%） | 0 | 0 | 572 | 20 | 35 | −31 |

表10　　　　　　　　　　下游企业贷款情况

| 明细 | 2015年 | 2016年 | 2017年 | 2018年 | 2019年 | 2020年 1—3月 |
|---|---|---|---|---|---|---|
| 公司数目 | 8 | 8 | 10 | 11 | 12 | 8 |
| 贷款笔数 | 28 | 30 | 65 | 48 | 84 | 18 |
| 贷款总金额（万元） | 35 051 | 63 835 | 115 515 | 55 203 | 151 276 | 15 284 |
| 贷款平均值（万元） | 1 251 | 2 127 | 1 777 | 1 150 | 1 800 | 849 |
| 基准利率（%） | 7.27 | 5.16 | 5.45 | 5.55 | 4.58 | 3.79 |
| 浮动范围（基点0.01%） | 1.8 | 0 | 88 | 235 | 42 | 73 |

表11　　　　　　　　　　H企业贷款情况

| 明细 | 2016年 | 2017年 | 2018年 | 2019年 | 2020年 1—3月 |
|---|---|---|---|---|---|
| 贷款笔数 | 1 | 12 | 15 | 25 | 5 |
| 贷款总金额（万元） | 5 000 | 28 805 | 32 220 | 56 455 | 52 500 |
| 贷款平均值（万元） | 5 000 | 2 400 | 2 148 | 2 258 | 10 500 |
| 基准利率（%） | 4.3 | 4.67 | 4.78 | 4.66 | 4.13 |
| 浮动范围（基点0.01%） | 11.28 | 26 | 48 | 43 | 28 |

根据以上统计结果发现，上下游企业申请贷款的公司数量和贷款笔

数逐年增加，但增幅并不明显。贷款总值和贷款平均值呈现逐年分布不均匀状态。H 企业作为产业链核心企业，贷款笔数和贷款额度稳定上升。从以上数据可以看出，整个供应链企业贷款的变化的共性是贷款利率在 2017—2018 年上升到高点后进入下降通道，到 2020 年降到最低。但由于数据量少，容错性较差，其他指标未见明显变化趋势。

（3）供应链企业银行承兑汇票情况分析。

通过对 H 企业 2015 年以来银行承兑汇票签发情况进行统计可发现（见图 5），该企业银行承兑汇票的金额和笔数均在 2017 年达到顶峰，后银行承兑汇票规模迅速回落。分析其影响因素可能有：一是企业在当年业务规模扩张迅速，市场和业务量的增加导致了银行承兑汇票绝对数量的增加。二是当年企业可能存在资金流动性困难，签发了大量银行承兑汇票，以提高企业的资金杠杆率。三是受到政策性因素或其他外界因素引导，企业选择银行承兑汇票进行资金结算，起到加速资金流动、节约资金成本、强化银企关系的作用。不论是什么原因，当数据出现明显波动时，都应结合企业实际生产经营情况和其他环境因素进行分析，排除可能存在的风险点。

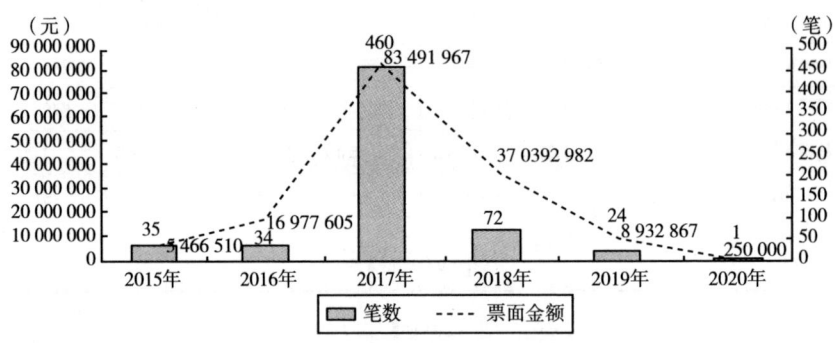

图5　H 企业银行承兑汇票历年统计

（4）贷款产品使用定性分析。

本部分通过综合分析供应链企业的贷款投向地区、投向行业和用途，对供应链运行情况进行评价（见图 6、图 7、图 8）。投向地区方面，H 企业供应链上贷款的投向地区均为省内，体现了贷款对本省经济的促进作用。贷款投向行业方面，H 企业贷款投向方向分类全部为 C3 和 C4

大类。在该产业链的贷款投向分析中，企业贷款投向方向与H企业的主营业务高度重合，说明贷款与实际业务的关联性较强，贷款的实际投向均投向实体经济。在该产业链中，金融精准滴灌效果明显，未出现资金空转现象，也未出现实体空心化现象。另外，该项指标还可以对上下游企业的确定起到反向过滤作用，进一步提升上下游企业名单的准确性，排除非经营业务类资金交易。贷款用途方面，上游企业资金往来的绝大部分记录和用途均为经营贷款、货款、经营周转、补充流动资金及生产经营等。下游企业贷款用途出现了很多疫情防护品相关用途，结合今年上半年的实际情况，以上数据显示了资金往来确认供应链地位的有效性。

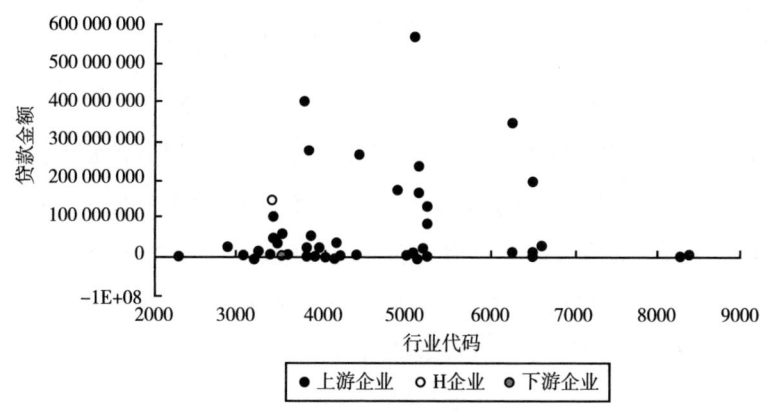

图6　贷款企业投向行业分布

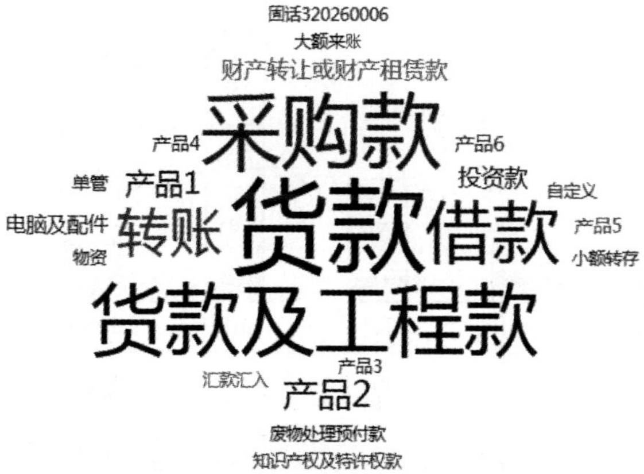

图7　上游企业贷款用途分布

图8 下游企业贷款用途分布

（5）贷款产品情况分析。

本部分通过综合分析供应链企业贷款合同记录，对其信贷产品、贷款类型和担保方式进行多角度分析。贷款类型方面如图9显示，在2018年之前，固贷增速缓慢而流贷增长迅速，说明中长期贷款获取较为困难。自2018年之后，固贷增速增加，而流贷也占较高比例，说明银行对该供应链企业投资扩产方面的支持力度逐渐加大，企业融资能力有所提高。

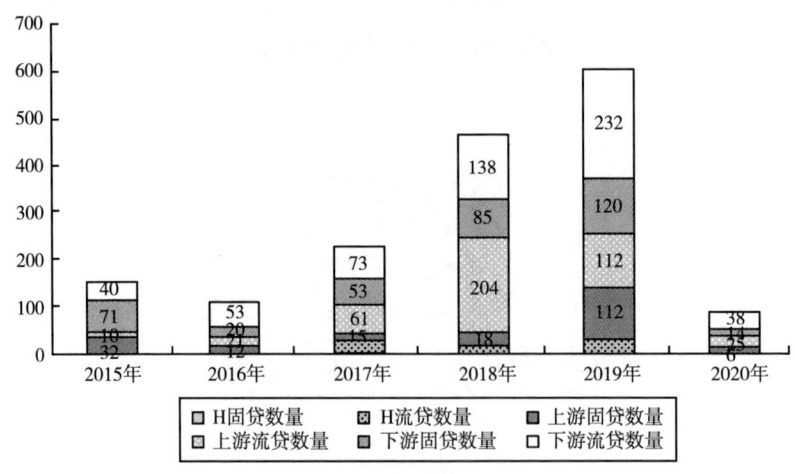

图9 供应链企业贷款类型统计

担保方式方面，H企业信用贷款占大多数，这在制造业企业内是不常见的。说明本地银行对其作为核心企业的扶持力度和高度评价。其大量的表外授信和质押（含保证金），也说明了其金融工具使用较为充分，采用多种方式降低资金成本和拓展业务。上游企业中，信用和保证的担保方式占比较大，且表外授信数量远大于表内贷款，而下游企业贷款担保主要采取抵押的担保形式（见图10）。

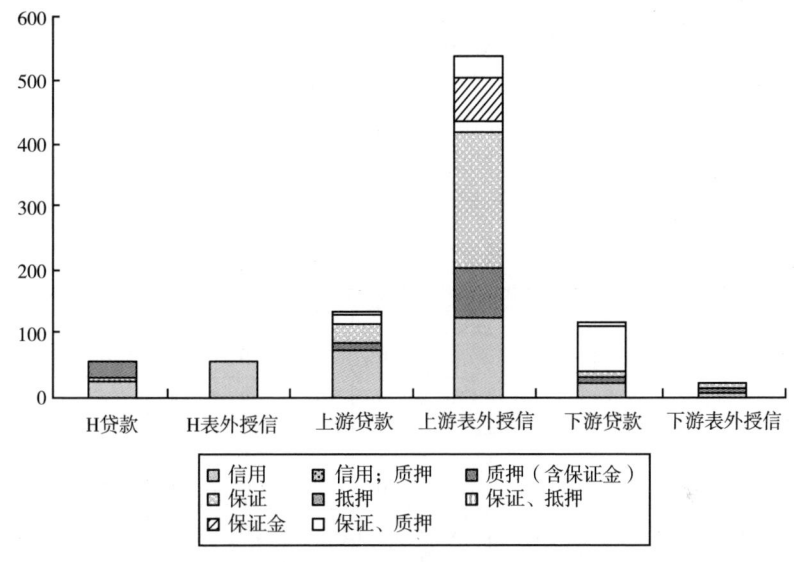

图10　企业贷款担保形式统计

贷款产品方面，H企业贷款均为短期流动资金贷款，贷款产品具有一定的连续性。分析上游企业历年贷款数据可发现，承兑汇票贴现业务量占比最高，为上游企业获取贷款资金的主要方式。2019年后贷款产品分布逐渐多元化，出现了诚信纳税贷、普惠型小微企业链式贷、微捷贷等多种具有针对性的贷款产品，体现了信贷政策对上游小微企业信贷的融资支持。下游企业银行承兑汇票贴现仍为主要贷款产品，但比例低于上游企业（见表12、表13）。

表12　　　　　上游企业贷款产品数量统计

| 产品名称＼年份 | 2015 | 2016 | 2017 | 2018 | 2019 | 2020 | 总计 |
| --- | --- | --- | --- | --- | --- | --- | --- |
| 电子商业承兑汇票承兑人快捷贴现 | 4 | 17 | 23 | 25 | 9 | 2 | 80 |
| 银行承兑汇票贴现 | 2 | 0 | 2 | 8 | 16 | 0 | 28 |
| 流动资金贷款 | 2 | 3 | 9 | 8 | 4 | 0 | 26 |
| 贴现 | 0 | 0 | 0 | 0 | 11 | 13 | 24 |
| 中期流动资金贷款 | 4 | 0 | 0 | 6 | 0 | 0 | 10 |
| 商业承兑汇票贴现 | 0 | 0 | 1 | 2 | 4 | 1 | 8 |
| 经营快贷（法人版） | 0 | 0 | 1 | 5 | 1 | 0 | 7 |
| 短期流动资金贷款 | 0 | 0 | 1 | 1 | 2 | 1 | 5 |
| 工业厂房贷款 | 0 | 0 | 0 | 5 | 0 | 0 | 5 |
| 美元流动资金贷款 | 0 | 0 | 0 | 2 | 2 | 0 | 4 |
| 微捷贷 | 0 | 0 | 0 | 0 | 3 | 0 | 3 |
| 小企业快捷贷 | 0 | 0 | 0 | 1 | 2 | 0 | 3 |
| 一般流动资金贷款 | 0 | 0 | 0 | 0 | 3 | 0 | 3 |
| 诚信纳税贷 | 0 | 0 | 0 | 0 | 1 | 1 | 2 |
| 公司委托贷款 | 0 | 0 | 2 | 0 | 0 | 0 | 2 |
| 一般短期流动资金贷款 | 1 | 0 | 0 | 0 | 0 | 1 | 2 |
| 有追索权银行承兑汇票贴现 | 0 | 1 | 0 | 0 | 1 | 0 | 2 |
| 行内转贴现 | 0 | 0 | 0 | 1 | 0 | 0 | 1 |
| 人民币普通贷款 | 0 | 0 | 0 | 1 | 0 | 0 | 1 |
| 普惠型小微企业链式贷 | 0 | 0 | 0 | 0 | 0 | 1 | 1 |
| 小企业固定资产购置贷款 | 0 | 1 | 0 | 0 | 0 | 0 | 1 |
| 小企业简式快速贷款 | 0 | 0 | 0 | 0 | 1 | 0 | 1 |
| 营运资金贷款 | 0 | 1 | 0 | 0 | 0 | 0 | 1 |

表13　　　　　下游企业贷款产品数量统计

| 产品名称＼年份 | 2015 | 2016 | 2017 | 2018 | 2019 | 2020 | 总计 |
| --- | --- | --- | --- | --- | --- | --- | --- |
| 其他固定资产项目贷款 | 0 | 0 | 68 | 36 | 2 | 1 | 107 |
| 银行承兑汇票贴现 | 13 | 11 | 27 | 10 | 15 | 3 | 79 |

续表

| 年份<br>产品名称 | 2015 | 2016 | 2017 | 2018 | 2019 | 2020 | 总计 |
|---|---|---|---|---|---|---|---|
| 流动资金贷款 | 10 | 5 | 10 | 12 | 11 | 3 | 51 |
| 贴现 | 0 | 0 | 15 | 2 | 19 | 6 | 42 |
| 商业承兑汇票贴现 | 3 | 12 | 19 | 1 | 6 | 0 | 41 |
| 有追索权银行承兑汇票贴现 | 2 | 1 | 8 | 7 | 5 | 0 | 23 |
| 电子银行承兑汇票贴现 | 0 | 9 | 13 | 10 | 2 | 0 | 34 |
| 电子商业承兑汇票承兑人快捷贴现 | 0 | 5 | 4 | 1 | 9 | 2 | 21 |
| 流动资金循环贷款 | 11 | 1 | 4 | 2 | 1 | 0 | 19 |
| 公司委托贷款 | 0 | 0 | 1 | 1 | 11 | 2 | 15 |
| 一般流动资金贷款 | 1 | 3 | 2 | 2 | 3 | 1 | 12 |
| 一般短期流动资金贷款 | 0 | 1 | 3 | 3 | 4 | 0 | 11 |
| 周转限额贷款 | 6 | 2 | 1 | 1 | 1 | 0 | 11 |
| 金融机构贷款 | 0 | 1 | 2 | 1 | 3 | 2 | 9 |
| 小企业流动资金贷款 | 0 | 0 | 1 | 1 | 1 | 1 | 4 |
| 公司贷款：普通贷款 | 0 | 0 | 0 | 0 | 0 | 3 | 3 |
| 营运资金贷款 | 1 | 0 | 0 | 1 | 1 | 0 | 3 |
| 商业承兑汇票保贴项下贴现 | 0 | 0 | 2 | 0 | 0 | 0 | 2 |
| 微捷贷 | 0 | 0 | 0 | 1 | 0 | 1 | 2 |
| 小型企业贷款 | 0 | 1 | 0 | 1 | 0 | 0 | 2 |
| 一般委托贷款 | 0 | 1 | 1 | 0 | 0 | 0 | 2 |
| 诚信纳税贷 | 0 | 0 | 0 | 0 | 0 | 1 | 1 |
| 出口卖方信贷 | 0 | 0 | 0 | 0 | 1 | 0 | 1 |
| 短期流动资金贷款 | 0 | 0 | 0 | 0 | 1 | 0 | 1 |
| 小额信用贷款 | 0 | 0 | 0 | 0 | 1 | 0 | 1 |
| 助保贷（流贷） | 0 | 0 | 0 | 0 | 0 | 1 | 1 |

**4. 贷款所属银行分布情况**

供应链上下游企业在各行的贷款金额分布如图11所示，在省内的21家授信银行中，有7家给予H企业授信，有15家给上游企业授信，有

19家银行给下游企业授信。而在产业链中，合计授信额度128.3亿元，其中核心企业H获得9亿元，上游企业合计获得5.22亿元，而下游企业获得114亿元。明显下游企业获取的信贷资源要充足许多；在授信银行中，有6家银行仅对下游企业授信，而有2家银行仅对上游企业授信。在给H企业授信的7家企业中，均对上下游企业授信，显示银行对于产业链的认可程度较高，但仍有部分银行对产业链缺乏足够渗透。其中，银行B对整个产业链的支持力度最大；整体上游企业获取贷款量远低于下游企业，而在这有限的上游信贷资金中，有65.2%来自同一家银行L，显示上游企业贷款资源高度集中。整体下游企业获取信贷资源能力较大，而最大一家银行B的授信额度就占据43.82%。在贷款银行中，最大的三家银行授信总金额占据产业链总额的59.4%。

| 银行代码 | H企业 | 上游企业 | 下游企业 | 合计 |
| --- | --- | --- | --- | --- |
| 银行A | 300 000 000.00 | 437 998.52 | 273 154 306.98 | 573 592 305.50 |
| 银行B | 150 000 000.00 | 4 367 000.00 | 5 000 130 000.00 | 5 154 497 000.00 |
| 银行C | 0 | 5 725 505.48 | 257 521 035.46 | 263 246 540.94 |
| 银行D | 0 | 0 | 133 945 911.99 | 133 945 911.99 |
| 银行E | 0 | 0 | 500 000 000.00 | 500 000 000.00 |
| 银行F | 0 | 4 000 000.00 | 22 797 000.00 | 26 797 000.00 |
| 银行G | 150 201 242.00 | 5 235 000.00 | 557 992 301.50 | 713 428 543.50 |
| 银行H | 8 932 866.73 | 1 000 000.00 | 167 424 006.84 | 177 356 873.57 |
| 银行I | 45 000 000.00 | 5 000 000.00 | 67 183 974.90 | 117 183 974.90 |
| 银行J | 199 558 894.68 | 6 940 000.00 | 2 928 000.00 | 209 426 894.68 |
| 银行K | 0 | 0 | 160 000 000.00 | 160 000 000.00 |
| 银行L | 0 | 341 000 000.00 | 687 215 108.33 | 1 028 215 108.33 |
| 银行M | 0 | 9 590 000.00 | 0 | 9 590 000 |
| 银行N | 0 | 79 200 000.00 | 0 | 79 200 000 |
| 银行O | 0 | 3 000 000.00 | 1 433 989 689.43 | 1 436 989 689.43 |
| 银行P | 0 | 6 470 000.00 | 5 050 000.00 | 11 520 000.00 |
| 银行Q | 0 | 0 | 520 000 000.00 | 520 000 000.00 |
| 银行R | 0 | 16 962 578.73 | 881 703 320.51 | 898 665 899.24 |
| 银行S | 50 000 000.00 | 33 466 970.00 | 3 890 000.00 | 87 356 970.00 |
| 银行T | 0 | 0 | 530 772 432.58 | 530 772 432.58 |
| 银行U | 0 | 0 | 202 551 399.53 | 202 551 399.53 |
| | 903 693 003.41 | 522 395 052.73 | 11 408 248 488.05 | 12 834 336 544.19 |

图11 企业贷款各行分布情况

## （三）数据分析结论

通过以上实证分析，我们可以得到以下几点结论：（1）通过分析H企业的资金交易往来记录，可以得到企业供应链的上下游企业信息。通过对贷款用途和行业投向的分析，可以验证该名单具有较高准确性。（2）系统公司关联关系和票据信息可对供应链企业的确定起到补充作用。（3）以H企业为核心的供应链整体资金状况健康，核心企业H有稳定的流动资金，核心企业和供应链主要上下游企业不存在大量问题信贷记录。（4）以H企业为核心的供应链的地理分布具有以下特点：上游输入分布较集中，下游销售分布较分散，产业链总体分布较为健康。（5）以H企业为核心的供应链贷款规模逐年稳步上升，贷款基准利率和浮动水平自2018年以来都有所下降，体现了货币信贷政策长期以来对该行业的倾斜性。同时2020年H企业和上下游企业的贷款利率出现了明显较大的降幅，体现了疫情以来货币信贷政策对疫情防控相关领域企业的定向金融支持。（6）H企业在2017年银行承兑汇票的规模出现了异常增长后又迅速回落，应对此现象进行进一步结合实际和其他信息分析原因。（7）H企业贷款中信用贷款占比较多，一般为短期流动资金贷款，具有一定的连续性，在本地银行获得了较好的授信情况。（8）贷款产品方面，供应链上下游企业贷款产品逐渐多元化，政策对中小微企业信贷融资支持的效果逐渐显现。（9）该供应链核心企业对上游企业的资金占用较多，应对上游企业给予更多的信贷政策支持和融资手段、渠道。（10）该供应链的上游企业贷款银行分布较为集中，应考虑加强商业银行对上游企业的融资贷款需求的支持，同时应考虑对该供应链企业信贷支持力度较大的银行加大专项信贷资金的再贷款、再贴现力度。

## 五、研究结论和建议

本文以武汉分行大数据应用平台为基础，对全省银行EAST数据中账户交易明细记录进行挖掘分析，通过分析企业之间资金链关系确认核心企业上下游企业名单，对以选定企业为核心的供应链整体情况从资金流、贷款量化指标、贷款投向和用途、贷款分布、贷款产品类型等多个角度进行统计分析和实证研究,并使用数据可视化技术进行直观显示。通过实证研究充分论证了利用省级大数据平台准确定位产业链企业金融需求,并提供决策支持的大数据应用具备可行性,同时,在探索过程中发现部分不足之处,具备较大挖潜空间。

根据对大数据平台的应用和实证研究,我们认为该模型对货币信贷政策的精准施策、效果反馈、精准服务供应链产业链完整稳定性方面均可提供决策支持。

(1)为精准定位信贷政策施策对象提供数据支持。今年疫情以来,人民银行发布了一系列支持抗疫和保证复工复产的金融政策。通过名单制管理,要求全国性银行重点向全国疫情防控重点保障企业名单内的企业发放贷款,地方法人银行向本地区疫情防控重点保障企业名单内的企业发放贷款,精准落实专项再贷款政策。其中10个重点省(市)自主建立本地区地方性名单并上报。由于每一个核心企业的供应链上都聚集依附了一批庞大的中小微企业群,这些企业是否健康发展影响着供应链整体运作是否顺畅,也决定了核心企业的竞争能力。根据本文的分析模型,通过确定以湖北省疫情防控重点保障H企业为核心的供应链上下游企业,并增补未在名单目录内的重要上游供应商企业,可提高金融支持抗疫政策实施的全面性和准确性。(2)为货币信贷政策落实情况提供数据支持和反馈。根据该模型,可对以选取企业为核心的供应链的贷款情况进行分析,通过对贷款审批笔数、金额、利率、银行分布、产品类型、贷款投向等指标进行综合分析,可以对该供应链整体贷款成本、金融资源分布、贷款的使用情况进行评估。(3)为精准服务供应链稳定性提供决策支持。一是构建基于资金流的供应链信息,并根据企业的问题信贷情况、评价情况、和资金占用情况构建核心企业与上下游企业一体化的金融供给和风险评估体系。二是对供应链核心企业的综合融资能力进行评估,在有效控制风险的前提下,综合运用信贷工具,提高核心企业融资能力。三是就供应链中核心企业对上下游中小企业的资金占用情况进行分析,通过政策引导保障中小微企业的合法权益,塑造大中小微企业共生共赢的产业生态。四是综合根据供应链核心企业和上游企业贷款的银行分布情况，对目标行业贷款较多的银行可给予更大力度的专项再贷款、再贴现的政策支持。

同时，我们提出以下改进建议：（1）完善数据集范围，提高数据分析结果的准确性。由于资金交易明细记录仅包含3个月的数据，导致在确定上下游企业分析名单时，无法更好地从交易频率和交易金额的维度对分析结果进行过滤降噪，建议系统中至少应保存一个完整年度的交易明细信息进行分析，进而提高分析结果的准确性。当历史交易数据较完整时，可以对历年的交易信息赋予不同的权重来计算不同企业在供应链上下游中的影响力。（2）完善数据共享机制。现有分析数据集仅包含省内数据，从分析结果来看，上下游企业中省外企业在供应链中占比较高，需要通过数据共享，补充省外数据缺失，从而增加供应链企业地域分布维度的信贷情况分析。另外，还可进一步扩大信息共享范围，多角度对分析结果进行验证。《关于规范发展供应链金融 支持供应链产业链稳定循环和优化升级的意见》（银发〔2020〕226号）文中提到，"应进一步推动金融机构、核心企业、政府部门、第三方专业机构等各方加强信息共享，依托核心企业构建上下游一体化、数字化、智能化的信息系统、信用评估和风险管理体系，从而实现动态把握中小微企业的经营状况，建立金融机构与实体企业之间更加稳定紧密的关系的目的。"（3）建议加强商业银行数据报送质量管理。各行报送数据存在未完全遵守数据规范报送的问题，如在贷款利率浮动范围和贷款期限未按指定的单位标准进行填写。此外，EAST4.0规范部分字段未指定填写标准，如信用评级字段各行报送标准完全不统一，导致该字段信息利用率较低。建议对此类字段建立统一转换标准，并加强对各行数据报送质量评价和管理工作。（4）根据以上分析方向设计企业供应链查询展示平台，由于大数据具有内容丰富，数据量大的特点，在数据展示方面可使用数据仪表盘、人机交互等形式，利用交互式的数据分析过程来引导用户逐步地进行分析，使得用户在得到结果的同时更好地理解分析结果的过程，也可以采用数据溯源技术追溯整个数据分析的过程，帮助用户理解结果。

## 参考文献

[1] 单继进.EAST系统的建设与发展[J]. 中国金融电脑，2014（10）．

[2] 头豹研究院.金融科技系列概览：2019年大数据技术在中国金融行业的应用概览[R/OL]. https://www.baogaozhan.com.

[3] 杨竑.央行大数据建设与应用展望[J]. 金融电子化，2017（09）：11-13.

[4] 国务院．促进大数据发展行动纲要[EB/OL]. （2015-09-05）. http：//www.gov.cn.

[5] 李学龙，龚海刚．大数据系统综述[J]. 中国科学：信息科学，2015，45（01）：1-44.

[6] 刘智慧，张泉灵．大数据技术研究综述[J]. 浙江大学学报（工学版），2014，48（06）：957-972.

[7] 徐敏．"金字塔"形的EAST系统应用模式初探[J]. 中国农村金融，2011（16）：56-58.

[8] 天津银监局现场检查二处课题组，郑小红，黄志飞.EAST系统在贷款新规检查中优势凸显[J]. 中国农村金融，2011（16）：53-56.

[9] 袁亚敏.依托信息技术创新监审联动——EAST系统助推浙江农合机构内部审计模式"变脸"[J]. 中国农村金融，2011（10）：25-28.

课题主持人：杨　毅
课题组成员：吴　东　袁庆锋　栾应林　李俊佩

# 支付清算数据共享及其法律障碍

中国人民银行武汉分行清算中心课题组

**摘要**：支付清算数据只有在合规监管的框架下流动、分享、加工处理，才能全面发挥生产要素的配置作用创造价值，实现支付赋能。本课题从我国支付清算市场实际出发，总结了国内支付清算数据共享现状和面临的挑战，在分析欧盟等发达国家和地区数据共享立法经验的基础上，探讨建设适应我国的支付清算数据共享的法律法规体系的政策建议。

**关键词**：支付清算系统；数据共享；金融监管

## 一、概述

### （一）研究背景

**1.数据已成为重要生产要素**

当下我们已经步入大数据时代，数据已经成为推动经济发展、质量变革、效率变革、动力变革的新动力，数据的流动可以促进技术、资金、人才的流动，从而对经济发展、社会进步、民生改善、国家治理等产生深刻的影响。党的十九届四中全会提出健全劳动、资本、土地、知识、技术、管理、数据等生产要素由市场评价贡献、按贡献决定报酬的机制，首次将数据列为生产要素参与分配。同时，会议还提出了"建立健全运用互联网、大数据、人工智能等技术手段进行行政管理的制度规则""推进数字政府建设，加强数据有序共享，依法保护个人信息"。2020年3月中共中央、国务院发布《关于构建更加完善的要素市场化配置体制机制的意见》，明确了加快培育数据要素市场的多项要求。数据作为一种新型生产要素写入国家发展规划，标志着以数据为关键要素的数字经济进入新时代。

数据作为一种生产要素，正逐渐渗透到经济运行、参与分配的过程中，这意味着数据正加速迈向资本化进程，国家和政府对大数据及其配套产业的重视程度正不断提高，市场层面的数据交易机制也将进一步走向完善。数据被纳入参与分配的生产要素，鼓励将数据作为生产要素发挥价值、促进新产业的发展，同时也将促进数据收集和使用的行为的规制，从而保护数据中的个人信息安全，防止滥用数据进行不正当竞争、制造市场壁垒等行为。

**2. 以数据为驱动的金融科技及支付产业发展**

数字经济渗透力强，覆盖面广，已成为正在引领经济发展的新风向标，以大数据、云计算、互联网、人工智能为代表的技术极大推动了行业变革，以数据为核心的数字化转型已是大势所趋。数据显示，2019年我国数字经济增加值规模达到35.8万亿元，占GDP比重达36.2%。金融业也正加速迈入一个与数字经济相对应的数字化新时代，日益呈现出"无科技不金融、数据驱动金融"的特征。

为了进一步明确近期金融科技工作的指导思想和发展目标，2019年8月，中国人民银行印发《金融科技（FinTech）发展规划（2019—2021年）》，其中，科学规划运用大数据被列为强化金融科技合理应用的重点发展任务之一。为了落实中共中央、国务院《关于构建更加完善的要素市场化配置体制机制的意见》，加强跨地区、跨部门的数据要素有序流转与融合应用，2020年5月中国人民银行与国家市场监督管理总局签署《数据共享合作备忘录》，为加快建立现代中央银行制度、推动金融数字化转型、优化营商环境夯实了数据基础。《数据共享合作备忘录》的签署有助于推动金融与民生领域总对总系统互联与信息互通，加强数据有效整合和深度利用，改善中小微企业、精准扶贫、民生保障领域的金融服务，纾解融资难融资贵问题，实现"数据多跑路，百姓少跑腿"，增强金融惠民利企能力。下一步，中国人民银行将继续指导金融机构充分发挥数据要素对其他要素效率倍增作用，在依法依规、保障数据安全的前提下深挖数据价值、释放数据潜能、实现数据多向赋能，推动金融服务高质量发展。

**3. 支付清算数据开放共享的必要性**

支付清算行业是金融科技发展最为活跃的部分，在为社会大众提供支付服务同时，支付清算行业内部也积累了海量的数据资源，可谓是天然的数据宝库，支付清算数据具备发挥价值、促进行业发展的极大潜力。

支付清算数据的开放与共享可以帮助支付清算服务提供者更为准确地了解公众的支付需要，为社会大众提供便捷、安全、高效的支付渠道与支付衍生服务平台，为社会提供可持续的支付解决方案，实现支付业务拓展与支付赋能。支付清算数据的开放和共享是促进支付产业转型的重要途径，整合型的支付清算服务需要充分实现支付清算数据的开放，大数据和云计算作为最主要技术支撑，在此基础上推动支付清算数据与其他行业数据更好地协同与共享，可以有效提高支付清算衍生服务价值，实现支付赋能。

支付清算数据对社会的全面开放，可以降低社会的创新成本和门槛，从而为新产业新技术尤其是金融科技、大数据与云计算、智慧物流等相关产业和技术的衍生创新发展提供良好的基础和环境，这也是我国政府应对经济"新常态"条件下产业发展的责任与义务所在。因此，当前需要以大数据时代的思维加强对支付清算数据的认识，充分重视支付清算数据的经济与社会价值的开发。

**4. 小结**

在支付清算领域，支付清算数据的共享责任、技术开发、管理制度和安全保护等各方面尚未形成系统的治理规则。在平衡数据共享开放和隐私保护、数据安全的关系时，应该坚持应用先行、安全并重的原则。支付清算数据只有在合规监管的框架下流动、分享、加工处理，才能全面发挥生产要素的配置作用创造价值，实现支付赋能。推进支付清算数据共享是一项系统性工程，需要从法律制度、政策措施、市场监管等方面进一步开展理论创新和实践验证，其中数据共享相关法律制度研究是推动支付清算数据合规流动、创造价值的基础。

## 二、支付清算数据共享现状

### (一)支付清算数据的特点

作为金融科技发展作为活跃的部分,支付清算行业在为社会大众提供服务的同时积累了海量的数据资源,是天然的数据宝库。支付清算数据具备发挥价值、促进行业发展,甚至参与分配的极大潜力。而支付清算数据的开放共享、高效配置,是推动支付清算行业蓬勃发展的关键所在。

**1.数据体量大,覆盖面广**

人民群众的衣食住行离不开支付,通过支付交易可以透视整个社会经济发展情况。随着支付系统电子化进程的推进,支付清算信息以电子报文形式进行传输,货币的信息流和资金流交割、转账、记账一系列的支付活动也实现了数字化。随着国民经济的蓬勃发展,交易活动也越发频繁,支付清算数据随之不断积累。以央行支付系统为例,2019年,人民银行支付系统日均处理业务5 109.89万笔,金额20.63万亿元,每秒可产生约600条清算类数据。

**2.数据真实性强,可信度高**

数据是信息的载体,数据的价值在于其携带的各类信息,而支付清算数据主要携带了交易信息和身份核验信息。交易信息和身份核验信息只有核验无误才能顺利完成资金的流转汇划,与收集自社交网络、电子商务系统、物联网等信息系统的大数据相比,支付清算大数据具有更高的可信度,从而也具备更高的挖掘价值。

**3.来源广泛,标准化程度有待加强**

目前,我国已形成以人民银行为核心,银行机构为基础,特许清算机构和支付机构等为补充的多元化支付服务组织体系。上述机构在为民众提供支付清算服务的同时,积累了大量的支付清算数据。

相比之下,由于银行内部自行开发定制以及供应商提供多样化的系统方案，商业银行的支付清算系统架构更为复杂，因此银行间的支付清算数据标准化程度低。商业银行需在保障业务连续性和安全性的前提下实施系统改造，统一数据接口以实现支付清算数据共享，但整体改造的技术难度较大，且需要投入大量的人力物力资源。

近年来，随着支付产业分工的细化，非银行业支付机构借助互联网技术在零售支付业务上不断开拓市场，在创新支付产品的同时不仅积累了大量的支付数据和交易数据，还积累了相关的客户数据、外部数据等。然而安全规范、监管手段的缺失，使得上述数据的使用和共享主要依靠非银行支付机构自身管控，存在一定的数据泄露风险。

### （二）支付清算数据的应用场景

**1. 应用于人民银行内部机构**

支付清算数据可以为人民银行内部机构的内部政策研究提供数据支持，如金融研究部门、调查统计部门、货币信贷部门、反洗钱部门等。近年来，随着支付体系的建设和完善，支付系统已成为影响货币政策传导的重要因素之一，为人民银行内部机构研究货币政策传导及实施效果，区域经济资金流量流向、活跃程度、发展质量，监测和防范网络欺诈和洗钱犯罪提供了一个全新的切入点及实现手段。因此，人民银行内部机构应充分重视、深度挖掘支付系统大数据，重视支付系统大数据反映出的经济信息，从而为宏观调控和政府决策提供数据支持，检验政策实施的效果。

**2. 应用于支付系统各参与者**

以商业银行为例，通过支付清算数据可以优化信贷管理：在贷前调查阶段，通过支付清算数据可查询需要贷款的客户资金流向，以判断客户资金流动是否正常，避免通过单一财务报表判断导致误判；在贷后检查环节，支付清算数据可以为贷款人提供较详细的企业资金交易信息，银行可利用此信息发现借款人的资金异动，及时采取必要措施，达到降低贷款损失风险的目的。

**3. 应用于政府相关机构**

包括决策部门、金融办、统计局、税务局等。政府机构仅能从开户行入手查询企业或个人交易情况，无法掌握企业或个人在其他银行的资金交易情况，支付清算数据则提供详细的资金流向，分析企业是否存在违法违规交易情况。比如税务机关调查偷漏税情况，公安机关调查非法交易、洗钱等行为，法院调查恶意讨债以及纪检监察部门调查行贿受贿、转移资金等，均能通过上述支付清算数据做出分析判断。

### （三）支付清算数据共享面临挑战

**1. 数据应用缺乏统一规划，顶层设计有待完善**

我国支付体系现已形成多元化和专业化的分工格局，各类系统由不同主体独立运行，各司其职，不同系统间的数据格式设计规则不同，在应用分析中给数据清洗工作带来了一定困难。另外，支付清算数据现有的数据应用较为分散和临时，缺乏顶层设计，尚未充分发挥数据资产的价值，在业务支撑和拓展方面还有较大的发展空间。

在支付行业的各主体内部，支付清算数据共享还存在着数据权限导致的流动不畅问题。现有数据权限主要掌握在总行、总部层级，在总行总部层面拥有最高数据访问权限，可对各类系统进行管理，并开展全国范围内的支付清算数据挖掘和分析。但分支机构在业务数据获取方面的权限尚未完全放开，数据获取方面的掣肘一定程度上降低了分支机构开展辖内支付清算数据分析和应用的主动性。

**2. 行业壁垒难以打破，信息孤岛问题显著**

在非银行支付机构不断扩张行业版图，利用新兴技术提供更具成本优势的支付服务的大环境下，作为传统支付从业者的银行担忧，如果实施包括支付清算数据在内的金融数据共享，可能分流现有客户进而在市场竞争中处于不利地位。大部分支付清算数据目前主要留存于商业银行，一旦推行数据共享，银行需要承担高额的系统改造费用，而非银行支付机构则会享受更多数据共享带来的益处。如何通过设置合理有效的监管机制，平衡两者间的利益，打通支付清算数据间的信息孤岛，营造公平有序的竞争环境，是实现支付清算数据共享必须克服的障碍之一。

**3. 个人信息泄露问题凸显**

支付清算数据中包含的身份核验信息和交易信息均能够识别特定个

人,属于个人隐私信息,并且原始支付数据属于重要的个人敏感信息,均明确受到法律保护。目前,支付市场大部分主体仅仅通过授权协议来获取数据的控制、处理、使用和收益,其行为缺乏法律认定。一些不法分子通过非法途径获取支付清算数据,刻画用户身份从而实现精准诈骗、盗取资金,造成了十分恶劣的社会影响。保障用户数据的安全在任何行业都是一项艰巨的任务,而支付清算数据直接涉及公众财产,所以这项任务就变得更加重要而且充满挑战。

**4. 亟待完善相关法律法规和信息安全体系**

我国支付体系发展已有了一套较为成熟的监管体系,但随着金融科技的应用,行业出现了一些新的问题,需要不断完善相关法律法规和技术标准体系。目前,国内尚无支付清算数据共享专门法律法规,部门规章和文件中的数据共享内容,存在法律层级较低、规则不明等问题,对侵犯金融消费者权益行为的处理标准和处罚力度缺少震慑力,违法违规成本偏低。同时,支付清算数据共享涉及多个市场主体之间的利益划分,目前监管责任机构的不明确,市场缺乏有效的争议解决机制,都是亟须解决的问题。

## 三、支付清算数据共享的法律障碍

### (一)现行立法框架下的规范与政策

我国目前尚未出台专门针对支付清算数据共享的相关制度,现有法律规范大多限于对个人信息的保护。对于支付清算数据的提及,更多的是部门规范或者行业制度,而且大多是从银行业金融机构角度或金融消费者权益保护角度对金融数据的保护做出的规范。但从2020年发布的几部草案来看,金融数据的共享制度建立有望全面展开。

**1. 与个人信息保护相关的规范**

第一,银行业金融机构角度的规范。2011年5月1日实施的《关于银行业金融机构做好个人金融信息保护工作的通知》(以下简称《通知》)以及《关于金融机构进一步做好客户个人金融信息保护工作的通知》等对银行业金融机构涉及的个人金融信息作出界定,并对银行业金融机构涉及个人金融信息的行为的内外部管理作出规范,内部需要建立健全内部控制制度、完善安全防范措施、加强从业人员培训、建立内部全面检查制度等,其中《通知》第四条提到了金融机构使用个人金融信息时,应当符合收集该信息的目的,且不得向本金融机构以外的其他机构和个人提供个人金融信息或者其他营销活动[①]。实际上是对个人金融信息流动的限制,以此来加强对个人金融信息的保护。

第二,金融消费者权益保护角度的规范,如2015年发布的《关于加强金融消费者权益保护工作的指导意见》仅提到了对金融消费者信息安全权的保护,强调防止泄露的风险。而2020年9月发布的《中国人民银行金融消费者权益保护实施办法》(以下简称《办法》)除了继续强化对信息的保护外,还提到了银行、支付机构对采集到的客户的信息的处理使用。另外,《办法》第三十三条还规定了银行、支付机构应当建立以分级授权为核心的消费者金融信息使用管理制度。这相当于赋予了金融机构对所获取的消费者交易等信息的使用权,可以认为是对金融机构合理使用消费者个人信息的认可。但同时,《办法》中提出了对金融机构使用消费者信息的条件:经金融消费者或者其监护人明示同意;不得超出范围使用等。

第三,还有一些其他制度规范主要是从某一业务角度提出了对个人交易信息的利用和保护。如《反洗钱法》《征信业管理条例》《个人信用信息基础数据库管理暂行办法》等。《反洗钱法》中虽然规定了金融机构执行大额交易和可疑交易报告制度的义务,但是对于支付数据共享方面并未提及。如果金融机构的数据共享能够得到有效发展,反洗钱信息

---

① 《关于银行业金融机构做好个人金融信息保护工作的通知》第四条:银行业金融机构不得篡改、违法使用个人金融信息。使用个人金融信息时,应当符合收集该信息的目的,并不得进行以下行为:

(一)出售个人金融信息;

(二)向本金融机构以外的其他机构和个人提供个人金融信息,但为个人办理相关业务所必需并经个人书面授权或同意的,以及法律法规和中国人民银行另有规定的除外;

(三)在个人提出反对的情况下,将个人金融信息用于产生该信息以外的本金融机构其他营销活动。

中心则可以放大已经具有的优势对可疑交易进行更精准的分析和判断。《征信业管理条例》《个人信用信息基础数据库管理暂行办法》主要是个人或企业信用信息的采集、整理、保存、加工方面的规定。虽然上述规范都未明确数据的共享，但不管是反洗钱还是征信方面，对于数据的收集和管理以及分析方面都具有一定的经验，可以作为建立支付类数据共享制度的参考。

另外，《个人信息保护法（草案）》于近期公布。草案将对客户的"告知——同意"作为信息处理的重要规则贯穿了信息处理的整个过程。但同时，又在第十三条为信息处理者增加了数项合法性基础，一定程度上放宽了个人信息的处理限制[①]，试图赋予信息处理者一定的自由裁量权。值得注意的是，本次草案特别设立章节强调了对敏感个人信息（包括个人金融信息）的处理规则，要求处理敏感个人信息的，应当取得个人"单独同意"的规则，除了应当向个人履行法定的告知义务外，还应当特别告知处理敏感个人信息的必要性以及对个人的影响。草案在强化对个人信息保护的基础上，还进一步明确了强化监管，设置了较为严格的法律责任条款。《个人信息保护法（草案）》赋予了自然人各项个人信息权利以及明确了信息处理者在处理个人信息时所要遵循的义务，并加强国家机关监管，这是我国个人信息保护立法走出的重要一步。从支付清算数据共享的角度来看，该法对于金融机构对数据的处理权限制相对严格，尽管第十三条似乎给予了处理者一定的自由处理权限，但实际上是基于公共效益而言，对于金融数据共享的主要目标来说，并不具有太大的作用。如何在该法的框架内合理合法地共享数据，将会成为摆在金融机构面前的一大难题。

从上述制度可以看出，我国对于支付信息共享的规制主要是从个人信息的保护层面出发，且多为分散于各个部门的规章制度，原则性较

---

① 《个人信息保护法（草案）》第十三条：符合下列情形之一的，个人信息处理者方可处理个人信息：（一）取得个人的统一；（二）为订立或者履行个人作为一方当事人的合同所必需；（三）为履行法定职责或者法定义务所必需；（四）为应对突发公共卫生事件，或者紧急情况下为保护自然人的生命健康和财产安全所必需；（五）为公共利益实施新闻报道、舆论监督等行为在合理的范围内处理个人信息；（六）法律、行政法规规定的其他情形。

强，现行有效的各个规范之间还存在一定的冲突。对于金融机构共享支付数据来说，如何在现有制度中推动数据的流通共享仍面临很大的阻碍。

**2. 关于金融数据共享的制度**

在目前金融科技飞速发展的形势下，金融机构的客户交易数据共享已成必然之势，政府层面也已经关注到金融数据作为生产要素的巨大潜在价值。比较早的是2018年银保监会发布的《银行业金融机构数据治理指引》。该规范对于金融数据共享的发展来说是非常有意义的，在第二十三条就明确了银行等金融机构间要实现各类数据的有效共享，加强数据治理和数据的应用，以数据推动银行的创新发展。此外，还进一步强调了对客户的隐私信息保护，对数据的收集使用等都必须以安全为前提。但规范偏重传统商业银行，忽视了金融科技公司，而且规范较为原则，缺乏针对性和操作性。

值得关注的是，2020年7月，《数据安全法（草案）》全文在网上征求意见，该法的主要内容包括了确立数据分级分类管理、风险评估等数据安全管理基本制度；落实数据安全保护责任；坚持安全与发展并重等。虽然从法律名称来看，似乎还是侧重对数据安全的保护，但其本质上是以安全为基础和起点，根本目标或者终极目标是为数据作为生产要素能够顺畅加速流通，提供底线规范。如该法第十二条[①]就表明了该法不仅是为了保护数据安全，更重要的是为了保护数据安全与平衡发展。从其立法目标和效果上来讲，实为"数据时代促进法"。

与上述《数据安全法》相呼应，2020年9月28日，中国人民银行正式发布《金融数据安全数据安全分级指南》金融行业标准，给出了金融数据安全分级的目标、原则和范围，明确了数据安全定级的要素、规则和定级过程，并给出了金融业机构典型数据定级规则供实践参考，适用于金融业机构开展数据安全分级工作，以及第三方评估机构等参考开展数据安全检查与评估工作。该标准的发布有助于金融业机构明确金融数

---

[①] 国家坚持维护数据安全和促进数据开发利用并重，以数据开发利用和产业发展促进数据安全，以数据安全保障数据开发利用和产业发展。

据保护对象，合理分配数据保护资源和成本，是金融机构建立完善的金融数据生命周期安全框架的基础，能够进一步促进金融数据在机构间、行业间的安全流动，有利于金融数据价值的充分释放和深度利用。此外，《个人金融信息（数据）保护试行办法》（以下简称《办法》）作为专门针对个人金融信息保护的部门规章，已列入人民银行2020年规章制定工作计划，该《办法》的出台将进一步强化对个人支付信息的保护，加强对金融机构的监管，在法律层面规范个人支付数据的流通。

上述规范可以看出国家和行业已经开始推动挖掘金融数据在推动经济发展方面的价值，为将来支付数据共享制度的建立和完善提供了指导作用。但是这些规范中对于数据的共享的规制仍然缺乏具体性，总体偏重对安全性的强调，而忽略了对金融机构在支付数据分享上的激励作用，且各项规定缺乏系统性。下文将进一步分析我国支付支付清算数据共享所面临的制度上的问题。

### （二）支付清算数据共享制度化的问题分析

支付清算数据共享制度涉及数据权属的确定，相关主体之间利益的平衡，数据的保存、流动、管理等各个方面。虽然我国金融机构之间数据的共享制度还有待健全，但金融机构之间对于客户交易等数据进行共享流通的情况已不少见。

**1. 支付清算数据的权属尚不明确**

实现支付清算数据的开放共享，必须要先确定其权属或者给予正当授权。数据的财产属性已很明显，但我国还未对支付数据共享情形下的所有权进行明确的规定。

支付清算类数据虽是个人交易所产生的，但在大数据时代，很多情况下会脱离个人控制，呈现社会资源化的倾向。如金融机构或者政府机关可以基于维护金融交易安全、实现金融交易目的等原因对个人交易信息进行查验、核实、监管、保存、处理等。有些个人交易信息是由其他金融主体对原生主体的相关金融活动进行记录而产生的，其自产生起就被其他金融主体所掌控，在以上过程中相关机构对个人交易信息实际上拥有了基本使用权。由于在我国现行有效的立法文件规定模糊不清或没有作出规定的情况下，个人金融信息的有权主体存在模糊性，其归集利用个人金融信息的行为性质就难以确定。大部分的金融机构作为个人金融信息的控制者、处理者，其归集、存管、传输、利用个人金融信息的权利仍然存在模糊，其对哪一部分、哪一环节、哪一种类的个人金融信息存在何种权利没有可依的标准，数据共享主体之间发生责任纠纷或者其他冲突时也尚缺乏制度规制。

由于缺乏明确的权属规则，数据在共享过程中容易出现利益的冲突，比如数据共享的不对等。当数据共享无法覆盖各方主体所付出的成本或满足各方利益上的需求时，那么其共享意愿则会受到很大影响，从而影响数据共享的推动，会进一步阻碍银行等金融机构数据开放的业务开展。因此，支付清算数据共享机制的建立首先需要将数据的权属进行界定，否则难以打破数据孤岛的现状。

**2.支付数据共享与个人信息保护的冲突**

支付清算数据中包含的身份核验信息和交易信息均能够识别特定个人，属于个人隐私信息，明确受到法律保护。而数据共享背后的价值基础则是信息自由，也是受保护的基本权利，并被《联合国公民权利与政治权利公约》等确认为宪法权利。两个不同的法律价值之间天然存在着矛盾和冲突，金融机构客户数据共享与个人信息保护之间的矛盾是这一价值层面冲突在实务中的体现。银行等金融机构在处理支付交易的过程中，就会收集到金融消费者大量的具有个人标识的敏感信息，在金融机构内部流通共享这些信息时，就极有可能因为管理不规范等原因导致消费者权益的损害。如2020年5月初，中信银行未经过授权，就将知名脱口秀演员池子的个人近两年的交易信息提供给了其他公司。据互联网金融风险分析技术平台公布的探查报告，截至2020年9月底，累计发现互联网金融网站攻击418.48万次，累计发现互联网金融网站漏洞1 785个，其中高危漏洞占比63.14%。我国个人金融信息存管环境亟须完善。伴随着个人数据的大规模流通，我国对个人信息的保护日趋强化，在金融消费者保护领域，"信息安全权"也被正式确立为一项金融消费者的基本权利，金融机构将承担更大的客户信息保护责任。如何在两者之间实现平衡，是完善数据共享相关制度的一大挑战。

**3. 支付类数据控制方与使用方之间的利益平衡**

支付类数据控制方主要为商业银行，对于支付数据共享的态度并不是很积极。他们通过自身的优势和巨大的投资积累了海量的客户资源和客户交易数据，而且为数据的采集和储存以及管理付出了巨大的成本，认为数据共享的推动也必须先认可并着重保护他们所具有的经济利益。对于传统的银行来说，如果毫无回报地将支付数据共享给第三方，就相当于把自己花费了巨额成本所拥有的数据资产拱手相让，极有可能会出现大量客户流失、业务大幅减少的情况，何况如今金融科技巨头的出现已经给银行带来了巨大的竞争压力。对于具有市场优势地位的第三方支付机构来说，他们也会为守住自身的垄断地位、强化自身力量、防范潜在的竞争者，而选择独占自身拥有的支付交易数据，不愿意分享，形成数据壁垒。

支付类数据使用方多为金融科技公司，由于自身不具有掌握海量支付数据的能力，会基于自身角度提倡数据的自由流通，强调数据的赋能在于对数据的整合以及对数据价值的挖掘。认为只有将各类金融数据流通共享，才能实现数据价值的释放，真正将数据转化为资产。需要注意的是，这些金融科技公司在利益的驱动下，很可能会采取不正当的手段以获得数据资源，从而在市场上产生不正当竞争的情况。

支付类数据共享是金融科技发展下的新兴问题，由于目前没有统一法规，各市场主体的权益边界尚不清晰。如何在制度中平衡各共享主体的利益，打破责任和利益不匹配的不公平，同时避免数据垄断的出现，都是今后推动支付数据共享需要思考的问题。

**4. 支付清算数据共享的监管制度不完善**

支付数据的共享是银行未来无法逃避的变革，但在我国的国情之下选择何种监管模式值得探究。由于我国金融市场巨大，现有金融监管制度没有跟上金融科技发展的步伐，给了许多金融科技巨头广大的发展空间，但因此而带来的风险也急剧增加。随着数据重要性的凸显，亟待相关监管制度的完善，否则滞后的监管制度将会成为数据共享的一大阻碍。

就我国现行的金融监管制度来说，还有很大欠缺。首先，监管的理念缺乏全面考虑。从上述的几项制度来看，我国监管更加强调对于数据安全的维护，包括数据的采集过程以及数据的存储等，但对于数据共享过程的监控和管理，几乎很少提及。金融机构为了规避法律风险，担心承担责任，在很大程度上会影响其共享意愿。其次，法律监管制度透明度低且混乱。由于监管制度并不明确也不透明，金融机构在权衡数据共享与责任承担时，会有更多的顾虑，无法针对可能存在的风险提前完善管理制度，从而选择放弃数据的共享。最后，缺乏完善的责任体系。从推动支付数据共享来看，在除了在权能设置方面要注重数据共享的激励作用外，还应当配备相应的责任承担机制。既要能够对金融机构产生分享数据的激励作用，又要将承担风险的责任落到实处。

如今进入大数据时代，而推动金融数据共享不仅能促进经济金融的大力发展，更能为全国各个行业带来技术上的变革。但我国的金融监管制度尚未针对金融数据共享的需要实现与数据保护法规的互动。法律制度在支付清算数据共享监管上的缺失，会导致各方数据共享的主体基于规避风险的考量而不愿进行数据共享，这样就严重限制了支付清算数据共享的深度与广度。因此，需要以更积极的姿态应对数据驱动金融的现实转型，围绕数据共享，建立健全更加开放多元的监管体系。

## 四、国外支付清算数据共享监管的制度分析

当前西方国家，支付清算数据共享主要依托金融数据共享、开放银行计划来进行，主要有两种模式：第一种是以欧盟和英国为代表的政府主导模式，策略是自上而下推动金融数据共享，日本、韩国、澳大利亚、新加坡等都采纳了这一模式；第二种是美国采用的自下而上的市场主导模式。

### （一）自上而下的政府主导模式

**1.新版欧盟支付服务法令和《通用数据保护条例》的推出**

欧盟委员会于2007年发布了第一版欧盟支付服务法令（Payment

Services Directive，PSD），为欧盟支付市场奠定了法律基础，推动了支付服务的便捷、高效、安全化。随着欧洲经济数字化进程的推进，特别是新支付方式和支付场景的出现，PSD存在的不足逐渐显现。其中最重要的缺陷是新型支付服务机构未纳入监管范围，监管空白一方面可能损害消费者权益，另一方面也不利于支付行业的创新和发展。

随着欧洲经济数字化进程的推进，特别是新支付方式和支付场景的出现，发布的2007年的第一版欧盟支付服务法令的不足逐渐显现。为了加强消费者保护和促进创新，确保所有市场参与者有公平的竞争环境，欧盟委员会于2013年7月向欧洲议会提交了支付服务指令修正版（Revised Payment Services Directive，PSD2）提案。PSD2于2016年1月开始生效，欧盟成员国需在2018年1月之前转换为国内法。PSD2的推行旨在对支付服务商进一步进行分级管理，确保参与者的公平竞争环境，提高支付的安全性，加强对消费者权益的保护，建立一个分工明细、高效的欧洲支付市场。

PSD2的核心变化是纳入了支付发起服务商（Payment Initiation Service Provider——PISP）和账户信息服务商（Account Information Service Provider——AISP）两类新兴第三方支付服务提供商（通称为第三方），并制定了支付账户开放规则（Access to Payment Account——XS2A），推动了开放银行的核心监管要求。XS2A规定，以银行为代表的支付机构要向第三方开放用户的账户、交易数据。开放以用户同意为前提，无须第三方与银行之间签订协议，对银行的身份验证和数据交换技术提出了更高的标准。

PSD2规定，欧洲银行管理局负责建立和完善欧洲支付市场参与者的公平竞争机制。欧洲银行管理局承担制定起草技术和监管指标的责任，包括支付服务商的注册管理、拟定有关安全客户身份验证的通信协议标准、争议解决等，以及负责与国内外相关监管机构的协调工作。

欧盟的立法机构认为，在数据分享的同时还必须强调数据保护。几乎在PSD2生效的同时，欧洲议会于2016年4月通过了《通用数据保护条例》（General Data Protection Regulation，GDPR）。两年过渡期后，该条例于2018年5月25日正式生效。根据GDPR的规定，金融机构必须从账户持有者处取得明确的数据共享许可，用户享有"资料可携权（Right to data portability，即个人数据应在不同服务商系统之间具备可迁移性）"和"被遗忘权（Right to be forgotten，即个人可控制数据资料，删除个人数据的任何连接、副本）"。这一条例的颁布旨在统一各欧盟成员国的数据保护立法，加大数据保护力度，以顺应大数据时代下对隐私和个人信息保护的需求，并且在立法层面，欧盟从PSD2的数据开放到GDPR的数据保护，形成了一个完整的闭环。

**2. 开放银行计划下的金融数据共享法律监管措施（见表1）**

（1）英国。

英国的竞争和市场委员会（Competition and Markets Authority，CMA），于2016年发布开放银行规划，成立专门委员会，制订未来详细的工作计划，并最早于2018年实现阶段性成果。英国开放银行计划中的数据分享比欧盟的PSD2更进一步，不仅要求银行开放数据，还需通过标准化的API分享数据，同时扩展了接入数据的机构，除受监管的第三方服务商外，还通过白名单方式要求银行向已授权的机构分享数据。

（2）澳大利亚。

澳大利亚政府于2017年8月份发布专项报告Review into Open Banking in Australia《澳大利亚开放银行报告》，详细阐述了澳大利亚如何选择合适的开放银行模式，并提出了监管框架、推行范围、数据传输标准和实施计划四个具体实施步骤。

为进一步给开放银行服务奠定法律基础，拓展发展道路，引入竞争活力，澳大利亚政府于2019年通过了《消费者数据权利法》。《消费者数据权利法》的颁布赋予了澳大利亚居民更多的数据管控权，允许其选择授信机构、平台自主选择分享数据。根据该法案，银行机构只有在征得消费者同意之后才能共享数据，而本项知情同意授权的有效期只有12个月，而消费者有权要求在不再使用其信息时删除数据。此外，授权使用其数据的机构必须确保不会将任何可识别的数据出售给第三方，同时必须确保共享的任何客户信息都不会用于识别其他人或获取有关第三方的信息。

(3) 日本。

日本议会在 2017 年 5 月 26 日通过了内阁提出的日本《银行法案修正案》（又称《金融科技法案》），该法案重点在于促进日本金融科技发展，其中有专门条款用来鼓励金融公司和金融科技公司通过公开 API 共享数据，让用户能够通过规范的 API 共享数据渠道，全面地管理跨机构账户信息。

(4) 新加坡。

不同于欧洲、澳大利亚和中国香港，新加坡没有任何监管政策和条例推行开放银行的实施，政府的作用是引导开放银行"有机发展"。2016 年 11 月，新加坡金融管理局联合新加坡银行协会发布《API 指导手册》（Finance-as-a-Service：API Playbook），引导银行与金融科技公司实现数据共享。该手册主要从数据标准、信息安全标准和数据治理机制角度，规划开放银行的发展与监管问题，也因此确立了关于亚洲开放银行的监管建议。

同时，新加坡的金融管理局（the Monetary Authority of Singapore，MAS）专门成立金融数据 API 注册中心，推动各金融机构积极加入数据共享。该中心已经有 6 大类共 134 个 API 接口。花旗银行、新加坡华侨银行和渣打银行是该中心 3 家主要的数据共享银行。在个人信息隐私保护立法方面，新加坡个人数据保护委员会正在考虑将数据可携带和数据创新条款引入 2012 年《个人数据保护法案》（Personal Data Protection Act，PDPA）以促进业务创新，加强对第三方支付服务供应商的监管，进一步强化大数据时代公民的个人数据权利。

**表 1　　　　　　　国外支付清算数据共享制度汇总**

| | 法律监管规则 | 数据共享相关的监管内容 |
|---|---|---|
| 欧盟 | 欧盟支付服务指令修正案（PSD2） | 新兴第三方支付纳入监管体系；制定支付账户开放规则；强制实施用户认证体系 |
| | 通用数据保护条例（GDPR） | 扩充指导数据应用的原则性规定；增加数据主体权利；加重数据控制者和处理者的责任义务；完善跨境数据传输机制；设立欧盟数据保护委员会 |

续表

| 法律监管规则 | | 数据共享相关的监管内容 |
| --- | --- | --- |
| 英国 | 开放银行标准框架（OBS） | 为开放平台规定数据标准、API标准、安全标准；为维护开放银行标准设计治理模式 |
| 澳大利亚 | 澳大利亚开放银行报告 | 根据数据开放的种类、对象、方式、数据安全与隐私保护、相关监管框架、实施方案作出规定 |
| | 消费者数据权利法（CDR） | 就产品数据请求、CDR消费者发出的消费者数据请求、被授权第三方发出的消费者数据请求、第三方授权规则、争议解决、隐私保护规则、数据标准规则等作出规定 |
| 新加坡 | API指导手册 | 提供了API的选择、设计、使用环节最佳指导，以及相应的数据和安全标准建议，对API架构、开发与部署、授权、版本等方面作了统一规范 |
| | 个人数据保护法案（PDAD） | 旨在确保其立法体制适合数据环境下复杂的数字经济，进一步强化了机构对于公民个人数据的保护义务 |
| 日本 | 银行法案修正案（金融科技法案） | 规定各银行必须开放应用程序编程接口，在2020年6月前让有关电子业务能够与金融系统的机构相连 |
| 美国 | 多德——弗兰克法案 | 用户或者用户授权的机构，有权获取该用户在金融机构的金融交易数据。消费者金融保护局有保护用户共享数据的权力 |
| | 金融数据共享和整合原则 | 在个人数据获取、数据控制或同意、授权支付、安全性、透明性、准确性和非授权获取数据的争议解决和责任承担上进行明确 |

## （二）自下而上的市场主导模式

在以金融数据共享为基础的开放银行监管上，美国政府不实施强制性监管，主要通过颁布指导性政策意见，赋予银行市场更多的自我调节的权利。由于美国金融机构开放程度较高，市场竞争激烈，金融机构与金融科技公司的合作意愿强烈，愿意开放数据接口促进合作。在这种自下而上的市场演变中，美国市场逐渐形成了一种相对成熟的保护金融消费者的监管模式。

首先，美国的法律为金融数据共享奠定了坚实的基础，2010年美国通过了《多德——弗兰克法案》，在其法律条文第一千零三十三条明确规定用户或者用户授权的机构，有权获取该用户在金融机构的金融交易数据。同时，该法案还明确规定，新成立的消费者金融保护局应保护客户共享财务数据的权利。该法案为美国开放银行的未来发展奠定了基础。

发展过程中，在没有更严格监管参与的情况下，美国银行能以多快的速度就行业标准达成和解，从而推进开放银行业发展成为关键问题。为此，2018年10月28日，美国消费者金融保护局发布了经消费者授权的《金融数据共享和整合原则》。该原则的具体内容涉及获取、数据范围和使用、控制和同意、授权支付、安全性、获取的透明性、准确性、对非授权获取提出异议和解决争议、有效的切实可行的问责机制等，全部都是原则性的内容，非强制性规则，每一条均可扩展成相当数量的法律条文或者执行标准。其目的是在消费者的授权下实现金融数据共享，鼓励金融创新，加强金融市场竞争，引导消费者更好地控制金融行为。为了实现这些目标，该原则要求必须按照为服务和保护消费者的利益设计和实施财务数据共享，并且消费者利益是绝对优先事项。从适用范围来说，对在美注册的跨国公司、在美国开展业务的公司等主体适用。

从开放生态结构来看，得益于美国强大且成熟的金融系统与生态科技，美国开放银行发展在没有很强势的监管层介入的情况下，市场仍然能够自发驱动并发展起来。美国至今都没有出台直接讨论开放银行的法律法规，也没有强制美国金融机构进行数字化转型。对于数据共享只有指导意见，API接口没有官方统一，更没有规定第三方牌照何时发放。

### （三）国外金融数据共享监管的借鉴意义

#### 1.以立法形式明确监管机构及其职责范围

英国、欧盟通过立法、颁布标准规范等形式，由政府牵头推动数据开放共享，新加坡政府也主动开放政府数据，营造良好开放环境，美国尚未出台针对开放银行的法律法规，但是出台了指导意见，规范金融数据的共享与整合。并且，上述国家都以立法形式明确了数据开放监管机构以及监管职权划分。依据相关法案内容，国外监管机构采取了多样化的手段规范机构间的金融数据共享，例如设立注册中心对市场准入进行严格把控，制定数据交换标准规范机构间的数据共享行为，推行金融机构数字化转型促进行业公平竞争。

**2.政府引导与市场创新相结合的监管思路**

从各国开放银行的监管模式上来看,自上而下的政府主导方式目前看来实现效率高,但是欠缺公平性,同时行政命令很容易扼杀商业和技术的创造性,一刀切的行政命令会对一些没有实力的银行和机构造成巨大的负担,导致发展不可持续的后果。自下而上的市场主导方式可以激发创新,达到市场各方利益均衡,可是缺乏有效的金融数据共享标准,效率不高。离开政府的大力推动和政策上要求上的强制性开放,银行开展数据共享的积极性不高,因此进展缓慢。结合中国支付市场实际,包括支付清算数据在内的金融数据共享、如果政府没有主动积极构建起金融数据共享完整的系统与生态,未来将存在一定隐患。不能照搬其他国家的做法,仅对金融机构对外开放数据进行监管,而应当从数据赋能最大化角度出发,倡导政府引导和市场创新相结合,最优化治理效果和能力。

**3.健全个人信息保护法律体系**

互联网时代,数据安全与隐私保护已成为金融科技创新过程中不可回避的问题,消费者数据被过度采集、非法共享、随意滥用等现象层出不穷,金融隐私保护问题形势严峻。欧美国家均建立了较为完善的个人信息保护法律体系,为金融数据共享的法律规制奠定了坚实的基础。相比上述欧美国家,我国隐私保护法律体系建设起步相对较晚,新修订的《中华人民共和国民法典》强调了隐私权和个人信息保护,《个人信息保护法(草案)》的出台也回应了个人信息保护的法律需求,但专门针对金融隐私信息的法律法规及协同机制还亟待健全。

## 五、支付清算数据共享的政策建议

在全球支付清算变革趋势的推动下,我国支付服务市场的开放必须建立并完善符合发展的规则制度。其中,支付清算数据的开放是最重要的一环,进一步放开支付清算数据的共享可以反过来推动支付清算体系的上位法建设。目前,我国支付清算数据共享尚未建立系统性的规则,现行相关制度法律层级低且相对滞后。应当在进一步开放支付数据共享的进程中同步建立健全支付清算数据共享机制。

## （一）建立金融数据共享的法律框架

通过梳理各国监管情况可看出，以市场驱动为主要特征的金融数据流通，其主要监管规则为一般的消费者信息数据保护的法律法规，没有专门监管的规定；而监管驱动为特征的金融数据流通，有专门关于金融数据开放平台指导规则或监管框架的规定。如上所述，我国市场驱动型金融数据流通的形成有其特殊原因。但是，市场驱动型数据开放的程度和条件标准，需要在反垄断法制度上予以考量，而我国对于金融数据权属的界定尚存在空白地带，对于开放平台的技术性标准以及将数据授权第三方使用的安全性标准，也没有相关规范加以明确。因此，数据开放机制合规性的形成产生阻碍。

"十四五"规划中再次提到了"加快数字化"发展，发展数字经济，建立数据资源产权、交易流通等基础制度和标准规范，强调推动数据资源的开发和利用。显然，不管是国家导向层面，还是经济发展趋势所向，制定一部专门的数据开放共享的法律是必然的选择。人民银行可在此基础上，建立金融数据共享的框架，清算总中心可牵头制定支付数据共享行业标准和规范，明确支付数据共享的内容和范围。

## （二）以确权平衡个人信息保护与支付数据共享

支付数据权属的确定或正当授权是制定支付数据流通共享首先需要解决的问题，这与个人信息保护密切相关。我们认为应该保障数据占有者具有一定的数据自决权，根据实际情况对数据所有权的使用进行划分。

有法学学者认为，依据欧盟的"数据生产者权"、澳大利亚的"消费者数据权"，与人格密切相关且界定清晰的"个人敏感信息"相关数据的权利，应当属于个人；其次，由于数据产品的形成需要数据占有者进行收集加工等程序，且该过程需要大量的物力、人力和智力劳动，才能将个人的信息变成有价值的数据产品。因此，有学者提出可参考"物权之添附规则"理论,通过对原物本身的价值以及添附在它身上所增加的价值来衡量,评判这种添附所具有的价值,并以此为依据,确认该物权的归属。可以看到,在大数据时代,数据的真正价值体现在数据的集合、数据的逻辑性和系统性。因此,数据占有者对此类产品享有所有权是有正当性前提的,但是这些集合的数据必须经过"脱敏"处理,隐匿掉个人的标志信息,降低其辨识度。

对于如何确定具体的权属标准,有学者认为,可以通过借鉴卡拉布雷西大师提出的财产规则、责任规则和不可转让性来确定数据产权归属。财产规则,是指产权的转让必须是基于产权持有人的自愿,而且是由交易双方来协商确定转让的价格;责任规则,是指非产权持有者可以先使用物品而无须经过产权持有者的同意,但需要支付一个由第三方认可的公平价格;不可转让性,指的是即使拥有产权,也不能对物品随意转让。对于那些十分敏感的,并且可能造成严重负面影响的数据,则适用不可转让性规则,金融机构只能自行使用或者研究这些数据,但不具有转让该数据给他人的权利。对于一般的、非敏感的金融数据使用则可以通过责任规则或者财产规则来适用。另外,由于现在很多金融科技公司关于消费者的授权机制十分不健全,因此,还需要更加具体的操作规范来进行明确,如确立"在开放平台开发合作模式中,第三方通过开放平台获取用户信息时应坚持'用户授权'+'平台授权'+'用户授权'的三重授权原则"[①]。总之,立法要尊重并注重个人对其个人信息进行处分的权利以及对新技术的选择,才能在个人信息保护与支付数据的共享的冲突之间找到平衡点。

### (三)以反垄断法制度考量利益的平衡

一般来说,如果对支付数据进行强制分享,其获得的受益远远覆盖不了对支付数据收集、管理、分析、开发所付出的成本,因此会大大降

---

[①] 参见北京知识产权法院(2016)京73民终588号民事判决书。该原则具体是指开放平台开发合作模式中数据提供方向第三方开放数据的前提是数据提供方取得用户同意,同时,第三方平台在使用用户信息时还应当明确告知用户其使用的目的、方式和范围,再次取得用户的同意。

低银行或者金融科技公司分享数据的积极性，支付数据开发利用的投资也会减少，深层次的管理效果都会减弱。所以，可以金融机构间自主协议的达成实现金融数据共享，不仅能促进金融数据价值的自由流动，又能强化金融数据赋能增值的价值理念。

当然，金融数据共享自主协议的达成还只是实现金融数据共享的基础，而要真正实现数据控制者和使用者之间的利益平衡，达到正当的支付数据共享还需要有两种方式：第一种是根据反垄断法制度，在符合一定的标准时，要求支付数据控制方承担分享的义务；第二种是对不具有法律和技术排他性的数据，由第三方直接抓取。在第一种方式中，支付数据的控制方如果拒绝对数据开放共享，则会形成市场的进入壁垒，这就是反垄断法规制的对象。而如何才是"符合一定的标准"，则关系到支付数据协议开放中对限制情形的讨论，即该数据是否能够适用必要设施的原则。如果该数据不可缺少而且难以复制，同时被上游市场中的一个主体所控制，那么其就必须将数据提供给下游市场在合理范围内使用，防止垄断的形成。当然，其同样可以通过协议来开放使用并以此获取收益。但对于必要设施原则的适用，只限于间接竞争，而不适用于直接竞争。这是因为支付数据的占有，适用杠杆效应，数据控制方可以通过这种效应将垄断力量传导至另一市场中，导致竞争的受限。比如在支付数据流通中，银行、第三方账户信息、支付服务等的供应商，是上下游市场中的不同主体，而第三方所提供的服务都是需要银行对数据的提供作为基础而得以实现；另外，我国《关于禁止滥用知识产权排除、限制竞争行为的规定》第七条的规定[①]，同样可以作为支付数据共享的制度借鉴。从欧盟的 Magill 案、IMS 案和 Bronner 案，美国关于 LinkedIn 对

---

① 《关于禁止滥用知识产权排除、限制竞争行为的规定》第七条规定：具有市场支配地位的经营者没有正当理由，不得在其知识产权构成生产经营活动必需设施的情况下，拒绝许可其他经营者以合理条件使用该知识产权，排除、限制竞争。

认定前款行为需要同时考虑下列因素：

（一）该项知识产权在相关市场上不能被合理替代，为其他经营者参与相关市场的竞争所必需；

（二）拒绝许可该知识产权将会导致相关市场上的竞争或者创新受到不利影响，损害消费者利益或者公共利益；

（三）许可该知识产权对该经营者不会造成不合理的损害。

HiQ Labs 收购案、Google 对 DoubleClick 收购案中,我们可以看到,对于数据是否作为必要设施可以考虑四个条件:一是数据对于竞争不可或缺;二是拒绝开放无正当理由;三是数据开放具有可行性;四是获取数据具有不可复制性,即只要满足了这四个条件,就可以视为必要设施。同时,反垄断法除了会在市场进入壁垒方面对数据的控制程度进行审查外,还对消费者的福利保护上有所规制。我们可以预想到,第三方很容易通过金融数据开放共享机制,形成对客服的精准刻画,产生诱导模式,利用大数据分析,压榨客户资源,导致金融服务对所谓低质量群体的排斥,造成"金融排斥"和"逆向选择"。对于利用共享机制损害消费者选择权的情形,在对金融数据共享作出反垄断法的规制时,也应当考虑在内并设立相应的举措予以制衡。

**(四)明确数据共享的责任认定**

机构之间进行支付数据共享或者基于数据共享达成合作,就会产生数据控制者与数据使用者对于责任的分配问题,同时会涉及如何解决因为责任承担而存在的可能的纠纷。由于我国缺乏明确的责任承担规定,此类纠纷的解决机制尚未建立,金融消费者就只能通过一些民事责任规则来寻求救济。在支付数据共享的情形下,消费者很容易因为未经授权的数据共享交易而被侵害权益,但却无法通过合适的救济途径来维护自己的权益以及弥补所受的损失。如果适用一般的民事规则,消费者在寻求救济时,还需承担举证责任。一方面需要去确定当事人存在侵权行为,另一方面必须证明当事人需对这些侵权行为负责。金融消费者面对支付数据的控制者和使用者,往往处于非常弱势的地位,为了维护自身的权益,很可能需要花费非常高的成本并经历漫长的法律程序。当消费者面临救济程序上的多重阻碍以及自己需要付出的高额成本和精力后,很有可能放弃救济。我们认为可以借鉴参考美国以及欧盟的做法,强制要求银行和第三方之间所订立的双边协议中明确责任的承担,比如银行和第三方服务提供者应在协议中约定好责任的分配,明确在出现了侵犯消费者权益的情况后,如何进行赔偿等保护消费者的条款。此外,除了责任的明确外,预防性的规范也应当具备,如利用适当的保险机制或者责任担保等方式作为补充。当然，作为支付服务的发起方必须具有一定标准的资本。责任约定更多的是适用于银行和第三方之间，为了更加全面地保障消费者的权益，可以规定，如果出现了未经授权或有缺陷的交易，让银行先行赔付消费者，如果第三方负有责任，银行可以向第三方寻求赔偿。

### （五）明确监管机构，引入监管科技

作为支付体系监管者的中央银行在支持、指导国内立法当局建立和强化支付体系法律条文方面扮演关键角色。将中国人民银行作为金融数据共享的监管机构有着天然的优势，应当确立中国人民银行作为支付数据共享的监管机构。

此外，由于互联网金融科技的快速发展，给金融行业带来了潜在的新风险和新考验。对于支付数据的流通共享来说，我国尚无明确的法律制度，对于数据流通的监管方面更是缺乏。过去审慎监管、行为监管以及功能监管等传统的监管方式已经无法完全保障新形势下的金融稳定，因此亟须打破现有的监管框架，以金融科技发展为助力，突破金融科技监管中"治乱循环"的枷锁，让金融创新在风险可控的状态下稳步发展。也即在过去事后总结经验式的监管模式上，添加科技的力量，通过传统监管和科技监管双运行的监管体系，将金融监管从事后渗透到事中，保障由于金融科技发展带来新的风险挑战。

在支付数据流通共享的过程中，通过监管科技的应用有助于连通中央与地方之间、各上下部门之间的数据，打破数据孤岛的问题。在支付数据流通的过程中，利用可视化等科技连接银行等金融机构的后台系统，建立系统性的监管机制，实时监控数据的采集和到达，根据数据流通过程存在的各种可能性制定出监管和应急预案，确保数据信息的安全。银行以及第三方支付机构作为支付数据的主要提供方，对于数据的流通共享，不仅存在着一定的实施风险，同时面临着制度上的障碍。为了有效规避风险，推动支付数据共享的实施，"监管沙盒机制"值得借鉴。监管机构把监管主体和开放数据的金融机构如传统银行、第三方支付机构等都装到一个盒子里，作为一个安全空间。在此空间内，金融机

构可以测试数据共享的各种方式，以及各类金融产品、服务、商业模式和营销方式；监管机构则可通过沙盒接口接入创新链，通过区块链、云计算等技术，建立完善监管机制，提供监管指导，同时还能实时获得信息反馈，并对金融机构的行为作出风险和可行性的评估。另外，监管沙盒中同样要注重合规性的要求以及消费者权益的保障，完善消费者的保障机制。

最后，作为数据共享的基础，金融数据的共享不应当是单向的，金融机构间的支付数据共享应采用"双向共享原则"，只有数据的双向流动才能真正发挥数据集合的价值。在建立完善金融数据共享监管与治理制度中应当注重这一点。目前，我国支付数据控制方存在着严重的数据割裂现象，一些传统的金融机构如银行，迅猛发展的第三方支付机构如支付宝、微信等，还有一些有金融或者财税监管的政府机构，相互之间的数据共享非常少，开放程度也不够，这就会导致数据的可用性不足，即使银行想要推动数据共享变革也无法实施。因此，从监管的角度来看，除了对金融机构进行共享支付数据的监管外，还应当从支付数据赋能最大化的角度出发，提倡各个层面的机构对数据双向共享，促进数据共享治理效果和能力的最优化。

## 参考文献

[1] 齐爱民.论利益平衡视野下的个人信息权制度——在人格利益与信息自由之间［J］.法学评论，2011（03）.

[2] 万峰，等.金融集团监管国际比较与中国选择［M］.北京：中国金融出版社，2013.8.

[3] 冀俊峰.供给侧改革导向的金融数据共享发展战略分析［J］.中国经贸导刊，2018.

[4] 胡伟洁.英国开放银行计划的影响［J］.中国金融，2020（21）.

[5] 许可.数字经济视野中的欧盟《一般数据保护条例》［J］.财经法学，2018（06）.

[6]陈永伟.数据产权应划归平台企业还是消费者[J].财经问题研究，2018（02）.

[7]李剑.反垄断法核心设施理论的存在基础——纵向一体化与提高竞争对手成本理论的解读[M]//经济法研究（第七卷）.北京：北京大学出版社，2008.

[8]杨东，程向文.以消费者为中心的开放银行数据共享机制研究[J].金融监管研究，2019（10）.

[9]杨东.监管科技：金融科技的监管挑战与维度建构[J].中国社会科学，2018（05）.

[10]黄震，张夏明.监管沙盒的国际探索进展与中国引进优化研究[J].金融监管研究，2018（04）.

[11]周科.开放银行理念的缘由、实施和挑战[J].清华金融评论，2018（06）.

课题主持人：田　耕
课题组成员：常　宝　孙汉华　张　诚　徐　瑶　李璐瑶
执　笔　人：徐　瑶　李璐瑶

# 基层人民银行专业技术人员考核聘任管理研究

## ——基于武汉分行的分析

中国人民银行武汉分行人事处课题组

**摘要：**专业技术人员是基层人民银行事业发展的中坚力量，是基层人民银行有效履职的核心资源。如何正确评价专业技术人员履行岗位职责情况以及对组织的贡献，给想干事、能干事、干成事的人才创造一个良好的工作环境，充分发挥其聪明才智和工作热情，对促进基层人民银行事业发展具有十分重要的意义。因此，建立一套科学有效的专业技术人员考核聘任体系，是摆在基层人民银行面前的重要课题。

为了解基层人民银行当前专业技术人员考核聘任现状，探索完善专业技术人员考核聘任制度机制，本课题遵循层层递进的研究思路，运用文献研究法、访谈法、个案研究法、总结归纳法等方法，以武汉分行工作实践为例，深入剖析基层人民银行专业技术人员作用特点和考核聘任的现状，指出存在的问题和原因。本文试图从宏观上构建专业技术人员考核框架，并探讨业绩考核标准、完善保障机制，以期对基层人民银行的工作实践有所促进，最终达到加强专业人才队伍建设、促进基层人民银行高效履职的目的。

**关键词：**基层人民银行；专业技术人员；考核；聘任

# 一、绪论

## （一）研究背景与意义

### 1.研究背景

人才是指具有一定的专业知识或专门技能，进行创造性劳动并对社会作出贡献的人，是人力资源中能力和素质较高的劳动者。当前，人才问题已经成为关系到党和国家事业发展的关键问题，人才资源是党和国家最宝贵的财富，是社会主义现代化建设的第一资源，人才竞争已经成为综合国力竞争的核心。

中国人民银行作为国家重要的宏观调控部门，在国务院领导下，承担着制定和执行货币政策、宏观审慎政策，防范和化解金融风险，维护金融稳定的职能。党的十九大、第五次全国金融工作会议对金融领域改革作出重大部署，党的十九届四中全会明确提出要建设现代中央银行制度。在此基础上，党中央对人民银行履职能力提出了新要求。人民银行专业技术人才队伍，无疑是央行事业发展的中坚力量，是在央行履职中发挥关键作用的战略资源。随着专业技术人员在基层人民银行人才队伍结构中的占比越来越高，对专业技术人员考核聘任管理的重视程度也不断提高，基层人民银行要留住和激励这些知识型员工，必须不断完善专业技术职务考核聘任体系。

人民银行系统自1986年建立专业技术职务聘任制度以来，经近40年的实践探索，建立起以业绩为核心的专业技术人员考核制度，构筑了一套比较完善的制度体系和工作机制。近年来，随着央行专业技术人员履职要求不断提高，现行考核聘任制度亟须进一步改进完善，比如考核针对性不强、考核结果运用不足等，对专业技术人员激励效果不明显。

### 2.研究意义

考核聘任是评价专业技术人员能力水平和激励专业技术人员的重要手段，是加强专业技术人员管理的关键环节。加强专业技术人员考核聘任管理，根据考核结果合理使用专业技术人员，实现职称评价结果与专业技术人员聘用、考核、晋升等用人制度的衔接，营造尊重人才、见贤思齐的工作环境，公开平等、竞争择优的制度环境，最大限度地激发专业技术人员履职活力，把优秀人才集聚到央行事业中来，为实现央行事业健康发展提供有力人才支撑，具有十分重要的战略意义和现实意义。

本课题针对基层人民银行专业技术人员考核聘任实践中存在的问题进行研究，提出一些建议，旨在改进完善基层人民银行现行专业技术人员考核聘任管理模式。通过对专业技术人员进行分层分类考核，并将考核与聘任结合起来，强化考核结果运用，以期为专业技术职务聘任提供一个普遍接受的、有说服力的参考标准，避免过去考核聘任中一些主观人为因素，突出工作实绩导向，从而真正做到择优聘任，有效解决在专业技术职务职数有限情况下，"聘谁不聘谁、高聘谁低聘谁"的问题。

## （二）国内外研究综述

### 1.国外研究现状

国外研究学者在员工绩效考核体系和方法研究方面起步较早，有许多可以借鉴的地方。美国管理学家Stephen P Robbins认为，绩效考核是对员工的绩效进行评价以便形成客观公正的人事决策的过程[①]。随着绩效考核体系不断发展，各国的学者又提出了不同的绩效考核方法，其中包括Edward和Evern提出的360度考核法，Kaplan和Norton提出的平衡计分卡法，即从四方面构建考核指标，多维度评价员工的考核方法。著名管理学大师Peter F. Druker提出的目标管理法（Management by obiective）。Wake提出，平衡计分卡本身并不是考核管理知识型员工的有效方法，并提出新方案来解决使用平衡计分卡来管理控制知识型员工问题[②]。Vera Coutinho等发现员工绩效考核是持续性的，所以提出要使用可持续性绩效考核工具进行研究[③]。Ann Chunyan Peng等指出，360度考核法在运用中，可能会对员工内部人际关系产生负面影响，组织领导应争取营造富

---

① ［美］斯蒂芬·P.罗宾斯：《管理学（第四版）》，中国人民大学出版社，1999。

② Wake J："Theuse of the balanced scorecard measure knowledge work," *International Journal of Productivity and Performance Management*，no.4（2015）。

③ Vera Coutinho、Ana Rita Domingues、Sandra Caeiro, etc：" Employee Driven Sustainability Performance Assessment in Public Organisations," *Corporate Social Responsibility and Environmental Management*，no.25（2018）。

有凝聚力的企业文化①。在绩效考核结果的运用方面，多数学者认为绩效考核是一种工具，并不是最终目的，运用好绩效结果可以帮助提升组织整体绩效和促进组织的健康持续发展。

**2.国内研究现状**

国内许多学者对绩效考核问题进行了广泛的研究，但基本上都是对企业员工绩效考核的研究，在实际运用过程中也存在不少问题，尤其是对于作为知识型员工群体的专业技术人员的绩效考核研究比较少，对央行这种公共部门的专业技术人员考核聘任都还在探索阶段。戴怡新认为，加强事业单位专业技术职务考核聘任工作，一是要根据规范性、重实绩、可操作性、可比性等原则科学制定考核标准；二是考核要经常化、制度化。坚持日常与年度考核相结合、同行与服务对象评价相结合、阶段与聘期届满考核相结合；三是要把综合考评与专业技术人员的聘任紧密结合起来，对于不称职或出现技术问题的，坚决予以解聘或低聘；四是建立一套严格有序的责任目标考核体系，实行定性与定量相结合的考核；五是改变凭印象办事的软考核法，侧重硬件考核，及时反映被考核者的工作成果②。张婷认为，要进一步完善基层事业单位职称评聘工作，应注重加强评聘的后续管理，构建动态管理机制。在任职期满考核时，以各项量化考核指标来决定是否续聘高一级岗位，从而优化人才资源，使优秀人才脱颖而出，使专业技术队伍充满生机和活力，增强事业单位在发展过程中的竞争力③。胡玲认为，事业单位需要完善聘后管理制度，建立起一套完整的聘后考核系统，从考核内容到考核形式都需要一个完善的规划，比如，对专业技术人员的思想层面、技术方面、理论知识方面、沟通能力方面、业绩能力方面等都需要进行考核，这是一个量化的过程。另外，群众与领导都可以对其进行考核，改变了传统的考

---

① Ann Chunyan Peng、Wei Zeng："Workplace ostracism and deviant and helping hehaviors: The moderating role of 360 degree feedback," *Journal of Organizational Behavior*, no.7（2016）.

② 戴怡新：《对事业单位实行专业技术职务评聘制的思考》，《北京林业管理干部学院学报》2006年第3期。

③ 张婷：《浅析基层事业单位职称评聘工作存在的问题与对策》，《商讯》2020年第11期。

核形式，这样有利于从不同层面提高技术人员的能力水平①。赵福建、占云生认为，基层央行考核实施过程中仍然存在绩效考核指标设计缺乏科学性、员工思想认识有偏差、双向沟通交流易被忽视、考核过程要求烦琐等缺陷②。杨海维以"以人为本"为出发点，设计了"目标+沟通"的全面绩效管理体系，包括建立绩效计划、绩效实施与管理、绩效考核、绩效反馈面谈，再作计划等过程，以期完善员工绩效管理从而促进基层央行员工更好地履职③。耿晓丹对我国专业技术类公务员的激励问题进行了研究，并提出了建立灵活的薪酬激励政策、推行丰富的组织激励制度、强化政府文化激励理念、推行多样化的工作激励模式4项具体措施④。

### （三）研究思路、方法与内容

#### 1. 研究思路与方法

（1）本课题对相关理论与方法进行梳理、比较与分析，总结归纳出符合基层人民银行专业技术人员考核聘任管理研究的理论基础。

（2）分析人民银行武汉分行专业技术人员作用特点和考核聘任的现状，指出存在的问题和原因。

（3）优化基层人民银行专业技术人员考核聘任管理机制。

（4）探索基层人民银行专业技术人员考核聘任管理机制的完善保障措施。

本课题遵循层层递进的研究思路，在研究中使用了文献研究法、问卷调查法、访谈法、个案研究法、总结归纳法等方法，运用人力资源管理、组织行为学、企业战略管理等相关理论，构建导向明确、评价科学、竞争择优、规范有序的考核聘任管理机制，促进专业技术人员履职

---

① 胡玲：《浅析事业单位职称评聘存在的问题及对策》，《现代营销（信息版）》2009年第5期。

② 赵福建、占云生：《加强基层央行员工绩效管理的对策建议》，《中国证券期货》2012年第12期。

③ 杨海维：《基于以人为本的基层央行员工绩效管理体系研究》，《武汉金融》2009年第3期。

④ 耿晓丹：《专业技术类公务员激励问题研究》，硕士学位论文，大连理工大学，2007。

尽责。

**2. 研究内容与框架**

本课题共分为5章,各章节研究的主要内容如下:

第1章,绪论。主要介绍了本课题的研究背景和研究意义、国内外关于绩效考核的文献综述,并对研究思路与方法、主要的研究内容与框架进行了论述。

第2章,现状分析。以武汉分行为例,对基层人民银行专业技术人员考核聘任现状进行分析,介绍了现行管理模式,阐述了当前存在的主要问题及成因。

第3章,设计思路。从系统化的视角,探讨了优化基层人民银行考核聘任机制设计的总体思路,突出改进完善聘期考核和年度考核机制,并就如何强化专业技术人员考核结果运用进行了分析。

第4章,保障机制。主要从组织机构及职责、考核结果应用制度、考核培训制度、考核结果公示和沟通反馈制度等方面探讨如何进一步完善专业技术人员考核聘任的保障机制。

第5章,结论。讨论总结了优化基层人民银行专业技术人员考核聘任机制的必要性,并阐述了考核的主要方法、结果运用和保障机制。

## 二、人民银行武汉分行专业技术人员考核聘任现状分析

### (一) 现行管理模式

人民银行自从1986年实行职称评定制度改革以来,经过近40年的实践与发展,逐渐形成了比较完善的专业技术职务管理体系、管理标准和管理机制,拥有比较系统、趋于成熟的评价、考核、聘任管理模式和工作方法,其全面的资格评价制度、严格的聘期考核管理为央行培养了大量的专业人才。

**1. 实行"双通道"管理的人才体制**

2004年,人民银行响应国家"尊重知识、尊重人才"的号召,实行行政职务与专业技术职务并存的"双通道"人才管理体制,注重专业技

术人才的培养与开发，通过职数调控、考核选聘、末位淘汰等方式，充分发挥专业技术职务在人才开发中的资源配置和杠杆作用。目前，基层人民银行存在大量的"双肩挑"人员，既有行政职务，又有专业技术职务。与此同时，由于人民银行的国家机关性质，其组织管理体制是以行政系列为核心的管理体制，无法像学校、医院等机构明确区分行政管理人员和专业技术人员，在专技职务结构比例一定的情况下，"双肩挑"人员挤占了大量专业技术职数，客观上也给基层行带来了一定的评聘矛盾。

**2.实施评聘分离的管理方式**

人民银行专业技术职务实行评聘分离的管理方式，专业技术资格的评定和专业技术职务的聘任是相分离的。专业技术资格是专业技术人员学识水平的标志，没有岗位、数量的限制，不与工资待遇挂钩，是聘任专业技术职务的前提条件。只有因工作岗位需要和本人资格条件具备被聘任相应的专业技术职务时，工资待遇才相应调整。专业技术职务评聘分离的方式，打破了为"聘"而"评"、资格与职务合二为一、不聘任就不能保留资格的传统静态管理模式，为各单位在专业技术人员管理中引入竞争机制，实行动态聘任管理奠定了制度基础。

**3.专业技术职务数实行结构比例控制**

由于实行评聘分离的管理方式，专业技术资格评定没有数量限制，但专业技术职务聘任数则有总量限制。2005年，人民银行总行对高级、中级专业技术职务结构比例作了明确规定，区分分行（营业管理部）、分行营业管理部、省会城市中心支行、副省级城市中心支行、地市中心支行、县支行6个机构层级分别设置了不同的结构比例。2011年，为进一步完善专业技术人员岗位工作，人民银行总行将专业技术人员岗位等级从高到低分为一级至十三级，其中，正高级分为一级至四级，副高级分为五级至七级，中级分为八级至十级，助理级分为十一级至十二级，员级为十三级。同时对不同岗位等级的比例控制作出了明确规定。2015年，在充分调研基础上，人民银行总行对2005年出台的高级、中级专业技术职务结构比例作了调整，考虑到分支行高学历人员对专业技术职务聘任需求逐年增大的实际情况，进一步调高了各层级专业技术职务数上限比例。以上海总部、分行、营管部层级为例，高级专业技术职务上限比例由18%调整到21%，中级专业技术职务上限比例由45%调整到50%。

**4. 实行日常考核、年度考核和聘期考核相结合的考核机制**

人民银行专业技术人员考核分为日常考核、年度考核和聘期届满考核。日常考核、年度考核是聘期届满考核的基础，与行员考核结合进行。考核结果分为优秀、称职、基本称职和不称职。以武汉分行为例，目前，专业技术人员年度考核以部门为单位，按照参加专业技术人员考核人数的15%推荐优秀考核等次人选。聘期考核于每个聘期届满时进行。专业技术人员聘任期满，由组织根据任职条件进行聘期考核，采取定性考核与定量考核相结合，考核内容为专业技术人员聘期内履行职责情况。

## （二）当前主要问题

**1. 专业技术职务评聘矛盾凸显**

一是具备专业技术资格的人员不断增多，专业技术职务数趋于紧张，尤其是中级职数普遍不足。截至2019年12月31日，武汉分行湖北辖内在册行员4 355人，具有专业技术资格的有3 642人，现已聘任高级专业技术职务154人，聘任指标使用比例44.4%；聘任中级专业技术职务1 888人，聘任指标使用比例81.6%。部分中心支行的中级专业技术职务聘任指标使用已达到上限，该情况在支行层面更加突出。二是高定专业技术职务等级人员逐年增多，部分高定等级（五级、六级、八级、九级）的职数日益紧张，辖内大部分单位出现了等级职数不足的问题。

究其原因，部分单位由于专业技术职务聘任、考核制度执行不严格，操作上流于形式，缺乏有说服力的标准实施专业技术人员低聘或者解聘，或者碍于情面，沿袭传统做法，无法真正实行择优聘任，使得专业技术职务聘任压力不断增大。近年来，武汉分行加大了专业技术职务管理力度，采取一定的措施缓解上述问题，仍存在新取得专业技术资格人员由于职数限制难以聘任的情形。随着干部职工越来越重视专业技术职务聘任，未来取得资格人数与聘任指标数之间的差距将会进一步拉大，专业技术职务评聘矛盾更加显现。

### 2.专业技术人员考核激励作用不明显

受长期以来"重评聘轻管理、重聘任轻考核、重使用轻培养"等观念影响,基层人民银行专业技术人员业绩考核容易流于形式、走过场,考核结果应用也难以真正落实,影响了考核的公信力。一是以简单的投票代替业绩考核,或在考核中搞平衡、"轮流坐庄",缺乏对个人工作能力、业绩给予准确的衡量,使能力强、业绩突出的专业技术人员难以得到相应的考核结果,专业技术人员干好干坏一个样、干多干少一个样,导致专业技术人员工作积极性下降。二是由于评价考核制度执行不力,专业技术人员对自身要达到的工作目标不明确,对要完成的工作任务认识不够清晰,对提升工作绩效失去了靶心和方向。三是由于缺乏竞争压力,专业技术人员的危机意识减弱,学习新专业知识意愿不强,业务水平停留在原有阶段,甚至有所下降,导致专业技术工作完成质量不高。这些做法极大地削弱了专业技术人员的工作积极性,制约了专业技术人员作用的发挥。四是专业技术人员考核结果运用不充分。绩效考核仅仅只是绩效管理的一部分。专业技术人员考核的目的,除了衡量工作业绩的好坏,还应起到反馈激励的作用。通过对考核结果奖优罚劣,促进专业技术人员扬长避短,改进工作,提升绩效。但实际工作中,往往容易就考核而考核,没有将考核结果与工资分配、选拔任用、岗位调整、奖励惩罚、培训开发等有机统一起来,使得考核的作用大打折扣。

### 3.出现劣币驱逐良币现象

一是没有将兼任中层管理职务的专业技术人员和其他专业技术人员进行分类考核。由于基层人民银行中层管理人员大多是"双肩挑"人员,中层管理人员既要承担行政管理职责,又要承担专业技术岗位职责,相比较而言,中层管理人员比一般工作人员承担工作内容的专业性和复杂程度更高。目前,主流的做法是同一个部门的专业技术人员相互比较推选优秀,而没有区分兼任中层管理职务的专业技术人员和其他专业技术人员在岗位职责和业绩能力上的差异。二是平均分配优秀指标。辖内各单位往往将优秀指标按15%的控制比例平均分配给各部门,并按照四舍五入的方法计算各部门实际评优人数,导致小部门的实际优秀比例往往高于大部门，容易出现工作量更饱和、业绩更好的大部门优秀比例相对较低的"劣币驱逐良币"现象。三是专业技术人员一经聘任即可获得相应的工资薪酬，在聘期考核执行不力的情况下，业绩较好的专业技术人员容易产生不公平的感受，从而引发消极的工作态度，致使出现"戴着帽子、拿着票子、没有担子"现象，专业技术人员的应有作用不能充分发挥。

## 三、优化基层人民银行专业技术人员考核聘任机制的思路

### （一）专业技术人员考核聘任机制设计总体思路

由于人民银行专业技术人员"双肩挑"的属性，专业技术人员承担着贯彻落实上级行工作部署，制订工作项目规划、实施方案，组织开展工作落实等工作职责，专业技术人员的政治思想品德、学识水平、岗位工作能力、创新能力、沟通协调能力等对基层行履职具有直接影响。一名优秀的专业技术人员应成为基层人民银行最有活力、最了解基层情况、能较好贯彻落实上级行工作部署和完成本级工作任务的人员。因此，对专业技术人员的考核应侧重于对政治表现、工作业绩的考核，要紧密结合岗位实际，紧紧围绕其在基层人民银行中的特点和作用，通过公平公正的考核程序、科学合理的考核指标，提高考核聘任的公信力，以调动专业技术人员工作积极性，让个人实现价值，让组织实现愿景。

**1.专业技术人员考核聘任机制设计原则**

专业技术人员考核体系要以贯彻落实上级行工作部署、支持地方经济发展为中心，以保证央行事业持续稳定发展为目的，通过自上而下建立一整套业绩考核机制，形成一种人人有目标、层层负责任、用人看业绩、奖惩凭贡献的激励约束机制，不断增强专业技术人员的危机感、责任感、使命感，引导其将主要精力投入创造工作业绩上来，确保基层行履职目标的实现。要达到上述目的，必须坚持以下基本原则：

（1）德才兼备，突出业绩的原则。

坚持以德为先，将品德作为考核的首要内容，旗帜鲜明地突出工作能力、履职绩效和实际贡献导向，量化不同职务系列高级、中级、初级的业绩考核标准，细化不同岗位等级高定的业绩条件，既要保证考核聘任有据可依、可操作性强，又要充分发挥考核聘任的指挥棒作用，引导专业技术人员爱岗敬业，激发专业技术人员履职尽责的内在动力。

（2）立足实际，公正公平的原则。

基层人民银行的属性决定了其考核指标可量化程度低、标准化程度低，如果不能较好地解决公平公正这一问题，将严重影响考核的公信力。要科学合理地制定考核指标、考核标准和考核方法，充分考虑各类影响因素，力求贴近实际，做到考核过程公开透明，严格按程序办事；考核结论客观公正，具有激励和引导作用。

（3）有所区分，便于操作的原则。

克服形式主义，注重工作实效，抓住考核的关键环节和关键岗位特点，力求考核指标简明扼要，重点突出；考核标准清晰明确，便于执行；考核办法简便实用，操作性强；考核资料真实可靠，具有使用价值；考核资料完整准确，便于查询检索。

（4）严格考核，刚性兑现的原则。

克服分配上的平均主义，坚持效率优先、兼顾公平，实行严考核硬兑现，激励优秀者，鞭策后进者，使专业技术人员更加注重组织价值的创造，爱岗敬业，开拓进取，努力营造一种争创佳绩的良好氛围。

**2.专业技术人员考核聘任体系构想**

建立专业技术人员日常考核、年度考核和聘期考核三位一体的考核模式，将考核结果作为聘任相应专业技术职务的关键依据。日常考核是年度考核的重要参考，主要使用关键事件法，由负责考核人员认定被考核人员与工作有关的行为，并选择其中最重要、最关键的部分来评定其结果。年度考核是聘期考核的重要依据，主要使用强制分配法，按预先规定的比例将被考核人员分配到各个年度考核各个类别上。聘期考核是在综合日常考核和年度考核基础上，主要使用360度考核法，对被考核人员进行多角度的全方位考核。

### （二）专业技术人员考核机制设计

**1. 专业技术人员日常考核**

日常考核结果作为专业技术人员年度考核和聘期考核的一个基础部分，可以使用关键事件记录法。按照"谁主管谁考核"的原则，分管行领导或部门负责人通过平时对专业技术人员的观察积累，将每位专业技术人员在工作活动中的优秀表现和不良表现分别记录下来，根据这些事实记录进行整理分析，来评价专业技术人员的整体表现。使用关键事件记录法的好处在于既可以为年度考核和聘期考核提供准确、客观的依据，又可以有效地督促专业技术人员在日常工作中始终保持良好的工作状态。

**2. 专业技术人员年度考核**

（1）强制分布法。

根据现行规定，专业技术人员考核优秀等次人员按已聘专业技术人员15%的比例控制，从符合称职条件的人员中择优评定；未对基本称职和不称职等次人员数量作比例限制。在专业技术人员年度考核中可以引入强制分布法。强制分布法是根据正态分布原理，即俗称的"中间大、两头小"的分布规律，预先确定评价等级以及各等级在总数中所占的百分比，然后按照被考核者绩效的优劣程度将其列入其中某一等级。结合武汉分行实际情况，可以对强制分布法进行权变使用，正常情况下，仅需将被考核人员按照15%和85%的比例强制分布为优秀和称职两个等次。这样设计的好处是，一是传递压力，刺激性强。通过创造竞争机制，奖励优秀等次人员，激发员工潜能，避免吃大锅饭现象；二是等级清晰，操作简便。等级划分清晰，不同的等级赋予不同的要求，区别显著；并且，只需要确定各等次比例，简单计算即可得出各等次人数。对品德表现差或达不到专业技术职务能级要求的，视严重程度相应评为基本称职或不称职。

（2）分层分类考核。

为进一步优化专业技术人员年度考核，可以设置分层分类考核方式。以武汉分行为例，因行领导一般未兼任专业技术职务，根据承担的工作属性和职务层级，将参加考核的专业技术人员分为中层管理人员和一般人员，中层管理人员由分管行领导进行考核，一般人员由部门主要负责人进行考核，这样设计的好处在于体现了"谁主管、谁负责、谁考核"的导向。根据是否参加上级行考核，将部门分为参加上级行考核的部门和不参加上级行考核的部门，这样设计的好处在于既充分发挥上级行考核的指挥棒导向作用，又同时兼顾了不参加上级行考核部门的权益，尽量调动不同类型部门积极性。

（3）具体指标分配。

根据中层管理人员和一般人员数量，分别相应分配15%优秀等次指标数，这样设计的好处是避免以往由于中层管理人员和一般人员因共同使用15%优秀等次指标数而造成的人员结构不均衡现象。在中层管理人员优秀等次指标分配设计上，分别分配行长5%和分管行领导10%的优秀指标数建议权限。行长根据上年度全行中层管理人员的工作业绩情况，按照5%比例拟定优秀等次人员；分管行领导根据上年度分管部门中层管理人员的工作业绩情况，按照10%比例拟定优秀等次人员。

在一般人员优秀等次指标分配上，设计基本指标10%和奖励指标5%。根据工作业绩情况，各部门推荐基本指标10%的人员评定为优秀等次，在此基础上，按照是否参加上级行考核，将上述人员分为两类，分别依据工作业绩择优评定优秀等次人员。这样设计的好处在于确保各部门推荐的人员总数控制在全行参加专业技术人员考核的一般人员总数的10%内，避免由于四舍五入导致的总数超比例现象。在分配5%奖励指标时，可以直接运用部门的业绩考核结果，对在总行或分行业绩考核较好的部门，适当增加优秀等次人员数量。这样设计的好处是，既可扩展部门业绩考核结果的运用范围，又强化了专业技术人员年度考核的绩效导向。

**3. 专业技术人员聘期考核**

（1）360度考核法。

为客观评价专业技术人员在聘期内的政治表现和聘期目标完成情

况，在聘期届满时，聘任单位依据考核标准对受聘专业技术人员进行全面考核。在专业技术人员聘期考核中可以引入360度考核法。360度考核法是一种从不同角度获取组织成员工作行为表现的观察资料，然后对获得的资料进行分析评估的方法，它包括来自上级、同事、下属及客户的评价，同时也包括被评者自己的评价。这种方法的优点是能够比较全面地进行评估，易于作出比较公正的评价，同时通过反馈可以促进工作能力，也有利于团队建设和沟通。结合武汉分行实际情况，可以使用360度考核法，引入专业技术人员主管领导、同事、考核工作人员和专业技术人员自己，共同对专业技术人员的政治表现、工作业绩进行评价。政治表现考核包括专业技术人员的思想政治、职业道德、工作态度三个方面。对政治表现的考核可以通过其在工作中的具体行为来判断，政治表现考核可以实行一票否决制度。工作业绩考核主要考核专业技术人员对组织的贡献，包括完成工作项目的数量和质量。政治表现和工作业绩有着内在的联系，政治表现决定着专业技术人员是否能把握正确的工作方向，是专业技术人员取得良好工作业绩的前提和基础。

（2）设定不同职务等级考核重点和标准。

依据不同职务等级的主要职责和能绩要求，明确不同职务等级的量化考核重点。对高级专业技术人员重点考核其宏观研究指导能力和成果，对中级专业技术人员重点考核其微观组织管理能力，对初级专业技术人员重点考核其具体业务独立操作能力和任务完成情况。在设计业绩考核标准框架时，分别设置正高级、副高级、中级、初级专业技术人员业绩考核标准。正高级专业技术职务分别对应一级、二级、三级、四级，副高级专业技术职务分别对应五级、六级、七级，中级专业技术职务分别对应八级、九级、十级，初级专业技术职务分别对应十一、十二级、十三级。以中级为例，分别细分设计八级、九级、十级的业绩标准，以十级业绩标准作为中级的最低岗位等级业绩标准，同时设计晋升八级、九级岗位等级业绩考核标准。为方便实践操作，可以设置12条业绩考核标准，达到6条为符合最低等级10级，达到8条为符合9级考核标准，达到10条为符合8级考核标准。这样设计的好处是，一方面便于参加考核人员可以根据自身业绩情况自主选择业绩项目，另一方面同一职务不同岗位等级可以共同使用同一套业绩考核标准，便于参加考核人员之间的纵向比较。

### （三）强化专业技术人员考核结果运用

考核结果应用是考核的必然延伸，也是聘用和管理专业技术人员的重要依据。作为人力资源管理的重要部分，考核应与人力资源管理的其他方面有机衔接起来，把考核结果作为薪酬调整、岗位等级晋升、学习培训等方面的依据，使考核制度真正发挥激励和引导作用。

**1. 专业技术职务聘任**

将考核情况作为专业技术职务聘任和晋升岗位等级的量化评分依据。考核结果为优秀等次的人员，可转化为可量化分值，作为聘任专业技术职务和晋升岗位等级的加分项目，在其他因素相同情况下，可优先续聘。考核为称职等次的人员，在核定的职数范围内，根据政治表现和业绩考核结果决定是否续聘。考核为基本称职等次的人员，可提出具体要求，限期改进，视情况决定是否续聘。考核为不称职等次的人员，可予以解聘。专业技术职务的聘期一般为1—3年，考虑到1年时间太短且每年末有年度考核，3年时间太长且人员数量变化较大等因素，设计聘期为2年较为合适。

**2. 薪酬调整**

把专业技术人员考核结果作为薪酬调整的依据，真正实现薪酬管理中的绩效报酬公平原则，就会理顺组织和专业技术人员的利益关系，把专业技术人员个人目标和组织愿景结合在一起，进而发挥业绩考核应有的作用。在其他因素相同情况下，聘任专业技术职务、晋升岗位等级、同一专业技术职务岗位连续在岗达到规定年限、专业技术人员年度考核等次均应与薪酬挂钩。

**3. 学习培训**

把学习培训作为一种激励措施，考核优秀的专业技术人员优先推荐参加相关专业人才培训班，连续三年考核优秀的纳入重点人才培养规划。在业绩考核中发现专业技术人员素质、能力与任职岗位要求存在差距的，及时帮助制订有针对性的培训计划，提高其能力水平。

## 四、基层人民银行专业技术人员考核聘任机制完善保障措施

专业技术人员考核是一项涉及面广、环节多、难度大的工作，要落到实处，见到实效，必须有一系列配套制度作保证。为确保专业技术人员考核体系有效实施，必须以制度的形式保证考核内容、办法、程序规范，考核标准严格，考核结论客观公正，使其充分发挥考核的激励约束作用。一个完整的专业技术人员考核制度应该包括如下要素：组织机构、业绩考核标准、考核程序、考核结果运用与反馈、考核申诉渠道等内容。

### （一）明确组织机构及职责

健全考核工作组织机构，明确职责分工，为考核工作顺利实施提供组织保障。成立非常设的专业技术人员考核委员会，主要职责是负责专业技术人员考核等次的审定、复议等工作。考核委员会成员由行政领导和担任相应专业技术职务的人员组成，负责考核办法实施过程中的监督和检查，对考核重大情况进行决策。

考核委员会办公室设在人事部门，具体负责考核工作的组织实施。主要职责是负责考核的日常工作，拟定专业技术人员考核办法，审核辖区基层行制定的考核实施细则，汇总分析考核结果，根据考核结果开展专业技术职务续聘。

### （二）建立考核结果应用制度

考核结果应用是考核工作的最终目的，考核实施的成功与否，关键在于考核结果的应用。如果考核结果不能够体现到专业技术人员的薪酬待遇调整、职业生涯发展中，会给考核机制的运行带来负面影响，不仅得不到考核者对考核办法实施的积极配合与支持，还会降低专业技术人员对组织工作的信任度，甚至对考核对象产生消极影响，认为干好与干坏一个样，努力与不努力一个样。可见，要在专业技术人员队伍中形成积极进取、爱岗敬业、踏实肯干的工作氛围，必须将考核结果与个人职

业生涯发展相关联，奖励优秀，鞭策后进，通过考核制度的持续有效实施，增强基层人民银行核心人力资源竞争力。

### （三）建立考核培训制度

开展考核培训主要目的是达成认识上的统一和目标上的统一，目前许多考核流于形式最大的原因是认识上不统一，推行部门认为考核的主要目的是衡量员工工作效果，指导员工提升绩效的金石法宝，可管理者和被考核对象却认为考核费时费力、劳民伤财，为此，在组织内部进行绩效培训是必须的。首先，针对管理层进行培训，让管理者充分了解考核的内涵、方式方法、重要性及其可能取得的成果。其次，针对专业技术人员，组织开展考核制度讲解，帮助专业技术人员熟悉了解考核工作内容和流程，在考核实施过程中加强即时沟通和跟踪，避免因缺乏沟通造成专业技术人员对考核制度产生质疑，对考核结果产生不理解、抵触、抱怨等情绪。同时，还应重点加强对考核工作人员的业务辅导和培训，这是让考核真正发挥作用的关键环节，目的是提高考核工作人员的政策把握能力和业务水平。

### （四）建立考核结果公示和沟通反馈制度

为加强对专业技术人员考核工作的监督，提高工作透明度，充分体现公开、公平、公正原则，保证考核结果的准确性和客观性，发挥考核的激励导向作用，应建立考核结果公示制度。公示内容包括专业技术人员考核结果和业绩证明材料。

考核结果形成后，考核部门要认真总结和分析考核结果，查找不足，提出整改意见。对普遍存在的问题，要形成专项提升改进方案，经同意研究后实施。此外，考核工作人员在考核过程中要加强与专业技术人员的沟通和交流，反馈考核结果，对其不足之处允许被考核人解释和申诉，增强被考核人的认同感。

## 五、结论

本文通过对选题的研究，得出以下结论：

1.基层人民银行专业技术人员现有的考核办法存在着考核体系不健全，评价不科学，操作宽松软，考核结果运用力度不够等问题，必须建立一套科学合理的考核体系，正确评价专业技术人员履职情况以及对业绩贡献大小，才能充分调动其工作的积极性、创造性，为实现组织目标提供保证。

2.鉴于专业技术人员在基层人民银行中的角色和作用特点，对专业技术人员考核主要应体现在政治表现和工作业绩两个方面。专业技术人员考核应建立日常考核、年度考核和聘期考核三位一体相结合的考核体系。日常考核使用关键事件法，年度考核使用强制分布法，聘期考核使用360度考核法。通过综合运用多种考核方法，全面对专业技术人员的政治表现和工作业绩进行评价，保证考核过程的科学合理和考核结果的客观公正。

3.考核结果必须充分运用到组织人力资源规划中，从制度和机制层面切实发挥专业技术人员考核聘任"合力效应"，才能对基层人民银行人才队伍建设起到良好的导向作用。考核只有与薪酬确定、专业技术职务聘任、学习培训等环节结合起来，才能促进专业技术人员不断改进和提高绩效，更好地发挥考核聘任的功能作用。

4.为促使专业技术人员考核体系有效实施，必须明确考核工作的组织机构及职责，建立考核结果应用制度、考核培训制度、考核结果公示和沟通反馈制度等一系列制度保障措施，为考核工作的顺利开展提供制度保证。

## 参考文献

[1][美]斯蒂芬·P.罗宾斯.管理学（第四版）[M].北京：中国人民大学出版社，1999.

[2]周杨.Z城建产业集团有限公司专业技术人员绩效考核研究[D].江苏大学，2019.

[3]曹帅英.A公司专业技术管理人员绩效考核体系研究[D].兰

州大学，2009.

［4］葛华勇等.国际金融组织和中央银行人事制度选编［M］.北京：中国金融出版社，2011.

［5］许敏，宋亚欣.基于层次分析法的知识型员工绩效考核体系设计［J］.河北科技大学学报，2009（04）.

［6］胡中文，夏洪胜.新兴技术企业中知识员工的绩效考核模型研究——以深圳市中兴移动通信有限公司为例［J］.科技管理研究，2010（13）.

［7］黎精明，李翔.基于职能划分的国有企业绩效评价模式优化［J］.财会月刊，2017（10）.

［8］李连君.事业单位专业技术人员绩效管理探讨［J］.现代经济信息，2019（09）.

［9］刘恬.基层央行专业技术人员考核聘任管理研究［J］.中国市场，2016（15）.

［10］王山.完善基层中央银行专业技术人才管理机制的探索［J］.武汉金融，2010（12）.

［11］陈锋.对基层央行中级专业技术职务聘任的思考和研究［J］.经济师，2014（09）.

［12］李宜聪，蔡彩锻.对央行行员考核中强制分布法运用的思考［J］.福建金融，2015（05）.

［13］刘薇.专业技术职务聘任制及其发展趋势研究［D］.大连理工大学，2000.

［14］赵晓军.事业单位人事制度改革研究［D］.中国社会科学院研究生院，2012.

［15］王邦武.中央银行专业技术职务制度变迁的博弈论视角分析［J］.武汉金融，2006（03）.

［16］刘秀芳.建立技术人才多层激励机制的实践探索［J］.现代工业经济和信息化，2014（01）.

［17］中国人民银行武汉分行人事管理课题组.中央银行高层次专

业技术人才队伍建设［J］.武汉金融,2005（01）.

［18］中国人民银行武汉分行人事处课题组.中央银行专业技术人才资源开发问题研究［J］.武汉金融,2006（01）.

［19］中国人民银行武汉分行人事处课题组.论人民银行中级专业技术人才评价体系的构建［J］.武汉金融,2006（12）.

［20］杨勇.企业专业技术人员考核体系研究［D］.武汉科技大学.2004.

［21］戴怡新.对事业单位实行专业技术职务评聘制的思考［J］.北京林业管理干部学院学报,2006（03）.

［22］黄茗.事业单位专业技术人员岗位聘用条件量化设计研究［J］.中国市场,2018（18）.

［23］张婷.浅析基层事业单位职称评聘工作存在的问题与对策［J］.商讯,2020（11）.

［24］胡玲.浅析事业单位职称评聘存在的问题及对策［J］.现代营销（信息版）,2009（05）.

［25］耿晓丹.专业技术类公务员激励问题研究［D］.大连理工大学.2007.

［26］齐爱民.论利益平衡视野下的个人信息权制度——在人格利益与信息自由之间［J］.法学评论,2011（03）.

［27］万峰等.金融集团监管国际比较与中国选择［M］.北京:中国金融出版社,2013.

［28］冀俊峰.供给侧改革导向的金融数据共享发展战略分析［J］.中国经贸导刊,2018.

［29］胡伟洁.英国开放银行计划的影响［J］.中国金融,2020（21）.

［30］许可.数字经济视野中的欧盟《一般数据保护条例》［J］.财经法学,2018（06）.

［31］陈永伟.数据产权应划归平台企业还是消费者［J］.财经问题研究,2018（02）.

［32］李剑.反垄断法核心设施理论的存在基础——纵向一体化与提

高竞争对手成本理论的解读［J］. 经济法 研究（第七卷），北京大学出版社，2008.

［33］杨东，程向文.以消费者为中心的开放银行数据共享机制研究［J］. 金融监管研究，2019（10）.

［34］杨东.监管科技：金融科技的监管挑战与维度建构［J］. 中国社会科学，2018（05）.

［35］黄震，张夏明.监管沙盒的国际探索进展与中国引进优化研究［J］. 金融监管研究，2018（04）.

［36］周科.开放银行理念的缘由、实施和挑战［J］. 清华金融评论，2018（06）.

［37］Wake J. Theuse of the balanced scorecard measure knowledge work［J］. International Journal of Productivity and Performance Management，2015（04）.

［38］Vera Coutinho，Ana Rita Domingues，Sandra Caeiro，etc. Employee Driven Sustainability Performance Assessment in Public Organisations［J］. Corporate Social Responsibility and Environmental Management，2018，25（01）.

［39］Ann Chunyan Peng，Wei Zeng. Workplace ostracism and deviant and helping hehaviors：The moderating role of 360 degree feedback［J］. Journal of Organizational Behavior，2016（07）.

课题主持人：龙　江
课题组成员：刘　芳　柯　琳
执　笔　人：柯　琳